Carola Surkamp, Ansgar Nünning

AF145032

Englische Literatur unterrichten | 2
Unterrichtsmodelle und Materialien

Klett | Kallmeyer

Bibliografische Information der Deutschen Nationalbibliothek
Die Deutsche Nationalbibliothek verzeichnet diese Publikation in der Deutschen Nationalbibliografie;
detaillierte bibliografische Daten sind im Internet über http://dnb.d-nb.de abrufbar.

Impressum

Carola Surkamp, Ansgar Nünning
Englische Literatur unterrichten | 2
Unterrichtsmodelle und Materialien

3. Auflage 2018

Das Werk und seine Teile sind urheberrechtlich geschützt. Jede Nutzung in anderen
als den gesetzlich zugelassenen Fällen bedarf der vorherigen schriftlichen Einwilligung
des Verlages. Hinweis zu § 52 a UrhG: Weder das Werk noch seine Teile dürfen
ohne eine solche Einwilligung eingescannt und in ein Netzwerk eingestellt werden.
Dies gilt auch für Intranets von Schulen und sonstigen Bildungseinrichtungen.
Fotomechanische oder andere Wiedergabeverfahren nur mit Genehmigung des Verlages.

© 2009. Kallmeyer in Verbindung mit Klett
Friedrich Verlag GmbH
D-30926 Seelze
Alle Rechte vorbehalten.
www.friedrich-verlag.de

Redaktion: Johannes Pause
Druck: Beltz Bad Langensalza GmbH, Bad Langensalza
Printed in Germany

ISBN: 978-3-7800-1017-9

Carola Surkamp, Ansgar Nünning

Englische Literatur unterrichten | 2

Unterrichtsmodelle und Materialien

unter Mitarbeit von
Britta Freitag-Hild, Carola Hecke, Lotta König,
Rebecca Scorah und Inken Seinsche

Klett | **Kallmeyer**

Danksagung 9

Einleitung: Zu Konzeption, Zielsetzung und Aufbau des Bandes 11

I   Grundlagen zur Erstellung von Unterrichtssequenzen
    im Literaturunterricht 17
    1.   Allgemeines zur Planung von literarischen Unterrichtssequenzen 18
    2.   Methoden der Literaturvermittlung 32
    2.1   Rationale Textanalyse und kreative Zugangsformen: Ein Überblick 32
    2.2   Die Methode des Unterrichtsgesprächs: Sinnvoll über Literatur sprechen ... 47
    3.   Textauswahl und Zusammenstellung von Textsequenzen bei literarischen
          Lektürereihen 62

II Exemplarische Unterrichtssequenzen: Sekundarstufe I 77
    1.   Zum Lesen motivieren und befähigen:
          Der Jugendroman *The Suitcase Kid* in der Sekundarstufe I 78
    1.1   Zur Konzeption der Unterrichtseinheit:
          Begründung der Textauswahl, Lernziele, methodisches Vorgehen 78
    1.2   Hinweise zum Textinhalt und zu seiner interpretatorischen Erschließung ... 87
    1.3   Das Unterrichtsmodell in Teilsequenzen 93
    1.3.1 *Getting hooked*: *pre-reading activities* für einen motivierenden Romaneinstieg ... 94
    1.3.2 *Getting into the story*: Aufgaben zur Begleitung des Leseprozesses 95
    1.3.3 *A sense of ending*: Analytische und kreative Textarbeit nach der Lektüre ... 108

    2.   Fremdverstehen mit einem *short play*: Das kanadische Kurzdrama *Survival
          in the South* in der Sekundarstufe I 114
    2.1   Zur Konzeption der Unterrichtseinheit:
          Text- und Themenwahl, Lernziele, Methoden 114
    2.2   Hinweise zur Kontextualisierung bzw. Historisierung des Textes 119
    2.3   Hinweise zum Textinhalt und zu seiner interpretatorischen Erschließung:
          Dargestelltes und inszeniertes Fremdverstehen in *Survival in the South* ... 120
    2.4   Das Unterrichtsmodell in Teilsequenzen 122
    2.4.1 Vorbereitungsphase: *pre-reading activities* 122

2.4.2	Begegnung mit dem Text und Ausgestaltung der Perspektiven	124
2.4.3	Differenzierung verschiedener Perspektiven	129
2.4.4	Übernahme einer fremden Perspektive	131
2.4.5	Koordination verschiedener Perspektiven	135

3. London-Gedichte: Eine Lyrikreihe für den Englischunterricht ab Klasse 10 140

3.1	Zur Konzeption der Unterrichtseinheit: Text- und Themenwahl, Lernziele, Methoden	140
3.2	Hinweise zur Kontextualisierung bzw. Historisierung der Texte: Wesentliche Merkmale der *London poems*	147
3.3	Das Unterrichtsmodell in Teilsequenzen	150
3.3.1	Zugang zur Textsorte Lyrik über neuere Gedichte	150
3.3.2	Erarbeitung und Vertiefung typischer formaler Merkmale der Textgattung	162
3.3.3	Untersuchung der Bezüge zwischen Gedichten und ihrem historischen und sozialen Kontext	170
3.3.4	Gesamtschau der Gedichte: Resümee zur Entwicklung der Stadtgedichte	191

III Exemplarische Unterrichtssequenzen: Sekundarstufe II 195

1. Filmunterricht als Kulturunterricht: Die *stolen generation* in Australien am Beispiel des Films *Rabbit Proof Fence*, des Theaterstücks *Stolen* und weiterer Texte 196

1.1	Zur Konzeption der Unterrichtseinheit: Text- und Themenwahl, Lernziele, Methoden	196
1.2	Hinweise zur Kontextualisierung bzw. Historisierung der Texte	200
1.3	Hinweise zu den Textinhalten und zu ihrer interpretatorischen Erschließung	202
1.3.1	*Rabbit Proof Fence*: Inhalt und formale Darstellungsverfahren	202
1.3.2	Das Theaterstück *Stolen* von Jane Harrison: Inhalt und dramentechnische Mittel	207
1.4.	Methodische Vorschläge zum Einsatz von Film und Drama im Unterricht	211
1.4.1	Einführung in die Thematik der *stolen generation*	211
1.4.2	Die Arbeit mit dem Film *Rabbit Proof Fence*: *while-viewing activities*	214
1.4.3	Vorschläge für Aufgaben nach dem Schauen des Films	225
1.4.4	Die Arbeit mit dem Drama *Stolen*	228
1.4.5	Abschluss der Unterrichtseinheit	233

2. **Das *British Empire* in der englischsprachigen Literatur: *Colonial and***
***Postcolonial Voices* in einer interkulturell orientierten Unterrichtsreihe** 237

2.1 Zur Konzeption der Unterrichtseinheit:
Text- und Themenwahl, Lernziele, Methoden 237

2.2 Hinweise zur Kontextualisierung der Texte 245

2.3 Hinweise zu den Textinhalten und zu ihrer interpretatorischen Erschließung 246

2.4 Das Unterrichtsmodell in Teilsequenzen 251

2.4.1 *Colonial Encounters: Coloniser vs. colonised* 252

2.4.2 *(Ex)Coloniser vs. (Ex)Colonised: Images of Self and Other* 257

2.4.3 *Postcolonial Voices: The Legacy of Empire* 263

2.4.4 Der Abschluss der Unterrichtseinheit 266

3. ***Growing Up*: Darstellung der Adoleszenz in englischsprachigen**
Kurzgeschichten 269

3.1 Zur Konzeption der Unterrichtseinheit:
Text- und Themenwahl, Lernziele, Methoden 269

3.2 Hinweise zur Kontextualisierung der Texte 273

3.2.1 Merkmale der Adoleszenz 274

3.2.2 Gattungsmerkmale der Short Story 277

3.3 Hinweise zu den Textinhalten, den narrativen Besonderheiten
der Kurzgeschichten und zu ihrer interpretatorischen Erschließung 279

3.4 Das Unterrichtsmodell in Teilsequenzen 288

3.4.1 Heranführung an Thema und Genre 288

3.4.2 Gemeinsame Analyse von Joyce Carol Oates' Short Short Story „Happy" 292

3.4.3 Erzähltextanalysen unterschiedlicher Short Storys zum Thema
in Gruppenarbeit 293

3.4.4 Kreative Auseinandersetzung mit und eigene Erstellung von Intertexten
der Unterrichtseinheit 296

Schlussbemerkungen und Ausblick 300

Literaturverzeichnis 305

1. Literatur zu den Grundlagen zur Erstellung von Unterrichtsmodellen 305
2. Literatur zum Einsatz von Jugendromanen und zur Förderung
   von Lesekompetenz bzw. Lesemotivation 310
3. Literatur zur Arbeit mit dem Kurzdrama *Survival in the South* 312
4. Literatur zur Behandlung von *London poems* 313
5. Literatur zur Beschäftigung mit dem Film *Rabbit Proof Fence*
   und dem Drama *Stolen* 315
6. Literatur zum Thema *British Empire* in der englischsprachigen Literatur 317
7. Literatur zum Thema *Growing Up* in englischsprachigen Kurzgeschichten 318

CD-ROM: Primärtexte, Zusatzmaterialien, Arbeitsblätter

Danksagung

Anstelle eines Vorwortes möchten wir zu Beginn dieses Buches gerne einer Reihe von Menschen danken, die in den Jahren 2006-2008 maßgeblich an seiner Entstehung beteiligt waren. Einen ganz wesentlichen Anteil daran haben unsere Mitautorinnen Britta Freitag-Hild, Carola Hecke, Lotta König, Rebecca Scorah und Inken Seinsche, die mit großem Engagement, fachlichem Verstand und didaktischem Können einige der in diesem Band vorgestellten Unterrichtsmodelle mit entwickelt und an den Einzelkapiteln auch mit geschrieben haben. Im Einzelnen betrifft dies die folgenden literarischen Sequenzen:

▸ Kap. II.1: Zum Lesen motivieren und befähigen: Der Jugendroman *The Suitcase Kid* in der Sekundarstufe I (Lotta König und Rebecca Scorah)
▸ Kap. II.3: London-Gedichte: Eine Lyrikreihe für den Englischunterricht ab Klasse 10 (Carola Hecke)
▸ Kap. III.2: Das *British Empire* in der englischsprachigen Literatur: *Colonial and Postcolonial Voices* in einer interkulturell orientierten Unterrichtsreihe (Britta Freitag-Hild)
▸ Kap. III.3: *Growing Up*: Darstellung der Adoleszenz in englischsprachigen Kurzgeschichten (Inken Seinsche)

Ohne die Mitarbeit unserer Co-Autorinnen hätten wir diesen text- und materialreichen Praxisband 2008 keinesfalls nur zwei Jahre nach dem erstmaligen Erscheinen von *Englische Literatur unterrichten: Grundlagen und Methoden* auf die Beine stellen können.

Viele wertvolle Unterrichtsanregungen für den Einsatz der einzelnen literarischen Texte haben des Weiteren die folgenden Personen geliefert:

▸ für den Jugendroman *The Suitcase Kid*: Olga König, Annette Labude, Andreas Lemke und Anne Wilhelm
▸ für das Drama *Survival in the South*: Lotta König
▸ für den Film *Rabbit Proof Fence*: Melanie Hockemeier und Christof Stromann

Rebecca Scorah danken wir außerdem für ihre exzellente Mitarbeit am Grundlagenkapitel zur Methode des Unterrichtsgesprächs (Kap. I.2.2).

Neben diesen Personen hat sich insbesondere Rose Lawson durch ihre kompetente Durchsicht der englischsprachigen Passagen in den Kapiteln sowie auf den Arbeitsblättern der CD-ROM verdient gemacht. Roswitha Henseler sind wir zu Dank verpflichtet, weil sie einige Unterrichtsmodelle als Lehrkraft und Fachleiterin für Englisch mit dem kritischen Auge der Praxis durchgesehen und konstruktiv kommentiert hat. Außerdem danken wir Johannes Pause, Hubertus Rollfing und Sibylle Tochtermann vom Kallmeyer Verlag, die dieses Projekt mit großem Interesse begleitet und mit großer Sorgfalt und Kompetenz verlegerisch betreut haben. Danke auch an unsere fleissigen Korrekturleserinnen und -leser Helga Güther, Adrian Haack, Editha Ernst, Mirjam Horn und Robert Vogt.

Ein besonders herzlicher Dank gebührt schließlich unseren Studentinnen und Studenten von den Universitäten in Gießen und Göttingen. Einige der Unterrichtsmodelle wurden auch mit Lehramtstudierenden in Seminaren an der Hochschule ausprobiert und kritisch evaluiert. All diese Bewertungen und Überlegungen sind in die Endredaktion des Bandes mit eingeflossen.

Göttingen und Gießen im Januar 2018
Carola Surkamp & Ansgar Nünning

Einleitung: Zu Konzeption, Zielsetzung und Aufbau des Bandes

Konzeption

Der vorliegende Band ist ein Buch aus der Praxis für die Praxis. Für verschiedene englischsprachige literarische Texte – Gedichte, Kurzgeschichten, Romane, Dramen und Filme – werden exemplarische, in der Praxis erprobte und direkt umsetzbare Unterrichtsmodelle vorgestellt, die den Grundsätzen der Schülerzentrierung, Handlungs-, Aufgaben- und Prozessorientierung verpflichtet sind und die aufzeigen, wie man Literatur in einem modernen Englischunterricht auf motivierende und die Lernenden engagierende Weise behandeln kann. Im Vergleich zu den sonst üblichen Lehrerhandreichungen, die zu Einzeltiteln aus der Welt der englischsprachigen Literaturen erhältlich sind, oder zu Sammelbänden, die Interpretationen zu verschiedenen literarischen Werken mit einzelnen Hinweisen für den Unterricht liefern, besteht ein großer Vorteil dieses Bandes darin, dass alle Unterrichtsentwürfe auf einer gemeinsamen, methodisch-didaktisch durchdachten und dokumentierten Grundlage beruhen: Sie sind alle auf der Basis der Überlegungen und Konzepte entstanden, die im Vorgängerband *Englische Literatur unterrichten 1: Grundlagen und Methoden* (Seelze-Velber: Kallmeyer in Verbindung mit Klett, 4. Auflage 2016) ausführlich dargelegt wurden. Dies bedeutet, dass die in den letzten Jahren stattgefundenen Entwicklungen innerhalb der Literaturdidaktik – insbesondere die Auffassung von Lesen als interaktivem Prozess –, die zur Herausbildung neuer Lernziele und Methoden der Literaturvermittlung geführt haben, maßgeblich für die Konzeptionen der Unterrichtseinheiten waren. Durch die enge und explizite Anlehnung an Band I sollen gleichzeitig der hohe interpretatorische und didaktische Anwendungswert der dort entwickelten textanalytischen Fragen sowie die Transferierbarkeit der vorgestellten kreativen Zugangsformen illustriert werden.

Zielsetzung

Das vorliegende Buch setzt sich zum Ziel, anhand einer Vielfalt konkreter Text- und Methodenbeispiele aufzuzeigen, wie sich die Forderungen, die im ersten Band für einen innovativen, die individuellen Lesarten der Lernenden berücksichtigenden fremdsprachlichen Literaturunterricht formuliert wurden, in der Praxis umsetzen lassen. Dies betrifft erstens die im Sinne eines methodischen Pluralismus immer wieder geforderte Verbindung von analytischen und kreativen Verfahren und damit von kognitiven und affektiven Lernzielen. Indem die verschiedenen Methoden der Texterschließung im Zusammenhang mit konkreten Lektüren und Materialien vorgestellt werden, sollen die Umsetzbarkeit eines ‚Sowohl-als-auch‘ von Textanalyse und spielerischen Zugangsformen sowie das daraus entstehende didaktische und interpretatorische Potenzial veranschaulicht werden. Zweitens soll praxisnah aufgezeigt werden, wie die Berücksichtigung kultureller und historischer Kontexte bei der Beschäftigung mit ausgewählter Literatur in einem Englischunterricht, der sich auch als Kulturunterricht versteht, gelingen kann. Drittens sollen Aufgaben entwickelt werden, die den Lernenden erhellende Einsichten in das Zusammenspiel von Inhalt und Form für die Bedeutungsgebung bei literarischen Texten vermitteln können. Und viertens soll an einigen Beispielen illustriert werden, wie interkulturelles Lernen, insbesondere die Förderung der Fähigkeiten zum Fremdverstehen und zur Perspektivenübernahme, durch verschiedene Formen der Textarbeit stattfinden kann.

Unterrichtsmodelle und Materialien

Der Untertitel des Bandes, *Unterrichtsmodelle und Materialien*, weist auf zwei weitere, übergeordnete Zielsetzungen hin. Erstens sollen die zu den verschiedenen Gattungen entwickelten Unterrichtseinheiten ausdrücklich als Modelle konzipiert werden. Dies bedeutet zum einen, dass die jeweils vorgestellte Vorgehensweise auch auf andere Texte übertragbar sein soll. Zum anderen sollen die Einheiten so gestaltet werden, dass sie in der konkreten Praxis nicht unbedingt immer in ihrer Gesamtheit zur Anwendung kommen müssen, sondern auch Raum für zusätzliche, eigene Texte, Herangehensweisen und Aufgaben lassen – abhängig von der jeweiligen konkreten Lerngruppe, den verfolgten Lernzielen und dem übergeordneten Unterrichtsthema bzw. -ziel. Zur Gewährung dieser Flexibilität sind die Unterrichtsmodelle in Teilsequenzen gegliedert, von denen auch mal eine ausgetauscht oder weggelassen werden kann bzw. die auch umgestellt werden können. Außerdem werden an vielen Stellen Alternativvorschläge zur Vorgehensweise unterbreitet. Als zweites übergeordnetes Ziel sollen zu den einzelnen Unterrichtsmodellen direkt verwendbare Materialien in Form von Arbeitsblättern, Erläuterungen, Zusatztexten, Bildern, *instruction sheets* für Lernende etc. zusammengestellt werden, die auf der diesem Band beiliegenden CD-ROM zu finden sind, individuell bearbeitet werden können und den Lehrenden die Umsetzung der entwickelten Unterrichtsmodelle in der Praxis somit wesentlich erleichtern.

Stichwort ‚Kanonrevision'

Zur Überwindung der (leider immer noch häufig zu verzeichnenden) Konformität der Schullektüre werden Leserinnen und Lesern außerdem neue Möglichkeiten der Textauswahl im Bereich der englischsprachigen Literaturen erschlossen. Neben ‚Klassikern' (vor allem im Lyrikkapitel zu den London-Gedichten) ist eine Vielzahl an zeitgenössischen Werken sowohl von Autoren als auch von Autorinnen zu finden. Dabei werden nicht nur Texte aus Großbritannien und den USA, sondern auch aus Australien und Kanada und dem Bereich der sogenannten *New English Literatures* berücksichtigt. Darüber hinaus findet sich jenseits der drei Hauptgattungen Lyrik, Drama und Prosa auch ein audio-visuell vermittelter Text.

Das Buch gliedert sich in zwei Teile. **Im ersten Teil** (Kap. I) werden einige methodisch-didaktische Grundlagen skizziert, die an den ersten Band anknüpfen, aber in vielerlei Hinsicht über ihn hinausgehen. Es geht vor allem darum, neben literaturdidaktischen Vorüberlegungen wichtige Hinweise für die Praxis des Literaturunterrichts zu liefern. Daher wird allgemein in die Planung von literarischen Unterrichtseinheiten eingeführt, und es werden Tipps für die Auswahl und Zusammenstellung von Textreihen gegeben. Außerdem werden noch einmal die wichtigsten Zugangsformen zu literarischen Texten zusammenfassend dargestellt sowie Erläuterungen zur Gestaltung von Unterrichtsgesprächen im Literaturunterricht gegeben. Der größere **zweite Teil des Bandes** (Kap. II und III) umfasst sodann die einzelnen Unterrichtsmodelle. Für die jeweils behandelte literarische Gattung werden Beispieltexte für verschiedene Klassenstufen vorgestellt und es wird praxisnah und aufgabenorientiert dargelegt, wie diese Texte abwechslungsreich und motivierend im Englischunterricht erschlossen werden können. Die Kapitel unterbreiten daher nicht *entweder* Lektürevorschläge zur Überwindung der Kanonisierung *oder* geben Anregungen für die Arbeit mit literarischen Texten, sondern *anhand von* neuen (vor allem zeitgenössischen) Gedichten, Dramen, Romanen, Kurzgeschichten und Filmen werden unterschiedliche methodische Zugangsformen sowie mögliche Verfahren der Historisierung und Kontextualisierung von literarischen Texten für einen schülerorientierten Unterricht vorgestellt.

Aufbau des Bandes

Die Unterrichtsmodelle folgen alle einem ähnlichen Aufbau. Dadurch soll gewährleistet werden, dass das Buch keinen ‚Sammelbandcharakter' erhält, sondern dass das verfolgte didaktisch-methodische Grundkonzept (mit den Pfeilern ‚offener Kanon', ‚Intertextualität', ‚Kontextualisierung' bzw. ‚Historisierung', ‚Aufgabenorientierung', ‚Schülerorientierung', ‚Verbindung von analytischer und kreativer Textarbeit') immer klar erkennbar ist. Außerdem soll sich der Leser bzw. die Leserin ohne großes Einlesen schnell einen Überblick über die jeweilige Einheit verschaffen und diese leicht umsetzen können. Dies alles schließt nicht aus, dass vereinzelt besondere Schwerpunktverlagerungen stattfinden, da jedes Unterrichtsmodell eine spezifische inhaltliche und/oder methodische Ausrichtung hat. Im Folgenden sind die Kernaspekte genannt, aus denen sich die Kapitel im zweiten Teil des Bandes zusammensetzen. Die Kapitel enthalten alle

▸ eine Einleitung, die den Leser bzw. die Leserin zu den behandelten Texten und Themen hinführt

Aufbau der Unterrichtsmodelle

> Begründungen zur Text- und Themenwahl
> eine Darlegung der für die Einheit spezifischen Lernziele
> didaktisch-methodische Vorüberlegungen zum Einsatz der Texte im Unterricht
> Vorschläge zur Verknüpfung der ausgewählten Primärtexte mit anderen Texten und Medien
> Überlegungen und konkrete Hinweise zur Kontextualisierung bzw. Historisierung der vorgestellten Texte
> kurze inhaltliche Zusammenfassungen der Texte mit Hinweisen für deren interpretatorische Erschließung
> Erläuterungen zum Einsatz der ausgewählten Methoden, vor allem wenn ein besonderer methodischer Schwerpunkt gelegt wird (wie z.B. die Arbeit mit Bildern in der Lyrik-Reihe oder das ‚Lernen durch Lehren' beim Einsatz der Kurzgeschichten zum Thema *growing up'*)
> die komplette Beschreibung des Unterrichtsmodells und dessen zusätzliche Präsentation in tabellarischer Form (auf der zum Buch gehörigen CD-ROM)
> sowohl inhalts- als auch formbezogene, kreative und analytische Aufgaben
> Vorschläge für Arbeits- und Sozialformen
> Materialkästen und Lektüretipps zur vertiefenden Beschäftigung mit einem Text
> in der Zielsprache Englisch formulierte Arbeitsblätter und Leitfragen mit möglichen Lösungen
> eine kurze Schlussbetrachtung, in der die Hauptpunkte der Unterrichtseinheit noch einmal zusammengefasst werden
> ein Literaturverzeichnis mit Hinweisen zu zitierter und weiterführender Literatur (die einzelnen Literaturverzeichnisse zu den Unterrichtsmodellen befinden sich am Ende des Bandes in einer übersichtlichen Gesamtbibliografie mit Orientierungsfunktion)

Lernziele der Unterrichtsmodelle

Alle im Folgenden vorgestellten Unterrichtsmodelle für den fremdsprachlichen Literaturunterricht verfolgen einige allgemeine Lernziele, die – um Wiederholungen zu vermeiden – nicht jedes Mal erneut aufgeführt werden. Zu diesen gehört die Förderung allgemeiner kommunikativer, methodischer, literar-ästhetischer, sozialer und interkultureller Kompetenzen. So wird in allen Einheiten erstens eine Vielzahl von Sprech- und Schreibanlässen in der Fremdsprache geschaffen. Zweitens lernen die Schülerinnen und Schüler unterschiedliche Methoden der Literaturvermittlung kennen und reflektieren diese auch explizit. Drittens erhalten sie Einblick in die spezifischen Besonderheiten verschiedener literarischer Gattungen und bestimmen deren Wirkungsweisen und Funktionen. Viertens schulen sie ihre sozialen Kompetenzen, da sie in abwechselnden Sozialformen Bedeutungen aushandeln, Meinungen austauschen, sich gegenseitig unterstützen und helfen sowie gemeinsam Verantwortung für die Bearbeitung einer Aufgabe übernehmen müssen. Und fünftens schließlich streben alle Einheiten die Ausbildung der Fähigkeiten zum Fremdverstehen, zum Perspektivenwechsel und zur Empathie an.

In einigen Unterrichtsmodellen sind zudem Möglichkeiten zur Differenzierung aufgeführt. So werden bei Aufgaben und/oder methodischen Vorgehensweisen Alternativen vorgesehen. Dies soll keine unmotivierte Aneinanderreihung sein, sondern der jeweiligen Lehrkraft, die eine Einheit gerne ausprobieren möchte, Auswahlmöglichkeiten geben, so dass die jeweilige Unterrichtssequenz an die Gegebenheiten in einer bestimmten Lerngruppe angepasst werden kann bzw. so dass innerhalb von einer Lerngruppe auch eine Binnendifferenzierung vorgenommen werden kann.

Möglichkeiten zur Differenzierung

Der vorliegende Band ist zum einen als anschauliche und konkrete Beispiele liefernde Einführung in die Planung von literarischen Unterrichtsmodellen für Englischstudierende und -referendare aller Lehrämter gedacht. Zum anderen ist er für Lehrende hilfreich, die auf der Suche nach neuen Möglichkeiten der Textauswahl für den englischsprachigen Literaturunterricht sind. Über bloße Lektüreanregungen hinaus liefert der Band komplett strukturierte Unterrichtseinheiten mit den dazugehörigen Materialien, so dass allen Leserinnen und Lesern die unkomplizierte und zuverlässige Durchführung der Unterrichtsvorschläge ermöglicht wird. Insgesamt trägt der vorliegende Band somit den Bedürfnissen von sowohl angehenden als auch schon berufserfahrenen Schulpraktikern umfassend Rechnung:

Zielgruppe

▸ Er stellt verschiedene zentrale Bereiche des englischsprachigen Literaturunterrichts in anschaulicher und übersichtlicher Form dar.
▸ Er erschließt eine Vielzahl von für den Englischunterricht geeigneten Genres und unterschiedlich medial vermittelten Texten.
▸ Er liefert ein großes Repertoire an Methoden der Arbeit mit literarischen Werken aus verschiedenen Gattungen mit einem hohen Transferwert.
▸ Er gibt Anregungen für die Beschäftigung mit literarischen Texten in der konkreten Unterrichtspraxis.

I. Grundlagen zur Erstellung von Unterrichtssequenzen im Literaturunterricht

1. Allgemeines zur Planung von literarischen Unterrichtssequenzen

Planung einer literarischen Unterrichtssequenz

Die Planung einer Literatureinheit ist für Lehrende, seien diese noch so erfahren, eine komplexe Aufgabe. Dazu gehört die Auswahl, Rezeption und Interpretation eines Primärtextes oder – im Falle von Gedichten oder Kurzgeschichten – mehrerer Texte, die Bestimmung der im Unterricht zu behandelnden thematischen Aspekte, bei der aus einer Fülle von Möglichkeiten eine für die Ziele der Unterrichtsreihe sinnvolle Auswahl zu treffen ist, das Festlegen der Lernziele sowie die Bestimmung von Methoden und die Konzeption von Aufgaben, mit Hilfe derer sich die angestrebten Lernziele erreichen lassen. Dabei müssen vielfältige Faktoren berücksichtigt werden, die die Gestaltung einer für Lehrende und Lernende gleichermaßen befriedigenden und erfolgreichen literarischen Unterrichtseinheit bedingen. Im Folgenden sollen die wichtigsten dieser Faktoren beschrieben werden, um Lehrenden wenn auch kein Patentrezept, so doch gezielte Hilfestellung bei der Planung von Literatursequenzen im Fremdsprachenunterricht zu geben. Ohne Anspruch auf Vollständigkeit werden einige didaktische Leitgedanken formuliert, die als Orientierungsrahmen bei der Konzeption von literarischen Unterrichtsreihen dienen können und die auch den exemplarischen Unterrichtsmodellen, die in den Teilen II und III dieses Bandes vorgestellt werden, zugrunde liegen.

Curriculare Vorgaben

Generell gilt es, bei jeder Unterrichtssequenz zunächst die inhaltlichen Ziele sowie die zu erwerbenden Kompetenzen an den curricularen Vorgaben des jeweiligen Bundeslandes auszurichten. Zusätzlich müssen die schulinternen Curricula und mögliche fachinterne Beschlüsse berücksichtigt werden. Grundsätzlich soll der fremdsprachliche Literaturunterricht neben den Fertigkeiten Lesen, Schreiben, Hören, Sprechen und Sehen in der Fremdsprache auch die Ausbildung von literarischen, interkulturellen, affektiven und methodischen Kompetenzen fördern.

Anforderungsprogression

Da sowohl eine Über- als auch eine Unterforderung der Lernenden erfahrungsgemäß demotivierend wirkt, sollten die angestrebten Lernziele im Verlauf einer Unterrichtseinheit von einer inhaltlichen, sprachlichen und methodischen Anforderungsprogression begleitet werden. Auf diese Weise wird nicht nur das Leistungspotenzial der Schülerinnen und Schüler adäquat ausgeschöpft, sondern auch ihr Lernprozess optimal unterstützt. Zu dieser Form der Progression gehört auch, dass der Grad der Lenkung durch die Lehrkraft allmählich reduziert wird, d.h., dass zunehmend offene Aufgaben gestellt werden (zur Rolle der Lehrkraft beim Einsatz literarischer Texte vgl. Surkamp/Nünning 2016: Kap. I.6).

Das inzwischen weithin akzeptierte Prinzip der Schülerorientierung deutet bereits auf ein weiteres wichtiges Ziel beim Fremdsprachenlehren hin, das es auch im Literaturunterricht zu fördern gilt, nämlich das der Lernerautonomie. Darunter fällt die Fähigkeit der Schülerinnen und Schüler, ihren Lernprozess eigenständig zu organisieren und zu reflektieren. Dies kann allerdings nur dann gewährleistet werden, wenn Unterrichtssequenzen in schülerorientierter Weise geplant werden. Eine Facette der Schülerorientierung und Förderung von selbstständigem Lernen ist die Einbeziehung der Lerngruppe bei der inhaltlichen und methodischen Gestaltung der Einheit.

Autonomes Lernen und Schülerorientierung

Darüber hinaus sollte die Unterrichtssequenz Möglichkeiten der Individualisierung und Differenzierung bieten, um den persönlichen Bedürfnissen, Fähigkeiten und Interessen der Lernenden gerecht zu werden. Um der Heterogenität einer Lerngruppe Rechnung zu tragen, ihre Motivation aufrechtzuerhalten und einen nachhaltigen Lerneffekt auszulösen, muss der Unterricht abwechslungs- und perspektivenreich gestaltet werden. Dies bedeutet neben dem Einsatz verschiedener Texte, Materialien und Medien auch eine Variation der gewählten Methoden (vgl. Kap. I.2) und Sozialformen.

Individualisierung und Differenzierung

Das Erreichen text- und themenbezogener Lernziele allein genügt jedoch nicht, um die Lernenden ausreichend für außerschulische Kommunikationssituationen in der Fremdsprache vorzubereiten. Damit die Schülerinnen und Schüler befähigt werden, fremdsprachlich kompetent – d.h. situations- und partneradäquat – zu kommunizieren und zu handeln, sollten literarische Unterrichtssequenzen die Anwendung der Fremdsprache in bedeutungsvollen Kontexten sowie die Entwicklung übertragbarer Fähigkeiten ermöglichen. Eine wesentliche Voraussetzung dafür ist ein am Prinzip der Handlungsorientierung ausgerichteter Literaturunterricht. Handlungsorientierung bedeutet, dass den Lernenden ein reichhaltiges Gesprächs- und Textangebot zur Verfügung gestellt wird, *das thematisch für sie so bedeutsam ist, dass es sie zu sprachlichen Äußerungen herausfordert* (Bach/Timm 2003: 14). Eine weitere Maßnahme im Sinne der Handlungsorientierung ist die Auswahl von Methoden, die in den Lernenden das Bedürfnis wecken, mit den angebotenen Gesprächsinhalten und Texten *emotional-engagiert und nicht nur kognitiv-wissensbereichernd umzugehen* (ebd.: 20). Die Lernenden sollten Texte also nicht nur im Hinblick auf ihre formalen Bestandteile analysieren oder sie interpretatorisch erschließen, sondern sich auch produktiv und handelnd mit ihnen auseinandersetzen (wollen), z.B. durch das Schreiben neuer Texte, durch grafisch-bildliche, musikalische und pantomimische Umsetzungen sowie durch Formen des szenischen Spiels

Handlungsorientierung

(vgl. Surkamp 2007). Solche handlungsorientierten Verfahren ermöglichen es den Lernenden, sich auch über sich selbst, ihre Einstellungen, Gefühle und Überzeugungen auszutauschen und verschiedene Deutungsansätze gemeinsam auszuhandeln.

Aufgaben-orientierung

Neben der Handlungsorientierung sollte die Aufgabenorientierung ein didaktischer Leitgedanke bei der Planung von literarischen Unterrichtssequenzen sein. Der wegweisende didaktische Ansatz des *task-based learning* leistet insofern Wichtiges für den Einsatz von literarischen Texten im Fremdsprachenunterricht, als er die Verstehensvoraussetzungen der Schülerinnen und Schüler ebenso berücksichtigt wie den Handlungsraum Fremdsprachenunterricht. Die Bereitstellung von Aufgaben soll zu einer produktiven Auseinandersetzung mit Texten anregen, die Lernende intensiv in Sinnfindungsprozesse verstrickt (vgl. Delanoy 2002: 141). Nicht der Text allein steht im Mittelpunkt – wie dies bei rein analytischen Vorgehensweisen der Fall ist –, sondern es wird den vielfältigen, an der Sinnkonstitution literarischer Texte beteiligten ‚Interaktionspotenzialen' Rechnung getragen (vgl. ebd.: Kap. IV.3). Diese Potenziale sind im fremdsprachlichen Literaturunterricht an bestimmte Aktanten geknüpft, die neben Personen (Lehrende und Lernende), Unterrichtsmaterialien und Aktivitäten auch zeitliche und räumliche Rahmenbedingungen einschließen. *Task-based learning* hat zum Ziel, diese unterschiedlichen Potenziale über die aufgabengesteuerte Auseinandersetzung mit Texten möglichst optimal für das Entstehen einer dialogischen Lernkultur im Handlungsraum Unterricht zu aktivieren (vgl. Legutke/Thomas 1991: 15). An die Stelle einer einseitigen Lehrerdominanz tritt im *task-based learning* also eine dialogische Unterrichtskultur, in der Lernende auch leitende Funktionen übernehmen und Lehrende selbst zu Lernern werden können (vgl. Legutke 1988: 52). Einem weiten *task*-Begriff zufolge besteht eine Aufgabe dabei mindestens aus einem fremdsprachigen Text und einer Lernaktivität (vgl. Legutke/Thomas 1991: Kap. 4); sie kann aber auch *als komplexes Gefüge realisiert werden, das sich aus literarischen wie auch außerliterarischen L2-Texten sowie Hilfstexten (z. B. Vokabelerklärungen, Glossare) und Lernaktivitäten zusammensetzt* (Delanoy 2002: 153; vgl. auch Diehr et al. 2012).

Wahl des literarischen Textes

Während das Rahmenthema meist bestimmten curricularen Vorgaben unterliegt, sollte bei der Wahl des konkreten Materials für eine literarische Unterrichtssequenz dem Prinzip der Schülerorientierung Rechnung getragen werden. Dabei sollte die Frage nach der Eignung eines Textes für eine bestimmte Lerngruppe nicht nur in Bezug auf das fremdsprachliche Anspruchsniveau, sondern auch auf den Inhalt gestellt werden. Es sollte den Schülerinnen und Schülern möglich sein, einen persönlichen Bezug zum jeweiligen literarischen Text herzustellen. Identifikationsmöglichkeiten mit den Protagonisten wecken nicht nur Interesse, sondern fördern gleichermaßen die Entwicklung interkultureller Kompetenzen wie z. B. der Empathiefähigkeit: Lernende erkennen eigene Probleme und Interessen in literarischen Figuren wieder, können sich identifizieren und Konflikte mitfühlen. Allerdings sollten sich die Lernenden nicht nur mit ähnlich empfindenden Figuren im literarischen Text identifizieren, sondern darüber hinaus auch mit anders- oder gar fremdartigen Lebenswelten konfrontiert werden, die sie zu einem Perspektivenwechsel auffordern. (Zu weiteren Kriterien der Textauswahl vgl. auch Kap. I.3 des vorliegenden Bandes sowie Surkamp/Nünning 2016: Kap. I.5)

Wahl der Medien, Methoden und Sozialformen

Die Ausgangssituation der Lernenden sollte aber nicht nur bei der Textauswahl, sondern auch bei der Wahl der Medien, Methoden und Sozialformen einbezogen werden. Mit Medien sind hierbei nicht nur die sogenannten neuen Medien wie Film, Fernsehen, Computer oder Internet gemeint, sondern auch die klassischen Medien (Lehr-)Buch, Tafel, Folie, Arbeitsblatt, Radio, CD etc. Ausschlaggebend für die Auswahl sind das Vorwissen der Schülerinnen und Schüler innerhalb einer bestimmten Lerngruppe, die bereits vorhandenen Kompetenzen und bekannten Arbeitstechniken, das Klassenklima sowie psychische und soziale Bedürfnisse bzw. Besonderheiten. Darüber hinaus ist bei der Wahl von Medien, Methoden und Sozialformen in einer literarischen Unterrichtssequenz zu beachten, dass diese keinen Selbstzweck darstellen, sondern in einem funktionalen Verhältnis zu den angestrebten Lernzielen stehen.

Textrezeption des bzw. der Lehrenden

Um die Lernziele festlegen sowie Methoden und Sozialformen bestimmen zu können, steht die Lehrkraft zunächst vor der Aufgabe, sich eingehend mit dem ausgewählten Textmaterial zu beschäftigen und zu einer eigenen Deutung zu gelangen. Dazu kann es erforderlich sein, zusätzliche Informationen zum Text oder Thema zu besorgen. Mit Blick auf die konkrete Stundenplanung sollte bei der Textrezeption auch schon nach inhaltlichen und formalen Besonderheiten Ausschau gehalten werden, die im Unterricht erarbeitet werden können. Hilfreich für die weitere Unterrichtsplanung ist auch, Informationen zu den Figuren zu notieren. Außerdem lohnt es sich, eigene spontane Eindrücke und subjektive Reaktionen, Fragen an den Text sowie eventuelle Unklarheiten oder Aspekte, die bei der Lektüre besonders aufgefallen sind, festzuhalten. Die selbstreflexive Auseinandersetzung mit ersten Texteindrücken wird ja auch von den Lernenden erwartet. Für Lernende und Lehrende kann es gleichermaßen spannend sein, diese ersten Reaktionen auf einen Text im Laufe einer Einheit in ihren Gemeinsamkeiten und auch Unterschieden zu beleuchten.

Didaktische Reduktion und Textstrukturierung

Im Anschluss an die Textrezeption sollten zentrale Textstellen, die sich z. B. aufgrund ihrer inhaltlichen und/oder formalen Relevanz für eine spätere Bearbeitung im Unterricht anbieten, ausgewählt werden. Die Lehrkraft muss entscheiden, wie die Stoff- und Themenfülle, die ein Text in der Regel bietet, didaktisch so reduziert werden kann, dass sie für die Lernenden auch zu bewältigen ist. Da diese nicht Seite für Seite lesen und interpretieren können und sollen, ist es wichtig, Textpassagen so auszusuchen, dass der Kerngehalt eines Textes deutlich wird. Außerdem müssen Überlegungen darüber angestellt werden, wie sich der Text für die Rezeption strukturieren lässt: Soll er ganz oder nur in Teilen, chronologisch oder in einer veränderten Reihenfolge, global oder intensiv, eigenständig oder begleitet gelesen werden? Dabei gilt es auch zu überlegen, ob es am sinnvollsten ist, kapitelweise, thematisch oder entlang der formalen Struktur des Textes vorzugehen.

Schwerpunktsetzung und Bedingungsanalyse

Zugleich müssen sowohl thematische und formale als auch didaktische Schwerpunkte bestimmt werden, die als Leitfaden für die bevorstehende Planung der Unterrichtseinheit dienen. Außerdem müssen die Bedingungen zur Bearbeitung des Textes eingeschätzt und in Bezug zu den Lernervoraussetzungen gesetzt werden: Welche sprachlichen und methodischen Kompetenzen benötigen die Lernenden? Welches sprachliche und inhaltliche Wissen ist für das Verständnis des jeweiligen Textes notwendig? Auf diese Weise können mögliche Schwierigkeiten bei der Textrezeption antizipiert und für das sprachliche Lernen relevante Wortfelder bestimmt werden.

Bestimmung der Lernziele

Nachdem das Rahmenthema beschlossen ist und die Lehrkraft den ausgewählten literarischen Text selbst rezipiert und erarbeitet hat, beginnt die Planung konkreter Unterrichtsstunden, die sich zu einer Sequenz zusammenfügen. Zunächst sind sowohl die groben als auch die feinen Lernziele zu formulieren. Neben der Förderung des Leseverstehens in der Fremdsprache gehören die Ausbildung sprachlicher und kommunikativer Kompetenzen, die Entwicklung textueller, literarischer, audio-visueller und narrativer Kompetenzen (d. h. Textsorten- und Mediengattungsbewusstsein, ästhetisches Empfinden, die Fähigkeit zur Rezeption und Produktion von Geschichten; vgl. Nünning/Nünning 2007) sowie die Förderung von affektiven, imaginativen, emanzipatorischen und sozialen Kompetenzen zu den besonderen Zielen des fremdsprachlichen Literaturunterrichts (vgl. Surkamp/Nünning 2016: 19-23; 28-32). Eine ebenso wichtige Rolle spielt die Ausbildung interkultureller Kommunikationskompetenzen, d. h. die Förderung von Fremdverstehen, Empathie und Perspektivenübernahme (vgl. ebd.: 33-38). Im fremdsprachlichen Literaturunterricht können aber auch kulturelle Kompetenzen entwickelt werden, z. B. die Einsicht in die Bedeutungshaltigkeit literarischer Darstellungsverfahren und die Funktion von literarischen Texten als kulturelle Ausdrucksträger sowie die Sensibilisierung für die Kontextgebundenheit und Geschichtlichkeit eines literarischen Werkes (vgl. ebd.: 38-43). Wichtig ist, dass nicht unrealistisch viele Lernziele für eine Einheit festgelegt werden, die dann gar nicht alle erreicht werden können bzw. die die Unterrichtssequenz überfrachten. Die Lehrkraft steht also insgesamt vor der Aufgabe, im Hinblick auf den Text, das Thema, die Lerngruppe und die Jahresplanung eine sinnvolle Auswahl aus der Vielzahl möglicher Lernziele zu treffen.

Des Weiteren muss überlegt werden, welches Zusatzmaterial zum Verständnis und zur Kontextualisierung des Textes sowie zum Erreichen der festgelegten Lernziele notwendig ist. Dieses Material kann zum einen schriftliche Texte umfassen, z. B. Sachtexte zum Entstehungskontext oder geschichtlichen Hintergrund eines literarischen Werkes, zu sprachlichen oder gattungsspezifischen Phänomenen, Klappentexte, Rezensionen, weitere literarische Texte zu einem ähnlichen Thema, Comic-Versionen des zugrunde liegenden Textes sowie Interviews mit oder Artikel über den Autor bzw. die Autorin. Zum anderen kann mögliches Zusatzmaterial in Form von anderen medialen Gattungen in den Unterricht integriert werden, z. B. in Form von Hörtexten (Hörbüchern, Hörspielen, Radio-Interviews oder Musik), Bildern zum Textinhalt oder zum Hintergrundwissen (z. B. Illustrationen, Kinoplakate, Bilder von im Text erwähnten Kunstwerken etc.) oder Filmen (sowohl Spielfilmen als auch Dokumentationen) bzw. Ausschnitten daraus. Ein erweitertes Materialangebot kann den Lernenden den Einstieg in den literarischen Text erleichtern, ihr Textverständnis fördern und ihnen Hintergrundinformationen bzw. Anknüpfungspunkte für die Interpretation bieten. Eine zusätzliche wesentliche Funktion weiterer Text- und Bildmaterialien besteht darin, auf diese Weise den zentralen Text zu kontextualisieren, d. h. in einen größeren (Text-)Zusammenhang zu stellen. (Zu einer detaillierten Begründung, warum die Zusammenstellung von Textreihen im fremdsprachlichen Literaturunterricht besonders wichtig ist, vgl. Kap. I.3 im vorliegenden Band). Im Anschluss ist ein zeitlicher Rahmen festzulegen, der es erlaubt, die formulierten Lernziele realistisch anhand der ausgesuchten Materialien zu erreichen.

Wahl von Zusatzmaterial

Nachdem die Lernziele bestimmt sind und das der Unterrichtssequenz zugrunde liegende Gesamtmaterial ausgewählt ist, geht es an die Planung der Gesamtstruktur der Unterrichtssequenz und der Einzelstunden. Bei der Strukturierung einer Sequenz gilt es vor allem, die oben skizzierten Prinzipien der Anforderungsprogression, der methodischen Variabilität,

Gesamtstruktur der Sequenz und Stundenstruktur

der Schüler- und Handlungsorientierung sowie der Individualisierung und Differenzierung zu berücksichtigen. Für jede Stunde sollten sodann ein übergeordnetes Thema und ein klarer Fokus bestimmt werden. Zudem muss berücksichtigt werden, dass jeweils eine zielorientierte Einführungs-, Erarbeitungs- und Transfer- bzw. Sicherungsphase eingeplant wird. Insgesamt sollte die Textarbeit durch die Konzeption von *pre-*, *while-* und *post-reading* (bzw. *-listening* oder *-viewing*) *tasks* unterstützt werden (vgl. Surkamp/Nünning 2016: Kap. II.2). Gegebenenfalls können hierzu Arbeits- oder Merkblätter beschafft oder selbst erstellt werden. In den in den Teilen II und III des vorliegenden Bandes vorgestellten Unterrichtsreihen wird eine Vielzahl an *work sheets* für die Arbeit mit literarischen Texten zur Verfügung gestellt, die Lehrenden auch als Beispiele für die Erstellung eigener Arbeitsblätter dienen können. Ein weiterer Aspekt der Planung der Gesamtstruktur und der Einzelstunden betrifft die Frage der Einbeziehung der Lernenden in die Unterrichtsgestaltung. So sollte z. B. die Verteilung von Terminen für Präsentationen oder andere Aufgaben, die eine längere Vorbereitungszeit erfordern, möglichst frühzeitig erfolgen.

Konzeption einer Lernzielkontrolle

Ausgehend von den Lernzielen der Unterrichtseinheit und den in den Einzelstunden zu erarbeitenden Inhalten muss außerdem eine Lernzielkontrolle konzipiert werden. Die Form dieses Bewertungsinstruments sollte unter Berücksichtigung der inhaltlichen und sprachlichen Ziele, der gewählten methodischen Verfahren sowie der Besonderheiten der Lerngruppe gewählt werden (vgl. hierzu auch Surkamp/Nünning 2016: Kap. I.6.2). Es ist sinnvoll, Form und Inhalt der Überprüfung bereits bei der Planung der Unterrichtsreihe zu bedenken. In organisatorischer Hinsicht ist zu berücksichtigen, dass die Lehrkraft sich bezüglich des Termins rechtzeitig mit ihren Kollegen und Kolleginnen abstimmt. Für die Schülerinnen und Schüler ist es im Hinblick auf die Vorbereitung ebenso wichtig, Termine und Form bevorstehender Lernzielkontrollen möglichst frühzeitig zu erfahren.

Konzeption von Aufgaben

Entsprechend dem oben dargelegten Grundsatz der Aufgabenorientierung sind bei der Konzeption von konkreten Aufgaben für den Unterricht verschiedene Leitgedanken zu beachten. Prinzipiell sollten den Schülerinnen und Schülern innerhalb einer Unterrichtssequenz ausreichende Möglichkeiten zum Üben von Grundfertigkeiten in der Fremdsprache geboten werden. Dabei ist es wichtig, rezeptive und produktive, kognitive und affektive Kompetenzen gleichermaßen zu berücksichtigen. Für jede einzelne Aktivität muss sichergestellt werden, dass sie tatsächlich den gewünschten Zweck erfüllt und sich das übergeordnete Lernziel durch sie erreichen lässt; hilfreich kann hierfür die Formulierung von erwarteten

Schülerantworten sein. Es sollte außerdem beachtet werden, dass vorwiegend Aufgabenstellungen eingesetzt werden, die verschiedene Lösungsmöglichkeiten zulassen, damit nicht zu gelenkt auf eine einzelne, vorgefertigte Lösung hingearbeitet wird. Im Hinblick auf die gesamte Unterrichtssequenz gilt es zu bedenken, dass die einzelnen Aufgaben nicht isoliert aneinandergereiht werden, sondern aufeinander aufbauen: Das Ergebnis einer Aufgabe sollte jeweils den Ausgangspunkt für die nächste Aufgabe darstellen, so dass nicht nur eine Anforderungsprogression stattfinden kann, sondern die Bearbeitung der Aufgaben auch einen für die Lernenden ersichtlichen Sinn erhält. Grundsätzlich sollten die Funktionen der gewählten Aufgaben thematisiert und die Lernziele transparent gemacht werden, um den Schülerinnen und Schülern eine Einordnung des in einer Stunde Erarbeiteten in einen größeren Kontext zu ermöglichen und somit dessen Relevanz explizit aufzuzeigen. Dies gilt auch für die Konzeption der Hausaufgaben, die zudem nicht immer der Nachbereitung einer Stunde dienen müssen, sondern die Lernenden auch auf die kommende Stunde vorbereiten können.

Bei der Planung einer Unterrichtssequenz sollte des Weiteren berücksichtigt werden, dass Lernen besonders nachhaltig und persönlich bedeutsam wird, wenn den Lernenden Raum gelassen wird, persönliche Empfindungen bewusst wahrzunehmen und zu artikulieren. Vor allem der manchmal schwierige Einstieg in einen fremdsprachigen literarischen Text kann für Schülerinnen und Schüler erleichtert werden, wenn ihnen zunächst ein subjektiver Zugang ermöglicht wird, bei dem sie ihre eigenen Eindrücke, Gefühle und Erfahrungen zum Ausdruck bringen können. Wichtig ist, dass der Einstieg ihre Neugierde weckt und bereits von Beginn der Einheit an zum Engagement mit dem Text und zur Mitarbeit im Unterricht motiviert.

Gestaltung des Texteinstiegs

Darüber hinaus sollte die Lehrkraft Differenzierungsangebote entwickeln, z. B. indem sie unterschiedliche Texte oder Textsorten (mit unterschiedlichem Anspruchsniveau oder thematischem Schwerpunkt) zur Wahl stellt, eine differenzierte Aufgabenstellung anbietet und/oder unterschiedliche methodische Vorgehensweisen erlaubt. Den Lernenden sollte auch die Option eingeräumt werden, nach eigenen Interessen und Kompetenzen selbstständig aus einer Aufgaben- und Materialiensammlung zu wählen, unter anderem auch um individuelle Schwächen aufzuarbeiten oder aber um mit einem persönlich gewählten Schwerpunkt vertieft weiterzuarbeiten. Das Differenzierungsangebot kann durchaus auch seitens der Lernenden erweitert werden, indem diese eigene Problemstellungen und selbst gesichtete weitere Texte in den Literaturunterricht einbringen.

Differenzierungsangebote

Offene Lern- und Arbeits- formen

Gerade durch das selbstständige Arbeiten wird im Klassenzimmer eine motivierende Freiheit geschaffen, die den Lernenden auch die Möglichkeit zur Selbsterfahrung bietet. Dies wird jedoch nicht nur durch ein Differenzierungsangebot im Bereich der Aufgaben erreicht, sondern vor allem durch die Einplanung offener Lern- und Arbeitsformen. Diese verlangen von den Schülerinnen und Schülern neben der eigenverantwortlichen Organisation der Vorgehensweise auch Problemlösungskompetenzen sowie ein hohes Maß an Kooperationsfähigkeit. Gleichzeitig bieten offene Zugangsformen Anlässe dafür, dass sich möglichst viele Lernende am Unterricht beteiligen. Sie sollten daher auch im fremdsprachlichen Literaturunterricht eingeplant werden.

Partner- und Gruppenarbeit

Partner- und Gruppenarbeit sind insbesondere deshalb wichtig in literarischen Unterrichtssequenzen, um zurückhaltende Schülerinnen und Schüler dazu zu animieren, ihre Ideen in einem kleineren Kreis in der Fremdsprache zu formulieren und in eine gemeinsame Bedeutungskonstruktion einzubringen. Oftmals ist dies leichter als vor der gesamten Klasse. Auch ein positives Sozialverhalten kann durch konstruktives Arbeiten in diesen Sozialformen nachhaltig gefördert werden. Bei der Planung einer literarischen Unterrichtsreihe sollte deshalb dem besonderen Potenzial der Partner- und Gruppenarbeit Rechnung getragen werden. Während einer Unterrichtsreihe kann dieses am besten ausgeschöpft werden, wenn die Lernenden auch explizit zu den Erfahrungen, die sie mit diesen Arbeitsformen machen, befragt werden.

Lerntechniken und -strategien

Die Lernenden sollten in einer Unterrichtssequenz jedoch nicht nur die Gelegenheit zur expliziten Thematisierung und Reflexion der eingesetzten Sozialformen erhalten, sondern sich auch mit den von ihnen angewendeten Lernstrategien und -techniken auseinandersetzen. Teil einer jeden Unterrichtsreihe sollten neben konkreten fachlichen und sprachlichen Inhalten auch das Erläutern, Einüben und Reflektieren von Lernstrategien und Lerntechniken sein, da diese den Arbeitsprozess bei der Beschäftigung mit einem literarischen Text maßgeblich unterstützen. Auf diese Weise wird den Lernenden neben deklarativem auch prozedurales Wissen vermittelt, das für weiteres eigenständiges Lernen – in Bezug auf den fremdsprachlichen Literaturunterricht vor allem für den Einsatz von Lesestrategien und damit für die Entwicklung der fremdsprachlichen Lesekompetenz – unabdingbar ist. Wie Lernstrategien und -techniken innerhalb einer literarischen Unterrichtssequenz zum Thema gemacht werden können, wird in Kap. II.1 des vorliegenden Bandes anhand der Förderung von Lesekompetenz bei der Beschäftigung mit einem Jugendroman vorgeführt.

Bevor die geplante Unterrichtssequenz tatsächlich beginnen kann, sollte die Lerngruppe frühzeitig zur Anschaffung der Lektüre aufgefordert und gegebenenfalls immer wieder daran erinnert werden. Oder aber die Lektüre wird im Klassensatz bestellt. Die Lehrkraft sollte sich zuvor über die Verfügbarkeit des literarischen Textes informieren. Überprüft werden sollten ebenso das Vorhandensein und die terminliche Verfügbarkeit der zum Einsatz vorgesehenen Medien. Gegebenenfalls müssen außerdem noch weitere Voraussetzungen geschaffen werden, die als Grundlage für eine gelungene Literatureinheit dienen. Dazu kann es gehören, die Kenntnisse der Lernenden zu erweitern bzw. auf einen gemeinsamen Stand zu bringen oder gemeinsam Verhaltensregeln für bestimmte geplante Arbeitsformen auszuhandeln (z. B. für Gruppenarbeit, für Diskussionen, für die Artikulation von Feedback etc.). Hilfestellung bei der Bewertung der Fragen, ob die für die Einheit konzipierten Aufgaben auch aufeinander aufbauen und ob angemessene Methoden und Sozialformen ausgewählt wurden, kann die Erstellung einer tabellarischen Übersicht über die gesamte Unterrichtssequenz bieten. Für die in diesem Buch vorgestellten Unterrichtsmodelle wurden jeweils tabellarische Übersichten entworfen, die auf der CD-ROM zu finden sind und beispielhaft veranschaulichen sollen, wie ein solcher Überblick, der zudem zum genauen Durchdenken einer Einheit bewegt, gestaltet werden kann.

Organisatorische Tipps

Auch wenn bisher zahlreiche Hinweise zur Planung einer literarischen Unterrichtseinheit gegeben wurden, ist das oberste Prinzip bei der tatsächlichen Durchführung die Flexibilität der Lehrkraft. Eine einmal konzipierte Reihe bzw. Stunde muss nicht bis ins Detail auch tatsächlich so durchgeführt werden: *Vielmehr ist jeder Unterricht eine* vorläufig geplante Veranstaltung, *die dazu führt, dass der Lehrer sicher vor und mit der Klasse (inter)agieren kann, weil er sich im Vorfeld intensiv mit dem Ablauf der Einzelstunde, der Unterrichtseinheit oder auch des ganzen Schuljahres auseinandergesetzt hat* (Haß 2006: 257). Sollten einzelne Aktivitäten sich z. B. als nicht durchführbar erweisen oder sollten sich während der Sequenz zusätzliche spontane Fragen bzw. Wissens- oder Lernbedürfnisse ergeben, empfiehlt es sich natürlich nicht, rigide an der Planung festzuhalten; vielmehr gilt es, flexibel auf die Lerngruppe und die spezifische Situation einzugehen. Diese Flexibilität beinhaltet auch, dass vor jeder Stunde ein ‚Plan B' als didaktische Reserve überlegt wird für den Fall, dass das Geplante länger dauert oder gar schneller erledigt ist als zunächst angenommen.

Flexibilität der Lehrkraft

Im Anschluss an jede Stunde sollte die Lehrkraft darüber reflektieren, ob die gesetzten Lernziele tatsächlich erreicht wurden. Gegebenenfalls kann es notwendig sein, die weitere Unterrichtssequenz angesichts der

Reflexion und Rückmeldung

praktischen Unterrichtserfahrung zu modifizieren. Nach der gesamten Literatureinheit (oder sogar bereits nach bestimmten Phasen einer Sequenz) ist es wichtig, den Schülerinnen und Schülern die Möglichkeit zu bieten, dem bzw. der Lehrenden Rückmeldungen zu geben. Dies kann z. B. mit Hilfe von Fragebögen geschehen, deren Ergebnisse Einblick in die individuellen Lernprozesse der Schülerinnen und Schüler gewähren und zudem sinnvoll mit in die zukünftige Unterrichtsplanung einfließen können (ein Beispiel für einen solchen Evaluationsbogen befindet sich auf der CD-ROM im Material zu Kap. III.1: ‚Filmunterricht als Kulturunterricht'). Zu guter Letzt darf für die persönliche Weiterentwicklung auch eine Selbstreflexion seitens der Lehrkraft im Hinblick auf die gesamte Unterrichtssequenz nicht fehlen. Die Lehrkraft sollte darüber nachdenken, welche Aufgaben und Methoden der Unterrichtsreihe in besonders gelungener Weise zu den vorgesehenen Lernzielen führten, welche Aspekte stärker hätten berücksichtigt werden sollen, welche (unvorhergesehenen) Schwierigkeiten aufgetreten sind, an welchen Stellen Planung und tatsächlicher Verlauf auseinandergegangen sind und wie Unterricht zukünftig noch besser gestaltet werden kann.

Checkliste   Im Folgenden sind die wichtigsten Aspekte, die bei der Planung einer literarischen Unterrichtssequenz berücksichtigt werden sollten, noch einmal in Form einer Checkliste mit Leitfragen zusammengefasst. Diese Checkliste ist nicht dafür gedacht, dass Lehrende sie schematisch durchgehen und alle Fragen in der angegebenen Reihenfolge beantworten oder ‚abhaken'. Vielmehr sollen die Fragen Hilfestellung bei der Planung geben und darauf hinweisen bzw. in Erinnerung rufen, welche Faktoren bei der Konzeption einer Einheit insgesamt sowie bei der Organisation der Einzelstunden bedacht werden müssen. Außerdem kann die Checkliste dazu dienen, eine schon entworfene Unterrichtssequenz vor ihrer Durchführung in der Praxis anhand der aufgeführten Fragen noch einmal abschließend zu bewerten und ggf. zu modifizieren.

Checkliste für die Planung einer literarischen Unterrichtssequenz

Vorbereitende Fragen	‣ Welche bundeslandspezifischen, schul- oder fachinternen curricularen Vorgaben müssen berücksichtigt werden? ‣ Wie gut kennt man sich selbst als Lehrkraft mit dem durch den Text zu bearbeitenden Thema aus? Ist eine zusätzliche Einarbeitung in das Thema erforderlich? Woher können evtl. benötigte Informationen schnell beschafft werden? ‣ An welche Lernervoraussetzungen kann angeknüpft werden? Welche (inhaltlichen, sprachlichen, methodischen) Hilfen müssen den Lernenden angeboten werden? ‣ Welche besonderen Rahmenbedingungen sind zu beachten (z. B. Jahresplanung, Rahmenthema, Klassenzusammensetzung, Stundenverteilung, Medienangebot etc.)?
Fragen zur Text- bzw. Material- auswahl	‣ Entspricht der Text den Interessen, Bedürfnissen und Fähigkeiten der Lernenden? ‣ Welche Lernziele des fremdsprachlichen Unterrichts können durch die Beschäftigung mit diesem Text erreicht werden? ‣ Wie kann der Text interpretiert werden? Welche thematischen und formalen Schwerpunkte sollten bearbeitet werden? ‣ Bietet der Text den Lernenden sowohl Identifikationspotenzial als auch die Möglichkeit des interkulturellen Lernens? ‣ Wie kann der Text für die Bearbeitung im Unterricht strukturiert und wie kann die Stofffülle sinnvoll reduziert werden? ‣ Wie kann der Text kontextualisiert werden? Welches Zusatzmaterial/welche weiteren Texte wäre(n) geeignet und sollte(n) in der Unterrichtssequenz hinzugezogen werden?
Fragen zur Aufgaben- konzeption	‣ Wie können die Grundfertigkeiten Sprechen, Schreiben, Lesen, Hören und Sehen in der Fremdsprache gefördert werden? ‣ Durch welche Aufgaben können die für die Einheit festgelegten Lernziele erreicht werden?

Fragen zur Aufgaben-konzeption	▸ Wie kann das Interesse der Lernenden am Text geweckt und aufrechterhalten werden?
	▸ Wie kann die Textarbeit durch *pre-*, *while-* und *post-reading* (bzw. *-listening* oder *-viewing*) *activities* unterstützt werden?
	▸ Sind die ausgewählten Aufgaben schüler- und handlungs-orientiert? Besteht ein ausgewogenes Verhältnis zwischen Schülerorientierung und Lehrerzentriertheit?
	▸ Wird sowohl kognitives als auch affektives Lernen berücksichtigt?
	▸ Bauen die einzelnen Aufgaben aufeinander auf? Was wurde in der jeweils vorherigen Stunde erarbeitet? Gibt es Ergebnisse, die wieder aufgegriffen werden können/sollten? Wie können die Übergänge sinnvoll gestaltet werden?
	▸ Welche Hausaufgaben sind zum Ende der Einzelstunden hin sinnvoll? Sollen sie der Nachbereitung einer Stunde dienen oder die nächste Stunde vorbereiten?
	▸ Steigen die Anforderungen an die Lernenden im Laufe der Unterrichtssequenz?
	▸ Erlauben die Aufgaben den Lernenden Freiraum zum eigen-verantwortlichen Lernen und zur Selbsterfahrung?
	▸ Können die Lernenden aus einem Differenzierungsangebot selbstständig wählen?
	▸ Werden neben fachlichen Inhalten auch Lernstrategien eingeübt und reflektiert?
	▸ Wie lässt sich unter Berücksichtigung der angestrebten Lernziele, des methodischen Vorgehens und der Merkmale der Lerngruppe eine geeignete Lernerfolgskon-trolle konzipieren?
Fragen zur Wahl der Medien, Methoden und Sozialformen	▸ Dient die Wahl der Medien, Methoden und Sozialformen dem Erreichen der festgelegten Unterrichtsziele?
	▸ Wird der Einsatz der Medien, Methoden und Sozialformen abwechslungsreich gestaltet?
	▸ Wird den Lernenden die Möglichkeit des kooperativen Arbeitens geboten?
	▸ Welche methodischen Ziele werden verfolgt?
Organisato-rische Fragen	▸ Welcher zeitliche Rahmen wird benötigt, um die Lernziele anhand des ausgewählten Materials zu erreichen?

Organisatorische Fragen	Wie viele Stunden sind für die Unterrichtseinheit anzusetzen und welche Themen können den Einzelstunden zugeordnet werden?
	▸ Ist der literarische Text für alle Lernenden leicht verfügbar oder muss er frühzeitig bestellt werden?
	▸ Müssen frühzeitig Referate oder weitere Aufgaben, die eine längere Vorbereitungszeit benötigen, verteilt werden?
	▸ Welche Medien stehen zur Verfügung? Müssen diese vorgemerkt werden?
	▸ Eignet sich der Klassenraum für die gewählten Medien und Sozialformen?
	▸ Muss die Lernzielkontrolle terminlich mit weiteren Lehrkräften abgesprochen werden? Sind die Lernenden rechtzeitig über den Termin informiert?
	▸ Ist am Ende jeder Stunde ausreichend Zeit für die Ergebnissicherung eingeplant? In welcher Form soll die Ergebnissicherung erfolgen (im Plenum oder in Kleingruppen, als Tafelbild, auf Folie, per *handout*, als Poster, durch selbstständige Notizen der Lernenden)?
	▸ Ist am Ende der Einheit eine gemeinsame Reflexion mit den Lernenden über die Unterrichtssequenz vorgesehen?

2. Methoden der Literaturvermittlung

2.1 Rationale Textanalyse und kreative Zugangsformen: Ein Überblick

Ziel des Kapitels

Während es im weiteren Verlauf des vorliegenden Bandes vor allem darum gehen wird, exemplarische Unterrichtsreihen zu verschiedenen literarischen Gattungen zu entwickeln, in denen der Einsatz der in Band I von *Englische Literatur unterrichten* ausführlich beschriebenen Methoden (vgl. Surkamp/Nünning 2016: Kap. II) in konkreten Unterrichtszusammenhängen vorgestellt wird, soll die Vielzahl möglicher Verfahren der Literaturvermittlung zunächst noch einmal in kompakter Form zusammenfassend präsentiert werden, damit auch diejenigen Leserinnen und Leser, die Band I noch nicht kennen, die Unterrichtsmodelle gezielt und optimal nutzen können. Ein solcher Überblick erleichtert es Lehrenden, die im Folgenden anhand ausgewählter Texte und Materialien dargestellten Zugangsformen zielgerichtet in den eigenen Unterricht zu integrieren. Schließlich sind die einzelnen Textzugänge als Bausteine bzw. Module zu verstehen, die in flexibler Form bei der Beschäftigung mit literarischen Texten eingesetzt und immer wieder in neue Kontexte transferiert sowie auf andere Gattungen und Texte übertragen werden können.

Begründung der Vorgehensweise

Eine Zusammenschau unterschiedlicher Verfahren der Literaturvermittlung verlangt nach einer Gliederung, die im vorliegenden Kapitel nach analytischen und kreativen Zugangsformen erfolgen soll. Dieser Weg wurde für eine bessere Übersichtlichkeit gewählt und soll nicht bedeuten, dass diese Methoden in einem unüberbrückbaren Gegensatz zueinander stehen. Wie in der Einleitung zu diesem Band schon dargelegt wurde, ist eines der Hauptziele der vorgestellten Unterrichtsmodelle zu zeigen, dass Formen der rationalen Textanalyse und kreative Zugänge sich sinnvoll ergänzen und dass das Inventar an Kompetenzen, die Lernende im fremdsprachlichen Literaturunterricht erwerben können, durch die Kombination unterschiedlicher Methoden maßgeblich erweitert wird. Darüber hinaus leistet ein methodischer Pluralismus einen wichtigen Beitrag zu einem abwechslungsreichen Literaturunterricht und damit auch zur Förderung der Lesemotivation der Schülerinnen und Schüler.

Aufbau des Kapitels

Im Folgenden werden zunächst analytische Aspekte des Literaturunterrichts nach einzelnen Genres getrennt aufgeführt. Es sollen Übersichten über die zentralen Elemente und Untersuchungsbereiche lyrischer, dramatischer und narrativer sowie audiovisueller und auditiver Texte zusammengestellt werden. Diese Übersichten verstehen sich allerdings nicht als Checklisten, die bei der Analyse und Interpretation literarischer Texte systematisch abgearbeitet werden sollen. Vielmehr geben sie einen Überblick über mögliche Untersuchungsschwerpunkte, denen sich die Lernenden analytisch nähern können. Welche Bereiche dann bei der Beschäftigung mit einem Gedicht, einem Theaterstück, einer Kurzgeschichte, einem Film oder einem Hörspiel tatsächlich erarbeitet werden und in welcher Reihenfolge dies geschieht, sollte mit Blick auf den zu behandelnden Text, die Besonderheiten der Lerngruppe sowie die anvisierten Lernziele (eventuell sogar gemeinsam mit den Lernenden) entschieden werden. Ebenso gilt es zu überlegen, welche Merkmale eines Textes möglicherweise fruchtbarer anhand kreativer Verfahren erfasst werden können. Aus der Vielzahl handlungs- und produktionsorientierter Verfahren, die sich für eine Behandlung von literarischen Texten im Englischunterricht anbieten, werden daher im Anschluss an die Darstellung textanalytischer Schwerpunkte einige ausgewählt und in übersichtlicher Form vorgestellt. Da diese kreativen Verfahren weitgehend unabhängig vom Genre eingesetzt werden können, sind sie nicht nach Gattungen getrennt aufgeführt.

Viele der im Folgenden vorgestellten Methoden sind für das Erreichen eines der wichtigsten Lernziele des fremdsprachlichen Unterrichts geeignet: der Ausbildung der Fähigkeit zum Perspektivenwechsel. Die große Bedeutung des Konzepts des Perspektivenwechsels für einen Fremdsprachenunterricht, der dem Leitziel der interkulturellen Handlungsfähigkeit verpflichtet ist und Fremdverstehen befördern möchte, ergibt sich daraus, dass die Fähigkeit zur Perspektivenübernahme als notwendige Bedingung für soziales Handeln gilt und konstitutiv für das Verständnis von Motiven Anderer ist (vgl. Surkamp/Nünning 2016: Kap. I.4.2). Um Lernende auf das Verstehen von Menschen aus fremden Ländern und auf deren kulturell bestimmte Denkmuster und Wertvorstellungen vorzubereiten, kommt es daher im Fremdsprachenunterricht zum einen auf eine Aspektvielfalt hinsichtlich der behandelten Gegenstände bzw. Texte an (vgl. hierzu Kap. I.3 des vorliegenden Bandes). Zum anderen sollten verschiedene Formen der literarischen Textarbeit und bestimmte methodische Ansätze Perspektivenwechsel im Unterricht ermöglichen. Sowohl durch textanalytische Aufgaben als auch durch kreative, handlungs- und produktionsorientierte Zugangsformen können Schülerinnen und Schüler Erfahrung und Vertrautheit mit den Vorgängen des Perspektivenwechsels erlangen. Und damit sind keineswegs nur kognitive, sondern auch emotionale und affektive Perspektivenwechsel gemeint, d. h. das kognitive Abwägen unterschiedlicher Positionen ebenso wie das empathische Fühlen mit den Figuren (vgl. Surkamp 2005). Im Folgenden werden daher gerade auch solche Verfahren aufgeführt, die die Lernenden auf die Übernahme einer fremden Perspektive vorbereiten.

Perspektivenwechsel als Methode

33

Zentrale Aspekte der Gedichtanalyse

Der folgende Kasten gibt einen Überblick über die zentralen Aspekte der Gedichtanalyse (vgl. auch Surkamp/Nünning 2016: Kap. II.3.3). Im Unterricht können dabei bestimmte Elemente Verszeile für Verszeile untersucht werden, oder aber es wird eine Kategorie herausgegriffen, die es unter Berücksichtigung des gesamten Gedichtes zu erarbeiten gilt. Von zentraler Bedeutung ist in jedem Fall – und dies gilt für die Analyse jedes literarischen Textes –, dass die charakteristischen Textmerkmale nicht lediglich identifiziert und mit dem zutreffenden Fachbegriff benannt werden, sondern dass die besondere bedeutungstragende Funktion der jeweiligen Phänomene bestimmt wird. Somit wird es Lernenden ermöglicht, dass sie ihre textanalytischen Kompetenzen als Werkzeug sehen, das es ihnen erlaubt, einen lyrischen Text, der ihnen zunächst möglicherweise verschlossen blieb, zu ‚entschlüsseln‘.

Hinweise zum Vorgehen im Unterricht

Bereits die Länge dieses Überblicks weist darauf hin, dass eine dogmatische Bearbeitung aller möglichen Gestaltungsmittel lyrischer Texte bei der Beschäftigung mit einem Einzeltext im Unterricht nicht angestrebt

Aspekte der Gedichtanalyse	
Inhaltliche Aspekte	▸ Thema bzw. Themen des Gedichtes und inhaltliche Struktur ▸ Stimmung des Gedichtes ▸ Bedeutung der Überschrift
Strukturelle Merkmale	▸ Aufbau und Strophenform ▸ Metrum ▸ Rhythmus ▸ Reim und Reimschema ▸ Rhetorische Struktur: Analyse der Sprechsituation, Subjektivität des lyrischen Ich, Explizität des lyrischen Du
Rhetorische Figuren	▸ phonologisch ▸ morphologisch ▸ syntaktisch ▸ semantisch ▸ pragmatisch
Geschichtlicher Hintergrund	▸ Entstehungskontext ▸ epochenspezifische Merkmale ▸ biografischer Hintergrund des Autors bzw. der Autorin

werden sollte. Es gilt jedoch zu berücksichtigen, dass die Bedeutung eines Gedichtes nicht nur durch dessen Inhalt, sondern vor allem auch durch dessen Form bzw. durch ein Zusammenspiel dieser beiden Elemente bestimmt wird. Aus diesem Grunde ist es wichtig, die Lernenden durch eine Schulung in der formalen Analyse dieser Gattung in die Lage zu versetzen, sich Gedichten nicht bloß spielerisch anzunähern, sondern ihnen auch übertragbare Verfahren der Analyse an die Hand zu geben, die sie in die Lage versetzen, neue Texte mit Hilfe bewährter Strategien selbstständig erschließen zu können. Auf welche Weise dieses Bestreben mit kreativen Methoden ergänzt werden kann, wird im weiteren Verlauf anhand einer konkreten Unterrichtseinheit zu Stadtgedichten über London aufgezeigt (vgl. Kap. II.3 des vorliegenden Bandes).

Gedichte eignen sich gerade in der Sekundarstufe I sehr gut dazu, Lernenden anhand von kurzen Texten Gelegenheit zu geben, Perspektivenwechsel zu vollziehen. Zum einen regen Gedichte die Schülerinnen und Schüler durch ihre Leerstellen und ihre Komplexität zu spontanen Äußerungen, *zum Hypothesenbilden, zum emotionalen Mit-Erleben des Textes und zum Aushandeln des Textsinns im Unterricht an* (Burwitz-Melzer 2001: 17). Zum anderen liefern fremdsprachige Gedichte *subjektive fremdkulturell geprägte Darstellungen eines Sachverhalts* (ebd.), denen die Lernenden zustimmen oder widersprechen können, um auf diese Weise eine andere Sichtweise probeweise zu übernehmen und mit ihrer eigenen individuellen Perspektive zu vergleichen. Da aufgrund der Kürze lyrischer Texte mehrere Gedichte in einer einzigen Unterrichtsreihe behandelt werden können, bietet die lyrische Gattung die Möglichkeit, konkurrierende poetische Sichtweisen miteinander zu vergleichen und die Lernenden in der Gegenüberstellung von und Auseinandersetzung mit differierenden Perspektiven zu schulen (vgl. Kap. II.3 des vorliegenden Bandes).

Perspektivenwechsel durch Gedichte

Um die individuellen Leseeindrücke der Schülerinnen und Schüler zu thematisieren, bietet es sich an, Gedichte unter der Anleitung von offenen Fragen wie *Please describe your first reaction to this poem: What strikes you?* oder *What is for you the most important aspect of this poem?* zunächst als Gesprächsanlass zu verwenden und sie unter inhaltlichen Gesichtspunkten zu erschließen. Dabei lassen sich die vom Text vorgegebenen Themen auch in Form von Rollenspielen erörtern. Da Gedichte einen hohen Grad an Subjektivität aufweisen – Subjektivität schlägt sich nicht nur in der Sprechsituation und der Perspektive des lyrischen Ich nieder, sondern vielfach auch im individuellen sprachlichen Ausdruck und in der Thematik, die oft um die Erfahrungen eines Individuums kreist –, erscheint es dann jedoch vor allem auch im Hinblick auf Per-

Methodenvielfalt

spektivenwechsel sinnvoll, bei den Lernenden ein Bewusstsein für die Subjektivität des Dargestellten zu schaffen. Dies kann durch ein einfühlsames, laut vorgetragenes Lesen erreicht werden, durch das die Emotionen des Sprechers in einem ersten Schritt nachvollzogen werden können. Hieran anschließen sollte sich eine Analyse der Sprechsituation mit den zentralen Fragen, wer der textuelle Sprecher ist, an wen er sich mit seinen Äußerungen explizit oder implizit richtet und in welcher Situation das lyrische Ich und sein fiktiver Adressat, das lyrische Du, sich befinden. Aufschluss darüber gibt eine Analyse der Personal- und Possessivpronomina sowie ihrer Bezüge.

Kreative Gedichtarbeit

Um die spezifische Situation eines fremdkulturellen Sprechers zu bestimmen und Gründe für dessen individuelle Haltung zu finden, können dann in einem nächsten Schritt in kreativer Textarbeit Fragen an das lyrische Ich formuliert und durch einen Akt der Perspektivenübernahme auch beantwortet werden. Dies setzt voraus, dass die Lernenden versuchen, sich in den Sprecher einzufühlen und seine Sicht der Dinge zu rekonstruieren. Die besondere Sprechsituation lyrischer Texte lädt die Lernenden aber auch dazu ein, die Sicht des lyrischen Du einzunehmen und sprachlich auszugestalten. Viele Gedichte fordern ihre Leser durch Anreden an einen expliziten Adressaten zu einer bestimmten Rezeptionshaltung auf. Die Lernenden können diese Perspektive übernehmen; sie können sich ihr aber auch widersetzen. Verschiedene Reaktionen auf die Sichtweise des lyrischen Ich können daher dadurch provoziert werden, dass das lyrische Ich und sein Adressat im Unterricht in eine direkte Kommunikation eintreten, z.B. in Form einer szenischen Umsetzung der Sprechsituation, durch das Ausfabulieren eines Dialogs zwischen den beiden Instanzen oder mittels einer Schreibaufgabe, bei der das lyrische Du mit einem Brief oder sogar mit einem eigenen kleinen Gedicht auf die Darstellung des lyrischen Ich antwortet. Bei all diesen kreativen Formen der lyrischen Textarbeit erhalten die Lernenden die Gelegenheit, ihre eigenen Gefühle und Einstellungen einzubringen, so dass es zu einer Wechselbeziehung zwischen dem lyrischen Text und dem Erfahrungsbereich der Lernenden kommen kann.

Zentrale Aspekte der Dramenanalyse

Die Fähigkeit zu einer Analyse der wichtigsten Strukturelemente ist ein wesentlicher Bestandteil für die Behandlung von Texten aus allen anderen Gattungen, gehört also auch zu einer differenzierten Rezeptionsfähigkeit von dramatischen und dialogischen Texten. Gleichzeitig bereichert das Gattungswissen, das Lernende anhand analytischer Zugangsformen zu Dramen erwerben, ihre Fähigkeit, szenische Texte selbst umzusetzen, da es ihr Bewusstsein für die Wirkungsweisen dramenspezifischer Besonderheiten schärft. Im Folgenden werden daher die zentralen Untersuchungsbereiche für die Analyse dramatischer Texte überblicksartig vorgestellt (vgl. ausführlicher Surkamp/Nünning 2016: Kap. II.4.2). Beispiele für den Einsatz dramenanalytischer Zugänge im Englischunterricht und für ihre Kombination mit kreativen, handlungsorientierten Verfahren finden sich in den Kapiteln II.2 und III.1.4.4 des vorliegenden Bandes.

Im Hinblick auf die Schulung der Fähigkeit zum Perspektivenwechsel eignen sich Dramen aus mehreren Gründen in besonderer Weise. Zum einen sind sie – abgesehen von wenigen Ausnahmen wie Ein-Personen-

Perspektiven-wechsel durch Dramen

Aspekte der Dramenanalyse	
Besonderheiten dramatischer Texte	▸ Berücksichtigung von Haupt- und Nebentext ▸ Unterscheidung von verbalen und non-verbalen Codes ▸ Beziehung zwischen Text und Aufführung
Aufbau und Handlung	▸ Handlungseinheiten: Szenen und Akte ▸ Aufbau: geschlossene bzw. offene Form, Informationsvergabe am Drameneingang
Figuren	▸ *dramatis personae* ▸ Charakterisierung und Charakterisierungstechniken ▸ Figurenkonstellation ▸ Kontrast- und Korrespondenzbeziehungen der Figuren ▸ Figurenkonzeption ▸ Figurenkonfiguration
Dialoganalyse bzw. Analyse der Sprech-situation	▸ Formen der Informationsvergabe: dialogisches und monologisches Sprechen, Techniken epischer Kommunikation ▸ Gesprächsstruktur: Länge der Repliken, Verteilung der Redeanteile, Unterbrechungsfrequenz
Raum-darstellung	▸ Handlungsort ▸ Techniken der Raumdarstellung ▸ Semantisierung des Raums
Zeitdarstellung	▸ Verhältnis von realer Spielzeit zu fiktiver gespielter Zeit ▸ Zeitstruktur: chronologisch vs. anachronisch, Vorausdeutungen und Rückwendungen, Pausen und Ellipsen

Stücke – in der Regel dialogisch und multiperspektivisch, beruhen mithin auf der Kontrastierung unterschiedlicher Sichtweisen auf ein und dasselbe Geschehen. Zum anderen gründet ihre besondere Eignung für die Förderung des interpersonalen Fremdverstehens darin, dass ihre Unmittelbarkeit das Geschehen gegenwärtig erscheinen lässt und es den Lernenden somit erleichtert, sich in die handelnden Figuren hineinzuversetzen. Durch ihren Spielcharakter fordern dramatische Texte zusätzlich zum Hineinschlüpfen in eine Rolle und zur spielerischen Übernahme eines anderen Wahrnehmungszentrums auf. Zudem erschaffen sie fremde Kontexte in Form von ‚Spielräumen', in denen sich die Schülerinnen und Schüler bewegen können.

Kreative Theaterarbeit

Bei Dramentexten bieten sich für die Schulung von Perspektivenwechseln vor allem szenische Verfahren an, bei denen die Lernenden die Rolle einer der Figuren übernehmen müssen. Die Umsetzung eines dramatischen Textes will jedoch Schritt für Schritt gelernt sein, so dass sich z. B. als Einstieg das Lesen des zu behandelnden Stücks mit verteilten Rollen empfiehlt (evtl. vertieft durch das Experimentieren mit verschiedenen Sprechhaltungen). Für die weitere probeweise Übernahme einer fremden Perspektive sind insbesondere Dialog- und Rollenspiele geeignet. Formen des *creative acting* können aber auch dazu beitragen, verschiedene Perspektiven in einem Drama zu differenzieren und Fragen wie die nach dominanten Perspektiven oder nach Kontrasten zwischen den dargestellten Perspektiven zu beantworten. Die Lernenden können z. B. versuchen, die Figurenkonstellation eines Stückes räumlich in Form von Stand- bzw. Beziehungsbildern umzusetzen: Durch bestimmte Körperhaltungen sowie durch Gestik, Mimik und räumliche Anordnungen der Figuren werden so die Relationen zwischen den einzelnen Perspektiven eines Dramas sinnlich erfahrbar. Eines der im Folgenden vorgestellten Unterrichtsmodelle stellt anhand eines kanadischen Kurzdramas im Detail dar, mit Hilfe welcher analytischer und kreativer Verfahren Lernende bei der Beschäftigung mit einem dramatischen Text zu Perspektivenwechseln animiert und damit zum Fremdverstehen befähigt werden können (vgl. Kap. II.2).

LEKTÜRETIPP

Eine umfassende Einführung in die Dramendidaktik und Dramapädagogik im Fremdsprachenunterricht bietet das folgende Handbuch:
Hallet, Wolfgang & Carola Surkamp (Hrsg.): *Handbuch Dramendidaktik und Dramapädagogik im Fremdsprachenunterricht*. Trier: WVT 2015.

Um den Überblick über Aspekte der rationalen Textanalyse für die drei literarischen Großgattungen zu vervollständigen, sollen auch die zentralen Untersuchungsbereiche für die Auseinandersetzung mit narrativen Texten in kompakter Form skizziert werden (vgl. ausführlicher Surkamp/Nünning 2016: Kap. II.5.2 sowie in englischer Sprache Nünning/Neumann 2008). Die Schulung der Lernenden in der Erzähltextanalyse ist in zweifacher Hinsicht von Bedeutung: Indem sie ihr Wissen um die Wirkung und Funktion erzähltechnischer Verfahren erweitern, entwickeln sie nicht nur ihre rezeptiven, sondern auch ihre produktiven narrativen Kompetenzen (vgl. auch Nünning/Nünning 2007). In den Kapiteln zur Beschäftigung mit dem Jugendroman *The Suitcase Kid* (Kap. II.1), zum *British Empire* in der englischsprachigen Literatur (Kap. III.2) sowie zum Einsatz von englischsprachigen Kurzgeschichten (Kap. III.3) wird anhand zahlreicher Aufgabenbeispiele aufgezeigt, wie fruchtbar die Analyse erzähltechnischer Aspekte für die Interpretation narrativer Texte sowie für die Produktion eigener kleiner Texte durch die Lernenden sein kann.

Zentrale Aspekte der Erzähltext-analyse

Aspekte der Erzähltextanalyse	
Auf der *story*-Ebene der Figuren	▸ Handlung: Inhalt und Thema, Handlungsstruktur und ggf. Plot-Typ, Gestaltung des Anfangs und Endes einer Geschichte ▸ Figuren: Charakterisierung und Charakterisierungstechniken, Figurenkonzeption, Figurenkonstellation ▸ Raum: Handlungsort, Raumdarstellung, Semantisierung des Raums
Auf der *discourse*-Ebene der erzählerischen Vermittlung	▸ Kommunikationssituation: Erzählsituation, Unterscheidung von ,Erzählen' und ,Fokalisieren', Bestimmung des fiktiven Adressaten, Untersuchung der Explizität, Perspektive und Zuverlässigkeit der Erzählinstanz, Untersuchung der Perspektivenstruktur bei Multiperspektivität ▸ Bewusstseinsdarstellung und Redeform ▸ Zeitdarstellung: Anordnung des Geschehens, Dauer und Häufigkeit des Erzählens, Verhältnis Erzählzeit vs. erzählte Zeit
Auf extra-textueller Ebene	▸ Entstehungskontext ▸ epochenspezifische Merkmale ▸ Hintergrundinformationen zum Autor bzw. zur Autorin

**Perspektiven-
wechsel durch
Erzähltexte**

Dass gerade Romane und Kurzgeschichten in besonderer Weise dazu geeignet sind, zur Erreichung der Lernziele Empathie und Perspektivenübernahme beizutragen, liegt nicht zuletzt daran, dass sie den Leser bzw. die Leserin aufgrund der perspektivischen Brechung des Geschehens dazu anregen, die Welt mit den Augen Anderer zu sehen. Durch die Konfrontation mit den Perspektiven verschiedener Erzähler und Reflektorfiguren erhalten die Lernenden die Möglichkeit, sich in diese Perspektiven einzufühlen, sie nachzuvollziehen und die dahinter stehenden Interessen und Beweggründe aufzudecken. Gerade in multiperspektivischen Texten werden die Lernenden mit unterschiedlichen Möglichkeiten konfrontiert, ein und dasselbe Geschehen zu sehen und zu beurteilen, und sie müssen sich mit den konkurrierenden Sichtweisen auseinandersetzen. Sie können so lernen, die Welt aus unterschiedlichen Perspektiven zu sehen (vgl. Surkamp/Sommer 2002 sowie Freitag-Hild 2010).

**Vorbereitung
des Fremdver-
stehens durch
Textanalyse**

Eine geeignete Methode zur Förderung des Fremdverstehens mit narrativen Texten ist die vorbereitende kognitive Analyse der Erzählsituation. Gerade die oft verpönten traditionellen Verfahren der Textanalyse eröffnen vielfältige Möglichkeiten, die Fähigkeit zur Erfassung und Rekonstruktion fremder Perspektiven auszubilden und Lernende für den Zusammenhang zwischen Erzählsituation und der Subjektivität jeder Perspektive zu sensibilisieren. Um die Art der erzählerischen Vermittlung zu bestimmen, müssen sie beispielsweise zunächst die Frage beantworten, wer welchen Teil des Romans erzählt bzw. aus wessen Perspektive die fiktionale Welt wahrgenommen wird. Um konkurrierende Perspektiven inhaltlich ausgestalten zu können, ist hingegen das Erfassen der wichtigsten Informationen erforderlich, die in einem Roman über den Erzähler und die Figuren, über deren jeweiligen biografischen Hintergrund, Alter und Geschlecht, Wissensstand, psychologische Disposition, Handlungsmotive und Wertvorstellungen gegeben werden. Dabei können die jeweiligen Informationen direkt im Text sprachlich genannt sein, oder aber sie müssen aus dem verbalen und nonverbalen Verhalten des Erzählers bzw. der Figuren indirekt erschlossen werden.

**Kreative
Erzähltextarbeit**

Das Ergebnis der inhaltlichen Ausgestaltung kontrastierender Perspektiven kann dann in Form einer kreativen Schreibaufgabe festgehalten werden, z.B. durch die Anfertigung eines tabellarischen Lebenslaufs für eine Figur oder eines psychologischen Gutachtens für einen unzuverlässigen bzw. ‚verrückten' Ich-Erzähler (vgl. auch Nünning 1997b). Auch die probeweise Übernahme fremder Sichtweisen und die Perspektivenkoordinierung erfordern in stärkerem Maße eine Einbeziehung handlungsund produktionsorientierter Zugangsformen. Entscheidend ist dabei, dass

Lernende durch sprachliche Handlungen Perspektivenwechsel aktiv vollziehen. Es empfiehlt sich z. B., die Lernenden zu veranlassen, bestimmte Szenen aus der Sicht einer Figur darzustellen, von der in einem Roman an der betreffenden Stelle keine Innensicht gegeben wird. Dabei müssen Schüler Bewusstseinsprozesse in Form von ausformulierten Gedanken und Gefühlen entwerfen, z. B. mittels innerer Monologe, Briefe oder Tagebuchnotizen. Im Falle von jüngeren oder leistungsschwächeren Lerngruppen kann man sich auch auf stichwortartig knappe Gedankenblasen beschränken, wie sie in Comics vorkommen. Zu den Textsorten, deren Anfertigung die Fähigkeit zur Übernahme fremder Perspektiven voraussetzt, zählen z. B. auch Dialoge: Liegt in einem Erzähltext der Akzent auf der Darstellung von psychischen Prozessen, können Lernende die nicht ausgetragenen Konflikte in Dialogform umschreiben.

LEKTÜRETIPP

Eine umfassende Einführung in die Behandlung von Romanen im Englischunterricht findet sich im folgenden Handbuch, das sowohl die theoretischen und methodischen Grundlagen darstellt als auch eine Vielzahl von Lektüreanregungen für die Unterrichtspraxis gibt:

Hallet, Wolfgang & Ansgar Nünning (Hrsg.): *Handbuch Romandidaktik: Theoretische Grundlagen – Methoden – Lektüreanregungen.* Trier: WVT 2008.

Zentrale Aspekte der Filmanalyse

Viele der schon vorgestellten Aspekte der literarischen Textanalyse sind auch für die Untersuchung von Filmen relevant. Als narrative Texte mit Dialogstruktur haben sie sehr viel mit Romanen und Dramen (sowie insbesondere mit aufgeführten Theaterstücken) gemein, so dass bei ihrem Einsatz im Unterricht auf die Kenntnisse der Lernenden im Umgang mit schriftsprachlichen Texten zumindest teilweise zurückgegriffen werden kann. Darüber hinaus erfordert die Analyse von Filmen Wissen um die Besonderheiten audiovisueller Texte.

Der folgende Kasten stellt die Gegenstandsbereiche, die es bei der Beschäftigung mit Filmen zu berücksichtigen gilt, überblicksartig dar (vgl. auch Surkamp/Nünning 2016: Kap. II.6.2; in Kap. III.1 des vorliegenden Bandes findet sich ein literarisches Unterrichtsmodell, das einen Film in den Mittelpunkt stellt).

Aspekte der Filmanalyse	
Literarische Aspekte	▸ Figuren: charakterisierende Merkmale, Handlungsmotive, Figurenkonstellation ▸ Plot: Handlungsstruktur, Schlüsselereignisse, Spannungsbogen, Einstieg, Schlussgebung ▸ Erzählweise bzw. Perspektivität ▸ Raumdarstellung ▸ Zeitdarstellung ▸ Themen, Motive, Symbole, Atmosphäre
Dramatische Aspekte	▸ Rollenbesetzung ▸ Äußere Erscheinung der Schauspieler und Schauspielerinnen: Maske und Kostüme ▸ Ausstattung des Schauplatzes, Requisiten ▸ Dialoganalyse ▸ Aspekte der nonverbalen Kommunikation: Mimik, Gestik, Körpersprache und Bewegung
Cineastische Aspekte	▸ Bildgestaltung: Kameraeinstellungen, -perspektiven und -bewegungen, Darstellungsperspektive und Aufnahmegeschwindigkeit ▸ Schnitt, Montage ▸ Farbgestaltung ▸ Lichteffekte ▸ Tongestaltung: Musik, (Hintergrund-)Geräusche

LEKTÜRETIPP

Ausführliche theoretische Grundlagen und methodische Hinweise zum Einsatz von Filmen im Fremdsprachenunterricht finden sich in den folgenden beiden Bänden:

Henseler, Roswitha, Stefan Möller & Carola Surkamp: *Filme im Englischunterricht: Grundlagen, Methoden, Genres*. Seelze-Velber: Kallmeyer-Klett 2011.
Blell, Gabriele, Andreas Grünewald, Matthis Kepser & Carola Surkamp (Hrsg.): *Film in den Fächern der sprachlichen Bildung*. Reihe Film Bildung Schule. Baltmannsweiler: Schneider Verlag Hohengehren 2016.

Hörspiele im Literaturunterricht Der Einsatz von Filmen im fremdsprachlichen Literaturunterricht kommt bereits der Forderung nach, die Schülerinnen und Schüler mit Texten zu konfrontieren, die über möglichst verschiedene Medien vermittelt werden. Diese Vielfalt kann noch erweitert werden, wenn auch Hörspiele als eigenständige Kunstwerke bei der Entwicklung der textanalytischen Kompetenzen von Lernenden berücksichtigt werden. Die Rezeption auditiv vermittelter Literatur bedeutet jedoch weit mehr als eine angenehme Abwechslung oder eine bloße ‚Berieselung' durch eingehende Tonsignale. Stattdessen gilt es, ebenso wie im Falle der anderen literarischen Gattungen, die Strukturmerkmale auch dieser Textsorte zu erarbeiten sowie die bedeutungskonstitutiven Elemente und ihre Wirkungsweisen herauszustellen. Um die Schülerinnen und Schüler für die gattungsspezifischen Besonderheiten von Hörspielen zu sensibilisieren und ihnen das notwendige Methodeninventar für eine selbstständige Auseinandersetzung mit Hörspielen zu vermitteln, können die folgenden Bausteine als Gerüst für eine rationale Textanalyse dienen (vgl. ausführlicher Surkamp/Nünning 2016: Kap. II.7.2).

Aspekte der Hörspielanalyse	
Mikrostruktur	▸ Wort und Stimme ▸ Geräusch und Musik ▸ Pause und Stille bzw. Schweigen ▸ Raumklang und radiophonischer Effekt
Makrostruktur	▸ Handlungsebene: Plot, Exposition, Figurenkonstellation, Vorgeschichte, zeitliche und räumliche Gestaltung ▸ Technik der Szenenfolge: Schnitt und Blende ▸ Dialogführung und Darstellungsperspektive: Sprecher und Sprecherwechsel, Innen- vs. Außenperspektive ▸ Erzählerfigur bzw. Kommentator: Rolle innerhalb der Handlung

Die vorangehenden Überblicke über zentrale Aspekte und Elemente der rationalen Textanalyse verschiedener Formen von Literatur zeigen, dass zahlreiche Bereiche nicht ausschließlich gattungs- bzw. textsortenspezifisch zu untersuchen sind. Vielmehr finden sich bestimmte Bausteine, Kategorien und Verfahren der Textanalyse bei der Auseinandersetzung mit unterschiedlich vermittelten literarischen Texten wieder. Zum Beispiel gilt es nicht nur bei schriftsprachlichen narrativen Texten, sondern auch bei Hörspielen und Filmen die Erzählperspektive zu betrachten. Gleichermaßen ist die Dialoganalyse nicht nur bei der Behandlung von Dramen von Bedeutung. Sie kann ebenso bei der Rezeption von Filmen und Hörspielen interpretatorisch wertvoll sein. Folglich dient die rationale Analyse eines konkreten Werkes oder Stücks im fremdsprachlichen

Entwicklung übertragbarer Kompetenzen

Literaturunterricht nicht nur der Förderung textsortenspezifischer Analysekompetenzen, sondern unterstützt vielmehr die Entwicklung transferierbarer Fähigkeiten, die den Schülerinnen und Schülern eine selbstständige Annäherung an Literatur ermöglicht bzw. erleichtert.

Kreative Methoden des Literaturunterrichts

Um der eingangs gestellten Forderung nach einer Ergänzung traditioneller, vorwiegend rational-analytischer Formen der Textarbeit durch kreative Methoden Rechnung zu tragen, sollen im Folgenden nun abschließend einige praktische Verfahren, die dies zu leisten vermögen, aufgeführt werden. Die folgende Darstellung bietet einen Überblick über die in Band I von *Englische Literatur unterrichten* im Detail erläuterten Vorschläge für einen handlungs- und produktionsorientierten Zugang zu bzw. Umgang mit literarischen Texten (vgl. Surkamp/Nünning 2016: 78–89). Die einzelnen Verfahren können weitgehend unabhängig von der Gattung eingesetzt werden. Zahlreiche Beispiele für ihren Einsatz an konkretem Textmaterial finden sich in den exemplarischen Unterrichtsmodellen in diesem Buch.

Überblick über kreative Verfahren der Literaturarbeit	
Produktions-orientierte (d.h. schrift-sprachliche) Methoden	‣ Dokumentation der Leseeindrücke oder eigener Stellungnahmen zum Text durch ein Lesetagebuch oder -protokoll ‣ Verfassen von Briefen an bzw. Tagebucheinträgen von literarische(n) Figuren, Telegrammen, einer Ratgeberrubrik, einer Vermisstenanzeige, eines Fahndungsposters oder eines Nachrufs ‣ Ergänzung eines unvollständigen Textes, z.B. eines Gedichtes, der den Lernenden als ‚Lückentext' vorgelegt wird ‣ Umformen von Passagen der Bewusstseinsdarstellung in Dialoge oder Ausformulieren von Innenansichten bei dialogischen Texten, z.B. in *thought bubbles* ‣ Umschreiben eines Textes in die Perspektive einer anderen Figur oder in eine andere Erzählperspektive ‣ Entwurf von Alternativen zum geschilderten Handlungsverlauf (insbesondere bei offener oder ambivalenter Schlussgebung) oder Innehalten während der Lektüre, um eine Fortsetzung zu entwerfen ‣ Entwurf zusätzlicher Szenen oder Passagen, die mögliche Leerstellen im Text klären bzw. fehlende Informationen nachliefern oder die Vorgeschichte erzählen, bei Dramen z.B. Erweiterung des Nebentextes

	▸ Umschreiben eines Textes durch Verlegung der Handlung an einen anderen Ort oder in eine andere Zeit, durch die Einführung zusätzlicher Figuren oder die Veränderung des Geschlechts bzw. des Alters einer Figur
Produktions-orientierte (d. h. schrift-sprachliche) Methoden	▸ Umschreiben eines Textes durch eine Veränderung der Zeitstruktur ▸ Umschreiben eines Textes in eine andere Textsorte, z. B. einer Kurzgeschichte in eine Zeitungsmeldung, ein Gedicht, einen Comic oder ein Drehbuch ▸ Entwurf kritischer Reaktionen auf einen Text in Form eines Zeitungsartikels oder einer Rezension bzw. positiver Reaktionen in Form eines Werbetextes für einen Verlag oder eines Klappentextes ▸ Schreiben einer Rollenbiografie oder eines Lebenslaufs anhand gesammelter Informationen zu einer Figur ▸ Verfassen eigener Texte durch vorgegebene Wörter (z. B. in Form eines Montage-Gedichtes) oder durch die Verwendung der Struktur vertrauter Texte, z. B. von Märchen, Fabeln oder speziellen Lyrikformen
Musikalische bzw. klanglich-akustische Methoden	▸ Einstimmung auf einen Text anhand von akustischen Medien, z. B. Instrumentalmusik, Songs oder Klang-bildern, die atmosphärisch zum Text passen ▸ Auswahl von passender Hintergrundmusik zu bestimmten Textstellen ▸ Vertonung eines Textes (z. B. mit Orff-Instrumenten oder rhythmisiert als Rap-Text)
Bildliche, bildkünstle-rische und grafische Methoden	▸ Einstimmung auf einen Text anhand von visuellen bzw. audiovisuellen Medien, z. B. Bilder, Fotos, Gegenstände, Filmausschnitte etc., die atmosphärisch oder thematisch zum Text passen ▸ Erstellen eines Textes als Collage (z. B. eines Gedichtes mit Textzeilen aus Zeitschriftenartikeln, Verpackungen, Songtexten, Werbungen etc.) ▸ Zuordnung eines visuellen Mediums (z. B. eines Bildes, einer Skulptur, eines Fotos) zu einem Text ▸ Bildliche Umsetzung eines Textes bzw. eigener Leseein-drücke in Form von Illustrationen, Umschlagbildern, Werbeplakaten, Fotos, Buchcovern

	▸ Sammeln von Informationen zu den Figuren eines Textes z. B. in Form eines *star diagram, character poster* oder einer *body biography* oder Darstellung von Beziehungen der Figuren in Form von *character webs*.
Szenische bzw. darstellerische Methoden	▸ Erlesen oder Erspielen eines Textes durch die Erprobung unterschiedlicher Sprechweisen, gestisch-mimischer Ausdrucksformen, Körperhaltungen und räumlicher Anordnungen, auch in Form von Standbildern ▸ Darstellung eines Textes durch Bewegung und Tanz ▸ Szenische Umsetzung der von einem Text vorgegebenen Themen/Konflikte in Form von Dialog- und Rollenspielen, eines Interviews oder einer Gerichtsverhandlung ▸ Szenische Verfahren der Bewusstseinsdarstellung, z. B. anhand einer Stimmenskulptur, der Dopplung einer Figur im szenischen Spiel oder eines gesprochenen inneren Monologs ▸ Szenisches Erspielen eines Textes mit Stellvertretern, z. B. mit Marionetten oder Gegenständen ▸ Pantomimisches Darstellen eines Textes ▸ Äußerung kritischer Reaktionen auf einen Text in Form einer Pressekonferenz oder durch Nachspielen des ‚Literarischen Quartetts‘
Sonstige Methoden der Textarbeit	▸ Einstimmung auf einen Text durch eine Fantasiereise ▸ Rekonstruktion eines in mehrere Teile zerlegten Textes (z. B. eines in einzelne Verse auseinandergeschnittenen Gedichtes), Entflechtung eines vermischten Textes (z. B. zweier Gedichte), Zusammensetzung eines Textes aus verschiedenen Alternativen ▸ Umgestaltung eines schriftsprachlichen Textes in ein anderes Medium, z. B. in ein *radio play* oder einen Film ▸ Einholen zusätzlicher Informationen zu einem Text (z. B. aus Zeitungen, Zeitschriften, Büchern, aus dem Internet, durch Interviews, Briefe etc.) und Erstellung einer Dokumentation, z. B. in Form einer Literaturzeitung (ggf. auch digital)

Von der Theorie in die Praxis Im weiteren Verlauf dieses Buches werden die vielfältigen Einsatzmöglichkeiten von zahlreichen dieser sowohl rationalen als auch kreativen Methoden der Textarbeit anhand konkreter Lektürevorschläge aufgezeigt. Dieser Schritt von der Theorie in die Praxis soll dem Leser bzw. der Leserin neben ausgearbeiteten Unterrichtsmodellen gleichzeitig auch die tatsächliche Praktizierbarkeit dieser Vorgehensweisen überzeugend vor Augen führen sowie Anregungen für weitere Kombinationsmöglichkeiten in der eigenen Unterrichtspraxis bieten. Doch zunächst soll noch eine weitere Methode zur Arbeit mit literarischen Texten näher beleuchtet werden, die in vielen Lehrerhandreichungen und Unterrichtsvorschlägen genannt, jedoch selten genauer erläutert wird: das Unterrichtsgespräch.

2.2 Die Methode des Unterrichtsgesprächs: Sinnvoll über Literatur sprechen

Trotz der zahlreichen neuen Methoden, die bisherige Formen der Beschäftigung mit Literatur zu ergänzen und damit den modernen Fremdsprachenunterricht zu bereichern vermögen, sollten traditionelle Vorgehensweisen nicht zwangsläufig als überholt angesehen werden. Dies gilt nicht nur für die bereits vorgestellten rationalen Methoden der Textanalyse (vgl. Kap. I.2.1), sondern auch für die bewährte Methode des Unterrichtsgesprächs (vgl. auch Surkamp 2014). So birgt das Unterrichtsgespräch über Literatur in vielerlei Hinsicht ein besonderes Potenzial, wenn es darum geht, einen literarischen Text gemeinsam mit Lernenden zu erschließen. Ein Blick in fremdsprachliche Klassenzimmer zeigt, dass sich diese Methode im derzeitigen Literaturunterricht auch durchaus großer Beliebtheit erfreut. Allerdings erweist sich bei näherer Beobachtung, dass diese mündliche Interpretationsmethode nicht in Form von spontanen, offenen und authentischen Gesprächen eingesetzt wird, sondern vielfach gelenkt und nahezu ritualisiert erfolgt. Studien zeigen, dass das Unterrichtsgespräch über Literatur meist nach dem fragend-entwickelnden Muster abläuft (vgl. Härle/Steinbrenner 2004b: 1): Die Lehrkraft bemüht sich durch das Stellen gezielter Fragen darum, dass die Schülerinnen und Schüler scheinbar selbstständig eine Antwort finden, die die Lehrkraft jedoch bereits vor Gesprächsbeginn festgelegt hat. Die Auseinandersetzung mit Literatur wird auf diese Weise auf den Versuch der Lernenden reduziert, dem vorgelegten Text einen spezifischen, bereits feststehenden Sinn zu entnehmen; anstatt zu einer gemeinsamen Problemlösung bzw. einer eigenständigen, freien Entwicklung von Verstehensansätzen zu gelangen, geraten die Schülerinnen und Schüler immer stärker in eine Abhängigkeit von der Lenkung des Gesprächsleiters bzw. der Gesprächsleiterin (vgl. auch Mayer 2004: 141). Diese Form des Unterrichtsgesprächs versäumt es nicht nur, das besondere Potenzial des Lerngegenstandes Literatur auszuschöpfen, sondern vernachlässigt gleichzeitig die Entwick-

Ausgangssituation

lung zentraler sprachlicher, kognitiver, affektiver, sozialer und interkultureller Kompetenzen der Lernenden.

Ziele des Unterkapitels

Im Folgenden soll es daher zum einen darum gehen, die Methode des Unterrichtsgesprächs über Literatur unter Beachtung der didaktischen Leitgedanken der Schülerorientierung und Lernerautonomie neu zu definieren. Zum anderen sollen konkrete Hinweise zur praktischen Umsetzung der Methode im fremdsprachlichen Literaturunterricht geliefert werden. In den exemplarischen Unterrichtsmodellen in diesem Band kommt die Methode des Unterrichtsgesprächs zudem immer wieder zum Einsatz, wird jedoch nicht jedes Mal im Detail erläutert. Daher sollen die folgenden Ausführungen auch auf die Durchführung der im weiteren Verlauf vorgestellten Unterrichtssequenzen vorbereiten.

Potenziale von ‚echten' Gesprächen über Literatur

Aus rezeptionsästhetischer Sicht läuft die Methode des fragend-entwickelnden Gesprächs der Unterstützung des Verstehensprozesses bei der Rezeption von Literatur entgegen, da sie impliziert, es gäbe einen ‚richtigen' Textsinn, den es nachzuvollziehen oder zu ermitteln gilt. Die Vielstimmigkeit fiktionaler Texte sowie die Konstruktion der Bedeutung durch den Leser bzw. die Leserin haben im fragend-entwickelnden Gespräch so gut wie keine Bedeutung. Dabei kann gerade die Polyvalenz literarischer Texte, durch die sich diese einer eindeutigen Bedeutungszuschreibung entziehen, die authentische Kommunikation in der Fremdsprache in produktiver Weise initiieren und fördern: *This ready made gap between one individual's interpretation and another's can be bridged by genuine communication* (Duff/Maley 1990: 6). Des Weiteren weisen literarische Texte oftmals Leerstellen auf, die im gemeinsamen Gespräch thematisiert und zu füllen versucht werden können.

‚Echte' Fragen als Ausgangspunkt und als Chance

Um aus diesem Potenzial schöpfen zu können, sollten im Unterricht ‚echte' Fragen und Belange der Lernenden den Ausgangspunkt des offenen Gesprächs bilden, die sodann gemeinsam geklärt werden. Auf diese Weise kann es zu einer *gemeinsame[n] Sinnsuche* (Härle 2004a: 145) kommen, die alle Beteiligten gleichermaßen vor die Aufgabe stellt, im kommunikativen Austausch den Prozess der Textdeutung gemeinsam auszuhandeln (vgl. auch Kimes-Link 2013: 368ff.). Da diese Interpretationsmethode auf die lebensweltlichen Erfahrungen aller Gesprächspartner rekurriert, die für den Verstehensprozess des literarischen Textes herangezogen werden, wird der lesende Schüler bzw. die lesende Schülerin als Subjekt ernst genommen. Jeder Einzelne verfügt über einen Teil der gemeinsamen *Deutungsressource* (Werner 2004: 194). Diese Erkenntnis trägt wiederum zur Lesemotivation und zum Austausch über Gelesenes bei. Darüber hinaus fördert der kommunikative Austausch zwischen Individuen, deren

Erfahrungsräume, Weltbilder und Hintergründe ein großes Maß an Heterogenität aufweisen, eine differenzierte, multiperspektivische Herangehensweise an literarische Texte, die in rein kognitiv-analytischen und fragend-entwickelnden Gesprächen nicht zum Tragen kommt.

Um im Fremdsprachenunterricht ein erfolgreiches, echtes Gespräch über Literatur führen zu können, gilt es also, allen Gesprächspartnern einen Zugang zur aktiven, persönlich engagierten Beteiligung zu eröffnen und damit zugleich ihre Sprechbereitschaft zu erhöhen. Dies gelingt vor allem dann, wenn zunächst eine subjektive oder gar sinnliche Annäherung an den Text ermöglicht wird, die die persönliche Leseerfahrung zum Gegenstand macht. Im Fremdsprachenunterricht bietet dies aufgrund der daraus resultierenden emotionalen Involviertheit der Lernenden die Motivation zu einer engagierten, offenen und persönlich motivierten Verwendung der Fremdsprache. Eine solche Vorgehensweise erlaubt den Schülerinnen und Schülern, sich die Fremdsprache zu ihrem *persönlichen Eigentum* (Klippel/Doff 2007: 177) zu machen, was gleichzeitig ihre Identifizierung mit ihr sowie *deren Integration in die eigene Identität* (ebd.) fördert.

Persönliches Engagement mit dem Text

Zudem gewinnen literarische Texte durch ein Anknüpfen der fiktionalen Welt an die eigene Realität (und vice versa) an Relevanz für den Lesenden und fördern somit den Verstehensprozess. Auf der anderen Seite können im Unterricht gemeinsam besprochene Texte für die *Orientierung in der Welt, für das Zusammenleben und für das Finden der eigenen Rolle als Verständigungstexte fungieren* (Ivo 1994: 240f.). Hinzu kommt, dass die Lernenden durch das gemeinsame Gespräch, in dem sie teilweise über sehr verschiedene Eindrücke und Ansätze textuelle Bezüge zur Sprache bringen und diese mit anderen aushandeln sowie vor ihnen begründen, mit divergenten Schemata und Deutungen konfrontiert werden, die eigene Wahrnehmungen ergänzen können. Vorhandene Schemata müssen also nicht nur mit dem Text, sondern auch intersubjektiv abgeglichen und gegebenenfalls ausdifferenziert werden. Das Unterrichtsgespräch über Literatur ist somit nicht nur verständnis-, sondern gleichermaßen verständigungsorientiert.

Verstehen und Verständigung

Das Unterrichtsgespräch soll in dieser Form jedoch keine subjektiv ausgerichtete Opposition zur rationalen Textanalyse darstellen. Schließlich erfordert und fördert ein gemeinsames Bemühen um die Konstruktion von Textsinn textanalytische Kompetenzen. Während zunächst durchaus die eigene Lebenswelt zur Annäherung an die fiktionale Welt herangezogen werden kann, werden die Lernenden bei einer ausschließlich auf die eigenen Eindrücke und Erfahrungen rekurrierenden Interpretationsweise zwangsläufig an Verstehensgrenzen stoßen – z.B. bezüglich des Entste-

Bedeutung textanalytischer Kompetenzen

hungskontextes eines literarischen Werkes, der verwendeten sprachlichen Mittel, des Zusammenhangs zwischen Form und Inhalt etc. Diese Verstehensgrenzen können die Schülerinnen und Schüler dazu animieren, selbstständig nach weiteren Mitteln, also nach literaturwissenschaftlichem ‚Handwerkszeug' zu suchen, dessen Anwendung auf den Text ihr Verständnis fördert. Durch Gespräche über Literatur kann somit eine intrinsische Lernmotivation entstehen, die sogar die Einübung textanalytischer Methoden für die Lernenden relevant macht.

Die Prozesshaftigkeit des Gesprächs

Ebenso wenig impliziert die zunächst subjektive, die persönliche und affektive Seite der Gesprächspartner berücksichtigende interpretatorische Herangehensweise ein reines Nebeneinander individueller Leseerfahrungen. Das Unterrichtsgespräch über Literatur ist als Prozess zu betrachten, der nicht nur das Text-, sondern auch das Selbstverständnis der Teilnehmerinnen und Teilnehmer zu entwickeln vermag. Die Besonderheit liegt darin, dass die Sprecher nicht nur auf den Text, sondern auch auf die Äußerungen Anderer Bezug nehmen und somit im Verlauf ihre eigenen Beiträge durch das bereits Gesagte modifizieren und an den speziellen Gesprächsverlauf anpassen. Das Textverständnis entwickelt sich also sowohl aus Bezügen und Rückgriffen auf den jeweils besprochenen Text als auch aus dem situativen, interaktiven Kontext, der ein unmittelbares Aufeinander-Eingehen ermöglicht. Die Lerngruppe bildet demnach eine *Interpretationsgemeinschaft* (Kranz 1995: 113), in der das Textverständnis eines Einzelnen gewissermaßen einer mehrfachen Kontrolle unterzogen wird. Von einer anfänglichen Sammlung erster individueller Eindrücke bewegt sich das Gespräch in Richtung einer weitgehend geteilten Interpretation. Am Ende des Gesprächs können aber durchaus auch Fragen offen bleiben und unterschiedliche Deutungen nebeneinander stehen. Schließlich ist das Ziel des Gesprächs keineswegs eine *Normierung des Verstehens*, sondern vielmehr die *Erweiterung des Verstehenshorizontes* (Nissen 1989: 15).

Förderung sozialer und emanzipatorischer Lernziele

Ein solches gemeinschaftliches Textdeutungsverfahren birgt zudem produktives Potenzial für das Erreichen sozialer und emanzipatorischer Lernziele im Fremdsprachenunterricht. So unterstützen sich die Gesprächsteilnehmerinnen und -teilnehmer gegenseitig durch aktives Zuhören und Aufeinander-Eingehen und sie kollaborieren in einer nur kooperativ lösbaren Aufgabe. Da jeder Einzelne an der Sinnstiftung des Textes teilhat, gewinnt der Lernende an Mündigkeit und Selbstständigkeit im Deutungsprozess. Zudem wird die Problemlösungskompetenz der Schülerinnen und Schüler unter einer Zusammenführung von Imagination, Kognition und Emotion angeregt (vgl. auch Spinner 2004: 293). Durch die Möglichkeit, eigene, echte Fragen an den Text zu stellen sowie den Weg und die Mittel zu deren Beantwortung selbst zu bestimmen und interaktiv auszuhandeln, machen die Lernenden die Erfahrung, dass sie selber, vor allem aber gemeinsam mit anderen in der Lage sind, sich einem literarischen Text, der sich ihnen möglicherweise zunächst verschlossen hat, zu nähern und ihn zu erschließen.

Soziales Handeln im Literaturunterricht

Diese Form des Unterrichtsgesprächs stellt neben verbalem soziales Handeln dar: Es wird nicht nur vom Text, sondern gleichermaßen von sich und mit anderen gesprochen. In dem Maße, in dem Lernende an dem Gespräch teilnehmen, lassen sie sich nicht nur auf den Text, sondern auch aufeinander ein. Damit geht einher, dass Sicherheiten abgebaut und Vorbehalte zurückgestellt werden müssen. Die Annäherung an den Lerngegenstand impliziert eine einfühlsame Begegnung aller Beteiligten, die nicht nur miteinander, sondern auch voneinander lernen. Eine vertrauensvolle Atmosphäre ist sicherlich eine wichtige Voraussetzung für die Entwicklung eines solchen Gesprächs. Gleichzeitig werden die Klassengemeinschaft und die darin herrschende Vertrauensbasis durch den Einsatz dieser Methode gestärkt. Da sie ebenfalls die Achtung von und Auseinandersetzung mit divergenten Positionen verlangt, werden das Urteilsvermögen, die konstruktive Kritikfähigkeit und Konfliktbereitschaft der Schüler gefördert (vgl. Nissen 1992: 164). Aber auch die Kooperationsbereitschaft stellt ein wichtiges Lernziel dieser zu Unrecht unterschätzten Methode dar. Neben der Einhaltung von Gesprächsregeln gründet das erfolgreiche Unterrichtsgespräch auf dem Aufgreifen der Beiträge anderer, auf der Anerkennung von individuellen Äußerungen als Anstöße, die das eigene Verständnis tiefgehend unterstützen können, sowie auf der Empathiefähigkeit mit und der probeweisen Perspektivenübernahme von Mitlernenden.

Einsichten der Lesesozialisationsforschung

Auch die Lesesozialisationsforschung spricht für den Einsatz des Unterrichtsgesprächs als eigenständiges Interpretationsinstrument bei der Beschäftigung mit literarischen Texten. So betont Gerhard Härle (2004a: 139), dass die abnehmende zentrale Kompetenz der literarischen Rezeptionsfähigkeit nicht nur durch eine unzureichend entwickelte Lesefähigkeit zu erklären ist, sondern *vielmehr auf eine Störung der im wesentlichen gesprächsförmigen literarischen Erfahrung zurückzuführen ist.* Auch *die Möglichkeit des stellvertretenden Erlebens von Gefühlen und Sinnentwürfen* (Wieler 2004: 268) ist von der Erfahrung des Rezeptionsgesprächs abhängig. Zudem darf die motivierende Wirkung eines lesenden Umfelds, das eine Anschlusskommunikation in Aussicht stellt, nicht unterschätzt werden (vgl. Rosebrock 2004: 116). Durch den kommunikativen Austausch wird die Bedeutung des Textes für den einzelnen Leser bzw. die einzelne Leserin aus verschiedenen Blickwinkeln beleuchtet und intensiviert (ebd.).

Praktische Durchführung

Während sich das Unterrichtsgespräch über Literatur am Verlauf alltäglicher Gespräche orientiert, darf die Tatsache, dass unterrichtliche Kommunikation stets vom institutionellen Rahmen, in dem sie erfolgt, geprägt wird, nicht außer Betracht gelassen werden. Bei der praktischen Durchführung von Unterrichtsgesprächen müssen also verschiedene Faktoren berücksichtigt werden. So steht die Lehrkraft vor der grundsätzlichen Schwierigkeit, dass sich die hier beschriebene Form des Unterrichtsgesprächs nicht erzwingen lässt. Schließlich gründet sie auf dem Prinzip, dass die Beteiligten unbefangen und ehrlich nicht nur ihr eigenes Textverständnis, sondern gewissermaßen auch ihre eigene Persönlichkeit vor ihren Mitlernenden einbringen. Es kann also kein Patentrezept geben, das ein Gelingen des Gesprächs garantiert. Nichtsdestotrotz kann an verschiedene Faktoren angeknüpft werden, um eine erfolgreiche Durchführung zu unterstützen.

Fremdsprachliche Kompetenz

Zu diesen Faktoren zählt neben dem Verhältnis der Schülerinnen und Schüler untereinander sowie der Lernenden zur Lehrperson insbesondere die fremdsprachliche Kompetenz. Sie hat insofern großen Einfluss auf den Verlauf eines Unterrichtsgesprächs, als sie auf der einen Seite Artikulationsmöglichkeiten bietet, auf der anderen Seite jedoch den im Unterricht behandelten Inhalten notwendigerweise gewisse Grenzen setzt. Dieser Tatsache sollte die Lehrkraft bei der Planung und Durchführung Rechnung tragen, z. B. indem sie das Gespräch sprachlich entlastet. Zudem ist es wichtig, den Lernern während des Gesprächs in einer ruhevollen Atmosphäre Zeit zu gewähren, nicht nur ihre Gedanken zu ‚sortieren‘, sondern für diese auch eine adäquate fremdsprachliche Verbalisierung zu überlegen. Nur so kann gesichert werden, dass Lernende mit unterschiedlichen Lerntempi gleichermaßen die Chance haben, sich in der Gruppe einzubringen.

Gesprächs- und Kommunikationskonventionen

Des Weiteren sollten bestimmte Gesprächskonventionen, die für ein erfolgreiches Unterrichtsgespräch wichtig sind, bekannt sein und vor allem von allen anerkannt werden. In der Praxis hat sich bewährt, zunächst gemeinsame Gesprächsregeln zu vereinbaren. Da diese in jeder Kommunikationssituation zu beachten sind, ist es sinnvoll, sie z. B. auf Postern festzuhalten und im Klassenraum aufzuhängen. Zudem kann einem (oder mehreren) der Lerner während des Gesprächs die Verantwortung übertragen werden, auf die Einhaltung der vereinbarten Regeln zu achten. Damit können zugleich wichtige soziale und kommunikative Kompetenzen geschult werden, die für die Lernenden später im Studium oder Berufsleben von ebenso großer Bedeutung sein können wie fremdsprachliche Kompetenzen.

LEKTÜRETIPP

Eine Einführung in die theoretischen Grundlagen und die Praxis erfolgreicher Kommunikation finden Sie in folgendem Band, der Lehrenden vielfältige Anregungen für die Optimierung von Unterrichtsgesprächen und auch ihres eigenen Kommunikationsverhaltens gibt:

Nünning, Ansgar & Martin Zierold: *Kommunikationskompetenzen: Erfolgreich kommunizieren in Studium und Berufsleben.* Uni-Wissen Kernkompetenzen. Stuttgart: Klett 2008.

Räumliche Konstellation

Auch die räumliche Konstellation im Klassenzimmer kann Einfluss auf den Erfolg eines Unterrichtsgesprächs haben. Das Bilden eines Sitzkreises bietet sich in vielerlei Hinsicht an. Zum einen ermöglicht es diese Anordnung allen Teilnehmern, Blickkontakt zu halten, was für erfolgreiche Kommunikation bekanntlich wichtig ist. Gleichzeitig wird der Blick auf die Körpersprache freigelegt, so dass auf nonverbale Signale reagiert werden kann. Zum anderen fördert ein Kreis die Geselligkeit und vermittelt eine gewisse Nähe und Zugewandtheit, die der Gesprächsatmosphäre förderlich ist (vgl. auch Härle 2004b: 116).

Rolle der Lehrperson

Da diese Form der Unterrichtskommunikation die Gleichberechtigung aller Sprecher voraussetzt, muss anstelle eines Deutungsmonopols der Lehrkraft die ‚Deutungshoheit' bei der gesamten Gruppe liegen (vgl. auch Merkelbach 1998: 80). In dieser angestrebt symmetrischen Kommunikationssituation stellt sich die Frage, welche Rolle der Lehrperson, deren Verhalten großen Einfluss auf die Verstehensleistung der Schülerinnen und Schüler hat – und zwar sowohl in förderlicher als auch in hemmender Weise (vgl. Spinner 1987: 186) –, in diesem Prozess zukommt. Der bzw. die Lehrende sollte weder das Gespräch dominieren, um das problemlösungsorientierte Denken und das verständigungsorientierte Handeln der Lernenden nicht zu hemmen, noch sollte er bzw. sie sich inhaltlich vollkommen zurückhalten. Schließlich kann ein Schweigen der Lehrkraft auch eine verunsichernde Wirkung haben bzw. ihre fehlende Bestärkung kann demotivieren. Die besondere Hervorhebung von Einzelbeiträgen kann jedoch einen *einseitigen Gesprächsgang begünstigen* (vgl. Pieper 2004: 226). Diese scheinbar unauflösbare Dialektik kann durch einen weiteren Rückgriff auf die Lesesozialisationsforschung von einer neuen Perspektive aus beleuchtet werden. Diese zeigt, dass in der Erwachsenen-Kind-Kommunikation das interessierte und engagierte Nachfragen für den Verstehensprozess unabdingbar ist (vgl. auch Härle 2004b: 109). Die Lehrkraft sollte sich also durchaus am Gespräch beteiligen und als Person sichtbar werden. Es ist sogar für den Verlauf eines Gesprächs besonders fruchtbar, wenn auch sie den anderen Gesprächsteilnehmern mit einem ehrlichen Erkenntnisinteresse und echten, eigenen Fragen begegnet. Allerdings setzt dies voraus, dass die Lernenden diese Beiträge im gleichen Maß wie die ihrer Mitschüler ernst nehmen, sie aber nicht dogmatisch aufgreifen (Christ 1995: 135). Das Ziel ist also, dass auch die Lehrkraft *allmählich als gleichberechtigte Mitinterpretin akzeptiert wird* (ebd.). Dazu sollte die Gesprächsmoderation nach und nach an die Lerngruppe weitergegeben werden. Voraussetzung dafür ist, dass die Lehrkraft zumindest ein Modell der Gesprächsleitung als Unterstützung liefert, dem die Lernenden später folgen oder von dem sie sich abgrenzen können. Insgesamt ist es also notwendig, dass die Lehrkraft sich ihrer zweifachen Rolle bewusst wird, die ein hohes Maß an Flexibilität, Voraussicht und Einfühlungsvermögen verlangt: So sollte sie sich auf der einen Seite als Gesprächsteilnehmerin von ihrem persönlichen Standpunkt aus in das Gespräch einbringen; auf der anderen Seite muss sie jedoch immer wieder eine Außenperspektive einnehmen und stets situationsbedingt entscheiden, welche Rolle jeweils von ihr verlangt wird.

Notwendige Eingriffe durch die Lehrkraft

Obwohl die Beiträge der Lehrkraft im Gesprächsverlauf nicht allein richtungweisender Natur sein sollten, ist es vor allem in der Fremdsprache durchaus möglich, dass bestimmte Wörter oder Kollokationen missverstanden werden. Zudem kann es passieren, dass ein Schüler oder eine Schülerin einen Text nicht gründlich gelesen hat. Und obwohl gelegentlich unpassende Beiträge von Mitschülern durch die Lernenden selbst hinterfragt werden, äußern Schülerinnen und Schüler in der Regel Korrekturvorschläge und Kritik an ihren Mitlernenden nur sehr zögerlich. All dies sind Situationen, in denen ein lenkender Eingriff der Lehrkraft in das Unterrichtsgespräch notwendig werden kann. Auch wenn das Gespräch drohen sollte, den Textbezug zu verlieren, oder wenn sich die Lernenden in Missverständnisse verstricken sollten, ist ein Eingriff der Lehrkraft sinnvoll. Dieser sollte in einer Art und Weise erfolgen, die ein konstruktives Weiterarbeiten ermöglicht – z. B. indem die Lehrkraft den zuletzt genannten Anknüpfungspunkt wiederholt. Darüber hinaus sollte die bzw. der Lehrende auf nonverbale Zeichen achten und Lernende ermutigen sich einzubringen: Eventuell zeigt die Körpersprache, dass sich jemand beteiligen möchte, aber in dieser veränderten Kommunikationssituation, in der Meldungen hinderlich sind, nicht den Mut dazu hat.

Bei der Planung einer literarischen Reihe ist zu überlegen, zu welchem Zeitpunkt ein Unterrichtsgespräch als Rezeptionsgespräch sinnvoll sein könnte. Es muss z. B. nicht immer erst nach der Lektüre initiiert werden. Eine mögliche Alternative ist, sich in der *pre-reading phase* in Form eines Gesprächs auf den Text einzustimmen: Anhand des Titels, des ersten Satzes, eines Bildes etc. können bereits Assoziationen geäußert und Vermutungen über den Inhalt angestellt werden, das Vorwissen der Gruppe aktiviert, thematisches Vokabular erarbeitet und Neugier geweckt werden. Aber auch wenn das Gespräch erst im Anschluss an das Lesen eines Textes geführt wird, ist darauf zu achten, dass einladende, verständigungsanregende Impulse zu geben sind, die kein abrufbares Wissen erfragen. Zum Beispiel können alle Gesprächteilnehmerinnen und -teilnehmer zunächst ein Bild malen, das die Lektüre in ihren Köpfen hat entstehen lassen. Auf diese Weise werden alle angeregt, sich in persönlicher Weise mit dem Text zu beschäftigen, ohne dass der Druck, diese ersten Eindrücke gleich äußern zu müssen, auf ihnen lastet. Außerdem können dadurch Verstehensansätze und Reaktionen zum Ausdruck gebracht werden, die einige Lernende möglicherweise anfangs schwer (fremd)sprachlich artikulieren können bzw. wollen. Im weiteren Verlauf sollten einige dieser Bilder vorgestellt und besprochen werden.

Zeitpunkt des Unterrichts-gesprächs

Ein verbaler Einstieg in das Gespräch, der sowohl unter Berücksichtigung des Textinhalts als auch der Bedürfnisse der Lerngruppe gestaltet werden sollte, muss über Fragen erfolgen, deren Beantwortung allen möglich ist, z. B.:

Verbaler Gesprächs-einstieg

▸ *How does the text make you feel?*
▸ *How would you have behaved in such a situation?*
▸ *What do you find remarkable about the text?*
▸ *What do you like or dislike about the text?*
▸ *Did certain aspects impress you?*
▸ *Is there anything you find disturbing about the text?*

Je nach Text kann gefragt werden, ob die Gesprächteilnehmerinnen und -teilnehmer (d. h., dies gilt auch für die Lehrkraft!) schon einmal eine ähnliche Situation erlebt haben, wie sie diese empfunden und wie sie reagiert haben.

Allerdings darf der Textbezug nicht aus den Augen verloren werden. Daher bietet es sich an, im Anschluss an das Sammeln erster Eindrücke Impulse zu geben, die einen konkreten Textbezug verlangen, z. B.:

Gewährung eines Text-bezugs

▸ *Which words/character(s) caught your attention?*
▸ *Which passages do you find puzzling or particularly noteworthy and why?*

▸ *Having read the text, do you have any questions which remain*
   unanswered?

▸ *Which parts do you feel you would like to understand better?*

Gemeinsame Erstellung eines ‚Analyseprogramms'

Anhand dieser und ähnlicher Fragen kann in der Gruppe eine Art ‚Analyseprogramm' erstellt werden, das dann der weiteren Textinterpretation zugrunde liegt. Dafür muss auch gemeinsam bestimmt werden, anhand welcher Vorgehensweise und mit welchen Hilfsmitteln das erstellte Programm bearbeitet werden soll. Schließlich sollte ein Unterrichtsgespräch über Literatur nicht allein dem besseren Verständnis eines konkreten Textes dienen, sondern v. a. auch die allgemeine literarische Rezeptions- und Deutungskompetenz der Lernenden fördern. Dazu können z. B. Fragen wie die folgenden gestellt werden:

▸ *How do you think we should proceed to answer our questions?*

▸ *Which questions/points do you find most important?*

▸ *Should our questions be discussed in a certain order?*

▸ *Which additional means/material might we need to achieve a better*
   understanding?

Der Grad der Strukturiertheit bzw. der genauen Befolgung des ‚Arbeitsplans' liegt im Ermessen der Gesprächsteilnehmer. So kann es passieren, dass sich bestimmte Fragen frühzeitig erübrigen, andere jedoch erst während der Auseinandersetzung mit dem Text entstehen.

Über den eigenen Erfahrungshorizont hinaus

Im weiteren Verlauf des Unterrichtsgesprächs sollte die Interpretation eines literarischen Textes nicht allein durch die Orientierung am lebensweltlichen Erfahrungsraum der Lernenden erfolgen. Während ein Text durchaus verschiedene Lesarten zulässt, die durch eine Vielzahl von Bedingungsfaktoren seitens des bzw. der Lesenden geprägt sind (z. B. Alter, Nationalität, psychische Verfassung, Geschlecht, Lesesituation etc.), erweitert doch die Kenntnis der formalen Gestaltungsmittel und ihrer Wirkungseffekte, des historischen Entstehungskontextes, der zeitgenössischen Bedeutung bestimmter Wörter, des Hintergrunds des Autors etc. das subjektive Verständnis. Dieses Dilemma zwischen einer grundlegend rezeptionsästhetischen Position und der gleichzeitigen Einsicht in die Notwendigkeit eines in Maßen objektivierten bzw. objektivierbaren Verständnisses scheint in Unterrichtsgesprächen nur schwer lösbar zu sein. Wie kann mit Texten umgegangen werden, die sich aufgrund von nur historisch bzw. diachron erklärbaren, kontextspezifischen Anspielungen, komplexen Metaphern, veränderten Begriffsbedeutungen etc. dem Verständnis der Lernenden entziehen? Da das Lernen einer Fremdsprache auch kulturelle Inhalte umfassen soll, kann die Rekonstruktion der Bedeutung eines Textes in seinem Entstehungskontext maßgeblich zum tieferen Verständnis der kulturellen, philosophischen und geschichtlichen Entwicklung eines fremden Landes beitragen sowie das historische Bewusstsein und das Weltverständnis fördern. Dieser Tatsache ist in Unterrichtsgesprächen in besonderer Weise zu begegnen. Wie das im Einzelnen geschehen kann, zeigen die Unterrichtsmodelle in den Kapiteln II und III dieses Bandes (vgl. v. a. Kap. II.3, III.1 und III.2).

Zunächst ist es wichtig, dass die Schülerinnen und Schüler dafür sensibilisiert werden, dass ihre eigene Lesart legitim ist, aber möglicherweise durch die Kenntnis des Texthintergrundes erweitert werden kann. Sie sollten Mittel und Wege ausprobieren, mit denen sie selber diesen Hintergrund rekonstruieren. Die Lernenden müssen dafür sensibilisiert werden, dass diese Rekonstruktion nicht dazu dient, ihre eigene Lesart zu falsifizieren. Letztendlich ist zu erstreben, dass die Schülerinnen und Schüler ihre Verstehensgrenzen im Laufe des Unterrichtsgesprächs selber aufdecken und zu überwinden versuchen. Wichtig ist, dass ihnen zunächst gedanklicher Freiraum gewährt wird, ihr eigenes, oftmals intuitives Verständnis zu artikulieren und mit dem ihrer Mitlernenden abzugleichen. Die Methoden, mittels derer im Anschluss erweiterndes Wissen vermittelt werden kann, sind vielfältig. Es liegt auf der Hand, die Lernenden selbstständig recherchieren und sich untereinander austauschen zu lassen. Es ist jedoch auch möglich, dass die Lehrkraft im Laufe des Gesprächs Kontextwissen an den Stellen nachliefert, an denen es sich als notwendig oder sinnvoll erweist. Wenn alle Beteiligten die Textdeutung als gemeinsame Aufgabe sehen, ist es durchaus zu erwarten, dass die Lehrkraft die Gruppe nicht mit potenziellen Verständnisproblemen allein lässt, sondern verständnisfördernde Hinweise gibt und somit eine gemeinsame Wissensgrundlage schafft oder aber die Lernenden dazu ermuntert, durch eigene Recherchen Vorschläge zur Lösung von Verstehensschwierigkeiten zu unterbreiten. Solche Hinweise oder Vorschläge sollten in jedem Falle als Hintergrundwissen markiert werden, damit die Lerner nicht unreflektiert eine Lesart übernehmen, sondern diese bewusst als zusätzliches Informationsangebot wahrnehmen.

Methodische Konsequenzen

Ähnlich kann auch mit bereits feststehenden Textinterpretationen aus der Sekundärliteratur umgegangen werden. Schließlich geht es darum zu vermitteln, wie Literatur gelesen werden kann, d. h., welche extratextuellen Faktoren für eine Interpretation relevant sein können, wie man sich schwierigen Passagen nähern kann und wie man Textphänomenen Bedeutung zuweisen kann. Wichtig ist, dass Interpretationen aus der Sekundärliteratur nicht als per se ‚richtige' Deutungen oder gar als ‚die richtige' Bedeutung eines bestimmten Textes missverstanden werden,

Umgang mit Sekundärliteratur

sondern explizit als mögliche Lesarten in den Raum gestellt werden. Im Unterrichtsgespräch können diese als Zusatzangebot bzw. als weiterer Gesprächsanlass angesehen werden. Durch die Auseinandersetzung mit dem literarischen Text, der eigenen Lesart (sowie der der weiteren Gruppenmitglieder) und einer fremden Interpretation nähern sich die Gesprächsteilnehmerinnen und -teilnehmer gemeinsam einem tieferen Verständnis, das am Ende des Gesprächs nicht einheitlich von allen übernommen werden muss. Im Gegenteil: Vor allem das Diskutieren der eingereichten Textdeutung soll kritisches Denken und das Bewusstsein für die Notwendigkeit einer eigenen Reflexion fördern.

Gesprächsende Am Ende eines Unterrichtsgesprächs ist es sinnvoll, nochmals innezuhalten, um die erarbeiteten Erkenntnisse in konstruktiver Weise miteinander zu verknüpfen und ein reines Nebeneinander unterschiedlicher Deutungsansätze zu verhindern. Da das Unterrichtsgespräch zwar ein zeitliches Ende hat, der Interpretationsprozess jedoch nie endgültig abgeschlossen werden kann, sollten noch bestehende, nicht gelöste Probleme artikuliert werden. Zudem sollte das Ende rechtzeitig angekündigt werden (vgl. auch Härle 2004b: 132), damit sich die Lernenden nicht überrumpelt fühlen und die Gelegenheit haben, offene Fragen zur Sprache zu bringen, die ihre Textrezeption gewissermaßen abrunden.

Ergebnissicherung Obwohl das Unterrichtsgespräch über Literatur für die Teilnehmerinnen und Teilnehmer eine ganzheitliche Erfahrung darstellt, die bei Lesern nachhaltige Eindrücke zu hinterlassen vermag, bleiben die gesprochenen Worte dennoch flüchtig. Im Unterrichtskontext ist es für die Lernenden jedoch wichtig, Ergebnisse festzuhalten, auf die sie wieder zurückgreifen können. Da der Verstehensprozess, der in einem Deutungsgespräch befördert wird, nicht linear verläuft, erscheint es wenig sinnvoll, Ergebnisse bereits während des Gesprächs an der Tafel festzuhalten. Dies könnte sogar dazu beitragen, dass sich die Lernenden einer weiterführenden Interpretation verschließen, da sie die Textdeutung als bereits abgeschlossen empfinden. Deshalb sollten in jedem Gespräch besser mehrere Lernende die Rolle von **Protokollanten** übernehmen. Statt eine chronologische Zusammenfassung zu erstellen, sollten sie im Anschluss an das Gespräch gemeinsam ein Dokument mit den wichtigsten Erkenntnissen und deren Erklärungen und Begründungen ausarbeiten, das allen Teilnehmerinnen und Teilnehmern zur Verfügung gestellt wird. Auf diese Weise kann sich die Mehrheit der Lerngruppe gänzlich auf das Gespräch einlassen, ohne sich auf das Mitschreiben konzentrieren zu müssen. Eine weitere Möglichkeit ist es, die Lernenden im Anschluss an das Unterrichtsgespräch, z.B. als Hausaufgabe, einen **Lerntagebucheintrag** schreiben zu lassen, in dem sie sowohl ihre eigenen, bedeutendsten Erkenntnisse zusammentragen als auch die Mittel, mit denen diese erreicht wurden, sowie die Methode des Gesprächs selbst reflektieren. Dadurch wird erreicht, dass sie gleichzeitig ihr Textverständnis präzise in Worte fassen müssen (was dies abermals festigt), aber sich auch mit textanalytischen Vorgehensweisen und Kompetenzen auseinandersetzen.

Zusätzlich sollte nach der Beendigung eines Interpretationsgesprächs eine gemeinsame Gesprächsreflexion, also eine Art ‚Metagespräch' mit allen Teilnehmern durchgeführt werden. Zum einen erhält der Lehrer auf diese Weise Einsichten darin, wie die Lerngruppe das Unterrichtsgespräch erfahren hat. Zum anderen bekommen die Lernenden die Gelegenheit, zum Lehrverhalten Bezug zu nehmen. In einem solchen Reflexionsgespräch sollten auch die angewandten Gesprächs- und Lernstrategien (wie z. B. die Form der Informationsbeschaffung) diskutiert werden. Die Lernenden sollten gemeinsam klären, inwieweit diese eingehalten wurden, ob sie in vernünftiger Weise zum Ziel führten, auf welche Art sie verbessert werden könnten und welche neuen Strategien hinzukommen sollten.

Gemeinsame Reflexion im Metagespräch

Grundsätzlich kann die Methode des Unterrichtsgesprächs für jede literarische Gattung bzw. für jeden Text eingesetzt werden. Für das Gespräch kann es jedoch förderlich sein, einen mehrdeutigen oder kontroversen Text einzusetzen, der Konflikte darstellt und das Diskutieren unterschiedlicher Standpunkte oder Lesarten provoziert. Andererseits kann der Zugang zum Text und zum Gespräch den Schülerinnen und Schülern erleichtert werden, wenn sie beim Lesen auch Vertrautes wiederentdecken, das sie zunächst anhand eigener Erfahrungen erklären können. Dennoch sollten die Texte auch fremde oder gar befremdliche Elemente enthalten, die im Sinne der Entwicklung von Fremdverstehen und interkultureller Kompetenz eine Abstraktion vom Eigenen und eine Vermittlung zwischen dem Fremden und dem Eigenen erforderlich machen. Darüber hinaus bietet diese Interpretationsmethode die besondere Gelegenheit, Texte, die sowohl sprachlich als auch inhaltlich herausfordern, einzusetzen. Schließlich ist die Erfahrung, einen Text, der sich einem zunächst verschlossen hat, allmählich mittels einer gemeinsamen Deutungsleistung zu verstehen, nicht nur motivierend, sondern vermag auch das Vertrauen in die eigene Rezeptionsleistung und somit die Freude der Lernenden am Lesen zu stärken.

Geeignete Texte

Obwohl alle literarischen Gattungen gleichermaßen Grundlagen für Unterrichtsgespräche sein können, soll auf das besondere Potenzial von Lyrik hingewiesen werden. So stellen die oftmals bildliche, stets verdich-

Lyrische Texte

tete Sprache und die uneindeutige Bedeutungszuschreibung vielfältige Diskussionsanlässe dar. Eine weitere Besonderheit liegt in der Länge von Gedichten (vgl. auch Pieper 2004: 219). Sie können in der Regel während des Gesprächs wiederholt gelesen bzw. vorgelesen werden. Somit wird auch der Klang sinnlich erfahrbar und fließt in die Interpretation ein, was bei rein schriftlichen, individuell vorgenommenen Analysen nicht der Fall ist. Gleichzeitig wird im Unterrichtsgespräch über ein Gedicht kein Teilnehmer bei der Interpretation alleine gelassen. Durch die gemeinsame Erfahrung der (allmählichen) Textdeutung können den Lernenden die Hemmungen genommen werden, sich mit dieser literarischen Form auseinanderzusetzen.

Schwierige Frage der Bewertung

Eine letzte wichtige, aber nicht ganz einfache Frage bleibt es, wie Unterrichtsgespräche über Literatur zu bewerten sind bzw. ob sie überhaupt bewertbar sind. In diesem Zusammenhang soll das Augenmerk abermals auf die Bedingungen für das Gelingen eines solchen Gesprächs gelenkt werden. So ist eine angstfreie, vertrauensvolle Atmosphäre von grundlegender Bedeutung dafür, dass Lernende sich überhaupt mit ihrer ganzen Persönlichkeit auf den Text und das Gespräch einlassen, dabei eigene Erfahrungen preisgeben sowie im Verlauf bereit sind, Sicherheiten abzubauen und Einstellungsänderungen zu realisieren. Während die Dynamik innerhalb der Lerngruppe selbst zu großen Teilen das Lernklima prägt, ist auch die Lehrkraft maßgeblich an der Entstehung einer lernförderlichen Umgebung beteiligt. Es wurde bereits betont, dass in dieser Form des Unterrichtsgesprächs die Lehrkraft als gleichwertiger Mitinterpret akzeptiert werden soll. Wird ihr allerdings gleichzeitig die Rolle des die mündliche Leistung Bewertenden zuteil, wird dieser kollaborative Lernprozess gehemmt.

Inhaltliche Lernziele vs. mündliche Beteiligung

Auch die spezifischen inhaltlichen Lernziele eines Unterrichtsgesprächs dürfen nicht aus den Augen verloren werden. So soll durch eine gemeinsame, verbale Auseinandersetzung ein tieferes Verständnis des zugrunde liegenden literarischen Textes erlangt werden. Während diese Methode zwar authentische, motivierende und mitteilungsbezogene Sprechanlässe in der Fremdsprache bietet, die die Sprechkompetenz und vor allem die Sprechbereitschaft der Teilnehmer nicht unwesentlich zu verbessern vermögen, darf diese Kompetenz nicht zentral gestellt und bewertet werden. Bei der Durchführung dieser Gesprächsform wird Schülerinnen und Schülern, die sonst eher zurückhaltend sind, die Möglichkeit gegeben, sich unter anderen Rahmenbedingungen mündlich einzubringen. Da allerdings auch dieses Verfahren zu keiner gleichmäßigen mündlichen Beteiligung führen kann, sollte bei der Bewertung bedacht werden, dass auch schweigsame Lernende das Ziel eines tieferen Verständnisses erreichen können, indem sie das Gespräch aufmerksam mitverfolgen. Die reine Benotung der Gesprächsbeteiligung würde also nicht nur der notwendigen angstfreien Atmosphäre entgegenwirken, sondern sie wäre auch nicht valide, da nicht das bewertet wird, was eigentlich das Lernziel der Methode ist.

Alternative Bewertungsverfahren

Das Unterrichtsgespräch über Literatur sollte also in alternativer Weise in der Notengebung berücksichtigt werden. Ein in vielerlei Hinsicht fruchtbares ‚Diagnoseinstrument' ist der zuvor erläuterte **Lerntagebucheintrag**. Schließlich erlaubt die inhaltliche und methodische Reflexion des Gesprächs Einblicke in die Aufmerksamkeit, mit der es verfolgt wurde, vor allem aber in die Qualität der persönlichen, kritischen Auseinandersetzung mit dem Lerngegenstand sowie in den Lernzuwachs. Das Schreiben dieser Einträge erfordert nicht nur den retrospektiven Nachvollzug des Gesprächs, sondern auch eine intensive Beschäftigung mit hinzugewonnenen Einsichten sowie die Verknüpfung der Inhalte mit bereits vorhandenen Wissensbeständen. Selbstverständlich können die Lerntagebücher in verschiedener Weise gestaltet werden. Entweder werden die Einträge handschriftlich in Heften, Notizbüchern, echten oder selbst gestalteten Tagebüchern etc. notiert oder die Schüler ‚veröffentlichen' diese in Blogs. Letztere Methode bietet die Möglichkeit, dass die Lernenden die Einträge der anderen Gesprächsteilnehmer lesen und direkt kommentieren können.

Produktiver Rahmen

Die vorangehenden Ausführungen stellen keineswegs ein Rezept für das Gelingen eines Unterrichtsgesprächs dar, sondern stecken vielmehr einen Rahmen ab, in dem man sich bei der Planung und Durchführung eines Gesprächs produktiv und lernerorientiert bewegen kann. Aufgrund seiner Situationsbedingtheit ist das Gespräch im Unterricht immer wieder etwas Spontanes, gewissermaßen immer wieder ein neues Wagnis. Diese Tatsache sollte jedoch nicht als Gefahr gesehen werden, sondern als Chance: So bietet die Form des Unterrichtsgesprächs ein nahezu einzigartiges Lernfeld, auf dem sich alle Teilnehmer gemeinsam bewegen, sich gegenseitig unterstützen und von- und miteinander lernen können. Diese Interpretationsmethode erweitert daher nicht nur die fremdsprachlichen, textanalytischen und sozialen Kompetenzen der Beteiligten, sondern sie entfaltet im Literaturunterricht neben einer nachhaltigen Lesemotivation auch ein *spezifisches kommunikatives und ästhetisches Potenzial der Erweiterung (auch) lebensweltlicher Deutungs- und Handlungsperspektiven* (Wieler 1998: 36).

3. Textauswahl und Zusammenstellung von Textsequenzen bei literarischen Lektürereihen

Grundlegende Fragen

Zwei grundlegende Fragen bei der Planung von literarischen (und landeskundlichen) Unterrichtsreihen betreffen die Auswahl von geeigneten Texten und deren Zusammenstellung zu Textsequenzen. Natürlich steht es Lehrenden frei, einfach auf eines der vielen nützlichen Materialienbücher, die für ein breites Spektrum von thematischen Unterrichtsreihen von den Schulbuchverlagen angeboten werden, zurückzugreifen. Sofern sich Lehrende die Entscheidungen über Auswahl und Erstellung von Textsequenzen jedoch nicht einfach abnehmen lassen wollen, sondern selbst (mit)entscheiden möchten, welche Texte sie in welcher Reihenfolge mit ihrer jeweiligen Lerngruppe auf welche Weise erarbeiten möchten, stehen sie vor einer Reihe von wichtigen Entscheidungen. Drei der wichtigsten Fragen, die sich in dem Zusammenhang stellen, hat Helene Decke-Cornill (1994: 273) in einem bislang (zu) wenig beachteten Pionieraufsatz formuliert: *Was bietet die Textkombination, das der einzelne Text nicht bieten kann? Was bestimmt das Zusammenstellen, welche Kriterien sind für die Auswahl und Kombination erkennbar? Und: Welches didaktische Potenzial steckt eigentlich im Kombinieren von Texten?*

Pionieraufsätze zur Erstellung von Textsequenzen

Lehrende, die nachsehen möchten, an welchen Kriterien sie sich bei der Zusammenstellung von Texten zu thematischen Unterrichtsreihen orientieren können, müssen lange suchen. Obgleich die Auswahl von Texten und ihre Zusammenstellung zu Textsequenzen in der Praxis des Fremdsprachenunterrichts eine große (und alltägliche) Rolle spielen, hat sich die Fachdidaktik mit diesem Problemkomplex nämlich bislang noch kaum beschäftigt. Abgesehen von einigen (wenigen) rühmlichen Ausnahmen – allen voran die Pionieraufsätze von Peter Freese (1980) und Helene Decke-Cornill (1994, 1995), auf die wir in diesem Kapitel noch näher eingehen werden – gibt es kaum Publikationen, die Lehrenden bei der zentralen Aufgabe der Erstellung von Kursmaterialien Orientierung geben.

Zielsetzung des Kapitels

Daraus leiten sich die Hauptziele dieses Kapitels ab. Zum einen gilt es, die wichtigsten Kriterien, die bei der Auswahl und Erstellung von Textsequenzen eine Rolle spielen (sollten), systematisch darzustellen. Zum anderen möchte dieses Kapitel mit den Konzepten der Intertextualität und der Kontextualisierung zwei literaturtheoretische Konzepte vorstellen, die in den letzten Jahren mit großem Gewinn in die literaturdidaktische Diskussion Einzug gehalten haben (vgl. Decke-Cornill 1994, Hallet 2002) und die das didaktische Potenzial erschließen, das in der Kombination von Texten zu Sequenzen im Rahmen von thematischen Unterrichtsreihen steckt.

Doch zunächst gilt es, nochmals die wichtigsten Kriterien in Erinnerung zu rufen, die für die Auswahl geeigneter Texte für den fremdsprachlichen Literaturunterricht generell zu berücksichtigen sind. Da wir die Kanonfrage und das Problem der Textauswahl in Band I ausführlich erläutert haben (vgl. Surkamp/Nünning 2016: Kap. I.5), mag es an dieser Stelle genügen, die wichtigsten Kriterien und Überlegungen, die dabei eine Rolle spielen (sollten), nochmals in tabellarischer Form kurz zusammenzufassen (vgl. Surkamp/Nünning 2016: 55):

Kriterien der Textauswahl

Grundsätze für die Textauswahl

Die zu behandelnden Texte sollten …

▸ möglichst authentische englischsprachige Texte sein
▸ in einer preiswerten und leicht erhältlichen Ausgabe vorliegen
▸ im Falle von Ganztexten einen Umfang von etwa 200 bis 250 Seiten möglichst nicht überschreiten
▸ den Bedürfnissen und Interessen der Lernenden entsprechen und einen Bezug zu ihrer Lebenswelt haben
▸ von ihrem sprachlichen und inhaltlichen Schwierigkeitsgrad her für die Zielgruppe angemessen sein
▸ am Wissen und den Fähigkeiten der Lerngruppe ausgerichtet sein
▸ der Lehrkraft selbst gefallen
▸ die Lernenden zum Nachdenken und Reden über das dargestellte Thema anregen
▸ sowohl mit den übergreifenden Lernzielen des Fremdsprachenunterrichts als auch mit dem Thema der jeweiligen Unterrichtseinheit vereinbar sein
▸ thematisch aktuell und repräsentativ für für eines der Zielsprachenländer des Englischunterrichts sein
▸ der Bedeutung der verschiedenen englischsprachigen Literaturen Rechnung tragen
▸ auch zeitgenössische Literatur und Texte von Autorinnen beinhalten
▸ in einem ausgewogenen Verhältnis aus verschiedenen Epochen, Gattungen, Medien und den Bereichen der Populär- und der Höhenkammliteratur stammen
▸ die Lernenden mit den wesentlichen Ausdrucksformen der englischsprachigen Literatur vertraut machen
▸ vielfältige Perspektivenwechsel ermöglichen
▸ möglichst im Zusammenhang mit anderen (komplementären oder kontrastiven) Texten behandelt werden
▸ die Interaktion zwischen Textwelt und Lebenswelt der Schülerinnen und Schüler und damit das prozesshafte Leseverstehen fördern
▸ didaktisch gut strukturierbar sein
▸ vielfältige Anschlussmöglichkeiten sowohl für die analytische als auch für die kreative Textarbeit bieten

Grundsätze für die Erstellung von Textsequenzen

Die in dieser Tabelle aufgeführten Kriterien der Textauswahl betreffen zunächst einmal die Auswahl von Ganzschriften bzw. Einzeltexten für die Behandlung literarischer Texte im fortgeschrittenen Englischunterricht. Dennoch lassen sich daraus bereits einige Anhaltspunkte ableiten, die auch bei der Erstellung von Textsequenzen berücksichtigt werden sollten. Ohne Anspruch auf Vollständigkeit sollen zumindest sieben Grundsätze für die Erstellung von Textsequenzen formuliert werden, die als Orientierungsrahmen dienen können und die wir bei den exemplarischen Unterrichtsmodellen in den nachfolgenden Kapiteln dieses Buches zugrunde gelegt haben.

1. Grundsatz: Aktualität und diachrone Breite

Aus dem Grundsatz, dass die im Unterricht behandelten Texte in einem ausgewogenen Verhältnis aus verschiedenen Epochen stammen sollten, folgt für die Erstellung von Textsequenzen, dass diese ebenfalls eine Balance zwischen Aktualität und diachroner bzw. literaturgeschichtlicher Breite anstreben sollten. Darauf hat bereits Freese (1980: 29) in seinen wegweisenden *Thesen zur Sequenzbildung* hingewiesen: *Textsequenzen für den fortgeschrittenen Englischunterricht sollten sich nicht länger nur nach dem fragwürdigen Prinzip der ‚Aktualität' richten, sondern die fälschlich vernachlässigte historische Dimension wieder stärker berücksichtigen und demzufolge – zumindest teilweise – nach diachronen Gesichtspunkten zusammengestellt werden.* (ebd.: 34)

2. Grundsatz: Literarische und expositorische Texte

Der Grundsatz, dass die im Unterricht behandelten Texte in einem ausgewogenen Verhältnis aus verschiedenen Gattungen, Textsorten und Medien stammen sollten, lässt sich ebenfalls unmittelbar auf die Zusammenstellung von Texten zu thematisch orientierten Unterrichtseinheiten übertragen. Anstatt Texte aus literarischen Gattungen nur im Literaturunterricht und expositorische Textsorten nur im Sprach- oder Landeskundeunterricht zu behandeln, spricht vieles dafür, bereits durch die Erstellung von Textsequenzen, d.h. durch die Kombination von literarischen und expositorischen Texten in einer Unterrichtsreihe die künstliche *Dreiteilung in Sprachunterricht, Literaturunterricht und Landeskundeunterricht* (Freese 1980: 34) zu überwinden. Exemplarisch werden wir im II. und III. Teil dieses Bandes anhand eines Kurzdramas und eines Films zeigen, wie Literatur- und Filmunterricht als Kulturunterricht geplant und erfolgreich durchgeführt werden kann.

3. Grundsatz: Komplementarität und Kontrast

Unmittelbar relevant für die Zusammenstellung von Textsequenzen ist auch der Grundsatz, dass die ausgewählten Texte stets im Zusammenhang mit anderen, komplementären oder kontrastiven Texten behandelt werden sollten. Dieses Prinzip der Komplementarität und des Kontrasts betrifft nicht nur die bereits erörterte Frage nach der Gattungszugehörigkeit, sondern auch die generelle Frage nach den inhaltlich-thematischen, formalen und sonstigen Beziehungen zwischen den in einer Reihe behandelten Texten. Ein zu hohes Maß an Gleichförmigkeit in einer Textsequenz wirkt bekanntlich leicht ermüdend und demotivierend; ein zu hohes Maß an Verschiedenartigkeit der aufeinander folgenden Texte kann Lernende hingegen ebenso leicht überfordern. Gerade für das Gelingen thematischer Unterrichtsreihen ist es eine wichtige Voraussetzung, dass die Texte so ausgewählt und kombiniert werden, dass sie das im Mittelpunkt stehende Thema auf unterschiedliche Weise behandeln und perspektivieren. Wie dies konkret durch die Zusammenstellung komplementärer und kontrastiver Texte bewerkstelligt werden kann, werden wir in den nachfolgenden Kapiteln am Beispiel unterschiedlicher literarischer Unterrichtsreihen zeigen. Beispielhaft sei vor allem auf die Unterrichtsmodelle zur Behandlung von London-Gedichten (Kap. II.3.), zur literarischen Auseinandersetzung mit dem Britischen Weltreich (Kap. III.2.) und zur Erarbeitung der ‚growing up'-Thematik (Kap. III.3.) verwiesen.

Daraus ergibt sich als ein vierter Grundsatz für die Zusammenstellung von Textsequenzen das Prinzip der Perspektivenvielfalt, das unten noch näher erläutert und konkretisiert wird. Zur Perspektivenvielfalt gehört natürlich auch, dass nicht bloß etablierte Lektüreklassiker im Unterricht behandelt werden, sondern auch Werke weniger bekannter Autorinnen und Autoren sowie Texte, zu denen es noch keine Modellinterpretation und didaktisch aufbereitete Handreichungen gibt. Exemplarisch werden wir in diesem Kapitel am Beispiel der besonders beliebten Gattung der *short story* erläutern, was mit einer solchen Perspektivenvielfalt konkret gemeint ist und welche innovativen Perspektiven mit Gewinn einbezogen werden können, um Textsequenzen und Unterrichtsreihen für Lernende (und Lehrende) noch interessanter machen zu können. Auch bei der Gestaltung der exemplarischen Unterrichtsreihen im zweiten und dritten Teil dieses Bandes haben wir uns bewusst bemüht, Lehrenden eine Vielzahl neuer Texte und didaktischer Zugangsmöglichkeiten zu erschließen, um das Prinzip der Perspektivenvielfalt in der Praxis anhand von Beispielen konkret zu erläutern.

4. Grundsatz: Perspektivenvielfalt

Auch der Grundsatz, dass die ausgewählten Texte vielfältige Anschlussmöglichkeiten für analytische und kreative Formen der Textarbeit eröffnen sollten, gibt wichtige Anregungen für die Zusammenstellung von Textsequenzen. Anstatt sich auf bestimmte Texte zu konzentrieren, die sich nur für bestimmte Methoden bzw. Typen der Textarbeit eignen, sollten die Texte so ausgewählt und kombiniert werden, dass das Prinzip der methodischen Vielfalt und des Wechsels der Formen der Textarbeit bedacht wird (vgl. Collie/Slater 1987, Pulm/Röhrig 1994, Surkamp/Nünning 2016: Kap. II). Die wichtigsten Herangehensweisen und Methoden der Literaturerarbeitung wurden in Kapitel I.2.1 kurz zusammengefasst.

5. Grundsatz: Methodische Vielfalt

6. Grundsatz:
Offenheit

Folgt man einer der vielen wichtigen Einsichten der rezeptionsästhetischen Literaturdidaktik (vgl. Bredella 2002, Bredella/Burwitz-Melzer 2004), so ‚enthalten' Texte keine bestimmte Bedeutung, sondern Bedeutung und Sinn werden ihnen erst von Lesern und Lernern im Prozess der Lektüre zugeschrieben. Wie dies jeweils geschieht, hängt nicht nur von den jeweiligen Voraussetzungen des einzelnen Rezipienten ab, sondern auch vom Kontext bzw. intertextuellen Umfeld, in dem der jeweilige Text steht bzw. gelesen wird (vgl. Hallet 2002), wie bereits Fingerhut (1974: 97) prägnant bemerkt hat: *In einer Textsequenz, die zu didaktischen Zwecken komponiert ist, bestimmen die dem einzelnen Text vorausgehenden und durch Fragekomplexe auf ihn bezogenen (…) Mit-Texte ganz entscheidend dessen eigenen Informationswert.* Für die Erstellung von Textsequenzen folgt daraus, dass Lehrende dem dadurch Rechnung tragen sollten, dass sie Texte so kombinieren, dass diese sich wechselseitig kommentieren, kritisieren oder in Frage stellen. Textsequenzen sollten also nach Möglichkeit nicht ideologisch oder normativ geschlossen, sondern offen sein. Auch darauf hat schon Freese (1980: 34) hingewiesen: *Textsequenzen sollten einen möglichst hohen Grad an ‚Offenheit' aufweisen, damit die kontextbedingte Festlegung des jeweiligen in die Reihe eingefügten Einzeltextes auf eine seiner möglichen Lesarten so weit wie möglich vermieden wird.*

7. Grundsatz:
Schülerorientierung und -beteiligung

Aus diesem Prinzip der Offenheit folgt natürlich auch, dass die Lernenden an der Auswahl und Zusammenstellung der zu behandelnden Texte beteiligt sein sollten. Obgleich dies im Zeitalter eines allseits propagierten schülerorientierten oder lernerzentrierten Unterrichts eigentlich eine Selbstverständlichkeit sein sollte, lohnt es doch, sich die Möglichkeiten kurz ins Bewusstsein zu heben, die sich durch das Internet und durch Suchmaschinen wie Google eröffnet haben, um Lernende an der Erstellung von Textsequenzen zu beteiligen. Beschränkte sich die Einbeziehung der Schüler bei der Textauswahl früher oftmals darauf, dass ihnen der Lehrende eine Reihe von (in der Regel von ihm oder ihr ausgewählten) Lektüren kurz vorstellte und sie dann abstimmen ließ, welcher Text behandelt werden soll, so haben sich die Möglichkeiten der selbstständigen Mitarbeit der Lernenden durch die neuen Massenmedien inzwischen exponentiell vergrößert.

Perspektivenvielfalt in der Praxis

Wie diese sieben Grundsätze bei der Zusammenstellung von Textsequenzen in die Praxis umgesetzt werden können, soll im Folgenden exemplarisch erläutert werden. In zwei Pionieraufsätzen ist Helene Decke-Cornill (1994, 1995) anhand einer Untersuchung des Berliner Rahmenplans zum Thema „‚Black and White' in der US-Short Story" der Frage nachgegangen, wie breit das Spektrum der Perspektiven ist, das durch die Textvorschläge des Rahmenplans eröffnet wird. Sie geht dabei von folgender

Hypothese aus, die plausibel erscheint: *Textreihen werden der Komplexität eines Themas dadurch gerecht, dass sie es aus einer Vielfalt von Blickwinkeln beleuchten und dadurch den Schülerinnen und Schülern Zugang zu einem offenen und kontroversen Spektrum von Sichtweisen auf das jeweilige Thema ermöglichen* (Decke-Cornill 1995: 263).

Einen geeigneten Ansatzpunkt, um das Prinzip der Perspektivenvielfalt in der Praxis zu berücksichtigen, bietet eine Einbeziehung der Erzählsituation bzw. Erzählperspektive. Die Untersuchung der Erzählperspektive bzw. des *point of view* (vgl. Nünning 1992) bietet in diesem Zusammenhang vor allem deshalb einen geeigneten Ansatzpunkt, weil sie direkt zum Problem der Perspektivengebundenheit von Erfahrungen und Geschichten hinführt. Daher fragt Decke-Cornill (1995: 265) danach, wer den jeweiligen Text erzählt bzw. aus wessen Perspektive die fiktionale Welt wahrgenommen wird: *Sind die Erzählpositionen black (b) oder white (w), male (m) oder female (f) entworfen?* Umso ernüchternder ist das Ergebnis, zu dem Decke-Cornill bei ihrer Auswertung der in den Rahmenplänen von 1977, 1984 und 1991/2 enthaltenen Lektüreempfehlungen kommt: *Zusammenfassend muß für die drei exemplarisch untersuchten Reihen festgehalten werden, dass sie schon bei der einfachen Frage nach race und gender der Erzählinstanz Mindesterwartungen an Differenziertheit nicht erfüllen* (ebd.: 267). Auffällig sind vor allem die starke Privilegierung männlicher und ‚weißer‘ Sichtweisen und die damit einhergehende Marginalisierung bzw. weitgehende Ausblendung weiblicher und ‚schwarzer‘ Perspektiven. Auch neuere literaturdidaktische Studien legen offen, dass das Prinzip der Perspektivenvielfalt bei der Zusammenstellung von Texten noch nicht genügend berücksichtigt wird (vgl. z. B. König 2018 zur Textauswahl für das niedersächsische Zentralabitur aus Gender-Perspektive).

Ansatzpunkt Erzählperspektive

Nimmt man die Einsichten ernst, dass das Erzählen von Geschichten aufgrund der Horizonthaftigkeit von Wirklichkeitserfahrung subjekt- und perspektivenabhängig ist und dass Perspektivenvielfalt eine wichtige Voraussetzung dafür ist, um der Komplexität von Themen gerecht zu werden und um Fremdverstehen zu ermöglichen (vgl. Bredella/Christ 1995, Nünning 2000), dann folgt daraus als Aufgabe, sowohl bei der Auswahl von Short Storys, Gedichten, Dramen oder Texten aus anderen Gattungen als auch bei der Zusammenstellung von Textsequenzen diesem Prinzip der Perspektivenvielfalt sehr viel mehr Beachtung zu schenken, als dies laut vorliegender empirischer Studien bislang der Fall zu sein scheint. Gerade im Falle von Unterrichtsreihen zu Gattungen wie Kurzgeschichten oder Gedichten ist es aufgrund der gattungsbedingten Kürze der Texte nicht nur wünschenswert, sondern auch möglich, Lernende mit einem breit gefächerten Spektrum von Perspektiven zu konfrontieren. Denn nur

Perspektivität und Subjektivität von Wirklichkeitserfahrung

wenn sie unterschiedliche Sichtweisen eines Themas oder Problems kennenlernen und sich mit verschiedenen Perspektiven auseinandersetzen, ist zu erwarten bzw. zumindest zu hoffen, dass sie die Fähigkeiten zum Perspektivenwechsel und zur Perspektivenübernahme ausbilden, die als grundlegende Voraussetzung für soziales Handeln und für interkulturelle Kommunikationskompetenz (vgl. Erll/Gymnich 2007) gelten.

Methodischer Perspektivenwechsel und das Lernziel ‚Perspektivenübernahme'

Vor dem Hintergrund der jüngsten Lernziel- und Kompetenzdebatten gewinnt die Forderung nach größerer Perspektivenvielfalt – sowohl bei der Textauswahl und der Zusammenstellung von Textreihen als auch bei den methodischen Zugangsmöglichkeiten – noch erheblich an Gewicht (vgl. auch Surkamp 2005). Es herrscht nämlich inzwischen Einigkeit darüber, dass die Differenzierung eigener und fremder Standpunkte, die Einsicht in die Begrenztheit der eigenen Sichtweise sowie die Fähigkeiten, die Perspektive eines anderen einzunehmen und unterschiedliche Standpunkte zu koordinieren, nicht nur zu den grundlegenden Voraussetzungen sozialen Handelns zählen, sondern dass Perspektivenübernahme zugleich auch eine wichtige Voraussetzung für bzw. ein Bestandteil von Fremdverstehen und von interkultureller Kommunikationskompetenz ist.

Perspektivenübernahme und Theorie des Fremdverstehens

Die Theorie der Perspektivenübernahme ist insofern zugleich eine *Theorie des Fremdverstehens* (Geulen 1982: 55), als sie *Verstehen des anderen von vornherein als* Rekonstruieren seiner Perspektive *von der Situation faßt* (ebd.: 53). Sie geht davon aus, dass sich ein Subjekt *virtuell in die Position des bzw. der anderen versetzt und die dieser Position entsprechende spezifische Perspektive von der Situation einschließlich von ihm selbst rekonstruiert* (ebd.), mithin eine *kognitive Operation zur Erfassung der Handlungsorientierung anderer* (ebd.: 66) leistet. Gleichwohl ist die Relevanz dieser wegweisenden Einsichten zur Perspektivenübernahme und Perspektivenkoordinierung von Seiten der Fremdsprachendidaktik erst in den letzten Jahren erörtert worden (vgl. Bredella/Christ 1995). Wenn der komplexe Prozess der Perspektivenübernahme *als grundlegende Fähigkeit im Umgang mit Fremdem* (Schinschke 1995b: 36) anzusehen ist, stellt sich für die Literaturdidaktik die Frage, wie Lernende bei der Behandlung literarischer Werke zur Differenzierung, Übernahme und Koordinierung verschiedener Perspektiven befähigt werden können. Da eine Identifizierung, Differenzierung, Übernahme und Koordinierung anderer Sichtweisen Voraussetzungen und Bestandteile des Prozesses der Dezentrierung sind, werden verschiedene Typen von Dezentrierung unterschieden: *(a) Perspektivendifferenzierung, d. i. das Wissen um die Differenz zweier Perspektiven; (b) Perspektivenübernahme, d. i. die inhaltliche Ausgestaltung der fremden Perspektive und (c) Perspektivenkoordinierung, d. i. die auf einer Meta-Ebene vollzogene Integration inhaltlich unterschiedlicher Perspektiven* (Edelstein/Keller/Wahlen 1982: 184).

Im Gegensatz zur Differenzierung und Übernahme von Perspektiven bedeutet Perspektivenkoordinierung, *dass die Lernenden in einer Begegnung mit Fremdheit die eigenen und fremden Perspektiven erfassen, miteinander vergleichen und zwischen ihnen vermitteln können* (Schinschke 1995b: 42). Ebenso wie die Fähigkeit zur Perspektivenübernahme ist auch die zur Perspektivenkoordinierung eine Voraussetzung für soziales Handeln und den Umgang mit Fremden. Angesichts der kaum zu überschätzenden Bedeutung von Empathie für interkulturelle Kommunikationskompetenz kommt der gezielten Schulung der dafür erforderlichen kognitiven und emotionalen Fähigkeiten im Rahmen einer Didaktik des Fremdverstehens (vgl. Bredella/Christ 1995) heute größere Bedeutung zu als je zuvor. Für die Literaturdidaktik ergibt sich daraus die Frage, wie die verschiedenen Dezentrierungsleistungen durch die Textauswahl und die Zusammenstellung von Textsequenzen gezielt gefördert werden können. Auch wenn die oben formulierten sieben Grundsätze Lehrenden die Entscheidungen für bestimmte Texte letztlich nicht abnehmen können, bieten sie eine Reihe von Ansatzpunkten, die bei der Planung von Unterrichtsreihen als Orientierungsrahmen fungieren können.

Perspektiven-koordinierung

Exemplarisch soll im Folgenden anhand der besonders beliebten Gattung der Kurzgeschichte gezeigt werden, welche Möglichkeiten es gibt, um innovative Perspektiven bei der Lektüreauswahl und der Zusammenstellung von Textsequenzen im fremdsprachlichen Literaturunterricht zu berücksichtigen und das Prinzip der Perspektivenvielfalt konkret umzusetzen. Nicht zuletzt angesichts der leider noch immer vorherrschenden Vernachlässigung von Werken von Autorinnen bietet es sich zunächst einmal an, weibliche Perspektiven sehr viel stärker einzubeziehen (vgl. König 2018). Obgleich etwa die Short Story ein Genre ist, dem sich gerade Autorinnen seit dem 19. Jahrhundert bevorzugt zugewandt haben, fristen Kurzgeschichten von Frauen im Englischunterricht meist ein Schattendasein. Abgesehen von der ein oder anderen Kurzgeschichte von Katherine Mansfield sind es fast ausschließlich Short Storys von Schriftstellern, die zu den kanonisierten Lektüreklassikern zählen. Dass sich durch eine Einbeziehung weiblicher Sichtweisen im Hinblick auf die Planung von Unterrichtsreihen zur Kurzgeschichte neue, bislang freilich noch nicht hinreichend genutzte didaktische Möglichkeiten eröffnen, haben etwa Ingeborg Weber (1994, 1996) und Natascha Würzbach (1996) überzeugend dargestellt. Im vorliegenden Band zeigen vor allem die Kapitel zu dem kanadischen Kurzdrama *Survival in the South* (vgl. Kap. II.2.) und zu englischsprachigen Kurzgeschichten, die sich mit der Adoleszenzproblematik beschäftigen (vgl. Kap. III.3.), welche kulturellen und didaktischen Aspekte durch die Auseinandersetzung mit weiblichen Perspektiven stärker in den Blick rücken.

Innovative Perspektiven (1): *Female Voices*

Weiblichkeit und weibliches Schreiben

Angesichts der Tatsache, dass es gerade im Bereich der Behandlung von Kurzgeschichten weiblicher Autoren einen erheblichen Nachholbedarf gibt, kommt einem innovativen Band besondere Beachtung zu. Der von Ingeborg Weber herausgegebene Sammelband *Weiblichkeit und weibliches Schreiben* (1994), der der Frage nach den Besonderheiten weiblichen Schreibens nachgeht, erschließt anhand textnaher Interpretationen ausgewählter Kurzgeschichten englischsprachiger Autorinnen einen sowohl in der Anglistik als auch im Englischunterricht zu Unrecht vernachlässigten Bereich. Anhand von konkreten Textinterpretationen versuchen die Beiträge in diesem Band, auf induktivem Wege eine Antwort auf die Frage nach Weiblichkeit und weiblichem Schreiben zu geben. Sie beschäftigen sich nicht nur mit Autorinnen wie Virginia Woolf, Katherine Mansfield und Doris Lessing, die auch hierzulande inzwischen eine große Popularität gewonnen haben, sondern auch mit Texten weniger bekannter Schriftstellerinnen wie Dorothy Parker, Anaïs Nin, Jane Bowles und Jean Rhys.

Innovative Perspektiven (2): *Ethnic Voices*

Eine zweite Möglichkeit, das bislang im Englischunterricht vorherrschende Spektrum an Texten zu erweitern, besteht in der Einbeziehung der Perspektiven von Autorinnen und Autoren, die zu den ethnischen Minderheiten zählen. Warum etwa Dramen oder Kurzgeschichten solcher Autorinnen und Autoren eine besondere Bedeutung für einen interkulturellen Fremdsprachenunterricht zukommt, liegt auf der Hand. Gerade im Falle von Werken der ethnischen Literaturen, die oftmals Probleme interkultureller Kommunikation direkt thematisieren oder narrativ inszenieren, werden *Lernende vom Inhalt des Textes explizit dazu aufgefordert, sich mit den Problemen interkulturellen Verstehens, mit Stereotypen, mit Unterschieden zwischen den Kulturen und darauf basierenden Mißverständnissen in der Kommunikation zu beschäftigen* (Schinschke 1995a: 88). In den nachfolgenden Kapiteln dieses Bandes werden auch Texte weniger bekannter Autorinnen und Autoren behandelt, die solche weiblichen und ethnischen Perspektiven repräsentieren (z.B. das Kurzdrama *Survival in the South* der kanadischen Schriftstellerin Minnie Aodla Freeman sowie Auszüge aus Werken postkolonialer Autorinnen und Autoren), ‚eminently teachable' sind und zeitgemäße Nachfolger für die kanonisierten Schulklassiker – oder zumindest bedenkenswerte Alternativen zu ihnen – sein könnten.

Anthologien

Hilfreich für die Textauswahl sind natürlich Anthologien, die dem Lehrenden die Zusammenstellung von Textsequenzen abnehmen oder zumindest erheblich erleichtern können. Aus der Vielzahl neuer Anthologien und Materialien zum Genre der Short Story seien einige herausgegriffen, die frischen Wind in den Englischunterricht bringen können. Wer allzu große

Mühen scheut und Textausgaben sucht, die unmittelbar für die Schule konzipiert sind, wird von den Titeln der Reihe „Viewfinder" profitieren. Sie tragen nicht zuletzt der Tatsache Rechnung, dass die englischsprachigen Literaturen außerhalb Großbritanniens in den letzten Jahren wachsende Beachtung gefunden haben. Zwei seien exemplarisch genannt:

LEKTÜRETIPP

Freese, Peter (Hrsg.): *Growing up in a Multicultural Society: Nine American Short Stories*. München: Langenscheidt-Longman 1995.
Mitchell, Michael (Hrsg.): *Caribbean Stories: I See These Islands*. München: Langenscheidt-Longman 1996.

Vorzüge der Anthologien

Diese beiden Textausgaben erfüllen alle Anforderungen, die an gut edierte Schullektüren zu stellen sind. Sie enthalten Texte, die aufgrund ihres begrenzten Umfangs, der relativen Einfachheit, der psychologisch einfühlsamen Darstellungsweise, der für die Interessen und Bedürfnisse von Oberstufenschülerinnen und -schüler ansprechenden Themen und nicht zuletzt aufgrund der ungewohnten Sichtweisen hervorragend für die Behandlung im Englischunterricht geeignet sind. Die Ausgaben enthalten jeweils einen vollständigen und nicht vereinfachten Nachdruck literarischer Originaltexte und sind kommentiert sowie mit einer informativen Einleitung versehen. Erleichtert wird der Einstieg durch Hintergrundinformationen zu den Autoren und Texten sowie durch Vokabelerklärungen. Außerdem sind die didaktisch gut strukturierbaren Texte durch methodische Hinweise für den Unterricht aufbereitet. Auch die umfangreichen Annotationen und zielgruppenorientierten Fragestellungen unterstützen gezielt die Behandlung der Texte in der Sekundarstufe II.

Ethnic Voices und interkultureller Literaturunterricht

Ebenso wie die Einbeziehung von Werken von Autorinnen dürfte die stärkere Berücksichtigung ethnischer Perspektiven zum einen die Motivation, sich mit englischsprachiger Literatur zu beschäftigen, beträchtlich erhöhen. Zum anderen ist es angesichts der anhaltenden Diskussionen um interkulturellen Unterricht und um die Probleme des Zusammenlebens in einer multikulturellen Gesellschaft ganz einfach an der Zeit, dass Unterrichtsreihen diesen Entwicklungen durch eine entsprechend geänderte Textauswahl Rechnung tragen. Welch produktive Perspektiven sich dabei eröffnen, werden wir in den nachfolgenden Kapiteln, z. B. in dem zum *British Empire* in der englischsprachigen Literatur, exemplarisch zeigen (vgl. auch Freitag-Hild 2010 zu *British Fictions of Migration*).

Literatur- und Landeskunde bzw. Kulturdidaktik

Bei dem Problem der Textauswahl und der Zusammenstellung geeigneter Textsequenzen schwingen im Übrigen auch die Fragen mit, wie sich Literatur- und Landeskunde- bzw. Kulturdidaktik sinnvoll verknüpfen lassen und wie multikulturell und global der Englischunterricht generell konzipiert ist. Bedenkenswerte Überlegungen zur „Integration von Literatur- und Landeskundedidaktik" hat Müller-Hartmann (1997) angestellt. Am Beispiel ethnischer Kurzgeschichten gibt er methodische Anregungen dafür, wie das Verstehen einer fremden Kultur im Rahmen des interkulturellen Lernens durch eine Verbindung von literarischer Textanalyse mit historischer und soziokultureller Kontextualisierung gefördert werden kann. Einige der nachfolgenden Kapitel entwerfen ebenfalls an konkreten Beispielen produktive Perspektiven für die Integration von Literatur- und Landeskundedidaktik.

Beispiel australische Literatur

Als wegweisend erweisen sich solche Überlegungen zur Integration von Literatur- und Landeskundedidaktik etwa im Hinblick auf die Beschäftigung mit der australischen Literatur und Kultur, die seit der Zweihundertjahrfeier der weißen Besiedlung des fünften Kontinents verstärkt in das Blickfeld gerückt ist. Mit der Bereitstellung von Materialien und Anregungen für den Unterricht hat *Der Fremdsprachliche Unterricht* im Heft zu „Australien und Neuseeland" (Heft 3/1991) dazu beigetragen, dass die Beschäftigung mit der Literatur, Geschichte und Sprache unserer Antipoden nun auch Eingang in die fachdidaktische Diskussion gefunden hat. Während kein Mangel an Einführungen in die Werke von Patrick White besteht, der 1973 als erster Australier den Nobelpreis für Literatur erhielt, sind die innovativen Werke jüngerer Autorinnen und Autoren wie Murray Bail, Peter Carey und Helen Garner bislang vernachlässigt worden. Für Lehrende, die nach geeigneten australischen Texten, kompakten Hintergrundinformationen und Anregungen suchen, erweist sich folgende Anthologie als sehr nützlich:

LEKTÜRETIPP

Kreutzer, Eberhard (Hrsg.): *Contemporary Australian Short Stories.*
Stuttgart: Reclam 1993.

Diese sorgfältig edierte und vom Herausgeber mit einem sehr informativen Nachwort über „Die Entwicklung der australischen Kurzgeschichte" versehene Anthologie erleichtert es Lehrenden, sich im Englischunterricht der Oberstufe mit diesem Thema zu befassen. In Kreutzers anregender und gut ausgewählter Anthologie finden sich Kurzgeschichten von Patrick White, Peter Carey, Murray Bail, Fay Zwicky, David Malouf, Archie Weller, Frank Moorhouse und Helen Garner. Diese Ausgabe enthält nicht nur vollständige und nicht vereinfachte Nachdrucke literarischer Originaltexte, sondern der Herausgeber gibt auch wertvolle Hintergrundinformationen zu den Autoren und Texten, Vokabelerklärungen sowie weiterführende Literaturhinweise. Stellvertretend für einige andere seien noch zwei weitere Anthologien genannt, die nicht nur exemplarisch die Vielfalt der englischsprachigen Short Story-Produktion der Gegenwart illustrieren, sondern die auch literarische und landeskundliche Unterrichtsreihen bereichern können:

LEKTÜRETIPP

Müller, Klaus-Peter (Hrsg.): *Contemporary Canadian Short Stories.*
Stuttgart: Reclam 1990.
Korte, Barbara & Claudia Sternberg (Hrsg.): *Many Voices – Many Cultures: Multicultural British Short Stories.* Stuttgart: Reclam 1997.

Intertextualität

In Ergänzung zu jenen Kurzgeschichten, Dramen, Gedichten und Filmen, die im Zentrum der nachfolgenden Kapitel stehen, seien abschließend noch einige Überlegungen zur Bedeutung von Intertextualität und Kontextualisierung vorweggeschickt, die bei der Zusammenstellung von Textreihen von grundsätzlichem Interesse sind. Die dominanten Austauschmodi zwischen literarischen Texten und ihren kulturellen Kontexten sind Formen der Intertextualität, d.h. Beziehungen zu anderen Texten. Durch Intertextualität können literarische Texte im Prinzip auf die gesamte Bandbreite kulturell vorherrschender Wissensformationen – wie sie in anderen literarischen Texten, in nicht-literarischen Textsorten und Medien vorliegen – Bezug nehmen und sie im Medium der Fiktion anklingen lassen. Zitate, Gattungsmuster, Plotstrukturen, Motive, Figuren oder sprachliche Besonderheiten unterschiedlichster (Prä-)Texte können durch Verfahren der Intertextualität aufgerufen, neu perspektiviert und fortgeschrieben werden. Intertextualität fungiert gleichsam als Schaltstelle zwischen Texten und ihren kulturellen bzw. historischen Kontexten. Durch intertextuelle Bezüge steht der literarische Text im ständigen Dialog mit dem kulturellen Wissen seiner Entstehungszeit. Entsprechend lassen sich intertextuelle Beziehungen weder allein auf innerliterarische Faktoren noch allein auf literarische Elemente reduzieren.

Kulturelle Kontexte

Der kulturelle Kontext ist damit genauer zu bestimmen als ein intertextueller Zusammenhang, der Zusammenhang eines Feldes kulturell koexistierender Texte und Medien sowie der in ihnen und durch sie konstituierten Diskurse. Andere Texte und Medien samt ihrer Erzählschemata, Topoi, Wertehierarchien, ästhetisch-narrativen Formen und Plotstrukturen, die das kulturelle Außen des literarischen Textes konstituieren, können durch Intertextualität sowie Intermedialität in einen Text integriert werden. Durch intertextuelle Referenzen auf die extratextuelle Wirklichkeit rufen literarische Texte nicht nur einzelne Elemente eines vorgängigen kulturellen Bezugsfelds auf; in dem Maße, in dem dieses Bezugsfeld selbst schon auf historisch und kulturell spezifische Weise konfiguriert ist, bedeutet Intertextualität immer auch die Selektion von verfügbaren Plotmustern, narrativer Schemata, Topoi oder Metaphern und der ihnen inhärenten Wissensordnungen.

Intertextuelle Zusammenstellungen als Kontextualisierung

Für den Fremdsprachenunterricht folgt daraus vor allem die Einsicht, dass jede Zusammenstellung von Textreihen immer zugleich eine Form von Kontextualisierung ist. Da Lernenden die fremdsprachliche Kultur nie in ihrer Gesamtheit bekannt sein kann, sondern durch die ausgewählten Texte immer nur exemplarisch und selektiv Einblicke gewährt werden, kommen der Auswahl und Zusammenstellung der Textreihen sehr große Bedeutung zu. Jeder am Anfang einer Unterrichtsreihe behandelte Text liefert eine Grundlage, eine Bezugsfolie und einen Verstehenshorizont für alle folgenden Texte, die ihrerseits zu den bereits besprochenen Texten bewusst oder unbewusst in Beziehung gesetzt werden. Es sind also die ausgewählten Texte, die im Rahmen des fremdsprachlichen Literatur- und Kulturunterrichts den primären Kontext für die Erarbeitung der Texte darstellen. Im Gegensatz dazu ist der schulische Textunterricht weiterhin vom Modell des relativ geschlossenen Textes mit einem darin verborgenen Sinn geprägt, den es freizulegen gelte. Dies führt zu einer weitgehend von diskursiven und kulturellen Zusammenhängen des jeweiligen Textes abstrahierenden Arbeit am Einzeltext.

„Spiel der Texte und Kulturen"

Diese nach wie vor dominierende Praxis des Literaturunterrichts steht in diametralem Gegensatz zu veränderten, offenen Textbegriffen, die den Akzent auf das *Spiel der Texte und Kulturen* (Hallet 2002) richten. Vor allem Wolfgang Hallet (2002) ist es mit seinem innovativen, gleichermaßen literatur- wie kulturdidaktisch fundierten Ansatz gelungen, das kulturwissenschaftliche Konzept der Intertextualität für den Literaturunterricht fruchtbar zu machen, es zu einem zentralen didaktischen Paradigma weiterzuentwickeln und dadurch neue Formen der Literaturanalyse zu eröffnen (vgl. Hallet/Nünning 2007).

Welchen Beitrag die didaktischen Prinzipien der Intertextualität, des Perspektivenwechsels und der Perspektivenvielfalt zur Erreichung jener hohen Lernziele leisten können, die unter Schlagworten wie ,Perspektivenübernahme‘, ,interkulturelle Kommunikationskompetenz‘ und ,Fremdverstehen‘ firmieren, demonstrieren die Unterrichtsmodelle in Teil II und III dieses Buches exemplarisch anhand verschiedener stufenbezogener Arbeiten und Projekte. Sie verdeutlichen durch methodische und didaktische Anregungen, wie der Einsatz kreativer, spielerischer und analytischer Verfahren bei der Behandlung englischsprachiger Literatur zur Ausbildung jener kognitiven, emotionalen und sozialen Schlüsselkompetenzen beitragen kann, die als grundlegend für interkulturelle Kommunikationskompetenz gelten. Damit kann und will dieser Band zwar keine Patentrezepte liefern, aber doch exemplarisch veranschaulichen, wie sich die didaktischen Prinzipien des Perspektivenwechsels, der Perspektivenvielfalt und der Perspektivenübernahme bei der Behandlung von Dramen, Gedichten, Kurzgeschichten, Filmen sowie anderen Textsorten, Gattungen und Medien in die Unterrichtspraxis umsetzen lassen. Vor allem möchte dieser Band Lehrende und Lernende dazu ermuntern,

Perspektivenvielfalt als didaktisches Prinzip

▸ sich bei der Auswahl von literarischen Texten und der Zusammenstellung von Textsequenzen am Prinzip der Perspektivenvielfalt zu orientieren,

▸ bei der Planung von thematischen Unterrichtsreihen ein möglichst breites Spektrum geschlechts- und klassenspezifischer, ethnischer und regionaler Perspektiven zu berücksichtigen,

▸ in methodischer Hinsicht durch eine abwechslungsreiche Kombination von traditionell-textanalytischen und kreativ-produktionsorientierten Zugangsmöglichkeiten die Prinzipien des Perspektivenwechsels und der Perspektivenvielfalt in die didaktische Praxis umzusetzen,

▸ bei der Behandlung von literarischen Texten verstärkt kreative, schülerzentrierte und produktionsorientierte Formen der Textarbeit zu erproben,

▸ Textvorlagen zum Anlass für selbsttätiges Handeln und dauernde Perspektivenwechsel zu machen,

▸ die Perspektiven anderer (u. a. auch die der Lehrenden bzw. Lernenden) einzunehmen,

▸ kurzum: durch die Bereitschaft zum Perspektivenwechsel und durch eine größere Perspektivenvielfalt bislang vorherrschende Sicht- und Herangehensweisen durch neue zu bereichern und literarischen Unterrichtsreihen zu unterschiedlichen Gattungen und Themen damit viele neue Impulse zu verleihen.

II. Exemplarische Unterrichtssequenzen: Sekundarstufe I

1. Zum Lesen motivieren und befähigen: Der Jugendroman *The Suitcase Kid* in der Sekundarstufe I

1.1 Zur Konzeption der Unterrichtseinheit: Begründung der Textauswahl, Lernziele, methodisches Vorgehen

Lesen in der Fremdsprache

Lesen ist eine der Fertigkeiten, die zum Erlernen einer Fremdsprache und zum Kommunizieren in ihr notwendig sind. Darüber hinaus fördert insbesondere die Lektüre literarischer Texte die Imaginationskraft, regt zum (Mit-)Fühlen an, erweitert den Erfahrungshorizont und trägt zur Ausbildung der Persönlichkeit bei. Der Stellenwert des Lesens kann also auch für den Fremdsprachenunterricht gar nicht hoch genug eingeschätzt werden (vgl. auch Henseler/Surkamp 2009). Gerade das schulische Lesen in der Sekundarstufe I behindert jedoch oftmals die Entwicklung fremdsprachlicher Lesefähigkeit und -lust durch die Dominanz der Sprach- und Wortschatzarbeit, durch das weit verbreitete laute Lesen unbekannter Texte, das zum Wort-für-Wort-Lesen verleitet und die individuelle Erschließung der Textinhalte behindert, sowie durch das Abfragen von Textdetails (vgl. Küppers 2001: 6f.). Zudem ist das Textbuch ungeeignet, um aus Jugendlichen Buchleserinnen und -leser in der Fremdsprache zu machen. Die starke Orientierung am Lehrwerk mit weitgehender Vorentlastung der Texte und vorgefertigten Fragen zum Text führt nicht nur zu einem Motivationsverlust bei den Lernenden, sondern auch zur weit verbreiteten Annahme, einen Text nur verstehen zu können, wenn alle unbekannten Vokabeln geklärt sind, was Misserfolgserlebnisse beim Lesen einer Ganzschrift vorprogrammiert. Darüber hinaus gibt es kaum Zeiten des freien Lesens in der Schule, die Jugendlichen lesen nicht, was sie wirklich interessiert, und sie werden zu oft mit sprachlich und/oder inhaltlich zu schwieriger Lektüre überfordert (vgl. Ivey/Fischer 2006). Insgesamt wird Lesen im Fremdsprachenunterricht von Schülerseite aus selten als emotionaler Gewinn und ästhetischer Genuss betrachtet (vgl. Hurrelmann 2003: 8) – Themen, Texte und Methoden gehen oft an den Interessen der Lernenden vorbei.

Lesemotivation und Lesekompetenz

Als häufigste Gründe für mangelnde Lesekompetenz werden die Leseunlust der Schülerinnen und Schüler, das Fehlen von geeigneten Lesetechniken und -strategien sowie ungenügende Lesepraxis genannt. Um die Lesekompetenz (s. Kasten) deutscher Lernender auch in der Fremdsprache auszubauen, bedarf es daher mindestens zweierlei: Zum einen müssen die Lernenden stärker zum Lesen fremdsprachiger Texte motiviert werden und Vertrautheit mit Büchern in der Fremdsprache Englisch erlangen – und dies am besten schon in der Sekundarstufe I (vgl. Henseler/Surkamp

2007). Zum anderen gilt es, im Unterricht verschiedene Techniken zur Erschließung von Inhalten zu vermitteln sowie mit den Lernenden Lese- und
Verstehensstrategien einzuüben und zu reflektieren. Nur durch eine kombinierte Förderung von Lesemotivation und Lesekompetenz kann fremdsprachliche Lesefähigkeit entwickelt werden. Vereinfacht dargestellt: Ein
kompetenter Leser hat beim Lesen geringere Schwierigkeiten und liest
mit größerer Motivation (d. h., er gibt z. B. bei Verständnisschwierigkeiten
nicht gleich auf); ein motivierter Leser liest häufiger und mehr und entwickelt dadurch fortwährend seine Lesekompetenz. Die Ausbildung von
Lesemotivation und Lesekompetenz in der Sekundarstufe I ist daher nicht
zuletzt eine wichtige Grundsteinlegung für die Beschäftigung mit kom-
plexeren literarischen Texten im Englischunterricht der Oberstufe.

WISSENSWERT

Lesekompetenz ist eine zentrale Kulturtechnik. Sie umschließt die Fähigkeit,
*geschriebene Texte zu verstehen und zu nutzen, stellt eine wichtige Bedingung
für die Weiterentwicklung eigenen Wissens und eigener Fähigkeiten dar und
ist zugleich Voraussetzung für die Teilhabe am gesellschaftlichen Leben* (PISA-
Konsortium Deutschland 2007: 225). Die folgenden Faktoren werden als
konstitutiv für Lesekompetenz angesehen: kognitive Faktoren (Decodierfä-
higkeit und Lernstrategiewissen), affektive Faktoren (Motivation, emotionale
Beteiligung und Ausgestalten mit Hilfe der eigenen Vorstellung), Reflexion
und Bewertung des Gelesenen sowie die Fähigkeit zur Anschlusskommunikation (vgl. Hurrelmann 2003). Erst die Gesamtheit dieser Teilkompetenzen
gewährleistet die Teilnahme an kultureller und gesellschaftlicher Praxis.

Ziele des Unterrichtsmodells

Doch wie können deutsche Schülerinnen und Schüler schon zu einem
frühen Zeitpunkt des Englischlernens zur Lektüre einer Ganzschrift motiviert werden? Wie können positive Leseerlebnisse ermöglicht werden?
Und wie kann Lernenden bei der Bewältigung eines längeren fremdsprachigen Textes geholfen werden? Auf diese Fragen wird das im Folgenden vorgestellte Unterrichtsmodell Antworten geben. Anhand eines Jugendromans werden konkrete Anregungen für einen fremdsprachlichen
Literaturunterricht geliefert, der die Förderung von Lesemotivation und
Lesekompetenz in den Mittelpunkt stellt. Es werden abwechslungsreiche
Aufgaben zum Texteinstieg und zur motivierenden Begleitung des Lese-
vorgangs vorgestellt, die auch auf andere Texte übertragbar sind und Lehrenden somit ermöglichen, bei den Lernenden ein nachhaltiges Interesse
am fremdsprachlichen Lesen zu wecken.

Allgemeine Kriterien der Textauswahl

Die immer noch anhaltende Begeisterung für die *Harry-Potter*-Bücher von Joanne K. Rowling sind der beste Beweis dafür, wie wichtig – auch und gerade im Zeitalter elektronischer Medien – die geeignete Lektüre ist, um aus Lesemuffeln Leseratten zu machen. Wenn Jugendliche auf ein Buch treffen, das ihnen gefällt, dann schrecken sie auch nicht vor einem umfangreichen Text zurück. Da die Lesebereitschaft von Schülerinnen und Schülern sehr stark von der Wahl geeigneter Texte abhängt, sollten Lektüren für den Fremdsprachenunterricht nicht nur nach dem Schwierigkeitsgrad des Textes, sondern auch nach motivationalen Aspekten ausgewählt werden: Ist das Thema des Buches interessant? Sprechen die Figuren Jugendliche an? Hat der Text einen packenden Stil? (Zu weiteren Kriterien der Textauswahl vgl. auch Kap. I.3 des vorliegenden Bandes sowie Surkamp/Nünning 2016: Kap. I.5.)

Inhaltliche Kriterien

Der für die folgende Unterrichtssequenz ausgewählte Jugendroman *The Suitcase Kid* von Jacqueline Wilson aus dem Jahre 1992 erfüllt viele dieser Kriterien. Zunächst einmal handelt es sich um einen authentischen Text, der nicht für Fremdsprachenlernende geschrieben wurde, und schon allein dies kann für Schülerinnen und Schüler sehr motivierend sein. Thematisch ist er für Jugendliche von Interesse, weil mit den inhaltlichen Aspekten ‚Familie und Familienkonflikte', ‚Freundschaft' und ‚Erwachsenwerden' ein breites Themenspektrum abgedeckt wird, das den Lernenden ein hohes Identifikationspotenzial bietet und zum Nachdenken anregt. Die zehnjährige Protagonistin und Erzählerin des Romans leidet unter der Scheidung ihrer Eltern, dem Hin-und-Her-Gerissensein zwischen den beiden Elternteilen und der neuen Lebenssituation in zwei Patchwork-Familien. Insbesondere diese Scheidungsthematik ist für viele Schülerinnen und Schüler angesichts der hohen Trennungsraten nah an der eigenen Lebenswelt. Der Roman entwirft somit ein Modell von Welterfahrung und Lebensbewältigung, das nicht nur zur Diskussion herausfordert (und somit Sprechanlässe in der Fremdsprache bietet), sondern das es Lernenden, die von einer ähnlichen Problematik betroffen sind – sei es persönlich oder im Freundes- bzw. Verwandtenkreis –, ermöglicht, im Schutz der Fiktion eigene Gefühle zum Ausdruck zu bringen und Gehör für eigene Probleme zu erlangen. Dieser Rückgriff auf eigene Erfahrungen kann für die Schülerinnen und Schüler zudem beim Lese- und Verstehensprozess hilfreich sein. Leicht zugänglich ist der Roman nicht zuletzt dadurch, dass er aus der Perspektive der Hauptfigur erzählt wird.

Sprachliche Kriterien und Textgestaltung

Weitere Kriterien, die für eine Auswahl dieses Romans für den Englischunterricht in der Sekundarstufe I sprechen, sind sein sprachlicher Schwierigkeitsgrad, sein Umfang und seine äußere Gestaltung. Der Roman überfordert die Lernenden sprachlich nicht, hat eine angemessene Länge und ein großzügiges Druckbild. Außerdem ist er grafisch sehr ansprechend gestaltet: Die Bilder zu Beginn jeden Kapitels wecken Neugier und schaffen eine Vorstellung vom Kapitelinhalt, so dass sie nicht nur zum Lesen motivieren, sondern das Lesen durch die visuelle Unterstützung des Textverstehens auch erleichtern.

Aus Schüler- und Lehrersicht gleichermaßen vorteilhaft ist der Roman aufgrund seiner guten didaktischen Strukturierbarkeit. Das Jugendbuch enthält viele kurze, in sich geschlossene Kapitel (neben einer Einleitung insgesamt 26 – für jeden Buchstaben im Alphabet ein Kapitel), die von den Lernenden gut bewältigt werden können: Dadurch, dass die Kapitel jeweils nur wenige Seiten umfassen, können die Schülerinnen und Schüler vollständige Sinnabschnitte lesen, die nicht von Pausen unterbrochen werden müssen. Der Lesefluss wird also nicht gestört. Die Aufteilung der Kapitel nach der Struktur des Alphabets kann zudem, wie im Einzelnen noch zu zeigen sein wird, im Unterricht produktiv genutzt werden. Dabei müssen die Kapitel, gerade weil sie in sich geschlossene thematische Einheiten darstellen, nicht linear gelesen werden. Für das Verständnis der Handlung ist es außerdem nicht notwendig, dass alle Kapitel gelesen werden, so dass der Roman bei seinem Einsatz im Klassenzimmer auch Möglichkeiten zur Binnendifferenzierung bietet.

Didaktische Strukturierbarkeit

Neben der Entwicklung von Lesekompetenz ist eines der Hauptziele der im Folgenden vorgestellten Unterrichtssequenz die Förderung von Lesemotivation. Die Schülerinnen und Schüler sollen Freude am bzw. eine positive Einstellung zum Lesen längerer Texte in der Fremdsprache entwickeln. Durch motivierende Leseaufgaben sollen sie die Angst vor der Lektüre einer fremdsprachigen Ganzschrift überwinden bzw. gar nicht erst entwickeln. Ein besonderes Anliegen ist es, die Schülerautonomie in den Blick zu nehmen und auch den lebensweltlichen Erfahrungen der Lernenden, die Einfluss auf deren Leseverhalten und -verstehen haben, Rechnung zu tragen. Unter Rückgriff auf die eigene Lebenswelt können Leerstellen eines Textes mit Sinn gefüllt und nicht explizit gelieferte Informationen selbstständig ergänzt werden. Indem also der Text nicht Wort für Wort verarbeitet wird, sondern das Globalverständnis sowie die Assoziationen und Projektionen der Schülerinnen und Schüler in den Vordergrund gerückt werden, sollen die Lernenden Vertrauen in das eigene Leseverstehen erlangen und zu Erfolgserlebnissen kommen. Nur so kann die längerfristige Motivation gefördert werden, fremdsprachige Texte auch außerhalb der Schule in der eigenen Freizeit zu lesen.

Lernziele: Förderung von Lesekompetenz und Lesemotivation

Entwicklung von Lesestrategien und -techniken

Ein zweites Ziel, das mit der Förderung von Lesemotivation (wie oben dargelegt) im engen Zusammenhang steht, ist die Ausbildung von Lesekompetenz. Eine wesentliche Voraussetzung dafür, dass Lernende eine Lektüre in der Fremdsprache nicht bei der ersten Schwierigkeit sofort entmutigt zur Seite legen, ist der Einsatz von Lesestrategien und -techniken (s. Kasten). Um einen Text in der Fremdsprache ‚knacken' zu können, brauchen Lernende einiges an Handwerkszeug, das bei entsprechender Einbettung in Leseaufgaben auch schon in der Sekundarstufe I eingeführt werden kann und eingeführt werden sollte. Bei der Beschäftigung mit dem ausgewählten Jugendroman sollen daher grundlegende Lesestrategien und -techniken spielerisch eingeübt werden, z. B. durch den bewussten Einsatz verschiedener Lesestile (wie *skimming* und *scanning*), die Förderung von Worterschließungstechniken (z. B. die selbstständige Erschließung von unbekanntem Vokabular aus dem Kontext) und die Anwendung von Textverstehensstrategien (z. B. das Testen von Hypothesen oder die Nutzung von ‚Weltwissen'). Lesestrategien und -techniken sollen aber nicht nur eingeübt, sondern auch auf metakognitiver Ebene mit den Lernenden reflektiert werden, damit sie nachhaltig und bewusst in das Leseverhalten integriert werden.

	Strategien	**Techniken**
Bereitstellung	**I. Vor der Lektüre:** ▸ Aktivierung von relevantem Vorwissen ▸ Aufmerksamkeitsfokussierung/Interessenlenkung	**I. *Pre-reading activities:*** ▸ *Skimming:* Konzentration auf Überschriften, grafische Hervorhebungen, Bilder ▸ Hypothesen bilden über den Textinhalt ▸ Fragen an den Text formulieren ▸ Erarbeitung von Wortfeldern
	II. Während der Lektüre: ▸ Fortlaufende Aktivierung von relevantem Vorwissen ▸ Fortlaufender Vergleich von Leseerwartung und Textinhalt	**II. *While-reading activities:*** ▸ Unterbrechen der Lektüre und Formulieren von Hypothesen und Fragen ▸ *Think aloud*

Er-schlie-ßung	I. **Erschließung/Kompensation unverstandener Text-elemente:** ▸ Überlesen unwichtiger Textelemente ▸ Erschließen im lexikalisch-semantischen Bereich ▸ Erschließen im strukturellen Bereich ▸ Umgang mit Hilfsmitteln ▸ Kontrollieren und Evaluieren	I. ▸ Durchstreichen von zum Textverständnis nicht notwendigen unbekannten Wörtern oder Positivlesen ▸ Erschließen über Internatio-nalismen, Muttersprachen, andere Fremdsprachen, Kontext ▸ Wörterbucharbeit ▸ Zusammenfassung von Abschnitten (ggf. auf deutsch)
	II. **Inferierungsstrategien:** ▸ Erschließung von im Text nur implizit enthaltenen Informationen	II. ▸ Visualisieren logischer Strukturen eines Textes mit Hilfe von Schemata (*graphic organizers*)
Verar-beitung	I. **Anpassen des Lesestils an Leseintentionen:** ▸ orientierend (*skimming*) ▸ suchend (*scanning*) ▸ kursorisch (*receptive*) ▸ detailliert (*intensive*) ▸ analytisch (*analytical*) ▸ argumentativ (*responsive*)	I. ▸ Überfliegendes Lesen zur ersten Orientierung ausgehend von der Überschrift, von grafischen Hervorhebungen oder Bildmaterial ▸ Suche nach Schlüsselwörtern ▸ Unterstreichen von Schlüsselwörtern ▸ Anfertigen von Notizen zum Inhalt einzelner Abschnitte ▸ Festhalten von Bewertungen ▸ Visualisierung ▸ Einfügen von Symbolen
	II. **Aufbereitung:** ▸ Neuordnung des Wissens ▸ Integration ins Vorwissen und persönliche Erfahrungen ▸ Bewertung des Textinhalts	II. ▸ Notieren des Hauptgedan-kens/Themas einzelner Textabschnitte ▸ Ein-Satz-Zusammenfassungen

Kasten: Texterschließungsstrategien und -techniken (nach Helbig 1998)

Interpretations-strategien

Neben Texterschließungsstrategien sollen die Lernenden sowohl über kreative als auch über erste analytische Zugangsformen Interpretations-strategien entwickeln (vgl. Surkamp/Nünning 2016). Die Schülerinnen und Schüler sollen an die eigenständige Textarbeit herangeführt werden, um so die Beschäftigung mit literarischen Texten in höheren Klassenstufen vorzubereiten. Es ist wichtig, Lernende schon zu einem frühen Zeitpunkt des Fremdsprachenlernens für die Besonderheiten einer literarischen Gattung – in diesem Fall also eines Erzähltextes – zu sensibilisieren. Einerseits lernen sie so von Beginn der Arbeit mit literarischen Werken an, die Wirkung eines Textes auf den Leser bzw. die Leserin auch auf die Gestaltung des Textes zurückzuführen. Andererseits kann auf diese Weise der Bruch zwischen der lehrwerkbasierten Textarbeit in der Sekundarstufe I und der verstärkten Beschäftigung mit literarischen Werken im Englischunterricht der Sekundarstufe II, der zu Motivationsverlusten und Lernschwierigkeiten führen kann, vermieden werden. Die Lernenden erwerben allmählich literarische Kompetenzen und erweitern so auch ihr Inventar an Texterschließungsstrategien. Bezogen auf den ausgewählten Jugendroman *The Suitcase Kid* sollen die Lernenden ein Bewusstsein für die Subjektivität der Erzählperspektive erlangen, die Figuren charakterisieren lernen, die Entwicklung der Protagonistin nachvollziehen, die (sich im Laufe der Handlung verändernden) Relationen zwischen den Figuren beschreiben, die Innenwelten der Figuren kennenlernen und die Bedeutung des Raumes für die Geschichte erfassen.

Förderung der emotionalen Dimension

In der Unterrichtssequenz sollen allerdings nicht nur kognitive Faktoren, sondern auch die emotionale Dimension der Textrezeption gefördert werden. Wie kognitionspsychologische Experimente über das Verstehen von Texten ergeben haben, greift der Leser im Lektüreprozess nicht nur auf sein Weltwissen, soziokulturelle Schemata oder seine Kenntnisse über ein Thema zurück. Auch die Gefühle, subjektiven Reaktionen und individuellen Assoziationen des Lesers bzw. der Leserin sind für das Verständnis eines Textes wichtig (vgl. Surkamp/Nünning 2016: 26f.). Durch Emotionen im Leseprozess wird z. B. das im Text Dargestellte mit der eigenen Lebenswelt in Beziehung gesetzt (vgl. Donnerstag/Bosenius 2000: 153). Gefühle lenken zudem die Aufmerksamkeit des Lesers und beeinflussen seine Wahrnehmung und das Erinnern des Gelesenen. Somit haben sie maßgeblich Anteil an der Entwicklung von Bedeutungshypothesen und deren Überprüfung im Leseprozess.

Überlegungen zum methodischen Vorgehen

Um Lernende zum Lesen fremdsprachiger Texte zu motivieren, ist neben der Textselektion die Auswahl stimulierender Zugangsformen entscheidend. Für das folgende Unterrichtsmodell wurde daher eine Vielzahl offener und kreativer Aufgaben entwickelt, die es den Lernenden ermöglichen, sich mit dem Jugendroman auseinanderzusetzen, ihre individuellen Leseerfahrungen zu artikulieren und ihre subjektiven Leseeindrücke in die Beschäftigung mit dem Text im Unterricht einzubringen. Die Lernenden erhalten umfassend Gelegenheit, bei der Lektüre auf ihre lebensweltlichen Schemata und persönlichen Erfahrungen im Hinblick auf die dargestellten Inhalte zurückzugreifen, so dass das Textverstehen prozessorientiert begleitet und dadurch gefördert wird. Denn einen Text zu verstehen bedeutet nicht nur, die einzelnen Wörter sprachlich bzw. einfache Textbotschaften sinngemäß zu verstehen. Wie Wilfried Brusch (2006: 5) darlegt, sind neben dem Wort- und Sinnverstehen vielmehr die Ebenen der Evaluation und Assimilation entscheidend für die Ausbildung von Lesekompetenz und die Entstehung von Lesemotivation: *Hier setzt sich der Leser kritisch mit den Inhalten und Botschaften auseinander, vergleicht, bewertet und kontrastiert sie mit seiner Lebenswelt. Im Akt der Assimilation kann der Leser die Textbotschaften schließlich in sein Weltwissen einordnen und seinen Sinnhorizont erweitern.*

Trotz der angestrebten Offenheit vieler Aufgaben, ist diese Unterrichtssequenz so konzipiert, dass die eigenständige Arbeit am Text anfangs durch die Lehrkraft eingeleitet und relativ eng begleitet wird. Da diese Einheit für junge Lernende konzipiert ist, die noch keine bzw. erst wenig Erfahrung mit der Lektüre fremdsprachiger Texte haben, wird der Leseprozess mit Hilfe konkreter Leseaufträge (*while-reading activities*) unterstützt und strukturiert. Dies ist in der Sekundarstufe I besonders wichtig, um den Übergang von didaktisierten Schulbuchtexten zu längeren, authentischen literarischen Texten so zu gestalten, dass er auch erfolgreich, d. h. ohne Motivations- oder Lernbereitschaftseinbußen gemeistert werden kann. Angemessene Aufgabenstellungen sollen dazu führen, dass das Leseerlebnis zu einer positiven statt einer frustrierenden, überfordernden Erfahrung wird.

Unterstützung des Lese-prozesses

In methodischer Hinsicht wird außerdem an private Lesegewohnheiten angeknüpft, um die Schülerinnen und Schüler zum Lesen zu verlocken. So steht der Austausch über Leseerfahrungen im Mittelpunkt und nicht etwa die Beantwortung von Lehrerfragen zum Text (vgl. auch Hurrelmann 2003: 10). Dabei ist zu beachten, dass die Lernenden ausreichend Rückmeldung auf ihre persönlichen Fragen, Assoziationen und Interpretationen zum Buch erhalten, damit ihr Leseinteresse nicht nachlässt. Der Unterricht ist daher durch abwechslungsreiche Arbeitsformen so gestaltet, dass es den Schülerinnen und Schülern ermöglicht, sich über das Gelesene auszutauschen. Darüber hinaus ist es jedoch mindestens genauso wichtig, dass die Lehrperson Interesse an dem zeigt, was die Lernenden

Anknüpfung an private Lese-gewohnheiten

während und nach der Lektüre bewegt. Die Lernenden sollten das Gefühl bekommen, dass sie als lesende Subjekte ernst genommen werden und dass ihre Leseeindrücke Beachtung finden.

Anschluss-kommunikation

Der Austausch über die Lektüre hat nicht zuletzt deshalb einen so hohen Stellenwert in dieser Unterrichtseinheit, als die Fähigkeit zur Anschluss-kommunikation eine wesentliche Komponente von Lesekompetenz ist (vgl. Hurrelmann 2003). Im Gespräch haben die Schüler Gelegenheit, anderen ihre subjektiven Reaktionen auf den Text mitzuteilen und ihre persönlichen Eindrücke und Gefühle auszudrücken (vgl. auch Kap. I.2.2 des vorliegenden Bandes). Außerdem können sie ihr Weltwissen im Rezeptionsgespräch einbringen, was wiederum den Einsatz von bedeutungsgebenden Schemata im Prozess der Sinnsuche und damit die Lesekompetenz fördert. Auch die Lehrperson sollte sich mit ihrer Lesart in den kommunikativen Austausch einbringen, um den Lernenden von Beginn der Beschäftigung mit fremdsprachiger Lektüre an zu vermitteln, dass es beim Lesen nicht um Sinnentnahme, sondern um Sinnkonstruktion geht, und dass Lesen nicht nur ein interaktiver Prozess zwischen Text und Leser, sondern auch zwischen Leserinnen und Lesern untereinander ist. Ein solcher gemeinsamer Austausch bietet der Lehrkraft zudem Einsichten in die Innenwelten ihrer Schülerinnen und Schüler und damit in das Ausmaß ihrer Lesekompetenz und -motivation.

Zeiten des freien Lesens

Eine weitere Anknüpfung an private Lesegewohnheiten besteht darin, dass den Lernenden im Unterricht die Möglichkeit des freien Lesens geboten wird. In diesen Phasen erhalten sie die Gelegenheit, Teile des Romans still für sich in ihrem eigenen Tempo zu lesen. Lernenden mit Leseschwierigkeiten kann zudem angeboten werden, wahlweise bestimmte Kapitel auszulassen. Auch dieses Eingehen auf die individuellen Fähigkeiten der Lernenden kann die Lesemotivation im Klassenzimmer aufrechterhalten.

Kombination von Lese- und Schreib-förderung

Neben Aufgaben, die zum mündlichen Austausch über das Gelesene führen, werden den Lernenden in der Unterrichtssequenz auch immer wieder Schreibaufgaben gestellt. Ein Grund hierfür ist neben der Förderung von Schreibkompetenz in der Fremdsprache die Einsicht, dass eine kombinierte Lese- und Schreibförderung effizienter ist als eine isolierte Entwicklung dieser Fertigkeiten (vgl. Surkamp 2007). Das Schreiben fördert beispielsweise das genaue Lesen unter einer bestimmten Perspektive. Außerdem können Lernende durch Schreibaufgaben dazu angehalten werden, an verschiedenen Stellen der Lektüre innezuhalten, so dass ihr Leseprozess verlangsamt wird und sie Zeit bekommen, über das Gelesene nachzudenken. Schreibaufgaben fördern zudem den Dialog zwischen Text und Leser und vertiefen somit den Verstehensprozess: Während z. B. Inhaltsangaben dabei helfen, das Gelesene zu strukturieren, tragen kreative Zugangsformen zur Herstellung einer persönlichen Beziehung zum Text und zur Äußerung individueller Leseeindrücke und Leseerfahrungen bei. Der produktionsorientierte Umgang mit einem Text, also das Schreiben von Texten über Texte, kann aber auch insofern dem Verstehen dienen, als Lernende durch ihr eigenes Schreiben erfahren können, dass mit textuellen Strategien bestimmte Wirkungen erzielt werden (vgl. Sara/Elis 2017). Dies ist ein Wissen, das sie selbst zu aufmerksameren Leserinnen und Lesern macht.

LEKTÜRETIPP

Viele weitere Anregungen zur Förderung der Lesemotivation und -kompetenz in der Fremdsprache Englisch finden sich in den Basis- und Praxisartikeln der folgenden beiden Hefte:

Henseler, Roswitha & Carola Surkamp (Hrsg.): Themenheft „Lesemotivation – Jugendliteratur". *Der fremdsprachliche Unterricht Englisch* 41,89 (2007).
Henseler, Roswitha & Carola Surkamp (Hrsg.): Themenheft „Lesekompetenz". *Der fremdsprachliche Unterricht Englisch* 43, 100/101 (2009).

1.2 Hinweise zum Textinhalt und zu seiner interpretatorischen Erschließung

Ausgangssituation

Im Jugendroman *The Suitcase Kid* werden Probleme und Konflikte thematisiert, die heutzutage zahlreichen Schülerinnen und Schülern aus ihrer eigenen Lebenswelt bekannt sind. Die Eltern der zehnjährigen Protagonistin Andrea West lassen sich scheiden und verkaufen das Haus, Mulberry Cottage, in dem sie einst glücklich gemeinsam gelebt haben und an dem das Mädchen weiterhin sehr hängt. Beide Elternteile haben bereits neue Partner gefunden: Andreas Mutter Carol lebt mit Bill und seinen drei Kindern zusammen; Andreas Vater Simon hat mit seiner neuen Frau Carrie sowie deren fünfjährigen Zwillingen Zen und Crystal eine neue Familie gegründet.

Konflikt der Protagonistin

Während auf diese Weise beide Elternteile Andreas ein neues Zuhause gefunden haben, fühlt sie sich selbst als fünftes Rad am Wagen. Eine Familienberaterin soll helfen, die zukünftigen Wohnverhältnisse unter Berücksichtigung von Andreas Bedürfnissen zu bestimmen. Die Protagonistin fühlt sich zwischen ihrem Vater und ihrer Mutter hin- und hergerissen. Es ist ihr sehnlichster Wunsch, wieder gemeinsam mit ihnen im Mulberry Cottage zu wohnen. Da dies nicht möglich ist, wird ein Kompromiss gefunden: Für Andrea beginnt ein beinahe nomadisches Leben, das von einem wöchentlichen Wechsel zwischen den neuen Lebensräumen ihrer Eltern, deren Partnern und ihrer Stiefgeschwister geprägt ist. Dies ist auch der Zustand, auf den der Titel des Romans anspielt: Jeden Freitag muss Andrea aufs Neue ihre Sachen packen und von einem Zuhause zum anderen ziehen. Allerdings fühlt sich die Protagonistin an keinem dieser Orte zugehörig, sondern sieht sich als Außenseiterin. Dies rührt nicht zuletzt daher, dass sie sowohl bei ihrem Vater als auch bei ihrer Mutter stets mit einem bzw. zwei ihrer Stiefgeschwister nahezu provisorisch untergebracht wird.

Funktionen des Plüschhasen

Den einzigen Trost spendet ihr ein kleiner Plüschhase, Radish, den sie stets bei sich hat und den sie Kraft ihrer Fantasie zu einem lebendigen, mit ihr verbündeten Spiel- und Gesprächsgefährten werden lässt. Neben dieser Rolle kommt Radish eine weitere wichtige Funktion zu. So fällt es Andrea schwer, ihre eigenen Gefühle explizit zu benennen bzw. sie sich überhaupt einzugestehen. Um diesen dennoch Ausdruck verleihen zu können, projiziert sie sie auf ihren Plüschhasen. Während es Andrea selber ist, die es belastet, ihre Eltern streiten zu hören, erklärt sie: *I snatched Radish back and put my hand gently over her ears. She can't stand to hear them arguing.* (Wilson 2006: 10) Diese Form der Distanzierung geht so weit, dass das Mädchen das Stofftier sogar als Urheber von Handlungen darstellt, für die sie sich schämt oder nicht bereit ist, die Verantwortung zu übernehmen (z. B. als sie ihre Stiefschwester Katie schlägt, Radish jedoch dafür verantwortlich macht).

Auswirkungen auf Andreas Alltag

Die Trennung von Andreas Eltern prägt jedoch nicht nur die familiäre Situation der Protagonistin, sondern hat weiter reichende Konsequenzen, die sich auf ihren gesamten zuvor gekannten Alltag auswirken. Während die Familie noch gemeinsam im Mulberry Cottage lebte, spielte Andrea häufig nachmittags mit ihrer besten Freundin Aileen, die nicht nur die gleiche Schulklasse besuchte, sondern auch in derselben Nachbarschaft wohnte. Da Andreas Eltern inzwischen jedoch räumlich weit entfernt von ihrem ehemaligen Zuhause leben, sind diese Besuche in der einstigen Regelmäßigkeit nicht mehr möglich. Hinzu kommt, dass die Protagonistin nirgends ein eigenes Zimmer hat, in dem sie ungestört mit ihrer Freundin spielen und reden kann.

Der geheime Garten

Durch die räumliche Entfernung vom ehemaligen Wohngebiet wird Andreas Schulweg, den sie nun nicht mehr gemeinsam mit Aileen und deren

Mutter, sondern ganz alleine zurücklegt, beträchtlich verlängert. Allerdings birgt dieser auch etwas Positives für sie: Eines Tages entdeckt sie in einem Garten einen Maulbeerbaum, der sie an ihr geliebtes Mulberry Cottage erinnert. Sie beginnt, jeden Nachmittag auf dem Rückweg von der Schule darin mit Radish zu spielen. Dieser Garten, der für sie nahezu als Abenteuerspielplatz fungiert, wird zu ihrem persönlichen, geheimen Zufluchtsort, gewissermaßen dem einzigen Ort, an dem sie alleine sein kann.

Das Ausmaß von Andreas emotionaler Überforderung äußert sich vor allem darin, dass das Mädchen psychosomatische Krankheitssymptome entwickelt. Die Tatsache, dass ihre körperlichen Schmerzen keine natürliche Ursache haben, sondern mit ihrer Gefühlswelt zusammenhängen, lässt sich daran festmachen, dass sie meist dann eintreten, wenn sie Zeugin eines Streits zwischen ihren Eltern wird oder wenn ein Wechsel von einem Elternteil zum anderen am Ende der Woche bevorsteht. Dieses Phänomen hat verschiedene Gründe. Zunächst genießt Andrea die ungeteilte Aufmerksamkeit, Fürsorge und das Mitgefühl jedes Elternteils, solange sie die Rolle des Patienten innehat. Darüber hinaus erreicht sie es durch ihre gesundheitlichen Beschwerden, den immer wieder belastenden Umzug von Mutter zu Vater oder umgekehrt hinauszuzögern. Dies jedoch macht Andrea erneut zu schaffen, da sie dann nicht nur den jeweils anderen Elternteil vermisst, sondern diesem gegenüber auch ein schlechtes Gewissen hat.

Psychosomatische Symptome

Neben abfallenden Schulleistungen und Andreas psychosomatischen Erkrankungen schlägt sich die emotionale Tragweite der Trennung ihrer Eltern in einer weiteren Form in ihrem Verhalten nieder. Um vertraute Situationen aus der Zeit, zu der sie als Familie gemeinsam lebten, herzustellen, verhält sich die Zehnjährige häufig sehr kindlich und versucht, in ihren Erinnerungen Zuflucht zu finden. So ist es ihr trotz ihres vorpubertären Alters und trotz ihrer für ihr Alter schon erheblichen Körpergröße wichtig, weiterhin das ‚kleine Mädchen' ihres Vaters zu bleiben.

Zuflucht in Erinnerungen

Im Kontext der Körpergröße der Protagonistin lässt sich eine weitere Opposition ausmachen, über die in diesem Falle die Figurenkonstellation des Romans konstruiert ist. Während Andrea sehr groß ist, ist ihre Stiefschwester Katie, die für Andrea in besonderer Weise eine Rivalin darstellt, das genaue Gegenteil. Zum einen wird auf diese Weise Katie von Andrea als die niedliche Raffinierte präsentiert, deren Gerissenheit die Protagonistin nicht gewachsen ist, wodurch die Sympathie des Lesers bewusst von der Erzählerin in ihrem eigenen Interesse gelenkt wird. Zum anderen sticht über diese Opposition ein markantes Verhaltensmerkmal von An-

Verhältnis zur Stiefschwester Katie

drea hervor: So neigt sie im Laufe des Romans öfters dazu, sich gewaltsam gegen Katies verbale Sticheleien zu wehren, wofür sie unter anderem auch aufgrund ihres Größen- bzw. Kräftevorteils schnell Ärger erntet. In diesem Zusammenhang ist auch zu erwähnen, dass die Erzählerin in ähnlich raffinierter Weise um das Mitleid des Lesers bzw. der Leserin buhlt, indem sie bewusst den Spott, den sie von Katie erntet, zu ihrem eigenen Vorteil gegenüber dem Leser auszunutzen weiß.

Erzählsituation und Sympathielenkung

Die Sympathielenkung des Lesers ist aufs Engste mit der Erzählsituation verknüpft. Der Roman wird aus einer einzigen Perspektive heraus, nämlich in der Ich-Form Andreas erzählt. Aus der bereits nachgezeichneten Sympathielenkung des Lesers wird deutlich, dass die Erzählweise keineswegs objektiv oder vollkommen zuverlässig ist. Ein markantes Kennzeichen von Andreas Erzählstil sind die zahlreichen Leseranreden. Es wird eine Kommunikationssituation entworfen, in der das zehnjährige Mädchen mit einem explizit angesprochenen Adressaten in vertrauter Weise spricht. Dieser implizierte Leser kann anhand von Andreas Anreden genauer charakterisiert werden: Zunächst wird deutlich, dass die Protagonistin ihre Erlebnisse einem bzw. einer gleichaltrigen Lesenden schildert. So fragt sie z. B., ob diese/r ein spezielles, für Kinder bestimmtes Video kennt, in dem eine Marionette in Form eines Clowns vorkommt, die den Namen ‚Andy Pandy' trägt – Andrea wird von Katie mit diesem Namen aufgezogen (Wilson 2006: 14). Die Annahme dieser Möglichkeit setzt eine ähnliche Mediensozialisation voraus, die auf Gleichaltrigkeit schließen lässt. Dies wird auch durch die Verwendung einer besonderen Umgangssprache auf der Ebene der erzählerischen Vermittlung unterstützt, in der gewisse Wörter wiederholt verwendet werden, die eine Art gemeinsamen, altersspezifischen Code oder Jargon darstellen. Des Weiteren richtet Andrea mehrfach Fragen an den Adressaten, wodurch sie dessen Lebenswelt in den Leseprozess einbezieht und somit eine größere emotionale Involviertheit und Unmittelbarkeit zum Geschehen evoziert. Dabei betrachtet Andrea den implizierten Leser als Verbündeten, dem sie sich neben Radish als einzigem anvertraut. Der Leser nimmt also eine privilegierte Position als einziger Mitwissender bzw. Eingeweihter ein.

Andreas subjektive Perspektive

Die Darstellung der Ereignisse sowie insbesondere die Charakterisierung der anderen Figuren und die Bewertung und Interpretation ihrer Einstellungen und Handlungen erfolgt stets aus Andreas subjektiver Perspektive heraus. Diese wird maßgeblich von der Erfahrung der Trennung ihrer Eltern und den damit verbundenen Auswirkungen auf ihr Familienleben, ihren Freundeskreis, ihren Schulalltag und ihre Freizeitgestaltung geprägt. Ihr Frust, ihre Einsamkeit und ihr Neid veranlassen sie dazu, die weiteren

Figuren vorwiegend negativ zu charakterisieren. Doch Andrea reflektiert im Laufe des Romans auch ihre eigene Perspektive. So revidiert sie ihre auf Vorurteile gründende Einstellung gegenüber ihrer Stiefschwester Katie, nachdem ihr Stiefbruder Graham ihr den wahren Grund für deren Angewohnheit, in der Nacht möglichst wach zu bleiben, erklärt: Als Katies Mutter starb, erzählte man Katie, sie sei eingeschlafen. Deshalb hatte das Mädchen fortan selber Angst vor dem Einschlafen (vgl. ebd.: 88f.). Diese nachgelieferte Information weckt in Andrea ein Gefühl der Empathie. Es findet also zumindest ansatzweise ein Perspektivenwechsel statt.

**Figuren-
konstellation**

Das zuvor zitierte Beispiel zeigt des Weiteren besonders deutlich, inwiefern die Handlung des Romans von der Figurenkonstellation bestimmt wird. Zu Beginn befindet sich Andrea nahezu isoliert zwischen zwei Patchwork-Familien. Die wenigen Male, die Andreas Eltern sich trotz der räumlichen Trennung begegnen, enden anfangs immer wieder in Streitigkeiten. Aber auch innerhalb der zwei Familien ist die Konstellation der Mitglieder keineswegs harmonisch. Vor allem im Hause von Bill und dessen drei Kindern eckt Andrea häufig an. Und innerhalb der neuen Familie ihres Vaters nimmt die Protagonistin anfangs ihrer Stiefmutter Carrie gegenüber eine stark ablehnende Haltung ein, weil sie sie für die Trennung ihrer Eltern verantwortlich macht. Obwohl Carrie sich Mühe gibt, Andrea ein Gefühl des Willkommenseins zu vermitteln, fühlt sich das Mädchen auch in dieser Familie isoliert und unerwünscht. Erschwerend kommt hinzu, dass Carrie ein Kind von Andreas Vater erwartet, das als dessen einzige weitere leibliche Tochter eine mögliche Konkurrenz für Andrea darstellt. Um Andrea stärker in die Familienerweiterung zu integrieren, darf sie den Namen des Mädchens wählen. Zunächst entscheidet sie sich noch während der Schwangerschaft für den schrecklichsten Namen, der ihr einfällt: ‚Ethel'.

**Erweiterung
der Figuren-
konstellation**

Die ursprüngliche Figurenkonstellation erfährt im Laufe der Erzählung eine für Andrea bedeutsame Erweiterung. Es stellt sich heraus, dass das ältere Ehepaar, Mr. und Mrs. Peters, dem der geheime Garten, in dem Andrea häufig spielt, gehört, sich über diese Besuche sehr freut. Mit der Zeit nimmt das Ehepaar eine großelterliche Rolle in Andreas Leben ein. Gleichzeitig findet ein allmählicher Prozess der Annäherung innerhalb der Familie stiefväterlicherseits statt. Die engere und persönlichere Beziehung von Andrea zu ihrem Stiefbruder Graham entsteht dadurch, dass er ihr unaufgefordert ein kleines Boot baut, auf dem Radish über den Teich in ihrem geheimen Garten segeln kann. Insofern wird er zu ihrem Verbündeten, da zu diesem Zeitpunkt noch niemand von ihrem geheimen Garten weiß. Auch für Graham ist diese Beziehung bedeutend, denn Andrea ist diejenige, die im Gegensatz zu seinem Vater sein Wissen und seine handwerkliche Begabung zu schätzen weiß. Im Laufe der Zeit wird die Verbundenheit zwischen Graham und Andrea immer stärker, so dass Andrea ihn eines Tages sogar mit zu dem Ehepaar Peters nimmt. Dies zeugt davon, dass Andrea die ablehnende Haltung gegenüber ihren neuen Familienmitgliedern, die sie anfangs aus Prinzip wahrte, überwindet und es schafft, die neue Situation soweit zu akzeptieren, dass sie den Persönlichkeiten, die sich hinter ihren Stiefgeschwistern verbergen, mit größerer Offenheit begegnet. Allmählich handelt sie sogar mit Katie eine Beziehung aus, die zwar nicht von Einstimmigkeit, aber immerhin von größerer Toleranz und stärkerer Kompromissbereitschaft gekennzeichnet ist.

Romanende Insgesamt endet der Roman auf einer positiven Note. Andreas Traum, dass ihre Eltern abermals zueinander finden, geht zwar nicht in Erfüllung, diese überwinden jedoch die bittere Feindseligkeit, die anfangs stets im Mittelpunkt ihrer gemeinsamen Begegnungen stand. Und während Andrea die Vorstellung, eine Halbschwester zu bekommen, zunächst ablehnt, ist die Geburt des Babys schließlich ein Ereignis, das sie vor allem mit ihrer neuen Familie väterlicherseits zusammenwachsen lässt. Dies rührt nicht zuletzt aus den Bemühungen Carries und ihres Vaters, sie stark in diesen Prozess der Familienerweiterung einzubinden und ihr Verantwortung für das neugeborene Kind zu übertragen, was ihr mitunter gegenüber den viel jüngeren Zwillingen eine privilegierte Position erlaubt. Gleichzeitig entsteht bereits bei der ersten Begegnung zwischen Andrea und dem Baby eine besondere geschwisterliche Bindung, weshalb sie ihm doch nicht den von ihr verabscheuten Namen ‚Ethel', sondern den aus ihrer Sicht viel schöneren Namen ‚Zoë' gibt.

Gereifte Protagonistin Während dem Leser also das märchenhafte *happy end*, das Andrea sich im Laufe des Romans immer wieder erträumt, verwehrt wird, schließt *The Suitcase Kid* mit einer realistischeren, aber dennoch glücklichen Wendung ab. Nach einem nicht nur für Andrea schmerzhaften Prozess finden die Figuren des Romans in ihren neuen familiären Situationen Zugang zueinander und lernen die veränderten Umstände sogar zu begrüßen. Selbst Andrea, die sich lange Zeit entwurzelt, einsam und ausgeschlossen fühlt, lernt, sich in ihren verschiedenen und weiterhin wechselnden Wohnräumen zugehörig zu fühlen. Während im Gespräch mit der Familienberaterin, das den Roman eröffnet, Andrea Haus A und B ablehnt und in Haus C, Mulberry Cottage, leben möchte, erklärt sie der Beraterin letztendlich: *I've got a house A and a House B and a House C now [...]. I go to Mum's House A one week and Dad's House B the next week and I go to Mr and Mrs Peters' House C nearly every day [...].* (ebd.: 155)

1.3 Das Unterrichtsmodell in Teilsequenzen

Das folgende Unterrichtsmodell ist großzügig für einen Umfang von ungefähr 24 Unterrichtsstunden konzipiert (s. a. den tabellarischen Überblick auf der CD-ROM), es kann aber auch deutlich gestrafft werden, indem einzelne Aufgaben ausgelassen bzw. weniger zeitintensiv bearbeitet werden. Als Zielgruppe ist eine siebte oder achte Klasse vorgesehen. Damit sind die Schülerinnen und Schüler zwar etwas älter als die zehnjährige Protagonistin, doch zur Lektüre bedarf es eines gewissen Grundwortschatzes, der in den ersten Lernjahren noch nicht ausreichend ist. Zudem ist ein geringer Altersunterschied gerade bei Themen wie ‚Scheidung' und ‚Ende der Kindheit' oder auch bei der Beurteilung des Verhaltens der Protagonistin von Vorteil: Der Stoff bietet ausreichend Identifikationspotenzial, doch die Lernenden können sich aufgrund des Altersvorsprungs bei Bedarf bezüglich problematischer Aspekte auch distanzieren.

Zielgruppe

Bei der Anschaffung der Bücher für die Schülerinnen und Schüler ist zu beachten, dass es *The Suitcase Kid* in zwei verschiedenen Ausgaben gibt, dem britischen Original und einer amerikanischen Version (s. Kasten). Nicht nur die Illustrationen, sondern auch kulturell spezifische Begriffe – vor allem umgangssprachliche Ausdrücke – unterscheiden sich, ebenso wie einige Kapitelüberschriften. Die Entscheidung für eine der Fassungen kann je nach eigener Schwerpunktsetzung getroffen werden, das Unterrichtsmodell basiert allerdings auf der britischen Ausgabe (das Titelblatt der amerikanischen Ausgabe, auf das für den Einstieg zurückgegriffen wird, befindet sich auf der CD-ROM). Der Roman ist außerdem als Hörbuch erhältlich, so dass einige Kapitel im Unterricht auch gemeinsam gehört statt gelesen werden können.

Lektüreanschaffung

LEKTÜRETIPP

Wilson, Jacqueline. *The Suitcase Kid.* London: Corgi Yearling, 2006.
(ISBN 978-0-440-86773-9)
Wilson, Jacqueline. *The Suitcase Kid.* New York: Yearling, 2005.
(ISBN 0-440-41371-0)

Der Roman ist inhaltlich in verschiedene Abschnitte einteilbar: die Vorstellung der Charaktere und der Situation (Kap. A-G); die Vertiefung und Entwicklung der Charaktere und der komplexer werdenden Situ-

Struktur

ation (Kap. I-P); das ‚nächtliche Abenteuer', welches zugleich die Krise und den Wendepunkt repräsentiert (Kap. R-V); und schließlich die Auflösung (Kap. W-Z). Kapitel H und Q bieten gute Möglichkeiten für eine Zwischenbilanz. Diese inhaltliche Einteilung wird auf methodischer Ebene aufgenommen, indem die ersten beiden Teile für intensiveres, stärker im Verständnis kontrolliertes Lesen und die Vermittlung einiger Lesestrategien genutzt werden, während die letzten beiden Handlungsbögen extensiv und von den Schülerinnen und Schülern unabhängiger gelesen werden sollen.

1.3.1 *Getting hooked*: *pre-reading activities* für einen motivierenden Romaneinstieg

Cooperative storytelling
Insbesondere der Einstieg in eine Lektüre muss gut gewählt sein, gilt es doch, die Neugier der Schülerinnen und Schüler auf den Gang der Handlung zu wecken und erste Erwartungshaltungen aufzubauen, die dazu animieren, das ganze Buch zu lesen. Als *pre-reading activity* eignet sich z. B. die Methode des *cooperative storytelling*. Dabei erzählt die Lehrkraft den Anfang des Romans abschnittsweise, legt nach jedem Absatz eine Pause ein und gibt den Schülerinnen und Schülern einen konkreten Arbeitsauftrag für kreative Ergänzungen (s. Kasten). Die Lernenden füllen die Leerstellen, indem sie den Text den Angaben gemäß weitererzählen. Dies kann zunächst in Form eines mündlichen Austauschs mit dem Nachbarn geschehen, bevor die Ideen im Plenum gesammelt werden. Ebenso können die Lernenden zu jedem Arbeitsauftrag ihre Ideen zunächst stichwortartig notieren, bevor sie sich mit ihren Mitschülern in Partner- oder Gruppenarbeit austauschen. Nach dieser Übung will die Klasse bestimmt wissen, worum es in der Geschichte wirklich geht.

METHODE

des *cooperative storytelling*

When my parents split up they didn't know what to do with me.
→ Frage an die Schülerinnen und Schüler, die Hypothesen bilden sollen:
What do you think the parents want? (oder: *Which options do the parents have?*)
My mom wanted me to go and live with her. My dad wanted me to go and live with him.
→ *What do you suppose Andrea – the girl who is telling the story – wants?*
(SuS-Hypothesen)

▼

*I didn't want to go and live at my mom's new place or my dad's new place.
I wanted to stay living in our old place, Mulberry Cottage, the three of us
together.*
→ *Do you think Andrea's wish can come true?*

Alternativ oder parallel zum *cooperative storytelling* kann der Einstieg auch visuell gestaltet werden. Hierbei wird das Titelbild (der amerikanischen Ausgabe) und die erste Illustration (welche Andrea auf einem Koffer sitzend mit dem Rücken zu ihren Eltern zeigt) als Folie aufgelegt (vgl. Material 1 und 2). Die Schülerinnen und Schüler sollen die schematische Darstellung (Haus A und Haus B) sowie die Situation der ersten Zeichnung beschreiben und darauf aufbauend Hypothesen über den Inhalt des Buches bilden. Beide Formen des Lektüreeinstiegs beinhalten bereits wesentliche Elemente der Technik des erfassenden Lesens (*skimming*): Von Illustrationen und ersten Sätzen wird auf den groben Inhalt geschlossen. **Visueller Einstieg**

Im anschließenden Unterrichtsgespräch sollen erste Interpretationen eingebracht und ein persönlicher Zugang ermöglicht werden. Dies wird eingeleitet mit der Frage: *How does the girl feel?* Um bereits früh Empathie zu fördern und möglichst vielen Lernenden einen Zugang zum Gespräch zu ermöglichen, knüpft daran die Frage an: *How would you feel in her situation?* Nach Abwägung durch die Lehrkraft können auch folgende Fragen thematisiert werden: *Have you ever been in a similar situation? Do you know anybody who has been in a situation like Andrea's? How did you or that person feel?* In jedem Fall soll ein vermutender Rückblick über die Geschehnisse, die zu dieser Situation führten, vorgenommen werden: *What do you think happened before what I have just read to you?* Abschließend werden die Fragen und Gesprächsanliegen der Schülerinnen und Schüler bezüglich des weiteren Verlaufs der Unterrichtseinheit erörtert: *What would you like to learn about Andrea? What would you like to find out about her story? Do you have any questions on the story?* **Unterrichtsgespräch und persönlicher Zugang**

1.3.2 *Getting into the story*: Aufgaben zur Begleitung des Leseprozesses

In der nächsten Stunde erfolgt die erste gemeinsame Lektüre durch die Lernenden in Verbindung mit der Vermittlung von Lesestrategien. Hierfür wird in Gruppen von vier Personen die Methode des *reciprocal reading* eingesetzt (vgl. Palinscar/Brown 1984, Rest 2005; s.a. Kasten). Diese Methode fördert das intensive Lesen von Texten, erhöht die Sprechzeit der Schülerinnen und Schüler, schafft echte Sprechanlässe und ,zwingt' zur Anwendung verschiedener Lesestrategien. Jede *Reciprocal reading*

Vierergruppe bekommt einen Satz (laminierter) Rollenkarten (*clarifier, summarizer, questioner, predictor*) und *language support* für die Austauschphasen (vgl. Material 3). Jedes Gruppenmitglied erhält eine der auf den Rollenkarten beschriebenen Aufgaben. Die einzelnen Lesestrategien werden erläutert und Fragen zu den Rollenkarten geklärt. Die Anwendung der Methode erfolgt sodann zunächst nur auf das relativ kurze einführende Kapitel, von dem die Schülerinnen und Schüler die ersten Sätze bereits durch das *cooperative storytelling* kennen. Die Lernenden lesen in ihren Kleingruppen den ersten Abschnitt des Textes still und bearbeiten ihn gemäß den Anweisungen auf ihren Rollenkarten in Einzelarbeit: A erläutert unklare Textstellen oder unbekanntes Vokabular; B fasst den Inhalt des Abschnitts schriftlich zusammen; C formuliert Fragen, die von den anderen mit Hilfe des Textes beantwortet werden können und D stellt Vermutungen über den Fortgang an. Im Anschluss an die Einzelarbeit erfolgt der Austausch, d. h. das Besprechen des Abschnittes, in der Kleingruppe. Bei jedem Abschnitt wechseln die Rollen, dabei werden die Rollenkarten im Uhrzeigersinn weitergegeben (ggf. sollte die Lehrkraft vor Anwendung der Methode die Einteilung des einführenden Kapitels in einzelne Abschnitte vornehmen). Es gilt, das Augenmerk auf die verschiedenen Prozesse des verständnisgewinnenden Lesens zu richten. Die einzelnen Rollen sollen auch als wünschenswerte Bestandteile des eigenen Lesens verständlich gemacht werden. Diese Form des deklarativen Wissens über den Leseprozess kann dann in späteren Stillleseprozessen angewendet werden.

METHODE

Das **reziproke Lesen** ist eine effektive Form der kooperativen Texterarbeitung und zeichnet sich durch einen Wechsel von Einzelarbeit und Gruppenarbeit aus (vgl. Henseler/Surkamp 2009 sowie Grieser-Kindel et al. 2016: 222). Die Schülerinnen und Schüler erschließen einen Text abschnittsweise durch gemeinsames Lesen und wenden dabei Lesestrategien an, die später auch beim stillen Lesen eingesetzt werden sollten:

▸ Klären von unverständlichen Wörtern (*clarifying*)
▸ Zusammenfassen des Inhalts des gelesenen Abschnitts (*summarising*)
▸ Formulierung von Fragen (*questioning*)
▸ Hypothesenbildung (*predicting*)

Das Textverständnis wird dadurch erleichtert, dass die Lernenden denselben Text unter unterschiedlichen Blickwinkeln erschließen und sich über ihr jeweiliges Verständnis austauschen.

Zu Hause konzentrieren sich die Lernenden dann auf die dargestellte Familienkonstellation sowie auf die Gefühle der Protagonisten anhand eines Arbeitsblatts, auf dem die bereits eingangs gezeigte Illustration zu sehen ist (vgl. Material 4). In diesem Fall befinden sich jedoch leere Sprechblasen über Andrea und ihren beiden Eltern, die von den Schülerinnen und Schülern auszufüllen sind:

Hausaufgabe: Arbeitsblatt

 A What does each character wish for him- or herself at this moment?
Fill in the speech bubbles.

Auf diese Weise können die Lernenden Bezug auf ihre ursprünglichen Ideen und Hypothesen nehmen und diese auf der Basis der Informationen aus dem gemeinsam gelesenen Kapitel modifizieren.

In den nächsten drei bis vier Stunden sollen die Kapitel A, B, D und E im Unterricht gelesen und bearbeitet werden. (C wird zunächst ausgespart.) Das eigentliche Lesen erfolgt dabei individuell und als Stilllesephase. Die Lernenden erhalten jedoch Leseaufträge, was zu unterschiedlichen Schwerpunkten in dieser Lesephase führt. Aufgeteilt in acht Kleingruppen, sollen die Schülerinnen und Schüler beim Lesen verstärkt auf einen bzw. zwei der folgenden Charaktere achten und Informationen sammeln: Andrea; Katie; Paula and Graham; Andrea's mother; Andrea's father; Bill; Carrie; Chrystal and Zen. Diese Informationen sollen (soweit durch den Text möglich) Auskunft über die Persönlichkeit, Familiengeschichte, soziale Umgebung etc. der einzelnen Figuren geben. Die besondere ‚Verantwortung' für eine bzw. zwei der Figuren soll im Übrigen auch in späteren Kapiteln wahrgenommen werden; es handelt sich also um eine *long-term while-reading activity*.

Long-term while-reading activity: **Informationen über Figuren sammeln**

Doch zunächst geht es darum, dass die Lernenden jeder bzw. jede für sich und der eigenen Geschwindigkeit gemäß lesen. Alle sollen also alle vier Kapitel lesen, können aber, wenn es nicht um ‚ihren' Charakter geht, auf Globalverstehen hin lesen, ohne sich näher mit den Einzelheiten zu beschäftigen. Auf diese Weise ergibt sich eine Binnendifferenzierung der Art, dass die schneller Lesenden den ganzen Text genau durchlesen, während sich andere durch *scanning* auf die für sie relevanten Informationen beschränken.

Individualisiertes Lesen

**Ergebnis-
sicherung:
Figurenprofile
und Stamm-
baum**

Nach der Stilllesephase werden die individuellen Ergebnisse über die Figuren in den Kleingruppen zusammengetragen und stichwortartig festgehalten. Damit alle Lernenden am Ende auf dem gleichen Stand sind,
werden diese Figurenprofile kurz den anderen vorgestellt. Dies geschieht
in Form eines Stammbaums, der an der Tafel entsteht. Die Gruppe, die
sich mit Andrea beschäftigt, beginnt und stellt die Hauptfigur vor. Dann
ruft sie eine Person auf, die in irgendeiner Beziehung zu Andrea steht,
und die entsprechende Gruppe stellt die Figur vor und situiert sie in dem
Stammbaum an der Tafel. So kennen alle Lernenden die Charaktere der
Geschichte und können sie zueinander in Beziehung setzen.

Standbild bauen

Um die Figurenkonstellation nicht nur formal aufzuzeigen, sondern auch
inhaltlich auszugestalten und erste Interpretationen der Lernenden her-
auszufordern, werden die Beziehungen zwischen den Figuren nun auch
als Standbild dargestellt (vgl. hierzu auch Kap. II.2.4.3 des vorliegenden
Bandes). Hierbei werden von jeder Gruppe ein bzw. zwei Mitglieder als
die entsprechenden Figuren von den anderen aufgestellt. Die Beziehungen zu den anderen Figuren können durch Nähe bzw. Distanz, abgewen-
dete Blicke, Berührung, Gesichtsausdruck und Körperhaltung ausgedrückt und auch kommentiert werden. Das Erbauen dieser Standbilder
dient somit nicht nur zur Verständnissicherung und zur Interpretation, sondern auch als authentischer Sprechanlass. Das Ergebnis wird kurz thematisiert und dann durch Fotos festgehalten. Ziel der *long-term while-reading
activity* ist es, die Figurenprofile immer weiter abzurunden und eventuelle
Entwicklungen einzelner Figuren aufzuzeigen. Um letztere auch in ihren
Auswirkungen auf die Figurenkonstellation festzuhalten, werden noch zu
zwei späteren Zeitpunkten in der Einheit erneut Standbilder erstellt. Diese kreative und handlungsorientierte Zugangsweise soll bewirken, dass
sowohl die Verstehens- und Behaltensleistung als auch das Verständnis
der Lernenden für die sich verändernde Situation vertieft wird.

**Leseprozess
metakognitiv
thematisieren**

Um die Leseerfahrungen dieser ersten Kapitel zu reflektieren, eventuelle
Schwierigkeiten zu erfassen sowie Lösungsmöglichkeiten und Strategien
für die weitere Lektüre zu erarbeiten, sollte an dieser Stelle eine meta-
kognitive Auseinandersetzung mit dem eigenen Leseprozess stattfinden.
Dies sollte nicht in einem Unterrichtsgespräch, sondern individuell und
schriftlich erfolgen, damit alle Schülerinnen und Schüler zur Reflexion aktiviert werden. Es bietet sich also an, den Lernenden konkrete Fragen zu
ihrem Leseprozess in Form eines Arbeitsblattes an die Hand zu geben (vgl.
Arbeitsblatt 1 sowie Henseler/Surkamp 2007: 19). Die Auswertung des
Arbeitsblattes ermöglicht der Lehrkraft Einblicke in die Lesekompetenz
ihrer Schülerinnen und Schüler und gibt Aufschluss über den tatsächli-

chen und individuellen Einsatz von Lesestrategien. Wird das Arbeitsblatt nach der weiteren Lektüre des Textes erneut bearbeitet, können sich die Lernenden selbst über ihre Lesefortschritte bewusst werden. Zudem wird auf diese Weise das auch für spätere Lektüren wichtige *monitoring* des eigenen Leseprozesses trainiert.

Kapitel F ist zum ersten Mal alleine zu Hause zu lesen. Da es ein recht einfaches und bei einem Umfang von zwei Seiten nur sehr kurzes Kapitel ist, sollte dies für niemanden entmutigend sein. In der darauffolgenden Stunde wird im Sinne einer Kombination von Lese- und Schreibförderung eine kreative Schreibaufgabe bearbeitet, die an Kapitel F anknüpft und als Partnerarbeit angelegt ist. Die Lernenden verfassen jeweils einen Brief aus Andreas Sicht, in dem diese ihre neue Familiensituation erklärt und ihre Gefühle beschreibt. Dabei schreibt in den Zweiergruppen eine Person an Andreas Freundin Aileen und die andere an eine *agony aunt*, eine Briefkastentante, in einer Jugendzeitschrift. Nach der Hälfte der Zeit bzw. am Ende der Stunde und dann als Hausaufgabe werden die Briefe ausgetauscht und die jeweils andere Person antwortet als Aileen oder *agony aunt*. Während die ersten beiden Briefe ähnlich ausfallen können, da beide aus Andreas Sicht geschrieben sind, sollten die anschließenden Antworten unterschiedlich sein. Die Briefe werden in den Zweiergruppen vorgetragen und die Lernenden tauschen sich über die Inhalte und Schreibweisen aus. Durch dieses Vorgehen wird ein Bewusstsein für verschiedene Adressaten, Register und Textsorten angeregt. Neben der Schreibkompetenz wird durch den zweifachen Perspektivenwechsel aber vor allem die Empathie der Schülerinnen und Schüler gefördert – ein Vorgang, der eine wichtige Voraussetzung für Fremdverstehen ist. Des Weiteren können die Lernenden ihre Fantasie einbringen und an persönliche Erfahrungen zum Thema ‚Freundschaft' anknüpfen. Einige Briefe und Antworten können von Lernenden, die dies möchten, später zusätzlich im Plenum vorgetragen werden.

Kreatives Schreiben

Anschließend soll das bisher zurückgestellte Kapitel C *is for Cottage* in Verbindung mit den Kapiteln G *is for Garden* und, im Vorgriff, L *is for Lake* behandelt werden. In diesen drei Kapiteln geht es um Orte, die in der Geschichte von zentraler Bedeutung sind – ein Umstand, der in einem kurzen Unterrichtsgespräch als Vorentlastung für die Lektüre verdeutlicht wird. Die Lernenden können vermuten, um welche Orte es sich dabei handeln könnte, und auch einen persönlichen Bezug zur Bedeutung von Orten für die eigene Lebenssituation herstellen:

Raumdarstellung

A
Which places have been mentioned so far?
What kind of places are they?
What does Andrea connect with these places?
What were or still are special places in your own life (during your childhood and now)?
Places you feel at home in, places you really hate, places that are good to play in or to discover?

Hausaufgabe:
Lesen und
Visualisieren

Als Hausaufgabe sollen dann Kapitel C und G gelesen werden, optional auch noch Kapitel L. Anschließend sollen die Schülerinnen und Schüler ein Bild von einem der Orte malen:

 A
Read chapter C and G. Imagine what Mulberry Cottage looked like.
Think about the garden on Larkspur Lane.
If you want to know more about how it looks you may also read chapter *L is for Lake*. Now draw or paint one of Andrea's places.
It can be Mulberry Cottage, the garden on Larkspur lane or the old flat Andrea lived in before with both her parents or her father's or mother's new houses. You may also set two of them into contrast.

Auf diese Weise wird der Bedeutungsgehalt der Orte, die für Andrea eine Rolle spielen, auf kreative Weise herausgestellt. Das Malen der Bilder setzt ein Verständnis des Textes und eine Interpretationsleistung voraus. Es schafft Vorstellungen und erleichtert so auch die weitere Lektüre (vgl. auch Hallet 2008). Außerdem bieten Bilder zusätzliche Identifikationsmöglichkeiten gerade für Schülerinnen und Schüler, denen ein kreativer Zugang mehr zusagt als eine rein kognitive Interpretation. Unterschiedliche Deutungen werden durch die verschiedenen künstlerischen Ergebnisse visualisiert und sollten als solche besprochen werden. Hierfür werden die Bilder in der darauffolgenden Stunde im Klassenraum aufgehängt, und einige der Lernenden stellen ihre Ergebnisse vor. Dieser Teil bietet auch eine gute Möglichkeit zu einer fächerübergreifenden Zusammenarbeit mit dem Kunstunterricht. In dem Fall könnte dieser Aufgabe noch etwas mehr Zeit und Raum gegeben und der künstlerische Aspekt stärker betont werden. Es besteht die Möglichkeit, am Ende der gesamten Einheit eine Lektüremappe zusammenzustellen. Wenn dies durchgeführt werden soll, kann an dieser Stelle schon darauf hingewiesen werden, dass auch einige der Bilder darin aufgenommen werden können.

Nach dieser kreativen Aufgabe folgt ein textanalytisch ausgerichtetes Unterrichtsgespräch. Es geht darum, die Lernenden für die Leseranreden in dem Roman zu sensibilisieren. Dies ist eine erste Vorbereitung auf spätere Erzähltextanalysen in höheren Jahrgängen: Die Schülerinnen und Schüler sollen sich an rationale Textanalysen ‚herantasten'. Die Kommunikationssituation dieses Romans bietet dafür motivierendes Potenzial, da die Lernenden gewissermaßen in diese zumindest implizit integriert werden. Als Einstiegsfrage werden die Schülerinnen und Schüler gefragt: *Who do you think Andrea is telling her story to?* Es ist interessant zu hören, ob ihnen dazu etwas aufgefallen ist und woran sie eventuelle Eindrücke festmachen. Als Vorbereitung für spätere Textanalysen ist es wichtig, dass sie lernen, ihre Ideen nicht nur intuitiv zu sammeln und zu äußern, sondern sie auch anhand textueller Belege nachzuweisen. Es sollte daher auch gefragt werden: *Why do you think so? What makes you think so?* Diese Fragen müssen selbstverständlich nicht nur anhand der Leseranreden beantwortet werden (z. B. werden einzelne Lernende möglicherweise auch anhand der Thematik oder sogar der Wortwahl argumentieren, dass Andrea ihre Geschichte Gleichaltrigen erzählt). Falls die Leseranreden den Schülerinnen und Schülern nicht offensichtlich sind, können sie auf Kapitel B und C, insbesondere auf die folgenden Textstellen aufmerksam gemacht werden:

> ▸ Kap. B, S. 21: *It's funny, Paula's so noisy, yet Graham is the most silent boy you could ever imagine.*
> ▸ Kap. B, S. 22: *So do you know where I go when I need a bit of peace and quiet? I lock myself in the bathroom.*
> ▸ Kap. B, S. 23: *Don't forget she's only four centimetres tall.*
> ▸ Kap. C, S. 27: *Have you ever had a mulberry? They're better than raspberries or strawberries, I'm telling you. You have one mulberry and you want another and another and another.*

Um die Wirkung dieser Leseranreden mit den noch jungen, mit Erzähltextanalyse eher unerfahrenen Lernenden herauszuarbeiten, bietet es sich weniger an lediglich zu fragen: *What is the effect of these addresses to the (implied) reader?* Zugänglicher wird die Erarbeitung, indem gefragt wird: *How do these addresses make you feel (as a reader)?* In einem Zwischenschritt (bevor also die Wirkung der Leseranreden thematisiert wird) kann es sinnvoll sein, diese überhaupt als solche konkret zu benennen, es sei denn, die Schüler sind mit diesem Fachvokabular bereits vertraut.

In der nächsten Stunde werden in einer Stilllesephase Kapitel H und U gelesen. Ersteres ist wiederum sehr kurz und besteht hauptsächlich aus Haikus, die Andrea in der Schule schreibt und in denen sie ihre Wünsche zum Ausdruck bringt. Diese finden sich auch in dem in Kapitel *U(nconscious)*

Leseranreden analysieren

Wunschgedichte lesen und schreiben

beschriebenen Traum wieder. Die Schülerinnen und Schüler erhalten die Aufgabe, auch ein Haiku zu schreiben. Hierfür wird nach der Lektüre von Kapitel H kurz die Form dieses Gedichts erarbeitet. Bei Haikus handelt es sich um japanische 17-Silber, die ursprünglich aus drei Zeilen mit dem Silbenschema 5-7-5 bestehen. Dies wird – wie auch bei Wilson – häufig freier gestaltet. Nur die Gesamtanzahl der 17 Silben bleibt erhalten. Die einzelnen Zeilen müssen sich nicht reimen. Die Lernenden sollen nun selber Haikus erstellen, indem sie sich auf Andreas Traum aus Kapitel U beziehen. Dadurch versetzen sie sich einmal mehr in die Lage der Protagonistin – auf einer Ebene, die ihre innersten Wünsche und Träume darstellt. Die Lernenden können aber auch über diese Ebene hinaus Aspekte aus den anderen Kapiteln mit einbringen. Die Haikus dienen damit einer Reflexion des bisher Erlesenen, das so in einer produktiven Aufgabe ausgestaltet wird. Ganz nebenbei werden dabei ästhetisch-literarische Formen erlernt.

ABC-Struktur

Zusätzlich oder alternativ zum Erstellen der Haikus und einem reflektierenden Rückblick auf das bisher Gelesene können an dieser Stelle auch erneut Hypothesen über den vermutlichen Fortgang der Handlung aufgestellt werden. Dabei kann das Augenmerk auf die ABC-Struktur des Buches gelenkt werden, welche die Lernenden zu diesem Zeitpunkt bereits von den ersten Kapiteln kennen. Entlang der verbleibenden Buchstaben stellen sie Vermutungen an, welche Kapitelüberschriften zu welchen Inhalten noch kommen könnten (falls sie sich schon einen Überblick über die Titel verschafft haben, bestimmen sie nur die Inhalte näher). Dies kann schriftlich bearbeitet werden und dann gegebenenfalls nur zu vier oder fünf ausgesuchten Buchstaben pro Person oder Kleingruppe. Oder aber es wird eher spielerisch und mündlich im Plenum eine mögliche Entwicklung entlang der Buchstaben weitererzählt. Dabei wäre dann nicht nur die ABC-Struktur miteinzubeziehen, sondern auch die vom Vorgänger oder der Vorgängerin entworfene Handlung. Die Funktion von den Aufgaben zum Haiku und zur ABC-Struktur ist es, am Ende des ersten, in Situation und Charaktere einführenden Abschnitts die Ausgangsposition für alle verständlich gemacht zu haben und einen Erwartungshorizont für das Kommende zu schaffen.

Gemeinsames Lesen und Interpretieren

Der nächste Abschnitt beginnt mit einem methodischen Rückgriff auf das bereits eingeführte Verfahren des *reciprocal reading*, das nun gefestigt werden soll. Kapitel I und J werden also in der Stunde gemeinsam in Gruppen gelesen. Zentrale Fragen, die im Anschluss in Gruppen diskutiert werden sollen und als Vorbereitung der Hausaufgabe dienen, werden bereits eingangs genannt, damit die Lernenden beim Lesen nach den Informationen suchen und relevante Stellen markieren können:

A Is Andrea only physically sick?
Find evidence in the text for your answer.
What do you think makes Andrea feel ill?
What are the consequences for Andrea when she is ill?
Structure these into positive and negative effects of being sick.

Als Schreibaufgabe im Unterricht oder als Hausaufgabe entwickeln die Schülerinnen und Schüler eine Reaktion zum Gelesenen, indem sie einen Brief mit Ratschlägen von einem Psychologen an Andreas Eltern schicken. Ein solcher Perspektivenwechsel verlangt es, Abstand von Andreas subjektiver Erzählperspektive zu nehmen und von einem anderen Blickwinkel über sie zu reflektieren.

Kapitel K wird zunächst individuell gelesen (zu Hause oder in der Stunde). Im Folgenden soll erneut die Erzählsituation thematisiert werden, in diesem Fall die Wirkung der Ich-Erzählung. Hierfür wird das Kapitel im Unterricht noch einmal gelesen, diesmal mit verteilten Rollen: Jeweils eine Schülerin oder ein Schüler lesen Andrea als Erzählerin, Andrea als Protagonistin, Katie, Andreas Mutter und Bill. Durch diese Form des Lesens wird die Sympathielenkung, die mit der Ich-Erzählsituation einhergeht, bereits etwas eingeschränkt, da durch die gelesenen Rollen eine gewisse Identifikation mit den anderen Protagonisten zu erwarten ist. In einem anschließenden Unterrichtsgespräch wird auf die Wirkungsweise der Erzählperspektive näher eingegangen: Die Schülerinnen und Schüler sollen dafür sensibilisiert werden, dass Andrea als Ich-Erzählerin von einem subjektiven, eingeschränkten Standpunkt aus schreibt, dass sie die Handlung interpretiert und andere beurteilt, dass andere Figuren Ereignisse möglicherweise anders darstellen würden – kurz, dass eine Ich-Erzählerin Identifikationspotenzial bietet und der Leser bzw. die Leserin einen Einblick in die Gefühle und Gedanken der Erzählerin gewinnt, es sich jedoch gleichzeitig um eine einseitige Darstellung handeln kann. Hierfür bieten sich folgende Fragen an: *Who speaks?* und *Through whose eyes do we see the events?* Dabei werden die Begriffe ‚*first-person narrator*‘ und ‚*protagonist*‘ eingeführt. Außerdem sollten die folgenden Fragen gestellt werden, um die Effekte der Ich-Erzählsituation näher herauszuarbeiten: *After having read chapter K, do you feel more pity for Andrea or for Katie? Why?* Wahrscheinlich werden mehr Lernende mit Andrea Mitleid haben, da die Geschichte aus ihrer Perspektive erzählt wird. Dies sollte thematisiert bzw. problematisiert werden. Eine weitere Frage kann den Lernenden verdeutlichen, dass sich das Geschehen aus einer anderen Per-

Ich-Erzähl-situation

spektive durchaus anders darstellen kann: *Why does Katie's father defend his daughter rather than Andrea?* Katie hat ihrem Vater die Geschichte aus ihrer Perspektive erzählt, und sie schiebt die Schuld auf Andrea. Am Ende soll die Erkenntnis stehen, dass zwei Figuren das gleiche Ereignis sehr unterschiedlich darstellen können und dass eine Perspektive stets von zahlreichen persönlichen Faktoren abhängt.

Umschreiben des Textes aus einer anderen Perspektive

Um dies kreativ auszuloten, sollen die Lernenden nun einen Teil des Kapitels aus Katies Perspektive umschreiben. Dabei soll die wörtliche Rede übernommen werden, die Einordnung jedoch Katies Gedanken und Gefühle in Bezug auf Andrea und die neue Familiensituation zum Ausdruck bringen und ihre Handlungen und Äußerungen somit aus ihrer Perspektive erklären:

A   Rewrite the first part of the chapter up to page 71 from Katie's perspective. All that is said (direct speech) should also be in your version but framed by Katie's thoughts.
It should become clear how you as Katie feel towards Andrea and the new family situation.

Diese Aufgabe fördert nicht nur die Fähigkeit zum Perspektivwechsel, sondern führt auch zu einer besonders intensiven Auseinandersetzung mit Form und Inhalt des Textes und der Wirkungsweise der Erzählsituation.

Optionales Lesen

Bei den folgenden vier Kapiteln, M bis P, wird es den Schülerinnen und Schülern freigestellt, ob sie nur eines der Kapitel lesen oder darüber hinaus auch die anderen. Je nach Figurenprofil, das sie von Anfang an bearbeitet haben, haben die Lernenden aber mindestens ein obligatorisches Kapitel zu lesen. Es wird an die *long-term while-reading activity* angeknüpft: Die Kleingruppen, die sich um die Figuren von Andreas Mutter, ihrem Vater sowie von Paula und Graham kümmern, lesen Kapitel M (*M is for My Mate Graham*; bzw. in der amerikanischen Ausgabe *M is for Mr. Magic*). Um das N-Kapitel kümmert sich vor allem die Katie-Kleingruppe, während Kapitel P sowohl von den Lernenden gelesen wird, die sich mit Andrea beschäftigen, als auch von den Gruppen, die Informationen über Carrie bzw. über Chrystal und Zen sammeln:

A Which character are you concentrating on in your profile?
Check below which chapter you have to read.
You are welcome to read the other chapters on a voluntary basis.
Be prepared to summarise your chapter for your classmates.

Your profile character	Chapter to read
Graham & Paula; Andrea's mother; Andrea's father	Chapter M (is for My Mate Graham)
Katie	Chapter N (is for Night)
Bill ***	Chapter O (is for Old People)
Andrea; Carrie; Chrystal & Zen	Chapter P (is for Photographs)

*** Da es in diesen Kapiteln kaum Informationen zu Bill gibt, bekommt diese Kleingruppe die Aufgabe, stattdessen herauszufinden, wie Andreas Schulleistungen sind: As the Bill group you have a special mission: you do not look for information on Bill, but for information on how Andrea is doing at school.

Gruppenpuzzle

Nach der aufgeteilten Lektüre wird im Unterricht zusammengetragen, was erlesen wurde. Hierfür wird die Methode des Gruppenpuzzles verwendet. In jeder Arbeitsgruppe ist ein Mitglied aus jeder der Figurenprofilgruppen. Auf diese Weise ist jedes Kapitel von mindestens einer oder einem in der Gruppe gelesen worden und wird nun für die anderen reihum mündlich zusammengefasst. Die Gruppenmitglieder können nachfragen, wenn sie etwas nicht verstehen. Auf diese Weise wird die Kooperation gefördert und alle Lernenden sind aktiviert, da alle ihren Beitrag zu leisten haben. Der Sprechanlass ist insofern authentisch, als eine Diskrepanz der Informiertheit besteht, die durch Kommunikation in der Fremdsprache auszugleichen ist. Diejenigen, die gerade nicht vortragen, sind auf die Informationen der anderen angewiesen, um den Fortgang der Geschichte besser nachvollziehen zu können und um zusätzliche Informationen über ‚ihre' Charaktere aus den anderen Kapiteln zu erhalten. Daher sollen sie einige Notizen machen.

Erneutes Standbildbauen

Im Anschluss an die Gruppenpuzzles wird das zweite Standbild erbaut. Die Gruppen zu den einzelnen Figuren sollten kurz Zeit bekommen, um sich über festgestellte Veränderungen bei ihren Charakteren und deren Verhältnis zu den anderen Figuren zu verständigen. Bei dem zweiten Standbild werden sich dann vermutlich gegenüber dem ersten Standbild vom Beginn der Einheit bereits einige Veränderungen ergeben haben, so z. B. die Annäherung einiger Charaktere an Andrea bzw. eine veränderte Haltung von Andrea selbst. All dies wird erneut fotografisch festgehalten.

Rätsel-Rückblick

Die Bearbeitung von Kapitel *Q is for Questions* dient ebenso wie das Standbild als Abschluss und Rückblick auf den zweiten Abschnitt des Gelesenen. Es besteht aus einigen aneinandergereihten Fragen, die Andrea von verschiedenen Personen gestellt werden. Die Lernenden sollen ihr Textverständnis und ihre Empathiefähigkeit unter Beweis stellen, indem sie benennen (und gegebenenfalls begründen), wer diese Fragen wohl gestellt hat (Andreas Mutter oder Vater, ihre Lehrerin, Paula, die Sozialarbeiterin oder Katie?):

 A   This chapter is like a riddle. Read it and find out who asks the questions.

Diese nicht allzu schwierige und spielerische Aufgabe kann zu Hause vorbereitet und kurz im Unterricht besprochen werden. Bei divergierenden Antworten sollen die Lernenden anhand des Textes belegen, wie sie zu ihrer Einschätzung gekommen sind.

Freies Lesen

Die folgenden fünf Kapitel (R bis V) stellen zusammen einen Spannungsbogen dar, da in ihnen das ‚Abenteuer' mit dem verlorenen Radish und Andreas nächtlicher Suche stattfindet (Kapitel U ist einigen Lernenden bereits bekannt). Es ist Höhepunkt und Krise der Suche nach einem Umgang mit der neuen Familiensituation, beinhaltet aber auch Elemente eines Abenteuerromans. Dieser Teil soll an einem Stück und extensiv von den Schülerinnen und Schülern gelesen werden. Es wird davon ausgegangen, dass nun der Leseprozess eingeübt ist und Thematik und Figuren ausreichend bekannt sind, um eine vergleichsweise selbstständige Lektüre möglich zu machen. Mit der Spannung steigt auch die Lesemotivation. Der Leseprozess soll daher nicht unterbrochen werden, damit die Freude am Lesen nicht eingeschränkt wird.

Um dennoch im Anschluss an diese Phase des freien Lesens eine Sicherung des Inhalts der Kapitel wie auch des teilweise vielleicht noch unbekannten Vokabulars zu bewirken, bietet sich die Methode des *concept mapping* bzw. die Struktur-Lege-Technik an (vgl. Henseler/Surkamp 2009; s. Kasten). Die Lernenden arbeiten zu zweit zusammen und erhalten einen Satz Karten mit zentralen Begriffen aus den gelesenen Kapiteln R bis V (vgl. Material 5). Durch das Sortieren und Anordnen der Begriffe sollen sie demonstrieren, dass und wie sie das Gelesene verstanden haben. Dafür beginnen sie zunächst mit einer Sortieraufgabe (vgl. das *instruction sheet for students* auf der CD-ROM). Sie schneiden die Begriffskärtchen aus und ordnen sie wie folgt: Begriffe, die so gut verstanden sind, dass sie einer anderen Person erklärt werden können, werden auf die Seite gelegt; unklare Begriffe werden behalten. Die Lernenden bearbeiten nun in Partnerarbeit die unklaren Begriffe. Hat bei einem Begriff nur einer der beiden Partner Verständnisschwierigkeiten, so kann der andere den Begriff erklären. Haben beide Erklärungsbedarf, so können sie Hilfe bei einer Nachbargruppe finden, den Roman zur Hand nehmen und den Begriff aus dem Kontext zu verstehen versuchen oder aber im Wörterbuch nachschlagen. Mit der eigentlichen Struktur-Lege-Technik kann erst begonnen werden, wenn alle Begriffe verstanden sind. Die Schülerinnen und Schüler legen die Begriffe so vor sich auf den Tisch, wie sie dem Textinhalt nach zusammengehören. Dabei können durchaus unterschiedliche Lösungen entstehen. (Eventuell fehlen den Lernenden auch weitere Begriffe, die sie als wichtig erachten und der Struktur noch hinzufügen möchten.) Je zwei Paare erklären sich gegenseitig die Struktur ihrer Anordnung. Dadurch realisieren sie vielfältige Textzusammenhänge und sind gezwungen, diese zu formulieren. Einige interessante Beispiele können anschließend im Plenum präsentiert werden.

Concept mapping

METHODE

Beim **concept mapping** werden die zentralen Begriffe eines Textes auf Kärtchen geschrieben. (Entweder wählt die Lehrkraft zentrale Begriffe aus, oder aber die Schülerinnen und Schüler tragen selbst die für sie zentralen Begriffe zusammen.) Die Lernenden legen die Kärtchen in eine Struktur, so dass zu erkennen ist, wie die Begriffe inhaltlich zusammengehören. Die Aufgabe dient der Rekapitulation des Textinhalts und damit der Überprüfung des Leseverständnisses. Sie kann in Einzel-, Partner- oder Kleingruppenarbeit ausgeführt werden. Die gelegten Strukturen werden anschließend (im Plenum oder in Gruppen) erläutert und miteinander verglichen. Für die Plenumsphase empfiehlt es sich, eine Lösung an der Tafel mit Hilfe großer Karten und Tafelmagneten, über ein Smartboard oder über den OHP mit Folienschnipseln zu präsentieren, um eine gut sichtbare Diskussionsgrundlage zu haben.

Entwicklung der Figuren: erneutes Standbildbauen

Nachdem auf diese kreative Weise die zuletzt erlesenen Informationen in Zusammenhänge eingeordnet worden sind, werden die letzten vier Kapitel des Romans (W-Z) von den Schülerinnen und Schülern ebenfalls in einem Durchlauf gelesen. Sie bringen die Auflösung und wenn auch kein *happy ending* in Andreas Sinne, so doch einige positive Ausblicke. Während des Lesens sollen sich die Lernenden noch einmal Notizen zu ihren Figuren machen. Im Anschluss an die Lektüre wird dann ein letztes Mal ein Standbild zur Figurenkonstellation am Ende des Romans erstellt. Zur Vorbereitung finden sich die Figurenprofil-Gruppen noch einmal zusammen, vergleichen ihre Notizen aus dem Leseprozess, diskutieren über mögliche Unterschiede und handeln Ideen zur Position ‚ihrer' Figur in der Gesamtkonstellation aus. (Zwei Freiwillige aus den Kleingruppen sollten Arthur und Gladys Peters darstellen, die neu hinzugekommen sind). Bei der Erstellung des Standbildes sollen die Positionierungen aus den Figurenprofilen heraus begründet werden können.

1.3.3 *A sense of ending*: Analytische und kreative Textarbeit nach der Lektüre

Standbild als Gesprächsanlass

Das erbaute Standbild dient nach der Lektüre des gesamten Romans als Gesprächsanlass und sollte etwas ausführlicher besprochen werden als die beiden Standbilder zuvor. Die oder der Lehrende (bzw. mit der Zeit auch die Lernenden) stellt den Standbildfiguren bzw. dem Rest der Klasse Fragen:

▸ *What happened that has changed our character constellation?*
▸ *Why have you moved closer to/away from X?*
▸ *What do you think of X? How/why did you modify your opinion?*

Auf diese Weise sollen die Schülerinnen und Schüler nicht nur die Veränderung ‚ihrer' Figur nachvollziehen, sondern auch die Gesamtentwicklung der Figurenkonstellation beurteilen. Sie sollen erkennen, dass allmähliche Einstellungsveränderungen einzelner Figuren in verschiedene Richtungen wirken und nicht isoliert erfolgen. So begegnet z.B. Andrea, nachdem sie von Katies Angst vor dem Schlafen erfährt, Katie mit mehr Verständnis, was wiederum bewirkt, dass auch Katie ihre Einstellung gegenüber Andrea überdenkt. Um die Einsicht in diese Veränderungen zu fördern, sollen die Lernenden die an sie gerichteten Fragen aus der Perspektive der Figuren heraus beantworten und diskutieren (also in der Ich-Form). Abschließend wird das Standbild ein letztes Mal fotografiert.

Um die Ergebnisse der letzten gemeinsamen Arbeitsphase zu sichern und gleichzeitig abschließend den Roman als Ganzes zu betrachten, wird den Schülerinnen und Schülern die Aufgabe gestellt, die Erinnerungen der Figuren an die Zeit, seit der ihre Familien neu zusammengestellt wurden, in der Ich-Form schriftlich zu schildern. Sie können wählen, ob sie dies in Form eines Tagebucheintrags oder eines Briefs an einen Freund oder eine Freundin tun möchten, dem bzw. der sie lange nicht mehr geschrieben haben. Damit die Lernenden die allmähliche Entwicklung und nicht lediglich das Ende des Romans berücksichtigen, sollten ihnen bestimmte Wörter und einige Phrasen zur Unterstützung gegeben werden:

Ergebnissicherung durch Brief oder Tagebucheintrag

In the shoes of your profile character, reflect what has happened since your family situation changed.

You can write a diary entry or a letter to a friend or something similar.

The following beginnings of sentences can serve as a guideline:

> ‣ When … first moved in with us I thought/felt…
> At first I thought…
> In the beginning I felt…
> I wished that…
> ‣ I didn't like it that…
> The most difficult thing was…
> ‣ After a while…
> Slowly…
> ‣ Now I think/feel…

Zur Bewältigung der Aufgabe können die Lernenden auf ihre im Laufe des Lesens erstellten Figurenprofile zurückgreifen. Die Aufgabe soll nicht nur zum Nachvollzug der Entwicklung der einzelnen Figuren dienen, sondern auch verdeutlichen, dass Andreas (Erzähl-)Perspektive sehr subjektiv ist: Nun können auch all die anderen Figuren ihre Gefühle und Gedanken aus ihrer eigenen Perspektive artikulieren. Außerdem sollen die Schülerinnen und Schüler im Anschluss an die bisherige Arbeit mit dem Roman erkennen, dass sich alle Charaktere an die neue Situation gewöhnen und Kompromisse eingehen mussten.

In der anschließenden Stunde können dann anhand der Fotos der Standbilder, die sichtbar im Klassenzimmer aufgehängt und evtl. als Kopien allen Lernenden zur Verfügung gestellt werden, noch einmal die Handlung und die Entwicklung der Figuren durch das ganze Buch hindurch rekon-

Abschließendes Rezeptionsgespräch

struiert werden. Im Sinne einer Anschlusskommunikation über den Text und die persönlichen Reaktionen darauf wird außerdem ein abschließendes Rezeptionsgespräch geführt. Hierfür eignen sich folgende Fragen (vgl. Henseler/Surkamp 2007: 5f.; vgl. auch Kap. I.2.2 im vorliegenden Band):

▸ *What struck you while reading the text?*
▸ *Which impressions did you get while reading the text?*
▸ *What did(n't) you like about the story?*
▸ *What do you think is important in this text?*
▸ *Which further aspects of the text would you like to discuss in class?*

Außerdem sollte der gesamte Leseprozess noch einmal metakognitiv reflektiert werden. Damit die Lernenden sich über die Entwicklung ihrer Lesekompetenz bewusst werden können, bietet es sich an, erneut Arbeitsblatt 1 zu bearbeiten und die Ergebnisse mit denen von der ersten Bearbeitung zu Beginn der Unterrichtseinheit zu vergleichen.

Analyse der Funktionen des Plüschhasen

Eine weitere analytisch ausgerichtete *post-reading activity*, die noch zusätzlich durchgeführt werden kann, ist die Untersuchung der Funktionen, die der Plüschhase Radish für Andrea erfüllt. Damit die verschiedenen Funktionen von Radish differenziert herausgearbeitet werden können, ist es sinnvoll, die Lernenden in Kleingruppen anhand der folgenden Fragen unterschiedliche Textstellen bearbeiten zu lassen: *Which functions does Radish fulfil for Andrea?* bzw. *Which role/s does Radish play in Andrea's life?* und *How does Andrea behave towards Radish?* Folgende Romanpassagen sind für eine solche Analyse besonders geeignet:

▸ Einleitung (S. 7–12): Radish wird zum ersten Mal eingeführt und als Familienmitglied vorgestellt; Andrea projiziert ihre Emotionen auf Radish. Dies hat zum einen die Funktion eines Selbstschutzes; zum anderen kann Andrea dadurch eigene Gefühle zum Ausdruck bringen, ohne selber dafür verantwortlich gemacht zu werden.
▸ Kapitel L (S. 73–77): Andrea spielt heimlich mit Radish im Garten des Ehepaars Peters. Radish erscheint hier als ,lebendiger', Gefühle durchlebender Spielgefährte. Allerdings ist die Beziehung zwischen Andrea und dem Plüschhasen nicht symmetrisch: Andrea trifft alle Entscheidungen und kann daher beim Spielen mit Radish ihre Eigenständigkeit behaupten.
▸ Kapitel R (S. 104–110): Andrea verliert Radish. Sie wünscht sich in diesem Kapitel besonders, ein richtiges Zuhause für Radish schaffen zu können, und schlüpft in eine Art Mutterrolle: Sie ist die Fürsorgende, die für Radish die heile Welt schaffen möchte, nach der sie sich selber sehnt.

- Kapitel S (S. 111–117): Andrea kommt nach Hause, nachdem sie Radish verloren hat. In diesem Kapitel wird das Ausmaß von Radishs Bedeutung für Andrea deutlich: Radish fehlt ihr nicht nur (als materieller Gegenstand); sie hat das Gefühl, den Plüschhasen retten zu müssen, und bangt um dessen Befinden.
- Evtl. je nach Klassenstärke noch Kapitel W (S. 134–138): Radish bekommt sein eigenes Mulberry Cottage. In diesem Kapitel erkennt Andrea, dass ihr Traum, selber wieder in ihr einstiges Zuhause einzuziehen, unwahrscheinlich ist. Ein Trost für sie ist, dass immerhin Radish ein Mulberry Cottage bezieht. Ihre eigene Entwicklung lässt sich in diesem Kapitel an ihrer Beziehung zu Radish nachzeichnen (vgl. v. a. S. 138): Radish wohnt meistens noch in Andreas Tasche, weil sie den Hasen noch so sehr braucht; dennoch hat er auch ein weiteres Zuhause.

Die Klasse teilt sich in vier bis fünf Gruppen auf, von denen jede eines dieser Kapitel unter den oben angeführten Fragen untersucht. Da die Lernenden die Textstellen bereits kennen, sollen sie diese nun lediglich noch einmal auf die speziellen Informationen hin *scannen*. Im Anschluss stellen sich die Kleingruppen ihre Ergebnisse vor, die auf Folie für alle festgehalten werden. Um die Lernenden zusätzlich persönlich einzubeziehen und ihnen erneut einen affektiven Zugang zum Text zu ermöglichen, kann in einem Klassengespräch auch noch nach eigenen Lebenserfahrungen der Lernenden gefragt werden: *Has anyone of you ever had a toy/mascot/… which was especially important to you? What was it? Why was it important to you?*

Weitere *post-reading* activities

Um individuelle Einstellungen zum Text zu unterstreichen und eine kurze Phase lauten Lesens im Unterricht zu erreichen, bei der auch mit der Intonation experimentiert werden kann, werden die Lernenden aufgefordert, sich gegenseitig ihre **Lieblingsstellen** im Buch vorzulesen und zu begründen bzw. untereinander zu besprechen, was sie daran mögen. Eine ähnliche Positionierung in Bezug auf den ganzen Text wird schließlich als produktive *post-reading activity* zu Hause bearbeitet, wo die Schülerinnen und Schüler eine **Buchrezension** verfassen sollen. Darin gilt es, die zentrale Problematik des Buches darzustellen und die persönliche Meinung zu dem Text zu äußern und zu begründen.

Lektüremappe

Eine Möglichkeit, die Schülerprodukte, die im Laufe der Unterrichtseinheit entstanden sind, gewissermaßen als Dokumentation und greifbares Ergebnis des Leseprozesses allen zugänglich zu machen, ist eine gemeinsame Lektüremappe. Darin werden neben den Standbildfotos einige der Briefe, Tagebucheinträge, Bilder, Haikus und Rezensionen zusammengestellt. Dabei kann jede Schülerin und jeder Schüler den Text oder das

Bild von sich zur Verfügung stellen, das sie oder er am liebsten mochte. Auch die gemeinsam erstellten Figurenprofile können Eingang finden. Die Mappe kann in der Klasse aufbewahrt und gegebenenfalls auch für alle vervielfältigt werden. Oder aber sie wird digital angelegt, so dass die Schülerinnen und Schüler sie sich bei Interesse auf dem eigenen Rechner speichern können.

Abschließende Betrachtung der Einheit

Abschließend bleibt auf den nicht zu unterschätzenden Motivationsaspekt hinzuweisen, der sich durch das Erfolgserlebnis ergibt, ein Buch in der Fremdsprache gelesen zu haben. Haben Lernende einmal erfahren, dass sie eine fremdsprachige Lektüre erfolgreich bewältigen können, wird für sie auch die Attraktivität des fremdsprachigen Lesens generell steigen. Für die Lesemotivation ist es äußerst wichtig, dass die Schülerinnen und Schüler Vertrauen in die eigene Verstehensleistung gewinnen. Das bedeutet auch, dass mit der Einführung in das Lesen einer Ganzschrift im Englischunterricht gar nicht früh genug begonnen werden kann. Der in diesem Unterrichtsmodell vorgestellte Jugendroman ist dafür sehr gut geeignet. Von Lehrkräften wird jedoch bisweilen Zeitmangel als Argument angeführt, wenn sie danach gefragt werden, warum sie dem Lesen von Ganzschriften in ihrem Englischunterricht in der Sekundarstufe I so wenig Raum geben. Viele Lehrkräfte, die glauben, das Lesen von Ganzschriften raube ihnen die Zeit für Spracharbeit, vergessen dabei allerdings ganz, dass sich Spracherwerb als Nebenprodukt der Leselust quasi zwangsläufig einstellt.

Weitere Romane von Jacqueline Wilson

Jacqueline Wilson hat noch eine Reihe weiterer Romane für die gleiche Zielgruppe geschrieben, die sich alle mit Problemen bzw. Konflikten von Jugendlichen beschäftigen. Wenn die Lernenden im Anschluss an diese Unterrichtseinheit daher auf den Geschmack gekommen sein sollten, könnten sie aus diesen Romanen, von denen sie nun wissen, dass sie sie selbstständig bewältigen können, frei wählen (s. Kasten). Da der Illustrator der englischen Ausgabe von *The Suitcase Kid* stets mit Wilson zusammenarbeitet, haben diese Romane für die Schülerinnen und Schüler außerdem Wiedererkennungswert. Das freiwillige Lesen fremdsprachiger Texte außerhalb der Schulzeit ist wichtig für die nachhaltige Verbesserung der Lesekompetenz, die nicht zuletzt durch extensives Lesen gefördert wird. Durch positive Leseerfahrungen wird zudem die Einstellung gegenüber der Fremdsprache verbessert und die Bereitschaft zum weiteren Lernen der Fremdsprache erhöht.

MATERIAL

Weiteres interessantes Material, das mit Gewinn in dieses Unterrichtsmodell einbezogen werden kann, können Lehrende und Lernende auf der Internetseite von Jacqueline Wilson finden: www.jacquelinewilson.co.uk. Auch diese Seite ist von dem Illustrator der britischen Ausgabe von *The Suitcase Kid* bebildert worden. Die Seite ist für junge Lernende sehr ansprechend gestaltet: Sie können dort Informationen über weitere Romane sowie die Autorin und den Illustrator sammeln (und möglicherweise im Unterricht präsentieren); sie können einem Fanclub beitreten und einen regelmäßigen *newsletter* erhalten; sie können *quizzes* lösen und einfache Spiele spielen. Wer ein weiteres Buch von Wilson lesen möchte, kann sich außerdem Klappentexte ansehen und sich mit den Hauptfiguren bekannt machen.

2. Fremdverstehen mit einem *short play*: Das kanadische Kurzdrama *Survival in the South* in der Sekundarstufe I

2.1 Zur Konzeption der Unterrichtseinheit: Text- und Themenwahl, Lernziele, Methoden

Lernziel ‚Fremdverstehen' durch Literatur

Die wichtige Rolle, die literarischen Texten bei der Befähigung der Lernenden zu interkultureller Kommunikationskompetenz zukommt, ist inzwischen allgemein anerkannt. Zum einen können durch die Darstellung interkultureller Begegnungen Konflikte zwischen Kulturen und deren Bedingungsfaktoren erfahren werden. Zum anderen fördert die Auseinandersetzung mit literarischen Texten grundlegende Fähigkeiten wie Empathie, Perspektivenwechsel und Perspektivenübernahme, die als Voraussetzungen für die Ausbildung von Fremdverstehen gelten (vgl. Kasten und Surkamp/Nünning 2016: 33-38). Aus methodischer Sicht ergibt sich in diesem Zusammenhang jedoch noch eine Reihe von Problemen. Erstens sind konkrete Unterrichtsvorschläge, die anhand von Beispielen veranschaulichen, durch welche Zugangsweisen Fremdverstehen mit literarischen Texten überhaupt lehr- und lernbar ist, immer noch Mangelware. Zweitens ist auffällig, dass überwiegend Romane und Kurzgeschichten im Rahmen einer Didaktik des Fremdverstehens vorgestellt werden, während Dramen in diesem Zusammenhang noch fast keine Beachtung gefunden haben. Und drittens beschränkt sich der Einsatz literarischer Texte im Kontext Fremdverstehen zumeist auf rein thematische Aspekte, während gattungsspezifische Merkmale unberücksichtigt bleiben.

Ziele des Unterrichtsmodells

Dieses Kapitel hat daher zum Ziel, anhand des 1971 uraufgeführten Kurzdramas *Survival in the South* (Text s. CD-ROM) der kanadischen Schriftstellerin Minnie Aodla Freeman ein Unterrichtsmodell für das Lehren und Lernen von Fremdverstehen zu entwerfen, das über den dargestellten Inhalt des Stücks hinaus den dramenspezifischen Besonderheiten und deren Bedeutung für die Schulung von Perspektivenwechseln und Perspektivenübernahmen Rechnung trägt. Am Beispiel der Inuit in Kanada wird die Auseinandersetzung mit verschiedenen Mentalitäten und Blickwinkeln gefördert. Durch kreative Zugangsformen sollen die Schülerinnen und Schüler befähigt werden, die Frage nach dem Bild des Anderen und des Eigenen kritisch zu reflektieren und neu zu beantworten.

114

WISSENSWERT

Beim **Fremdverstehen** geht es um die Auseinandersetzung zwischen Eigenem und Fremdem, ohne Gefahr zu laufen, das Fremde entweder zu vereinnahmen oder die eigene Perspektive völlig aufzugeben (vgl. Bredella 2001). Der hermeneutische Ansatz betont den dialogischen Charakter dieses Prozesses, *indem er ihn als Fähigkeit zur kommunikativen Verständigung im Spannungsfeld von fremdsprachlichen und fremdkulturellen sowie eigensprachlichen und eigenkulturellen Lebenswelten bestimmt* (Caspari 2000: 81). Fremdverstehen ist daher keine bestimmte, isolierte Fertigkeit. Die Fähigkeit zum Fremdverstehen setzt sich vielmehr aus einer Vielzahl unterschiedlicher Voraussetzungen und Einzelaktivitäten, aus einem komplexen Bündel von Kenntnissen und kognitiv-affektiven Kompetenzen zusammen (vgl. Surkamp 2007b):

▸ Kenntnisse über das fremde Land
  (über dessen Sprache, Kultur, Bräuche und Werte)
▸ affektive und soziale Fähigkeiten
  (die Bereitschaft, sich auf etwas Fremdes einzulassen;
  Selbstvertrauen und Selbstachtung; Toleranz gegenüber anderen
  Verhaltensweisen und Offenheit für verschiedene Lebensmodelle)
▸ interkulturelle Kompetenzen
  (Bewusstmachen eigener Haltungen; Einsicht in die Standpunkt-
  gebundenheit der eigenen Perspektive; Fähigkeit zum Perspektivenwechsel, Empathie und zur Auseinandersetzung mit unterschiedlichen
  Sichtweisen)
▸ *cultural awareness*
  (Bewusstsein über Unterschiede zwischen den Kulturen, die nicht immer
  ausgeglichen werden können, denen man aber mit Toleranz begegnen
  sollte)

Die Bedeutung von Theaterspiel für das Lernziel ‚Fremdverstehen'

Dramatische Texte sind besonders gut für das Lernziel ‚Fremdverstehen' geeignet, weil sie eine über den landeskundlichen Aspekt hinausgehende Auseinandersetzung mit Literatur aus der Zielkultur ermöglichen (vgl. Surkamp/Nünning 2016: 154). So bieten literarische Texte allgemein einen Einblick in fremdkulturelle Lebenswelten, doch es sind insbesondere dramatische Texte, die der interkulturellen Kompetenz im Sinne des Verstehens der Angehörigen einer Kultur Rechung tragen. Interkulturelle Kompetenz meint immer auch Handlungswissen: Die Schülerinnen und Schüler sollen befähigt werden, sich in die Lage eines anderen Subjekts hineinzuversetzen und dessen Sicht des Geschehens zu rekonstruieren. Die besondere Eignung dramatischer Texte für die Förderung des Einfühlens in eine fremde Person liegt in ihrem Spielcharakter begründet. Die Unmittelbarkeit als typisches Merkmal dramatischer Texte erleichtert das Sich-Hineinversetzen in fremde Kontexte. Die Schülerinnen und Schüler können sich bei der Beschäftigung mit einem dramatischen Text spielerisch darin erproben, die eigenen Wahrnehmungsmuster vorübergehend aufzugeben und sich in fremde Ansichten einzudenken. Dieser intuitive Perspektivenwechsel soll in dem folgenden Unterrichtsmodell durch gezielte kreative Zugangsformen unterstützt werden, die die Lernenden zum aktiven Perspektivenwechsel befähigen.

Methodische Differenzierung nach Phasen von Fremdverstehen

Die in der didaktischen Literatur bislang recht allgemein gehaltene Überzeugung, Lernende könnten durch kreative Formen der Textarbeit zum Perspektivenwechsel motiviert und befähigt werden, bedarf jedoch einer differenzierteren Betrachtung im Hinblick auf die unterschiedlichen Phasen, die beim Prozess des Fremdverstehens zu berücksichtigen sind. Beim Fremdverstehen ist eine Vielzahl an Vorgängen beteiligt: die Perspektivenidentifizierung, die Perspektivendifferenzierung, die Perspektivenübernahme und die Perspektivenkoordinierung. In methodischer Hinsicht wird daher dargelegt, welche Aufgaben sich für welchen dieser Vorgänge am besten eignen. Während z. B. die Differenzierung unterschiedlicher Sichtweisen besser über traditionell textanalytische Herangehensweisen bewerkstelligt werden kann, sind bei der Einübung von Perspektivenübernahmen handlungsorientierte Zugangsweisen wie Standbilder, szenisches Lesen oder Rollenspiele besonders geeignet.

Kriterien der Textauswahl

Das Kurzdrama *Survival in the South* von Minnie Aodla Freeman bietet sich aus mehreren Gründen für eine Behandlung in einem Englischunterricht an, der das Lernziel ‚Fremdverstehen' verfolgt. Erstens kann es aufgrund seiner Kürze und seines relativ geringen sprachlichen Schwierigkeitsgrads schon in der Mittelstufe als Anlass für handlungsorientierte Vorgehensweisen dienen, ohne dass sehr viel Zeit für das Textverständnis aufgewendet werden muss, wie das z. B. bei einem abendfüllenden Drama der Fall wäre (vgl. auch Kasten über die spezifischen Merkmale des Kurzdramas). Zweitens erleichtert die Tatsache, dass eine junge Frau sowohl als Protagonistin als auch als Erzählerin auftritt, die das dargestellte Geschehen aus ihrer subjektiven Sichtweise kommentiert und den Zuschauern Einblick in ihre Gedankenwelt gewährt, den Lernenden die Einfühlung in die fremde Perspektive. Drittens spielt dargestelltes Fremdverstehen auf der Handlungsebene eine zentrale Rolle: Die Lernenden werden mit einer Vielzahl konfliktreicher und Missverständnisse auslösender Begegnungen zwischen Perspektiventrägern aus unterschiedlichen Kulturen konfrontiert, was erhöhte Anforderungen an ihre Fähigkeit zur Differenzierung und Koordinierung divergierender Perspektiven stellt. Außerdem bietet ein Einsatz dieses Kurzdramas viertens die Möglichkeit, die Forderung neuer Lehrpläne nach einer Behandlung Kanadas im Englischunterricht einzulösen. Texte aus der kanadischen Literatur eignen sich für das interkulturelle Lernen insofern ganz besonders, als in Kanada drei *native peoples* beheimatet sind (die Indianer, die Inuit und die Métis) und Kanada das Recht auf Multikulturalismus in seiner Verfassung verankert hat.

WISSENSWERT

Kurzdrama/*Short Play*

Die formale Struktur des Kurzdramas, welche als Rahmen für sehr heterogene Inhalte dienen kann, zeichnet sich durch folgende Merkmale aus:

▸ knapper Plot oder Reduktion auf nur eine Situation
▸ (meist) reduziertes Personal
▸ übersichtliches Setting
▸ strukturale Einheit
▸ ununterbrochene Rezeption
▸ inhaltliche Fokussierung und Verdichtung

Dabei werden meist gesellschaftlich oder psychologisch brisante Themen ausgestaltet. Durch die Reduktion wird vieles nur angedeutet und es bleiben – mehr noch als in längeren Dramenformen – Leerstellen, die von einem aktiven Rezipienten gefüllt werden. Schulze (1996) spricht deshalb von der besondern Suggestivität, die dem Kurzdrama zukommt. Komplementär zur Reduktion findet eine Fokussierung und Verdichtung statt, so dass die jeweilige Thematik im Wesentlichen und beinahe modellartig dargestellt wird. Durch die Literarizität besteht dennoch nicht die Gefahr einer zu verkürzten, stereotypen Darstellung. Vielmehr wird das Essenzielle einer Thematik durch die ästhetische Transformation betont und strukturiert.

In Bezug auf den Einsatz von Kurzdramen im Unterricht nennen Hallet/Hebel (2007) neben unterrichtspragmatischen Überlegungen (wie Kürze, Prägnanz, Struktur etc.) auch die soziale Relevanz als Vorteil. Die in Kurzdramen verdichtet dargestellten sozialen Konflikte (zumal wenn sie eine inhaltliche Nähe zu lebensweltlichen Erfahrungen der Schülerinnen und Schüler aufweisen) geben den Lernenden sprachliche Mittel und Strukturen vor, die sie in alltäglichen sozialen Situationen wiedererkennen. Sie regen so zu einer Reflexion über soziale Interaktionen an und können als Muster zur Anwendung auf das eigene Verhalten dienen.

Potenziale des Kurzdramas *Survival in the South*

In *Survival in the South* stellen Minnies erste Tage im Süden in konzentrierter Form die Probleme dar, die im interkulturellen Miteinander auftreten können. Unterschiede im Umgang mit dem Unbekannten und in den Wertvorstellungen werden durch mangelnde Kommunikation noch verschärft. Während Minnies Perspektive vergleichsweise stark ausgestaltet ist und einen guten Einblick bietet, werden die der anderen Figuren nur angedeutet. Hierin, vor allem aber in der Koordination der verschiedenen Perspektiven liegen die Leerstellen, die von den Schülerinnen und Schülern gefüllt werden sollen. Die Situationen und Dialoge, in denen interkulturelle Kommunikation noch nicht gelingt, werden von ihnen als solche erkannt und haben eventuell sogar einen Wiedererkennungswert in Bezug auf eigene Erfahrungen. Durch die Analyse der dargestellten Situationen entsteht eine kritische (Selbst-)Reflexion über interkulturelle Kommunikationsprozesse. So führt die Auseinandersetzung mit Minnies Situation zu Erkenntnissen über die Voraussetzungen von erfolgreichem Fremdverstehen, und die entsprechenden Bedingungen werden erfahrbar gemacht. Das so eingeübte Fremdverstehen kann den Schülerinnen und Schülern dann in ähnlichen Situationen ihrer Lebenswelt als sprachliche und soziale Anleitung für das eigene Verhalten dienen. Die Form von *Survival in the South* als Kurzdrama bietet sich durch die Reduktion und Fokussierung also in besonderer Weise dafür an, Fremdverstehen in seiner Komplexität darzustellen und gleichzeitig den Schülerinnen und Schülern Raum zu geben, einen eigenen Zugang hierzu zu finden.

Methodische Vorüberlegungen

In den einzelnen Aufgaben des hier vorgestellten Unterrichtsmodells werden die Aspekte der Unterschiede in Kultur und Mentalität, der (fehlschlagenden) Kommunikation, der verschiedenen Perspektiven und ihrer Koordinierung sowie der Bezug auf die Lebenswelt der Schülerinnen und Schüler aufgenommen, um so dem Lernziel Fremdverstehen in seiner Komplexität gerecht zu werden. Auch dem Lernziel einer Auseinandersetzung mit den gattungsspezifischen Merkmalen des Dramas wird durch einige handlungsorientierte Aufgaben Rechnung getragen. Die verwendeten Methoden sind vielfältig: Von einem gemeinsamen Einstieg in den Text und seine Thematik über die stärker handlungsorientierten Phasen der Perspektivenausgestaltung und -übernahme, in denen die Schülerinnen und Schüler meist selbstständig und in Gruppen arbeiten, bis hin zu einer wiederum gemeinsamen Abgleichung und Auswertung werden den kreativen Zugangsformen auch Aufgaben mit textanalytischen Anteilen zwischengeschaltet.

2.2 Hinweise zur Kontextualisierung bzw. Historisierung des Textes

Für ihr Kurzdrama *Survival in the South* konnte Minnie Aodla Freeman auf Erfahrungen zurückgreifen, die sie selbst als junges Mädchen bei ihrer Ankunft in Ottawa 1957 gemacht hatte. Das Stück wurde 1971 uraufgeführt. Sieben Jahre später veröffentlichte Minnie Aodla Freeman ihre Autobiografie *Life Among the Qallunaat*. Neben den Episoden, die auch in dem Kurzdrama thematisiert werden, erfährt der Leser hier viel über das Leben der *qallunaat* (Inuktitut-Ausdruck für die europäischstämmigen Kanadier, bedeutet in etwa ‚die Materialistischen') aus der Perspektive einer Inuk (Singular von Inuit). Diese Autobiografie ist insofern eine besondere Erzählung, als sie den Übergang vom traditionellen Nomadenleben der Inuit zu einer westlich geprägten, sesshaften Lebensweise als Hintergrund einer persönlichen Geschichte nachzeichnet. Dies geschieht nicht analytisch in Form von Zahlen und Fakten, sondern wird aus subjektiver Sicht berichtet, so dass neben dem Wandel des alltäglichen Lebens vor allem die Mentalitätsunterschiede im Prozess der Anpassung thematisiert werden. Die Reaktionen Minnies auf ihr Leben in Ottawa, wie sie im ersten Teil der Biografie und in *Survival in the South* beschrieben werden, erhalten eine neue Nachvollziehbarkeit nach der Lektüre des zweiten Teils über ihre Kindheit in der Arktis und – im dritten Teil – über ihre Jugend im Kontakt mit den Missionsschulen und Krankenhäusern im Norden Kanadas. Es sind vor allem ihre Beschreibungen der sozialen Strukturen der Inuit, die ahnen lassen, welche Schwierigkeiten in einer von außen gesteuerten Veränderung der Lebensbedingungen und der kulturellen Muster bestehen. So schließt Minnie Aodla Freeman ihre Autobiografie mit dem folgenden Satz: *I miss my dear people who are becoming stranger, even to me, covering their familiar ways with another culture*. Der *Cambridge Companion to Canadian Literature* nennt Minnie Aodla Freeman als eine der ersten kanadischen SchriftstellerInnen, die aus Sicht der Inuit schrieben – nachdem diese Perspektive in der Literatur bis dahin nur von außen beschrieben und häufig verzerrt oder verkürzt dargestellt worden war: *Native northerners have also created their own vision of the North, to some degree in response to being misconstrued from outside. Living among the whites, or* qallunaat, *in Ottawa, Minnie Aodla Freeman seems to be responding to Flaherty's title* My Eskimo Friends *with her title* Life among the Qallunaat. (Kröller 2004: 222)

Authentischer Einblick in die Situation der Inuit

LEKTÜRETIPP

Einige Auszüge aus der Autobiografie von Minnie Aodla Freeman finden sich auf der diesem Buch beiliegenden CD-ROM (vgl. Material 1). Sie illustrieren die Perspektive der jungen Inuit, die nach Ottawa kommt, und enthalten einige wertvolle Einblicke in kulturelle Unterschiede und deren Auswirkungen. Von den ersten Eindrücken bei der Ankunft – wie sie auch im Stück *Survival in the South* dargestellt werden – bis hin zu einer sehr eindringlichen Einschätzung der Situation von Inuit im Süden und Süd-Kanadiern im Norden, beschreibt Freeman Unterschiede in Erziehung und Familienstrukturen, in Einstellungen zu Arbeit, Zeit und Individualität.

Weitere Informationen über die Inuit wurden in Material 2 zusammengestellt. Für allgemeine Informationen über Kanada im Internet (auch über die kanadischen Inuit) ist die Seite der kanadischen Botschaft hilfreich (http://www.kanada-info.de), die sich auf Deutsch und Englisch abrufen lässt.

Einen guten Ausgangspunkt für die Suche nach weiteren kanadischen Theaterstücken zu ganz unterschiedlichen Themenbereichen bietet das von Albert-Reiner Glaap herausgegebene *Voices from Canada. Focus on Thirty Plays* (Toronto: Playwrights Canada Press, 2003). Es stellt 30 zeitgenössische Stücke jeweils mit einer Zusammenfassung der Handlung vor.

2.3 Hinweise zum Textinhalt und zu seiner interpretatorischen Erschließung: Dargestelltes und inszeniertes Fremdverstehen in *Survival in the South*

Inhaltliche Gestaltung

In Freemans Kurzdrama *Survival in the South* geht es um eine junge Eskimofrau namens Minnie, die ihren Kulturkreis der Inuit in der kanadischen Arktis verlässt, um in einer Großstadt im Süden Kanadas als Übersetzerin ein neues Leben zu beginnen. Bei ihrer Ankunft in der fremden Welt stößt sie auf allerlei Unbekanntes und Ungewohntes, das ihr Angst einflößt und sie verunsichert. Die Unübersichtlichkeit der Großstadt mit ihrem dichten Verkehr und den Ampelanlagen, den hohen Häusern mit Drehtüren und Aufzügen und vor allem die vielen hektischen Menschen überfordern sie. Dies findet Ausdruck in dem wiederkehrenden Ausruf über ihre von den geteerten Straßen schmerzenden Füße und die ungewohnt hohen Temperaturen (*My feet ache! I am so hot!!*). Vor allem aber die Begegnungen mit den Bewohnern der Stadt lösen in Minnie Heimweh aus, weil sie deren Lebensform und Verhaltensweisen nicht versteht. Völlig auf sich allein gestellt und ohne Hilfe von den Menschen ihrer neuen Umgebung, kämpft sie sich mit einigen Schwierigkeiten durch ihr neues Leben.

Zu Beginn des Stückes wird den Zuschauern in einem Prolog von Minnie zunächst kulturspezifisches Wissen wie z.B. Einsichten über den Alltag, die Gesellschaftsstruktur und die Wertvorstellungen der Inuit vermittelt. Diese Einsicht in Minnies Perspektive hilft, ihre anschließend beschriebenen Reaktionen zu verstehen. Für eine Person, die in ihrer Kindheit noch das traditionelle Nomadenleben der Inuit führte, sind die Eindrücke einer Großstadt in der Tat überwältigend. Die lebensräumliche Enge und die auf den ersten Blick unergründliche Geschäftigkeit der Menschen stehen in Kontrast zu der weiten Landschaft und zu unmittelbar überlebenssichernden Tätigkeiten wie der Jagd, so dass diese neue Welt bedrohlich und unverständlich wirkt. An enge und richtunggebende Familienstrukturen gewöhnt, fühlt sich Minnie einsam. Da sie nun gezwungen ist, selbstständig, d.h. ohne ihre Familie zu handeln, versucht sie, sich an anderen, ihr fremden Menschen zu orientieren. Dabei wird sie mit Fragen und Haltungen konfrontiert, die sie als unverschämt und respektlos empfindet. Da ihr jedoch beigebracht wurde, Autorität nicht in Frage zu stellen und auch in schwierigen Situationen freundlich zu bleiben, widerspricht sie nicht, zeigt keinen Unmut und verzichtet auf Erklärungen und Nachfragen. Diese spannungsgeladenen Diskrepanzen zwischen dem, was Minnie denkt, und dem, was sie artikuliert, sowie zwischen dem, wie sie die anderen Personen wahrnimmt, und dem, was diese wirklich beabsichtigen, konfrontieren die Zuschauer direkt mit dem Thema ‚Fremdverstehen'.

Prolog

Das Thema ‚Fremdverstehen' wird in Freemans *short play* auf verschiedenen Ebenen ausgestaltet (vgl. Surkamp/Nünning 2016: 35f.). Zum einen werden in den Begegnungen Minnies mit ihrem zukünftigen Arbeitgeber im ‚Department of Indian Affairs', mit ihrem Kollegen Mr. Gordon, mit der Leiterin des Frauenwohnheims, in dem sie eine Unterkunft findet, und mit ihrer Zimmernachbarin Jane durch die Konfrontation völlig gegensätzlicher Kulturen Probleme des Fremdverstehens auf Figurenebene direkt dargestellt. Zum anderen wird Fremdverstehen insofern auch dramatisch inszeniert, als Minnie nicht nur als handelnde Figur auftritt, sondern auch als Erzählerin und Kommentatorfigur auf der Bühne erscheint. Durch den Prolog und die im Verlauf des Stückes eingeschalteten Kommentare und Bewertungen Minnies über ihre eigenen Reaktionen auf die fremdkulturelle Lebenswelt sowie über das Verhalten der fremden Menschen erhalten die Zuschauer somit vor allem Minnies subjektive Sicht auf die fiktive Wirklichkeit und werden direkte Zeugen ihres Versuchs, sich in dieser für sie fremden Wirklichkeit zurechtzufinden. Für die Schü-

Fremdverstehen auf verschiedenen Ebenen

121

lerinnen und Schüler einer deutschen Schulklasse kommt zudem noch die rezeptionsästhetische Ebene des Fremdverstehens hinzu: Sie erhalten wichtige Informationen über das Zielland Kanada, indem sie sehen, dass es innerhalb dieses Landes verschiedene Kulturen gibt, die aufeinandertreffen, und indem sie sich mit dieser Problematik auseinandersetzen.

2.4 Das Unterrichtsmodell in Teilsequenzen

Allgemeine Hinweise Die in der tabellarischen Übersicht auf der CD-ROM vorgeschlagene Stundeneinteilung umfasst 14 Schulstunden. Dies ist jedoch nur eine ungefähre Angabe und kann je nach Klassengröße, Leistungsniveau und Engagement der Schülerinnen und Schüler variiert werden. Zum Teil werden auch alternative Aufgaben vorgeschlagen (in der tabellarischen Übersicht mit Kleinbuchstaben gekennzeichnet; sukzessive Aufgaben sind durchnummeriert), von denen je nach Gegebenheiten oder zum Zwecke der Binnendifferenzierung eine oder mehrere durchgeführt werden können. Es sollte jedoch darauf geachtet werden, dass vor Stunden, in denen szenisches Spiel stattfinden soll, eine kurze Aufwärmphase eingelegt wird, wenn auch ggf. kürzer als die beiden *Warm-up*-Übungen, die in diesem Unterrichtsentwurf vorgeschlagen werden. Alle vorgestellten Zugangsformen haben exemplarischen Charakter: Der Großteil der Übungen lässt sich auch gut auf andere Stücke übertragen, wozu wir die Lehrenden und Lernenden ausdrücklich ermutigen wollen. Alle in diesem Kapitel vorgestellten Zugangsformen zu dramatischen Texten sowie die ihnen zugrunde liegenden methodischen Überlegungen sind im ersten Band von *Englische Literatur unterrichten* ausführlich dargelegt (vgl. Surkamp/Nünning 2016: 181-201).

2.4.1 Vorbereitungsphase: *pre-reading activities*

Einstieg in die Thematik Für die Gestaltung des Einstiegs in die Thematik des *short play* vor der Lektüre gibt es verschiedene Möglichkeiten. Ein geeigneter Einstieg besteht darin, die Lernenden die dem Stück vorangestellte Zeichnung (vgl. Material 3) anhand von Leitfragen kommentieren zu lassen:

 A What do you see in this picture? Who are the people? What do they look like? What are they doing? How are they related? (Pay attention to the fact that three people are facing each other while the woman in front is staring at us!) Why is the woman in front of the picture so prominent? Where do the people live? What about the traffic signs?

Eine alternative bzw. zusätzliche Möglichkeit besteht darin, die Lernenden zu der Zeichnung (vielleicht auch mit Hilfe des Titels oder der Liste der *dramatis personae*) eine kleine Geschichte schreiben zu lassen. Hierbei ist es für die weitere Behandlung des Stückes besonders interessant zu sehen, aus welcher Perspektive die Schülerinnen und Schüler das von ihnen erfundene Geschehen erzählerisch darstellen – aus der Perspektive der jungen Frau, aus der Perspektive der anderen Figuren oder aus einer nicht näher bestimmten Außenperspektive. Sollte der Titel des Stückes als Ausgangspunkt genommen werden, kann dies als Anlass dienen, die Frage der Perspektive auch in anderer Form explizit zu thematisieren: Zum Titel *Survival in the South* würden den Schülerinnen und Schülern vermutlich ganz andere Szenarien einfallen als der Alltag in einer kanadischen Großstadt. So werden die Schülerinnen und Schüler dafür sensibilisiert, dass es eine Frage der Perspektive ist, was als Süden und was als schwierig zu überleben gilt. Ein weniger konkret auf den Inhalt des Stückes vorbereitender Ansatz, der stattdessen mehr Raum für eine allgemeine Diskussion über Stereotype (s. Kasten) lässt, ist ein einfacher Tafelanschrieb „Eskimos…", zu dem die Lernenden dann ihre Assoziationen hinzufügen sollen. So werden Vorkenntnisse aktiviert und eventuelle Klischees ausgesprochen. Dabei ist interessant zu betrachten, ob es sich um den Schülerinnen und Schülern bewusste Stereotype handelt, und zu diskutieren, was dahinter steht: Welche Bilder und Kenntnisse werden eingebracht? Wissen die Schülerinnen und Schüler, woher sie diese Informationen haben? Inwieweit meinen sie, dass diese der Realität entsprechen?

WISSENSWERT

Stereotype sind verkürzt dargestellte Verallgemeinerungen, die einen hohen Wiedererkennungswert haben. Sie entstehen aufgrund weniger, meist oberflächlicher Merkmale und sind, einmal etabliert, schwer veränder- oder beeinflussbar. Sie können als eine Art schematische Orientierungshilfe dienen, doch es besteht die Gefahr, dass sie sich als Vorurteile verhärten und ein falsches Bild einer vermeintlichen Realität vermitteln. In Bezug auf interkulturelle Stereotypen wird unterschieden zwischen *Heterostereotypen*, die sich auf das Andere beziehen, und *Autostereotypen*, welche die Vorstellung von einem Selbstbild bezeichnen. Um im Fremdsprachenunterricht interkulturelle Kompetenz auszubilden, dürfen Fremdsprachenlehrer sich, wie Eva Burwitz-Melzer (2003: 58) betont, *mit der Existenz von Vorurteilen und Stereotypen nicht abfinden, sondern sollten […] die Nationalstereotypen thematisieren,* *d. h. einerseits zur kritischen Distanz zu Autostereotypen anleiten sowie anderseits zur Bewusstmachung der Entstehung und Rolle von Heterostereotypen beitragen* (zum Umgang mit Stereotypen vgl. Volkmann 2010: 84ff.).

2.4.2 Begegnung mit dem Text und Ausgestaltung der Perspektiven

While-reading activitiy

Nach einer Stunde der thematischen Heranführung an das Stück wird dieses als Hausaufgabe von den Schülerinnen und Schülern gelesen. Eine mögliche *while-reading activity* ist das Notieren von ersten Leseeindrücken direkt im Text, z.B. in Form von Randbemerkungen. In der darauffolgenden Stunde sollen dann die durch die Vorbereitung aufgebauten und inzwischen eventuell revidierten Erwartungen thematisiert und so zugleich das Textverständnis überprüft werden. Je nachdem, welche der oben aufgeführten *pre-reading activities* durchgeführt wurden, bieten sich dabei Fragen zu persönlichen Eindrücken und Ideen, wie man im Unterricht weiter mit dem Stück verfahren könnte, ebenso an wie Fragen zum Inhalt des Textes:

Your personal attitude, expectations and ideas:	Questions to talk about the content of the play:
▸ *Do you like the play? Why/why not?* ▸ *What do you find especially interesting or striking?* ▸ *What is different from what you expected? What is the same?* ▸ *How would you like to approach the play in class?*	▸ *Who is the main character and what is her situation?* ▸ *How does she feel about her new life?* ▸ *What people does she meet and how does she meet them?* ▸ *What is south for her and what does she find difficult to survive?* ▸ *What do we know about Minnie's background? What do you get to know about the Inuit?*

Szenisches Lesen

Da eine der notwendigen Voraussetzungen für das Lernen von Fremdverstehen mit dramatischen Texten – die Bereitschaft, in eine Rolle zu schlüpfen – besonders in der 9. und 10. Klasse oftmals nicht mehr so ausgeprägt ist wie in der Unterstufe, gilt es im Folgenden, die Lernenden ganz allmählich an die Übernahme einer fremden Perspektive durch szenisches Darstellen heranzuführen. Dies kann z.B. schon in einem ersten Schritt durch ein gemeinsames szenisches Lesen des Stücks erfolgen. Bei diesem auf Ingo Schellers Ansatz der ‚Szenischen Interpretation' basierenden Verfahren wird literarisches Verstehen als ganzheitliche, sinnliche Verarbeitung des Dramentextes verstanden. Durch das über das bloße Lesen mit verteilten Rollen hinausgehende szenische Lesen (*dramatic reading*) beweisen die Schülerinnen und Schüler ihr Textverständnis durch die Art und Weise, wie sie ihre Rollen umsetzen. Eine detaillierte Erläuterung dieser Methode in Bezug auf *Survival in the South* findet sich auf der Methodenseite für Lehrkräfte zum *dramatic reading* sowie dem *instruction sheet for students* auf der CD-ROM.

In einem zweiten Schritt sollten die Lernenden dann in Form einer Fantasiereise (*guided fantasy*) auf spielerische Weise ihre durch die *pre-reading activities* und die Lektüre gebildeten Vorstellungen über die Figuren vertiefen und über eine mentale Einfühlung einen emotionalen Zugang zu den für sie fremden Perspektiven finden. Jede Schülerin und jeder Schüler wählt eine Figur aus dem Personal aus, deren Perspektive sie/er fantasievoll ausgestaltet. Dass bei der geringen Figurenzahl in Freemans Stück Doppelbesetzungen auftreten werden, ist insofern kein Problem, als unterschiedliche Ausgestaltungen einer Figurenperspektive den Lernenden nicht nur die Subjektivität von Wahrnehmung verdeutlichen, sondern ihnen für das weitere Arbeiten mit dem Text auch ein multiperspektivisches und damit facettenreiches Bild der einzelnen Figuren liefern. Die Lernenden schließen die Augen und versuchen, mit Hilfe von Fragen, die der Lehrende langsam und mit genügend Pausen vorträgt, in ihrem Inneren ein Bild von der ausgewählten Figur entstehen zu lassen. Zunächst geht es darum, die Figur von außen zu betrachten (vgl. Kaltwasser 1999: 26):

Perspektivenzugang durch Fantasiereise

A Think of a typical place the person you have chosen could be in!
What does the place look like?
What does the person look like?
Look at the face, the hair, the clothes, the posture!
How old is the person?
What is the person doing?
Can you deduce from the way the person looks what is going on in his or her mind?

In einem weiteren Schritt sollen die Lernenden dann versuchen, von der Außenperspektive in die Innenperspektive überzugehen und sich in die jeweilige Figur hineinzuversetzen:

A Now you are getting closer.
Gradually you are identifying with the person.
Now you are the person. How do you feel now?
Minnie, think of all the unknown persons around you – of your chief,
Mr. Gordon, the matron, your roommate Jane, the policeman in the street.
What do you feel when you think of them?
What will a second encounter with them be like?
Do you feel any fear of what might happen?
Are you looking forward to your new job, to your new life?
All the others, think of Minnie: What do you feel when you think of her?
What will another encounter with her be like?
Are you looking forward to getting to know her better?
Do you think she is happy in her new life?

Rollen-
biografien

Nach diesem imaginativen Einstieg in die Figuren und die Spielwelt versuchen die Lernenden, die von ihnen in ihrem Inneren gebildeten Personenvorstellungen auf der Basis des Textes zu Hause zu versprachlichen. Auf diese Weise wird für jede Figur des Stückes eine individuelle Perspektive rekonstruiert. Da der Begriff ‚Perspektive' sehr viel mehr als nur eine bestimmte Sichtweise umfasst (s. Kasten), bietet sich das Schreiben einer Rollenbiografie an. Diese sollte über das Alter, den familiären Hintergrund, den beruflichen Werdegang, den Wohnort, das private Umfeld und die persönlichen Interessen der Figur Aufschluss geben. Der folgende Fragenkatalog kann bei der Bewältigung dieser Aufgabe für die Schülerinnen und Schüler hilfreich sein.

METHODE

How to write a role biography?
General Questions: *What is your name? How old are you?*
What is your nationality?
Outward Appearance: *How tall are you? What is your stature?*
What do your face and hair look like? How do you dress?
Development: *Where do you come from? Where did you grow up?*
Who were your parents? What did you like or dislike about them?
Do you have any brothers or sisters? What do they mean to you?
Everyday Life: *What is your profession? What does it mean to you?*
How would you describe your everyday life?

▲

What do you do in your spare time? Where would you like to live?
Self-Image and Relationship to Other People: *What do you like or dislike about yourself? What do you fear? What are your dreams? What do others mean to you?*

Think of a sentence and a posture that are typical for you!

Im Falle von Minnie, die am Anfang des Stücks erzählerisch ihr bisheriges Leben resümiert, erweist sich die Erstellung einer Rollenbiografie als sehr viel einfacher als bei den anderen Figuren, die seltener auftreten, nicht so deutlich konturiert sind und keinen Einblick in ihr Bewusstsein geben. Die Rekonstruktion der Perspektiven von Jane, Mr. Gordon, Minnies Chef und der Wohnheimleiterin stellt daher zwar höhere Anforderungen an die Schülerinnen und Schüler, dafür haben die Lernenden aber auch mehr Freiheiten in der Ausgestaltung dieser Perspektiven und können die Leerstellen in Bezug auf die jeweilige Figur nach ihren Vorstellungen füllen. Zusätzlich zu der Rollenbiografie überlegen sich die Lernenden einen typischen Satz und eine typische Haltung für ihre Figur. Das Ausdenken einer typischen Haltung dient neben der sprachlich-inhaltlichen Ausgestaltung einer Figurenperspektive auch der *körperliche[n] Einfühlung in den Habitus und Gestus der Figur* (Kaltwasser 1999: 24) und damit der Zielsetzung, Perspektivenwechsel durch szenische Zugangsformen auch handlungsorientiert zu vollziehen.

Unterschiedliche Anforderungen bei der Perspektivenrekonstruktion

WISSENSWERT

Der Begriff **Perspektive** bezeichnet das Wirklichkeitsmodell eines Menschen, das sich aus dessen Werten und Normen, internalisierten Konventionen, psychischer Disposition, biografischem Hintergrund, kulturell geprägten Wahrnehmungs- und Deutungsschemata sowie Wünschen und Bedürfnissen, Kenntnissen und Fähigkeiten zusammensetzt (vgl. Surkamp 2017). Diese Bedeutung des Begriffs ist nicht zu verwechseln mit dem in der Erzähltextanalyse oft verwendeten Terminus ‚Erzählperspektive‘, der die Art und Weise der erzählerischen Vermittlung – also die Erzählsituation bzw. den in einem Text vorherrschenden *point of view* – bezeichnet.

Aufwärmphase für szenisches Spiel

In der nächsten Stunde soll nun mit dem szenischen Spiel begonnen werden. Um den Schülerinnen und Schülern den Einstieg in diese kreative Zugangsform zu erleichtern und so die darstellerische Leistung zu verbessern, ist es sehr wichtig, zunächst eine Aufwärmphase einzuplanen. Neben der Steigerung von Konzentration geht es vor allem darum, eine entspannte Atmosphäre zu schaffen und die Hemmungen innerhalb der Gruppe abzubauen. Um die Relevanz einer Übung zu verdeutlichen, kann diese nach ihrer Durchführung kurz mit den Schülerinnen und Schülern reflektiert werden. Es gibt viele verschiedene Formen von Aufwärmübungen, die mal stärker auf die Dynamik in der Gruppe, mal stärker auf die Sensibilisierung für Körper, Stimme und Sprache ausgelegt sind. Die hier vorgestellte Übung eignet sich speziell als Einstieg in einen interkulturellen Inhalt.

Warm-up activitiy

Bei dieser Übung geht es darum, dass bis auf eine Person alle Anwesenden ein Code-System gemeinsam haben und diese Person trotzdem verstehen soll, was von ihr erwartet wird. Ein(e) Freiwillige(r) geht vor die Tür. Die anderen einigen sich auf eine einfache Aufgabe (z. B. das Fenster öffnen, jemandem die Schuhe aufmachen, einen Schluck Wasser trinken etc.). Dies soll der nun wieder hereinkommenden Person nur durch Summen vermittelt werden. Die Gruppe hält einen Ton, der nur durch die Intensität reguliert wird. Kein anderes Kommunikationsmittel wird verwendet. Wenn der/die Freiwillige etwas tut, das ihn/sie der Erfüllung der Aufgabe näher bringt, wird das Summen stärker. Tut die Person etwas, was sie wieder davon entfernt, wird der Ton schwächer (nach dem Prinzip heiß-kalt). Dies geschieht so lange, bis der/die Freiwillige die Aufgabe erfüllt hat. Für die Auswertung dieser Übung – und damit auch die Reflexion interkultureller Begegnungssituationen – können Fragen wie die folgenden diskutiert werden:

A

How did the volunteer feel?
How did the others feel?
How did the volunteer react to the humming?
Was it encouraging or discouraging?
Did the volunteer try out different actions or was he/she rather passive?
What behaviour was most helpful in the situation?
What relevance could your experience have for intercultural communication?

Anschließend erfolgt der Übergang ins szenische Darstellen auf der Grundlage der zu Hause erstellten Rollenbiografie. Es werden Gruppen zu den einzelnen Figuren gebildet (d. h., alle Minnie-Darstellerinnen finden sich zu einer Gruppe zusammen, alle Darsteller von Mr. Gordon zu einer anderen etc.), in denen sich die Lernenden unbefangener bewegen können als vor der gesamten Klasse. In diesen Kleingruppen lesen die Schülerinnen und Schüler dann ihre Rollenbiografien vor und präsentieren ihre Figur jeweils anhand des ausgedachten Satzes und der dazu passenden Haltung (Minnie könnte z. B. durch den Satz *I wish I was home* und eine Unsicherheit ausdrückende Haltung charakterisiert werden). Die subjektiv geprägten Annäherungen der Lernenden an die Figuren regen die anderen Gruppenmitglieder zu Fragen nach den Beweggründen für eine bestimmte Haltung oder einen bestimmten Satz sowie zu zahlreichen Kommentaren und Vergleichen unterschiedlicher Figureninterpretationen an, so dass sich für jede Figur nach und nach ein facettenreiches, lebendiges und fassbares Bild und damit eine differenziert ausgestaltete Perspektive ergibt. Am Ende soll unter allen möglichen szenischen Figureninterpretationen in der Gruppe gemeinsam diejenige ausgewählt werden, die der Figur nach Meinung aller am nächsten kommt. Die ausgewählte Figureninterpretation wird sodann der ganzen Klasse vorgestellt und diskutiert.

Szenische Figureninterpretation

Wenn die Präsentation für die Klasse über die gewählte typische Geste und den Satz hinausgehen soll, kann dies in Form eines intrapersonalen Rollenspiels umgesetzt werden. Dabei kommuniziert ein(e) Schüler(in) mittels der ‚Technik des leeren Stuhls' mit der projizierten Minnie, Jane etc. und fragt sie über ihre Erlebnisse und Gedanken aus, indem zwischen den beiden Stühlen hin- und hergewechselt wird. Bei Minnie bietet dies eine gute Möglichkeit, um die Informationen aus dem Eingangsmonolog einzubauen.

Intrapersonales Rollenspiel

2.4.3 Differenzierung verschiedener Perspektiven

Um verschiedene Perspektiven in einem literarischen Text zu differenzieren und um Fragen wie die nach dominanten Perspektiven oder nach Kontrasten zwischen den dargestellten Perspektiven beantworten zu können, bieten sich vor allem textanalytische Verfahren an. Dies sei insbesondere deswegen noch einmal eigens herausgestellt, weil nicht der Eindruck erweckt werden soll, kreative Textarbeit und literaturwissenschaftliche Analysemethoden schlössen sich gegenseitig aus. Im Gegenteil: Diese beiden Zugangsmethoden ergänzen sich insofern, als für viele der oben und im Folgenden vorgestellten kreativen Arbeiten eine fundierte Kenntnis des Textes unentbehrlich ist.

Textanalyse und kreative Verfahren

**Figuren-
konstellationen
als Standbild**

Formen des *creative acting* können dazu beitragen, die Lernenden zur Differenzierung der Perspektiven in einem literarischen Text zu befähigen. In Bezug auf Freemans *short play* und im Anschluss an die kreative Ausgestaltung der Einzelperspektiven sollen die Schülerinnen und Schüler daher versuchen, die Figurenkonstellation des Stückes räumlich in Form von Stand- bzw. Beziehungsbildern umzusetzen. Dafür ist es zweckmäßig, wieder Kleingruppen zu bilden, die sich so zusammensetzen, dass in jeder Gruppe jede Figur des Stückes einmal vertreten ist. Zusätzlich benötigt jede Gruppe einen ‚Konstrukteur' des Standbildes, dessen ‚Material' die Figuren sind. Mit ihnen soll er ein Beziehungsbild bauen, das durch die Körperhaltung, Gestik, Mimik und räumliche Anordnung der Figuren die Relationen zwischen den einzelnen Perspektiven des Stückes wiedergibt. So kann die scheinbar unüberwindbare Kluft zwischen Minnies Perspektive und den anderen Figurenperspektiven durch einen großen Abstand zwischen Minnie und den anderen Figuren verdeutlicht werden, durch abgewandte Köpfe, abweisende Körperhaltungen etc. Oder aber man versucht, die Tatsache, dass Mr. Gordon, Jane und die Heimleiterin Vorurteile haben und auf Minnie aus ihrer dominierenden Position herabsehen, dadurch anschaulich darzustellen, dass sie (z. B. auf Stühlen) höhergestellt sind als Minnie. Die verschiedenen Schülergruppen werden sicherlich ganz unterschiedliche Standbilder erstellen, die untereinander präsentiert und durch den jeweiligen ‚Erbauer' kommentiert werden sollten. Hierbei ist es wichtig, dass die jeweils anderen Gruppen bezüglich der Umsetzung der Standbilder Fragen stellen, damit die räumlich dargestellten Differenzen zwischen den Perspektiven auch versprachlicht werden.

**Analyse der
Perspektiven**

Anschließend sollte die Frage der Subjektivität jeder Perspektive und damit auch jeder Darstellungsperspektive thematisiert werden. Individuelle Sichtweisen auf die Wirklichkeit bzw. auf eine Sache sind immer subjektiv beeinflusst und lassen Rückschlüsse auf die Person zu, aus deren Perspektive das Geschehen betrachtet wird. Um dies im Hinblick auf die erbauten Standbilder zu analysieren, bieten sich die folgenden Fragen an:

> **A**   According to whose perspective have you arranged the characters?
> Do their respective attitudes represent what you think of them or what
> Minnie thinks of them? What would the arrangement look like from the
> point of view of another character? Rebuild the relation Minnie-Jane,
> Minnie-Mr. Gordon, each from both characters' perspective.

Eine andere Möglichkeit einer spielerisch-kreativen Differenzierung der im Text vorkommenden Figurenperspektiven besteht in der Erstellung unterschiedlicher Bilder vom Schauplatz des Geschehens, also von der Großstadt, in der die Handlung in *Survival in the South* stattfindet. Die Lernenden sollen sich überlegen, wie diese Stadt auf die Figur, in die sie sich bisher jeweils hineingedacht haben, wirkt. Dies kann entweder in Form einer wörtlichen Beschreibung oder in Form eines zu malenden Bildes erfolgen. Das Malen zu Texten trägt dazu bei, Inhalte zu reflektieren, Vorstellungen zu entwickeln und für andere zu veranschaulichen. Die Ideen werden so einprägsamer, weil sich ein Gedanke verbal und visuell vorgetragen in zweifacher Form verarbeiten und erinnern lässt. Zudem sprechen Bilder stärker emotional an und provozieren daher eher eine Stellungnahme als ein Text. Um den Lernenden die Scheu vor dem künstlerischen Ausdruck zu nehmen, ist es wichtig, sie darauf hinzuweisen, dass es beim Malen um ihre Denkprozesse und Vorstellungen geht und nicht darum, ein besonders schönes Bild zustande zu bringen. Außerdem ist es essenziell, dass die Ergebnisse vorgestellt werden, damit sie tatsächlich als Wort und Bild verarbeitet werden können. Auf jeden Fall wird den Lernenden durch diese Methode auf kreative Weise die Perspektivengebundenheit von Wirklichkeitserfahrung bewusst gemacht, da sich die Stadt aus den individuellen Perspektiven der Figuren ganz unterschiedlich darstellt. So empfindet Minnie die Hochhäuser z.B. als bedrohlich und fühlt sich dadurch verunsichert, dass sie hinter ihnen die Sonne nicht untergehen sehen kann, während die Großstadt mit ihrem hektischen und geschäftüchtigen Treiben für die anderen Figuren eine vertraute Umgebung ist. Durch einen abschließenden Vergleich der subjektiv gefärbten Perspektivierungen des Schauplatzes – z.B. durch eine kleine Ausstellung im Klassenraum – werden die Differenzen zwischen den Perspektiven in Freemans Kurzdrama für die Lernenden direkt und visuell erfahrbar.

Visualisierung durch Malen

2.4.4 Übernahme einer fremden Perspektive

In einer nächsten Phase steht die probeweise Übernahme einer fremden Perspektive im Mittelpunkt. Es ist das Ziel, die Perspektivenwechsel, die von den Lernenden in der Vorbereitungsphase durch die Fantasiereise und bei der Ausgestaltung und Differenzierung der Perspektiven schon intuitiv erfolgt sind, durch weitere kreative Aufgaben zu intensivieren. Da *[d]as Einnehmen einer Innenperspektive bedeutet, Andere zu Wort kommen zu lassen* (Bredella et al. 2000b: xix), sollen einige Zugangsformen vorgestellt werden, die es den Schülerinnen und Schülern ermöglichen, aus der Sicht der von ihnen ausgewählten Figur in unterschiedlichen Kontexten zu sprechen und zu handeln. Entscheidend ist, dass die Lernenden durch diese Unter-

Perspektivenwechsel durch kreative Aufgaben

richtsverfahren Perspektivenwechsel *aktiv* vollziehen, d.h., dass sie sich in die Lage einer anderen Person hineinversetzen und deren Motivation und Handlungsorientierung rekonstruieren.

Interkulturelles Aufwärmen

Auch an dieser Stelle sollte – wie möglichst jedes Mal vor dem Einstieg ins szenische Spiel – eine Aufwärmübung stattfinden. Die folgende Übung ist dazu gedacht, einige Merkmale von (interkultureller) Kommunikation zu veranschaulichen. Die Lehrkraft bringt ein Bild mit in den Unterricht (evtl. etwas thematisch zu *Survival in the South* Passendes). Ohne dass die Klasse dieses sieht, beschreibt die Lehrkraft (oder ein freiwilliger Schüler bzw. eine freiwillige Schülerin), was sie sieht, und die anderen malen, was ihnen beschrieben wird. Sie dürfen dabei keine Rückfragen stellen. Hinterher wird über mögliche Ursachen für die Unterschiede diskutiert und wie es sich angefühlt hat, etwas zu tun, ohne bei Unklarheiten nachfragen zu können. Gegebenenfalls kann es anschließend einen weiteren Durchgang geben, bei dem die Malenden nun nachfragen dürfen. Wie sehen die Ergebnisse dann aus? Wie hat sich dieser Durchgang im Vergleich zum ersten angefühlt? Die Schülerinnen und Schüler sollen so dafür sensibilisiert werden, dass bei Kommunikation der Empfänger nicht unbedingt genau das versteht, was der Sender ausdrücken möchte (zumal in der Fremdsprache) und dass erfolgreiche Kommunikation nur zustande kommt, wenn beide Seiten beteiligt sind, wenn also z.B. Nachfragen möglich sind. Außerdem kann diese Übung – in den interkulturellen Kontext übertragen und etwas weiter gefasst – als Anlass dienen, um im Unterrichtsgespräch zu thematisieren, dass es unterschiedliche Auffassungen von Qualitäten wie Pünktlichkeit, Höflichkeit, Freundschaft etc. gibt. Auch im Hinblick auf die Dramenanalyse lassen sich die unterschiedlichen Bilder der Schülerinnen und Schüler als Beispiel verwenden: Die Vielzahl der gestalterischen Umsetzungen ein und derselben Bildbeschreibung veranschaulichen ein spezifisches Merkmal von Dramen, da dem dramatischen Text eine Vielzahl möglicher Realisierungen inhärent ist.

Perspektivenübernahmen in Dialog- und Rollenspielen

So vorbereitet, können die Lernenden nun Perspektivenübernahmen trainieren. Hierfür sind vor allem Dialog- und Rollenspiele förderlich. Diese können entweder darin bestehen, dass Ausschnitte aus Freemans Kurzdrama – z.B. die erste Begegnung zwischen Minnie und ihrer Zimmernachbarin Jane oder die Einweisung Minnies in ihren neuen Job durch ihren Chef – szenisch umgesetzt werden. Damit die Beweggründe für bestimmte sprachliche und körperliche Reaktionen der Figuren (und damit ihre Perspektiven) noch deutlicher zum Vorschein kommen, bietet es sich an, die Spielerinnen und Spieler beim zweiten oder dritten Spielen (wenn die Lernenden schon etwas Sicherheit im Text und in der Umsetzung erlangt haben) im Spiel zu unterbrechen und im Hinblick auf den Subtext ihrer Rolle, d. h. auf unausgesprochene Gedanken und Gefühle der jeweiligen Figur, zu befragen. Dies kann zunächst durch die/den Lehrende(n) erfolgen, sollte aber nach und nach von den Lernenden selbst übernommen werden. Bei der szenischen Umsetzung des Dialogs zwischen Minnie und Jane kann sich ein solches Forschen nach den Ursachen des dargestellten Fremd(miss)verstehens z. B. folgendermaßen gestalten: Jane: *Hi!* (*loud*) – Minnie: (*no answer*) – Jane: *My name Jane ... you ... Eskimo?!* An dieser Stelle schaltet sich die/der Lehrende ein und stellt eine Frage, die die Schülerin aus ihrer Rolle als Jane heraus beantworten soll: *Why don't you speak in a complete sentence?* Janes Antwort könnte so ausfallen: *I presume that she can't understand my language. She comes from the north, from the arctic, and only knows her Eskimo language. That's why I have to speak slowly and in easy sentences to her.* Durch solche Rolleninterviews erlangen die Schülerinnen und Schüler einen Zugang zu den Figurenperspektiven, der weit über das im Stück selbst Dargestellte und Gesagte hinausgeht. Wenn die Interpretationsleistung auf mehrere Schüler verteilt werden soll, kann stattdessen auch die Alter-Ego-Technik angewandt werden. Dabei werden Innenansichten durch eine(n) andere(n) Spieler(in) verkörpert, die/der entweder mit den Zuschauern oder mit dem/der Spielenden darüber kommuniziert.

Da die Schülerinnen und Schüler einzelne Szenen mehrmals gespielt haben und sich nach dem Rolleninterview bzw. der Alter-Ego-Szene der Haltung der von ihnen gespielten Figuren und damit des Subtextes ihrer Rollen bewusst sind, können sie nun versuchen, die von ihnen erspielten Abläufe in ihren Nuancen zu fixieren. Dazu soll der Nebentext präzisiert bzw. erweitert werden, wobei die folgenden Fragen als Hilfestellungen dienen können: *How are the character's feelings expressed (sound of voice, body language, etc.)? What is the setting and how does the character move in it?* Durch die Erweiterung des Nebentextes werden sich die Schülerinnen und Schüler dessen Funktion (in diesem Fall hauptsächlich Regieanweisungen und Angaben zu Gestik, Mimik, Intonation) bewusst. Außerdem wird so die besondere Eigenschaft des Dramentextes, viele unterschiedliche Realisierungsmöglichkeiten zu beinhalten, verdeutlicht. Dies kann noch unterstützt werden, indem die Szene mit erweitertem Nebentext dann von anderen Schülerinnen und Schülern umgesetzt wird: Trotz der präziseren Angaben wird es wieder zu Unterschieden in Interpretation und Umsetzung kommen.

Variationen durch Erweiterung des Nebentextes

Perspektivenübernahmen können aber auch durch erfundene Dialoge gefördert werden. Da aufgrund der Kürze von Freemans Stück Begegnun-

Erfundene Dialoge

gen zwischen den Figuren zumeist nur jeweils ein einziges Mal gezeigt werden, bietet es sich an, die Lernenden weitere Gespräche zwischen den Figuren entwerfen und spielen zu lassen. Minnie könnte Jane z. B. darüber aufklären, dass ihre Annahmen, alle Inuit würden in Schneehäusern leben, rohes Fleisch essen und nur Tierfelle als Kleidung tragen, nicht sonderlich viel mit der Realität gemein haben. Oder aber man lässt neben dem schon bestehenden Personal noch weitere erdachte Figuren auftreten: Eine zweite junge Inuit, die schon seit längerer Zeit in der Stadt lebt, steht Minnie beim Einleben zur Seite; Jane erzählt einer Freundin von ihrer neuen Zimmernachbarin; Mr. Gordon berichtet seiner Frau zu Hause beim Abendessen von der neuen Mitarbeiterin Minnie etc.

Ausgestaltung der Innenwelten Des Weiteren besteht die Möglichkeit, die Lernenden – eventuell als Hausaufgabe – das schriftsprachlich ausgestalten zu lassen, was in dramatischen Texten in der Regel nicht zum Ausdruck kommt: die Innenwelten der Figuren. Da Minnies Bewusstsein durch ihr Auftreten als Erzählerin und Kommentatorin der Ereignisse den Lernenden sehr viel zugänglicher sein dürfte, bietet es sich an, sogenannte *inside views* von den Figuren auszugestalten, deren Gedanken und Interpretation der Geschehnisse im Stück ausgespart bleiben (also von Minnies Chef, Mr. Gordon, Jane und der Heimleiterin). Dies kann durch das Schreiben innerer Monologe, Briefe oder Tagebuchnotizen erfolgen, die die Lernenden explizit zu Perspektivenwechseln auffordern. Eine mögliche Aufgabe wäre z. B. das Schreiben eines Briefes oder Tagebuch-Eintrags von Minnies Zimmernachbarin, wenn diese mit ihr in den Norden fährt. Als Einstieg dafür kann ein Ausschnitt aus Freemans Autobiografie dienen, der kulturell bedingte Missverständnisse schon vorhersehen lässt.

 A Read the extract from Mrs. Freeman's autobiography *Life Among the Qallunaat*.

Sometime later I asked my qallunaq if she would like to come home with me during our summer holidays. She was very excited and wanted to come very much. Her first question was, „how much is the fare?"
The figure appalled her, and she said that she would have to save and save. We both had six months to save for our fares and to buy all sorts of items. Her list included new clothes, a new purse, a new suitcase and a camera. […] I wanted to tell my qallunaq that she did not need all those new things, but the memory of our unhappy feelings made me hesitate.
I imagined her getting all worked up if I told her that she would need only

what is suitable for my home – rubber boots in case we have to walk on
wet grass or travel by canoe. I cannot tell her that she will need low-heeled
shoes; that it would be better to bring slacks instead of a dress so that she,
being a qallunaq, would be warm; that she will need a comfortable,
warm jacket; that we can share a suitcase, hers being old does not matter
at all. Camera? Well, that is her qallunaq way, to take pictures.
It goes with her traditions. I wanted to tell her to take what she usually
takes when we go to her farm home, but I dreaded our unhappy
feelings if I tried to explain to her. I kept my mouth shut.
(from: *Life Among the Qallunaat* by Minnie Aodla Freeman, pp. 60f.)

What would Jane write in her diary/first letter home?

2.4.5 Koordination verschiedener Perspektiven

Zwischen Perspektiven vermitteln

Im Gegensatz zur Differenzierung und Übernahme von Perspektiven erfordert die Fähigkeit zur Perspektivenkoordinierung, dass die Schülerinnen und Schüler verschiedene Perspektiven miteinander vergleichen und zwischen diesen zu vermitteln lernen. Da in dramatischen Texten im Unterschied z. B. zu auktorial erzählten Texten in der Regel keine übergeordnete Orientierungsinstanz vorhanden ist, die unterschiedliche Standpunkte für die Leserinnen und Leser koordiniert und einander wertend zuordnet, stellen Dramen bezüglich der Koordinierung der dargestellten Perspektiven erhöhte Anforderungen an die Rezipienten.

Interkulturelle Kommunikation einüben

Um die Lernenden auf spielerische Art und Weise zu einer Vermittlung zwischen den Perspektiven in *Survival in the South* zu bewegen, kann man sich den offenen Schluss des Stücks zunutze machen. Das Kurzdrama endet mit einer Mitarbeiterversammlung, bei der der Leiter der Abteilung für ‚Indian Affairs' das Projekt für ein neues Schulungsprogramm mit dem Titel ‚How to survive in the North' bekannt gibt: Die im Süden des Landes lebenden Menschen sollen durch dieses Programm auf ein Leben im Norden vorbereitet werden und Minnie wird als Einwohnerin aus dem Norden um Hilfe bei der Konzeption des Programms gefragt. Sie reagiert etwas bestürzt auf ihre neue Aufgabe, da von ihr genau das verlangt wird, was sie selbst bei ihrer eigenen Ankunft in der für sie fremden Welt nicht erfahren hat: nämlich dass man ihr zeigt, wie man im Süden überlebt. Die Lernenden bilden nun Arbeitsteams, die sich aus einer übergeordneten Perspektive mit der Erstellung eines solchen Programms zur Völkerverständigung beschäftigen und sich Strategien überlegen, die helfen, die Begegnung mit dem Fremden zu bestehen. Dabei können sie auf ihr interkulturelles Wissen aus dem bisherigen Unterrichtsverlauf, auf Ausschnitte aus Freemans Autobiografie (vgl. Material 1) und evtl. auf eigens recherchierte Informationen zurückgreifen (vgl. auch die in Material 2 erwähnten Internetadressen).

Zu überwindende Schwierigkeiten in *Survival in the South*

Ein Hauptproblem des Fremdverstehens in Freemans Stück ist, dass zwischen den Figuren aufgrund vielfältiger Formen gestörter Kommunikation keine echten Dialoge stattfinden. So geht es der Heimleiterin vornehmlich um das Herunterbeten der Hausordnung; weder begrüßt sie Minnie freundlich, noch stellt sie ihr eine einzige persönliche Frage. Minnies Chef erkundigt sich zwar an ihrem ersten Arbeitstag recht nett nach ihr, richtet aber in einem solchen Tempo Fragen an sie und redet unentwegt ohne Pause auf sie ein, dass sie keine Chance hat zu antworten. Minnie selbst wiederum versucht, ihre Unsicherheit und ihr Heimweh dadurch anderen gegenüber zu verbergen, dass sie nicht viel spricht und aufkommende Fragen für sich behält. Ein wichtiger Punkt, den die Lernenden auszuarbeiten haben, ist daher die Forderung nach dem Bemühen, sich in fremde Menschen einzufühlen, den Dialog mit ihnen zu suchen und auf sie zuzugehen, anstatt in der eigenkulturellen Routine gefangen und über die fremdkulturelle Lebenswelt in Unkenntnis zu bleiben. Indem die Schülerinnen und Schüler die inhaltlich unterschiedlichen Perspektiven in Freemans Stück erörtern und auf einer Meta-Ebene die Divergenzen zwischen den Perspektiven kritisieren und aufzuheben versuchen, üben sie sich nicht nur in multiperspektivischen Betrachtungsweisen, sondern werden sich darüber hinaus der Komplexität des Fremdverstehens bewusst.

Textveränderungen

Um diese Erkenntnisse zurück auf den Text zu übertragen, bietet sich die kreative und zugleich analytische Aufgabe der Textveränderung an. Hierbei sollen zu im *short play* vorhandenen Szenen alternative Handlungsentwürfe geschrieben werden, in denen mit den beschriebenen Konflikten anders umgegangen wird. So können die Schülerinnen und Schüler nicht nur ihre neu gewonnene interkulturelle Kompetenz anwenden, sondern müssen auch der spezifischen Struktur dramatischer Texte Rechnung tragen. Die entsprechende Aufgabenstellung könnte folgendermaßen aussehen:

A Intercultural communication reloaded:
Look at the situations when Minnie meets Mr. Gordon,
the matron and Jane.

What went wrong in the communication?
Now reinvent one of those encounters with more intercultural empathy.
What would have to be different to make Minnie more comfortable?
How should she react differently?
Remember to write it as a script for a play, including primary text and stage directions.

Darüber hinaus können die Lernenden sich überlegen, wie das Leben von Minnie wohl heute aussieht, ob und wie sie sich im Süden eingelebt hat, wie ihr Kontakt zu ihrer Familie ist, ob sie in den Norden zurückgegangen ist etc. Für die Bewältigung dieser (Haus-)Aufgabe ist es sinnvoll, erneut die Auszüge aus Freemans Autobiografie heranzuziehen und den Schülerinnen und Schülern bewusst zu machen, dass das behandelte Kurzdrama autobiografisch angelegt ist:

Blick in die Gegenwart

The name of the play's author is Minnie Aodla Freeman, and the name of the main character is Minnie Aodla.
It could be a hint that the play has autobiographical traits.
In that case, how do you imagine Mrs. Freeman's life today?
Where does she live?
What does she do?
Did she have to choose between the cultures?

Am Ende der vorgestellten Unterrichtseinheit sollte in einem Fokussierungsgespräch mit den Lernenden eine reflexive Verarbeitung über die Bedeutung, die dem Wechsel und der Übernahme von Perspektiven für das Fremdverstehen zukommt, stattfinden. D.h., die zuvor durch kreative Zugangsweisen erfahrenen Möglichkeiten, Fremde zu verstehen, und die Probleme, die das Fremdverstehen mit sich bringt, sind nun Gegenstand des Unterrichtsgesprächs. Ziel ist es dabei auch, dass die Schülerinnen und Schüler die durch Freemans *short play* vorgegebenen Probleme auf ihre eigene Erfahrungswelt beziehen.

Fremdverstehen in der Reflexion

Zum einen kann hier das multikulturelle Klassenzimmer als Gesprächsanlass dienen, indem z. B. ausländische Schülerinnen und Schüler von ihrer Eingewöhnungszeit in Deutschland und den Schwierigkeiten, denen sie begegnet sind, berichten. Zum anderen können auch deutsche Schülerinnen und Schüler auf ähnliche Erfahrungen zurückgreifen und diese

Eigene Erfahrungen als Gesprächsanlass

thematisieren, wenn sie z. B. schon einmal an einem Schüleraustausch teilgenommen haben und sich in einem fremden Land mit ungewohnten Lebensformen konfrontiert sahen.

A Some of you have been abroad (on exchanges, on trips), some have come to live in Germany.
What were your personal experiences facing a different culture?
What kind of misunderstandings occurred?
What appeared strange to you – in a positive or in a negative way?
How did you react then?

„How to Survive in Germany"

Um schließlich einen Transfer auf die Lebenswelt der Lernenden zu ermöglichen und um eine Außenperspektive auf die eigene Kultur einzunehmen und so das Wissen über Fremdverstehen auch in kritischer Betrachtung des Eigenen umzusetzen, ließe sich abschließend in Gruppenarbeit ein Guide „How to Survive in Germany" erstellen. Basierend auf den Eindrücken aus dem *short play* und aus der Diskussion über persönliche Erfahrungen, können die Schülerinnen und Schüler Informationen zusammenstellen, von denen sie denken, dass sie für Menschen anderer Kulturen, die nach Deutschland kommen, hilfreich sind. Diese Art von kultureller Hilfestellung erfordert einen hohen Grad von Perspektivenübernahme und Perspektivenkoordinierung – insbesondere wenn innerhalb der Gruppen Schülerinnen und Schüler aus verschiedenen Kulturkreisen zusammenarbeiten. Neben dem Einüben von für das Fremdverstehen so essenziellen Fähigkeiten wie Perspektivenwechseln und Perspektivenübernahmen bietet das Kurzdrama *Survival in the South* somit die Möglichkeit, die in ihm dargestellten Schwierigkeiten bei der Begegnung von Menschen aus unterschiedlichen Kulturen auf die Lebenswelt Lernender in Deutschland zu übertragen und die Schülerinnen und Schüler für das zu sensibilisieren, was in ihrer Lebenswelt zunehmend von ihnen gefordert wird.

Evaluation

An diese Reflexionsphase sollte eine Evaluation der gesamten Unterrichtsreihe anschließen. Auf diese Weise erhalten die Lernenden die Gelegenheit, sowohl den Unterricht, die durchgeführten Übungen und die zu lösenden Aufgaben als auch ihren eigenen Lernprozess zu reflektieren und zu bewerten. Sie sollten ermuntert werden, konstruktiv Kritik zu üben und auch Ideen für künftige Unterrichtsprojekte artikulieren zu können.

In dem hier vorgestellten Unterrichtsmodell wurde dargelegt, wie geeignet die Arbeit mit einem Kurzdrama und mit szenischen Zugangsformen für das Verstehen anderer Perspektiven und damit für das Lernziel Fremdverstehen ist. Die Übertragung der interkulturellen Erkenntnisse auf die eigene Lebenswelt hat zudem hohe Relevanz und kann als Impuls für die persönliche Entwicklung der Schülerinnen und Schüler wirken. Des Weiteren können die Schülerinnen und Schüler die Form des (Kurz-)Dramas kennenlernen, indem sie vor allem durch den aktiven Umgang mit diesem Genre dessen spezifische Merkmale selbst erfahren. Zusätzlich bietet ein handlungsorientierter Zugang, wie er in diesem Kapitel vorgestellt wurde, eine Fülle von authentischen Sprechanlässen und Kommunikationsabläufen in der Fremdsprache. Wie wir in diesem Kapitel exemplarisch am Beispiel von Minnie Aodla Freemans *Survival in the South* gezeigt haben, eignet sich das Genre des interkulturellen Kurzdramas vorzüglich dazu, um kreative Formen der Textarbeit mit Techniken der Dramenanalyse zu verbinden und Lernende zugleich schrittweise an die Komplexität des Fremdverstehens heranzuführen. Welche didaktischen Möglichkeiten der Textarbeit sich im Falle der als besonders schwierig geltenden Gattung der Lyrik eröffnen, möchten wir im nächsten Kapitel am Beispiel einer Unterrichtsreihe zu London-Gedichten zeigen.

Abschließende Betrachtung der Unterrichtsreihe

3. London-Gedichte:
Eine Lyrikreihe für den Englischunterricht ab Klasse 10

3.1 Zur Konzeption der Unterrichtseinheit:
Text- und Themenwahl, Lernziele, Methoden

Gedichte im Fremdsprachen-unterricht

Dass die Lyrik ein Aschenbrödeldasein unter den Textgattungen im Fremdsprachenunterricht fristet, wird wohl von niemandem ernsthaft bestritten. Obwohl der Stellenwert lyrischer Texte im Fremdsprachen-unterricht seit zwei Jahrzehnten Gegenstand eines Umdenkprozesses ist, wird die Lyrik im Vergleich zu den anderen Gattungen noch immer ver-nachlässigt. Daran hat weder die Tatsache etwas geändert, dass lyrische Texte seit Jahren zu den obligatorischen Lerninhalten gehören, die etwa von den *Richtlinien für die gymnasiale Oberstufe in Nordrhein-Westfalen, Englisch* verbindlich vorgeschrieben werden, noch der Umstand, dass un-ter jenen Textsorten, die von den *Richtlinien* für den Englischunterricht auf der Gesamtschule und in der Sekundarstufe I vorgesehen sind, auch Lieder, Verse und Gedichte zu finden sind. Zu den ohnehin beträchtlichen Hemmschwellen gegenüber der Versdichtung und den damit einherge-henden Motivationsschwierigkeiten kommt das Problem, dass es gerade im Bereich der Lyrik für den Fremdsprachenunterricht an für die Ziel-gruppe geeigneten Modellen und Unterrichtsempfehlungen mangelt. Für Lehrende stellt sich die Frage, was sie gegen die weit verbreitete Abnei-gung vieler Schülerinnen und Schüler gegenüber der als schwierig, un-zugänglich und unverständlich geltenden Lyrik tun und wie sie die Ler-nenden davon überzeugen können, dass Gedichte nicht bloß verständlich, sondern auch sehr interessant und vielseitig sein können und dass die Beschäftigung mit ihnen sogar Spaß machen kann.

Thema und Aufbau des Kapitels

Dieses Kapitel versucht, Anregungen für den Lyrikunterricht in der Se-kundarstufe I zu geben und dem Englischlehrer bzw. der Englischlehre-rin neue Möglichkeiten der Auswahl und Behandlung geeigneter Texte zu erschließen. Das Kapitel zeigt anhand einer Unterrichtsreihe zu zehn London-Gedichten, wie durch abwechslungsreiche, schüler-, handlungs-und produktionsorientierte Verfahren ein ansprechender Fremdsprachen-unterricht gestaltet werden kann. Im ersten Teil dieses Kapitels werden zunächst die didaktischen Hintergrundüberlegungen der Einheit erläu-tert, nämlich die Wahl des Themas, die Lernziele der Unterrichtseinheit und das Vorgehen sowie die Entwicklung des Stadtgedichts als lyrisches Genre. Im Anschluss an einige Hinweise zur Kontextualisierung und His-torisierung der ausgewählten Gedichte werden im dritten Teil das Unter-richtsmodell in Teilsequenzen sowie die einzelnen Stundenentwürfe vorgestellt. Dabei wird deutlich, wie Lernende schon früh an einen kreativen Umgang mit Lyrik herangeführt werden können.

Bekanntheit des Themas

Obgleich die für diese Unterrichtsreihe ausgewählten Gedichte aus verschiedenen Jahrhunderten stammen und unterschiedlichen ästhetischen Strömungen zuzuordnen sind, bietet das Thema ‚London' den Lernenden vielfältige Möglichkeiten, die Gedichte in ihre Erfahrungswelt einzuordnen; dadurch wird es gleichzeitig Lehrenden erleichtert, Schülerinnen und Schüler an englische Gedichte heranzuführen, denn es kann davon ausgegangen werden, dass alle Lernenden über gewisse Vorstellungen dieser Stadt verfügen. Die Vertrautheit mit der realen Stadt London, auf die sich die Gedichte beziehen, erleichtert den Schülerinnen und Schülern den Zugang zu den Texten.

Perspektivenvielfalt: Inhaltliche Variation

Da sich die Autorinnen und Autoren der ausgewählten Gedichte auf ganz unterschiedliche Weisen mit London auseinandersetzen, immer wieder andere Aspekte ins Zentrum ihres Werkes stellen und die Stadt aus verschiedenen Perspektiven zu verschiedenen Zeitpunkten betrachten, eröffnen die Gedichte ein breites Spektrum von poetischen Sichtweisen auf die englische Metropole. Da jedes Gedicht neue Ansichten von London und seinen Bewohnern bietet, wird die Reihe zu einem Streifzug durch die Entwicklung Londons sowie die englische Literatur- und Kulturgeschichte. Der älteste Text wurde 1667 verfasst, das neueste Gedicht erschien 2005. Einige der Dichter (wie William Blake und William Wordsworth) zählen zudem zu den bedeutendsten Literaten Englands, während andere hierzulande weniger oder noch kaum bekannt sind. Die Gedichte aus fünf Jahrhunderten und die von ihnen verkörperte Perspektivenvielfalt ermöglichen nicht nur große inhaltliche, kulturelle und formale Variation, sondern durch verschiedene Methoden der Texterschließung kann diese Unterrichtsreihe auch dazu beitragen, eine Vielfalt der Herangehensweisen zu erproben.

Die Lernziele der Unterrichtseinheit: Methodenkompetenz

Daher besteht ein wichtiges Ziel dieser Gedichteinheit darin, dass die Schülerinnen und Schüler lernen, sich lyrische Texte auf verschiedene Weisen selbstbewusst und selbstständig zu erschließen. Sie sollen dadurch Methodenkompetenz erwerben und Selbstvertrauen bezüglich der eigenen Gedichtinterpretationen gewinnen. Zu diesem Zweck wird jedes Gedicht auf andere Weise bearbeitet, um den Lernenden eine Vielzahl an Zugangsmethoden nahe zu bringen. Den eigenen Ideen und Empfindungen der Lernenden wird dabei bewusst viel Raum gegeben. Den Lernenden soll gezeigt werden, wie – aber auch dass – sie diese anhand des Textes begründen können und dass ihre zunächst subjektiv erscheinenden

Lektüreeindrücke auf thematische und formale Merkmale der Gedichte zurückgeführt werden können. Den Lernenden soll aber auch bewusst werden, dass ihnen der persönliche Bezug zu einem Gedicht hilft, sich dieses zu erschließen. Es geht also nicht darum, die Lernenden über die Textanalyse zu vorgegebenen Gedichtinterpretationen zu führen, sondern sie für die Wirkungsweise lyrischer Textverfahren zu sensibilisieren. So sollen die Schülerinnen und Schüler angeleitet werden, inhaltliche und sprachliche Besonderheiten lyrischer Texte zu erkennen und zu verstehen, dass auch der historische Hintergrund für die Erschließung eines Gedichts eine Rolle spielen kann.

Literatur-historisches Wissen

Darüber hinaus ist die Vermittlung von literaturhistorischem Wissen über die ausgewählten Gedichte ein weiteres, wenn auch der Methodenkompetenz untergeordnetes Lernziel. Am Ende der Gedichteinheit sollen die Schülerinnen und Schüler erkannt haben, dass sich Inhalt und Form der London-Gedichte durch die Jahrhunderte verändert haben, und sie sollen eine ungefähre Vorstellung von den Umständen besitzen, unter denen jedes der zehn Gedichte entstanden ist. Da die Unterrichtsreihe London-Gedichte aus fünf Jahrhunderten umfasst, gibt deren Behandlung den Schülerinnen und Schülern zugleich anhand eines überschaubaren und für sie zugänglichen Textkorpus eine exemplarische Vorstellung von der Entwicklung der englischen Lyrik vom 17. bis zum 21. Jahrhundert. Durch den Gedichtvergleich können wesentliche Gemeinsamkeiten und Unterschiede zwischen den Texten herausgearbeitet werden, die Aufschluss über den Formenreichtum und die Gestaltungsmöglichkeiten der London-Poesie geben. So kann ein Spektrum unterschiedlicher Reaktionen ermittelt werden, die von Lob und Bewunderung bis zu Sozialkritik reichen.

Interkulturelle Kompetenzen

Darüber hinaus vermitteln London-Gedichte exemplarischen Aufschluss über literarischen und kulturellen Wandel, da sie aufgrund der Durchdringung von referenziellem und literarischem Bezugssystem auch einen Einblick in die historische Entwicklung der Stadt und die unterschiedlichen poetischen Sichtweisen des Großstadtlebens geben. Die Behandlung der *London poems* wird daher durch das Hinzuziehen geeigneter nicht-fiktionaler Texte ergänzt, um die Texte in einer sinnvollen Weise zu kontextualisieren. Dadurch wird zudem die strukturelle Vorgabe der Richtlinien erfüllt, die eine gleichmäßige Repräsentation von fiktionalen und nicht-fiktionalen Texten verlangen. Außerdem kann der Bestimmung Rechnung getragen werden, Themen aus dem soziokulturellen Kontext Großbritanniens zu berücksichtigen. Die Kontrastierung von fiktionalen und nicht-fiktionalen Texten sorgt ferner dafür, dass die Unterschiede zwischen Realem und Fiktivem nicht verschwimmen. Sie bietet des

Weiteren die Möglichkeit, Schülerinnen und Schülern im Rahmen einer thematischen literarischen Unterrichtsreihe mit unterschiedlichen Textsorten vertraut zu machen und sie zugleich für die Besonderheiten lyrischer Ausdrucksmittel zu sensibilisieren. Als künstlerische Darstellung der Großstadt geben die *London poems* nicht nur Einblick in die englische Literaturgeschichte, sondern sie vermitteln auch Aufschlüsse über die historische, demografische und kulturelle Entwicklung Englands seit dem 16. bzw. in dieser Unterrichtsreihe seit dem 17. Jahrhundert, da in ihnen immer wieder der Kontrast von Natur und ländlicher Gegend mit der urbanisierten Londoner Region thematisiert wird.

Die Behandlung der London-Gedichte im Unterricht fördert schließlich auch die fremdsprachliche kommunikative Kompetenz der Lernenden: Durch die Lektüre, Interpretation und Diskussion der Texte können sie ihre Sprachrezeption und mündliche Sprachproduktion verbessern. Durch die Arbeit mit Hörtexten üben sie ihr Hörverstehen. Medienvielfalt und attraktive Methoden sollen sie zusätzlich zu Sprachhandlungen motivieren. Die Lernenden erarbeiten außerdem neues Vokabular und bauen ihren Wortschatz aus. Ferner lernen sie die Merkmale bestimmter Textsorten wie *text interpretation* und *comment* kennen und üben ihre eigene schriftliche Textproduktion.

Kommunikative Kompetenz

Im Folgenden sind die Lernziele der Einheit noch einmal übersichtlich aufgeführt. Die Schülerinnen und Schüler sollen

Lernziele in der Übersicht

▸ an die Gattung der Lyrik sowie an einen kreativen Umgang mit Gedichten herangeführt werden;

▸ durch einen abwechslungsreichen Unterricht ihre Angst und Scheu vor lyrischen Texten ablegen;

▸ verschiedene Methoden für die Erschließung, Analyse und Interpretation lyrischer Texte kennenlernen und eigenständig erproben;

▸ inhaltliche und sprachliche Besonderheiten lyrischer Texte kennenlernen;

▸ verstehen, dass die Bedeutungen eines Gedichts aus dem Zusammenspiel von Form und Inhalt entstehen;

▸ einige der dominanten lyrischen Reaktionsweisen auf die Großstadt London herausarbeiten;

▸ erkennen, dass der historische und soziale Kontext, in dem ein Gedicht entstanden ist (z. B. die Biografie eines Autors bzw. einer Autorin und sein bzw. ihr Umfeld) von Bedeutung für das Verständnis eines Gedichts sein kann;

▸ durch die Lektüre der zehn Gedichte einen groben Überblick über die geschichtliche Entwicklung der Londondichtung vom 17. Jahrhundert bis heute sowie über die Entwicklung Londons und einige zentrale historische Ereignisse in diesem Zeitraum gewinnen;

▸ sich durch die eigenständige Recherche zu den Gedichten Kompetenzen in der Informationsbeschaffung und Medienkompetenzen aneignen;

▸ ihre kommunikativen Kompetenzen in der Fremdsprache ausbilden.

Überlegungen zum methodischen Vorgehen: Umfang

Jedes der London-Gedichte soll eine Doppelstunde bzw. zwei Einzelstunden, also insgesamt 90 Unterrichtsminuten lang bearbeitet werden. Auf diese Weise können zwar nur einige inhaltliche und formale Aspekte eines jeden Textes thematisiert werden, da es vor allem darum geht, dass die Schülerinnen und Schüler mit Hilfe der Gedichte verschiedene Methoden der Texterschließung kennenlernen. Um in der Kürze der Zeit dennoch möglichst viele Erkenntnisse über einen Text zu gewinnen, wird von den Lernenden erwartet, sich zu Hause auf die Lektüre vorzubereiten. Die Bearbeitung der Gedichte erfolgt teilweise bewusst in recht kleinen Schritten, um die Lernenden zu den verschiedenen, für sie womöglich ungewohnten produktiven Verfahren anzuleiten. In den Stundenentwürfen wurde absichtlich auf Zeitvorgaben für die einzelnen Arbeitsschritte verzichtet, weil jede Klasse bzw. Gruppe ein anderes Arbeitstempo vorlegt. Je nach Leistungsstärke einer Gruppe kann aber auch weniger gesteuert vorgegangen werden. In besonders leistungsstarken Klassen bzw. Kursen können die verschiedenen Gedichte auch arbeitsteilig in Gruppen erarbeitet werden. Die vorgeschlagenen Aufgaben stellen dann ein Unterstützungsangebot für die Lernenden dar, mit dessen Hilfe sie sich die Texte einfacher erschließen können.

Vier Blöcke der Unterrichtseinheit

Die Unterrichtseinheit lässt sich in vier Blöcke einteilen. Im ersten Block (erste bis dritte Sitzung) geht es darum, dass die Lernenden den Zugang zur Textsorte Lyrik durch die Arbeit mit neueren Gedichten finden. Im zweiten Block (vierte und fünfte Sitzung) erarbeiten und vertiefen sie anhand moderner Gedichte die Wirkung typischer formaler Merkmale der Textgattung (Metrum, Rhythmus, rhetorische Mittel). Im dritten Block (sechste bis neunte Sitzung) schließlich stehen die Bezüge zwischen den Gedichten und dem historischen und sozialen Kontext im Vordergrund, in dem sie entstanden. Es werden verstärkt die Hintergründe der Gedichtinhalte recherchiert. Der vierte und letzte Block (zehnte und eventuell weitere Sitzungen) enthält die abschließende Gesamtschau, in der die Ergebnisse der Einheit zusammengetragen und reflektiert werden.

Modulcharakter der Einheit

Die Gedichteinheit ist zwar als Unterrichtssequenz geplant, kann aber auch als Materialpool verstanden werden, aus dem die Lehrenden ihren

Stoff frei wählen. So ist es durchaus möglich, einzelne Gedichttexte zur Bearbeitung auszuwählen und auf andere zu verzichten oder gruppenteilig vorzugehen und verschiedene Texte parallel behandeln zu lassen. Aufgrund des Schwierigkeitsgrades der Gedichte wird ein Einsatz der Unterrichtsreihe frühestens ab Klasse 10 empfohlen. Während sich die neueren Gedichte auch für die Bearbeitung mit jüngeren Lernenden eignen, bieten sich vor allem die älteren Gedichte aufgrund ihrer inhaltlichen und sprachlichen Komplexität für eine Behandlung mit fortgeschrittenen Lernern an.

Achronologische Reihenfolge der Gedichte

Wie bereits erwähnt, stammen die ausgewählten Texte aus der Zeit zwischen 1667 und 2005. Um die Lernenden nicht gleich zu Beginn der Unterrichtseinheit sprachlich und inhaltlich zu überfordern, sollen die Gedichte in achronologischer Folge behandelt werden, so dass die Schülerinnen und Schüler zunächst in vertrautem Gegenwartsenglisch an die Besonderheiten des Genres herangeführt werden, bevor man sie mit Texten konfrontiert, deren Inhalt aufgrund der ungewohnten Wortwahl und einer Häufung von lyrischen bzw. rhetorischen Stilmitteln mit größerer Anstrengung erarbeitet werden muss. (Unbekanntes Vokabular soll im Übrigen generell von den Schülerinnen und Schülern eigenständig aus dem Kontext oder mit Hilfe von einsprachigen Wörterbüchern erschlossen werden.) So steht ein zeitgenössischer Text am Anfang der Einheit, dessen Sprache und Inhalt die Lernenden relativ leicht verstehen können, wodurch die persönliche Bezugnahme erleichtert wird. Sind sie mit dem Genre erst einmal vertraut, bedeutet der zunehmende sprachliche und formale Schwierigkeitsgrad eine durchaus zu bewältigende und im Idealfall motivierende Herausforderung.

Bildeinsatz im Lyrikunterricht

In dieser Unterrichtseinheit kommen wiederholt Bilder zum Einsatz, um bei den Schülerinnen und Schülern durch Medienvielfalt und ansprechendes Material eine Lernmotivation für die Gedichtarbeit zu wecken. Außerdem dienen sie in der *Pre-reading*-Phase dazu, den Lernenden den Einstieg in die Gedichte zu erleichtern, denn vor der Lektüre kann die Rezeption von text- bzw. themenbezogenen Bildern inhaltliches und sprachliches Vorwissen der Lernenden aktivieren sowie Neugier wecken und mit Fragen wie: ‚Worum geht es in dem Bild bzw. dem Gedicht?' zur Hypothesenbildung anregen. Vorwissen, Hypothesen und Neugier vereinfachen anschließend den Zugang zum Textinhalt. In der *While*- und *Post-reading*-Phase können vorliegende inhaltsbezogene Textillustrationen das Leseverständnis unterstützen und erleichtern, denn sie geben Anstöße für eigene Vorstellungen, wiederholen die Textinhalte in anderer Form und veranschaulichen und interpretieren unverständliche Passagen.

So können durch die rezeptive Bildarbeit Leistungsunterschiede bei der Textarbeit ausgeglichen werden. Die Bildproduktion (Malen, Zeichnen, Collagieren, Standbildbauen) nach der Lektüre wiederum bietet den Lernenden die Möglichkeit, ihr individuelles Textverstehen auf motivierende Weise zum Ausdruck zu bringen und ihren Mitschülerinnen und Mitschülern anschaulich präsentieren zu können. Da das Augenmerk bei der Bildproduktion auf den dabei ablaufenden kognitiven Prozessen sowie der anschließenden Verbalisierung von Erkenntnissen und Eindrücken liegt, sollten die Lernenden ermutigt werden, kontroverse, zur Diskussion anregende Darstellungen zu schaffen. Sie müssen außerdem wissen, dass nicht ihr gestalterisches Können auf dem Prüfstand steht, sondern dass es vielmehr um die inhaltlichen Aussagen der Bilder und ihre Funktion als Diskussionsgrundlage geht. Mit dieser Information soll ihnen die Scheu genommen werden, sich auch an komplexen Arbeiten zu versuchen. Alternativ kann man Lernenden auch Wahlmöglichkeiten anbieten, z. B. zu collagieren statt zu zeichnen.

Förderung des Sehverstehens

Mit der rezeptiven und produktiven Bildarbeit in dieser Unterrichtseinheit soll der seit einigen Jahren verstärkt gestellten Forderung Rechnung getragen werden, Schülerinnen und Schüler im Fremdsprachenunterricht auch in ihrem Sehverstehen zu fördern. Bei der Bildrezeption sollen sich die Lernenden daher immer wieder die Fragen stellen ‚Was wird gezeigt?', ‚Wie wird es gezeigt?', ‚Wie wirkt es?' und ‚Wie hängen Form und Wirkung zusammen?', um sich über das Zusammenspiel von Form und Effekt in bildlichen Darstellungen bewusst zu werden. In manchen Fällen wird allerdings statt deskriptiv nur assoziativ gearbeitet, weil sich über die Assoziationen zu einem Bild eher ein Bezug zum Inhalt des behandelten Gedichts herstellen lässt als über dessen analytische Beschreibung. In diesen Fällen würde die formale Bildanalyse zu weit vom Gedicht fortführen. Bildproduktive Verfahren sensibilisieren durch die bei der Bildherstellung stattfindenden Überlegungen zusätzlich für die Wirkung von Bildern, bedeuten Abwechslung von der üblichen rein sprachproduktiven Unterrichtspraxis und können daher motivierend wirken. In der Unterrichtseinheit wird wiederholt mit Bildern gearbeitet, um die visuelle Kompetenz der Lernenden auszubilden und um die Verfahren der Bildarbeit als Methoden für den Fremdsprachenunterricht zu etablieren.

Unterrichtsmaterial auf CD-ROM

Um die Umsetzung dieser Unterrichtseinheit für die Lehrenden so einfach wie möglich zu gestalten, finden sich alle im Folgenden erwähnten Materialien auf der zu diesem Buch gehörigen CD-ROM. Zu diesen Extras zählen zahlreiche Arbeitsblätter, Bildfolien, ein Hörtext sowie fakultatives Zusatzmaterial für die Lehrenden mit Informationen zu bestimmten Aufgabenstellungen. Auch die Gedichte liegen zum großen Teil als PDF-Dateien vor – nur für drei der Texte waren leider keine Rechte zu bekommen. Schließlich findet sich auf der CD-ROM auch ein tabellarischer Überblick über die Unterrichtseinheit, der den Lehrenden die Umsetzung der Stundenvorschläge erleichtern soll.

3.2 Hinweise zur Kontextualisierung bzw. Historisierung der Texte: Wesentliche Merkmale der *London poems*

Bevor praktische Hinweise für die Verwendung des Textmaterials gegeben werden, sollen die wichtigsten Merkmale der *London poems* verdeutlicht werden. Ein typisches Kennzeichen der *London poems* ist die Konzentration auf die Stadt, ihre baulichen und topografischen Charakteristika und ihre Einwohner als poetischen Stoff (zu allgemeinen Merkmalen lyrischer Texte s. Kasten). Die Besonderheit der poetischen Darstellungsweise, die sich von den ausführlichen Schilderungen Londons in Romanen unterscheidet, besteht darin, dass in den Gedichten meist spezifische Details der City und des Großstadtlebens herausgegriffen werden. Anstelle der in der Romanliteratur oft anzutreffenden panoramischen Schilderungen der englischen Metropole finden sich in der Lyrik meist knappe Darstellungen einzelner Szenen oder individueller Eindrücke. London-Gedichte vermitteln zwar durchaus eine Vorstellung von der Atmosphäre des Londoner Großstadtlebens im Wandel der Jahrhunderte und von den soziokulturellen Kennzeichen der jeweiligen Epoche, in der sie entstanden sind; dennoch sind sie weniger als historische Dokumente von Interesse. Ihre Bedeutung beruht vor allem darauf, dass sie Aufschluss geben über verschiedene poetische Sichtweisen der City.

Gemeinsamkeiten der *London poems*

Trotz der durch die Thematik bedingten Gemeinsamkeiten besteht auch eine Reihe deutlicher Unterschiede zwischen den Gedichten, die bei genauerem Hinsehen nicht jenes hohe Maß an Homogenität aufweisen, das durch die Bezeichnung ‚*London poems'* suggeriert wird. Die Texte unterscheiden sich darin, welche Aspekte der Großstadt in den Gedichten thematisiert werden, und durch die Art und Weise, wie das Thema ‚London' literarisch verarbeitet wird. Während bei einigen Autoren (z.B. Wordsworth) der Akzent auf der Beschreibung städtischer Motive und Themen liegt, werden soziale und ökonomische Probleme von anderen Autoren (z.B. Blake) nicht ausgeblendet, sondern in recht realistischer Weise poetisch dargestellt. Gerade solche wirklichkeitsnahen Bilder der Großstadtszenerie können den Schülern den Zugang zu dieser Großstadtlyrik und zur Lyrik generell erleichtern.

Unterschiede zwischen den *London poems*

Diachrone Entwicklung der Londondichtung

Außerdem wird in diachroner Hinsicht eine veränderte Einstellung zur Stadt erkennbar: Während die Texte aus dem 17., 18. und 19. Jahrhundert die City oft in antithetischer Abgrenzung von dem Gegenpol *country*, d. h. als furchterregende Kontrastfolie zum friedlichen Leben auf dem Lande schildern, wird London ab dem Ende des 19. Jahrhunderts erstmals als eigenständiger neuer Lebensraum wahrgenommen. Dieses zunehmende Interesse an der Stadt als literarischem Thema geht mit einer Abwertung der Natur einher: Die Vorzüge der City gegenüber unberührten Naturlandschaften werden hervorgehoben. In der Lyrik der *Nineties* (der 1890er Jahre) dokumentiert sich die hohe Wertschätzung der Stadt darin, dass die Atmosphäre des nächtlichen London, das im *Fin de siècle* als Symbol alles Künstlichen verherrlicht wurde, in den Gedichten von Autoren der Dekadenz (z. B. Wilde) in ungewohnten Sprachbildern gepriesen wird (vgl. Nünning 1990a). Damit gehen sie deutlich über die bis zu diesem Zeitpunkt vorherrschende anti-städtische Grundhaltung hinaus und tragen der Tatsache Rechnung, dass die Stadt ländliche Siedlungsstrukturen als natürlichen Lebensraum abgelöst hat und selbst zum Inbegriff von Modernität geworden ist.

Ablösung der Londondichtung von der Naturlyrik

Durch die allmähliche Loslösung der London-Poesie von der Naturlyrik gewinnt sie zunehmend an Selbstständigkeit, was sich sowohl an inhaltlichen wie an formalen Aspekten aufweisen lässt. Die Texte vom 16. Jahrhundert bis zur Romantik, die noch überwiegend der Naturlyrik und pastoraler Dichtung verpflichtet sind, zeichnen sich dadurch aus, dass weniger das spezifisch Städtische als ländliche Elemente im Vordergrund stehen. Während etwa in Edmund Spensers (1552-1599) Gedicht „The Prothalamion" (1596), das eine Außensicht Londons vermittelt, trotz der Wahl des Themas ‚Stadt' die Beschreibung von idyllischen Naturschönheiten im Mittelpunkt steht, tritt die bei Wordsworth noch vorherrschende Idealisierung des Landlebens im Laufe des 19. Jahrhunderts zunehmend zurück. Dagegen dominieren vor allem in den Gedichten von Blake und Arnold, die auf das Problembewusstsein der Moderne vorausweisen, sozialkritische Aussagen über negative Seiten des Stadtlebens. Naturerscheinungen, die die Stadt transformieren und die hässlichen Merkmale Londons vorübergehend überdecken, finden sich in den London-Gedichten des 20. Jahrhunderts nicht mehr.

Bruch mit Darstellungskonventionen

Die Veränderungen innerhalb dieses Textkorpus betreffen jedoch nicht allein die Haltung gegenüber der Stadt oder die Einbeziehung neuer Themen, sondern sie lassen sich auch an dem Bruch mit etablierten formalen und sprachlichen Darstellungskonventionen aufweisen. Im Hinblick auf den Grad an Innovation sind zum einen die kurzen impressionistischen

Skizzen von z. B. Wilde oder Arthur Symons (1865-1945) interessant, in denen flüchtige Augenblicke evoziert und die Subjektivität der Sprecher betont werden. Zum anderen werden bei den Imagisten und bei Eliot typische Großstadtbilder in Momentaufnahmen eingefangen, die *ohne Rücksicht auf Konventionen und Tabus alle Erscheinungsformen der Urbanität* (Barth 1988: 10) erfassen.

LEKTÜRETIPP

Für eine vertiefende Beschäftigung mit der Entwicklung Londons und der Stadtgedichte vom siebzehnten Jahrhundert bis heute sind Xavier Barons dreibändiges Werk *London 1066-1914; Literary Sources and Documents (1997)* und Kristiaan Versluys' *The Poet in the City. Chapters in the Development of Urban Poetry in Europe and the United States (1800-1930)* (1987) zu empfehlen. Des Weiteren finden interessierte Lehrende vertiefende Informationen in:

Böker, Uwe: „Von Wordsworths schlummerndem London bis zum Abgrund der Jahrhundertwende. Die Stadt in der englischen Literatur des
19. Jahrhunderts." In: Meckseper, Cord & Elisabeth Schraut (Hrsg.): *Die Stadt in der Literatur*. Göttingen: Vandenhoeck & Ruprecht 1983. 28-56.
Byrd, Max: *London Transformed: Images of the City in the Eighteenth Century*. New Haven/Conn.: Yale University Press 1978.
Dyos, Harold J. & Michael Wolff (Hrsg.): *The Victorian City: Images and Reality*. 2 Bände. London: Routledge & Kegan Paul 1973.
Hühn, Peter: *Geschichte der englischen Lyrik*. 2 Bände. Tübingen: Francke 1995.
Nünning, Ansgar: „London im Spiegel der urban poetry der Nineties."
In: *Anglistik und Englischunterricht* 40: *City Lyrics* 1990, 77-102.
Thesing, William B.: *The London Muse: Victorian Poetic Responses to the City*. Athens: University of Georgia Press 1982.

WISSENSWERT

Merkmale lyrischer Texte
Die folgenden Eigenschaften lyrischer Texte treffen nicht immer alle auf jedes Gedicht zu. In ihrer Gesamtheit vermitteln sie jedoch eine anschauliche Vorstellung von den Charakteristika der Lyrik (vgl. Surkamp/Nünning 2016: 122):

> Tendenz zu relativer Textkürze
> spezifische äußere Form: Versstruktur, Metrum, Stropheneinteilung
> Verdichtung in Sprache und Inhalt
> Handlungslosigkeit
> Reduktion raum-zeitlicher Bezüge
> hoher Grad an Subjektivität
> (Perspektive des lyrischen Ich im Vordergrund)
> thematisch an den Erfahrungen eines Individuums orientiert
> phonologische, morphologische, syntaktische und semantische
> Abweichungen von der Normalsprache
> andeutungsreiche Bildersprache
> Musikalität und Sangbarkeit
> Charakter von erhöhter Künstlichkeit
> viele semantische Leerstellen

3.3 Das Unterrichtsmodell in Teilsequenzen

3.3.1 Zugang zur Textsorte Lyrik über neuere Gedichte

Zeitgenössische Gedichte und attraktive Methoden

In den ersten drei Sitzungen sollen die Lernenden über zeitgenössische Gedichte und attraktive Methoden an die Textgattung herangeführt werden: Sprachlich weniger komplexe Texte, zu deren Inhalt die Lernenden einen Bezug besitzen, erleichtern den Zugang sowohl zum Inhalt, da sich weniger Verständnisprobleme ergeben, als auch zum Genre, weil die einfache Verständlichkeit dem Ruf von Gedichten widerspricht, schwer zugänglich zu sein. Um die Lernenden auch durch die Methodenwahl zur Arbeit mit Gedichten zu motivieren und ihre Vorbehalte – Gedichtarbeit sei langweilig, uninteressant etc. – gleich zu Beginn der Einheit zu reduzieren, werden für die ersten drei Sitzungen verstärkt schülerzentrierte, handlungs- und produktionsorientierte und weniger analytische Verfahren der Textarbeit gewählt. Dabei kommen Bilder zum Einsatz, um Abwechslung in den schriftzentrierten Literaturunterricht zu bringen und den unterschiedlichen Lernpräferenzen der Schülerinnen und Schüler entgegen zu kommen.

Einstieg über persönlichen Bezug und Bildmaterial

Zu Beginn der Einheit werden die Lernenden aufgefordert, in zwei bis drei Sätzen schriftlich zu formulieren, wie ihre persönliche Einstellung zum Genre ‚Lyrik' aussieht. In Partnerarbeit diskutieren sie ihre Aussagen zu diesem Thema und der bzw. die Lehrende sammelt die Statements (mit Namen versehen) später ein. Am Ende der Unterrichtsreihe werden

die Lernenden noch einmal aufgefordert sein, diese Frage zu beantworten, damit sie und der bzw. die Lehrende sehen, ob und wie sich die Einstellung der Lernenden zu Gedichten durch die innovative Herangehensweise verändert hat. Als Einstieg in das Thema werden die Lernenden
anschließend gefragt, welche Erwartungen sie an Gedichte haben, die
‚London' zum Thema haben. Dazu bietet sich die bekannte Methode des
mindmapping an: Das Wort ‚London' wird an die Mitte der Tafel geschrieben und eingekreist, die verschiedenen Erwartungen und Assoziationen
werden darum herum angeordnet. Zur Vorbereitung der Lehrenden auf
diese Aufgabe findet sich bei Bedarf eine Liste von Londons Besonderheiten als ‚Material 1' auf der zu diesem Buch gehörigen CD-ROM. Womöglich werden bei dieser Hinführung bereits die Terroranschläge erwähnt,
so dass eine direkte Überleitung zum ersten Gedicht der Unterrichtsreihe
möglich ist.

London Pride (2005)
Chris Neal

You come to place your bags of hate
On bus and train, you made us late
Yet we'll be back again tomorrow
We'll carry on despite our sorrow

Your bags of hate caused some to die
Yet we stride out strong with heads held high
You'll never win, we will not bow
You can't defeat us, you don't know how

This London which we love with pride
Is a town where scum like you can't hide
Don't worry we will hunt you down
Then Lock you up in name of Crown

We're London and we're many races
Just look you'll see our stoic faces
We all condemn your heinous act
You will not win and that's a fact

We'll mourn our dead and shed a tear
But we will not bow to acts of fear
You're out there somewhere all alone
There's nowhere you can now call home

Olympics ours we've won the race
Your timing then a real disgrace
Our strength you'll find remains unbowed
We're London and we're very proud.

Chris Neals
„London Pride"
(2005): Inhalt

Das Gedicht ist eine Reaktion auf die Terroranschläge vom 07.07.2005 in London. Chris Neal war ein Radiohörer, der kurz nach den Anschlägen ein Gedicht über die Stimmung in London nach den Anschlägen an seine Radiostation sandte. Es wurde von der BBC-Moderatorin Vanessa Feltz verlesen und machte Neal über Nacht berühmt, weil es vielen Menschen aus der Seele sprach. Die erste Strophe fasst knapp die Ereignisse zusammen und dient dem Leser als Orientierung. Junge Islamisten töteten damals über 50 Menschen in London, als sie im morgendlichen Berufsverkehr selbstgebaute Rucksackbomben in drei U-Bahnen und einem Bus detonieren ließen. Die zweite Strophe erklärt, dass sich die Londoner nicht einschüchtern lassen werden. Strophe drei beschreibt London als Stadt, in der ‚Abschaum' (*scum like you*) keinen Platz findet. Dort leben Menschen aller Nationen zusammen und gemeinsam verurteilen sie den Terrorakt, so Strophe vier. In Strophe fünf heißt es, man trauere um die Toten, aber man überlasse den Terroristen nicht das Terrain, sondern setze sich zur Wehr. Die Erwähnung der Entscheidung des Olympischen Komitees, London 2012 die Olympischen Spiele ausrichten zu lassen, bringt in der letzten Strophe den Stolz der Londoner auf ihre Stadt zum Ausdruck sowie ihren Unwillen, sich dem Terror zu beugen.

Formale
Besonderheiten

Das lyrische Ich beschreibt in der Form eines lyrischen Wir die Ereignisse aus der Sicht der Londoner und erklärt, dass sich die Bewohner der Hauptstadt nicht vom Terror einschüchtern lassen wollen. Durch diese Verwendung des ‚Wir' statt ‚Ich' wird eine Identifikation der Leserschaft mit dem im Wir implizierten Ich angeregt, und auf diese Weise wird ein Gemeinschaftsgefühl geschaffen. Als lyrisches Du werden die Attentäter angesprochen: *You come to place your bags of hate / On bus and train, you made us late.* Das Gedicht ist in relativ einfachem, idiomatischem Englisch verfasst und besteht aus einfachen Paarreimen. Es ist formal leicht zugänglich. Diese leichte Zugänglichkeit ist wichtig, um mit dem Aufruf, stolz aus der Situation hervorzugehen, auch die breite Masse zu erreichen: Um gemeinschaftlich gegen den Terror anzugehen und das Wir-Gefühl zu stärken, braucht das lyrische Ich viele Menschen, die sich mit ihm identifizieren. Der eingängige Rhythmus des Gedichts erinnert an das Skandieren von Sätzen oder Satzstücken und ruft die in der Folge der Attentate stattgefundenen *marches of pride* in Erinnerung. Mit Hilfe von Sprechchören kann bei solchen Versammlungen das Wir-Gefühl ebenfalls unterstützt werden. Der trotzige Stolz der Londoner nach den Anschlägen ist der Tenor des Gedichts und geht bereits aus seinem Titel hervor – „London Pride". Dieser lässt schon vorab Rückschlüsse auf die Gedichtaussage zu.

Neals Gedicht wurde als Beispiel für die Popularisierung der Stadtgedichte im 20. und 21. Jahrhundert durch Individualisierung, inhaltliche Verschiebungen – statt eines repräsentativen Gesamteindrucks nur ein Ausschnitt des Stadtlebens – und sprachliche Idiomatik für die Unterrichtseinheit ausgewählt. Bei aller Einfachheit weist das Gedicht jedoch auch einige sprachliche Besonderheiten auf wie etwa Alliterationen (z. B. *heads held high*), Metaphern (z. B. *bags of hate*) und Antithesen (z. B. *we* und *you*). Diese dienen dazu, die Aufmerksamkeit der Lesenden auf die so hervorgehobenen Aspekte zu lenken.

Begründung der Textauswahl

Damit die Lernenden einen persönlichen Bezug zum Inhalt des Gedichts gewinnen und Verständnis für die durch den Text kommunizierten Gefühle entwickeln, werden sie in der vorhergehenden Stunde aufgefordert, sich als Hausaufgabe im Internet die Seite http://news.bbc.co.uk/1/shared/spl/hi/uk/05/london_blasts/victims/default.stm anzusehen. Auf dieser BBC-Seite finden sich Fotos der Opfer, kurze Biografien und Nachrufe. Der Auftrag an die Lernenden lautet, sich einige der sehr persönlichen Beschreibungen durchzulesen. Um die Aufmerksamkeit der Lernenden zu wecken, wird ihnen dann zu Beginn der ersten Sitzung ein Bild von den Anschlägen in London gezeigt (vgl. Folie 1) und sie werden aufgefordert, ihre Assoziationen zu nennen. Dabei können sie Bezug auf die Inhalte der als Hausaufgabe besuchten Website nehmen. Gemeinsam werden Antworten auf die ggf. lenkend gestellten Fragen *What do you see? What happened? When and where did the attacks happen? What was the context of this attack?* gesucht. Die Ergebnisse werden in Stichworten an der Tafel festgehalten. Durch das Brainstorming werden Vorwissen und Vokabular aktiviert und es wird eine gemeinsame Wissensgrundlage für alle Lernenden geschaffen, die den Zugang zu „London Pride" erleichtert.

Einstieg in das Gedicht

153

Erarbeitung über Kontext, eigene Texte und Website

Die Lernenden lesen eine kurze BBC-Notiz, in der die Ereignisse knapp erläutert werden (vgl. Arbeitsblatt 1). Mit Hilfe des Textes können die Lernenden eigenständig die ggf. aus der ersten Aufgabe noch offenen Fragen beantworten. Dann werden die Lernenden gefragt, wie sie sich fühlen würden, wenn solch ein Anschlag in ihrer Stadt geschehen wäre: *How would you feel if such an attack happened in your home town?* Durch die Überlegungen und die Beantwortung der Frage werden sie in die Lage der Londoner, die das lyrische Wir verkörpert, versetzt und können sich bei der anschließenden Lektüre des Gedichts über die Nachvollziehbarkeit der geschilderten Gefühle leichter mit dem Sprecher dieses lyrischen Textes identifizieren. Die Verwendung des inklusiven ‚Wir' legt es für Lesende nahe, sich auf die Seite der Londoner zu stellen und sich mit dem lyrischen Ich und dessen Anklage der Täter zu identifizieren. Um alle Lernenden gleichermaßen zu involvieren, werden sie aufgefordert, ihre ersten Eindrücke in einigen kurzen Sätzen festzuhalten. In Dreier- oder Viergruppen lesen sich die Schülerinnen und Schüler ihre Ideen gegenseitig vor, diskutieren sie und erarbeiten anschließend gemeinsam aussagekräftige Überschriften für ihre Texte. Die Titel werden an der Tafel gesammelt. Im nächsten Schritt lesen die Lernenden still für sich das Gedicht „London Pride". Danach wird im Plenum seine Wirkung diskutiert (u. a. sollte dabei die Gefahr von Stereotypisierungen angesprochen werden) und mit den zuvor beschriebenen eigenen Reaktionen verglichen.

Erarbeitung der formalen Mittel und ihrer Funktionen

Die Lernenden werden anschließend gefragt, inwiefern nicht nur der Inhalt des Gedichts, sondern auch seine Form zur selbst erfahrenen Wirkung beitragen kann und welche formalen Aspekte in diesem Zusammenhang untersucht werden können. In den Dreier- oder Viergruppen wird das Gedicht anschließend unter Zuhilfenahme der *check list* auf Arbeitsblatt 2 analysiert. Dies kann auch arbeitsteilig geschehen, so dass die Punkte der *check list* von Einzelgruppen bearbeitet werden. Dabei soll auch untersucht werden, welche Bedeutung das jeweilige formale Element für eine Interpretation des Gedichts hat. Durch ein arbeitsteiliges Vorgehen können mehrere Aspekte in relativ kurzer Zeit erarbeitet werden. Die Ergebnisse der Analyse werden im Plenum besprochen, unter besonderer Berücksichtigung der Klärung der Funktion dieser formalen Merkmale.

Hausaufgabe

Als Hausaufgabe werden die Lernenden aufgefordert, selbstständig Informationen über London und seine Sehenswürdigkeiten zu sammeln und auf einem DIN-A4-Bogen aufzuschreiben oder aufzukleben. Ausgangspunkt für ihre Suche nach Informationen bildet die Frage, was in einem Gedicht mit dem Titel „The City of London Tour" wohl beschrieben werden könnte. Diese Überlegungen sollen schriftlich festgehalten werden und etwa eine halbe Seite lang sein. Damit wird die Diskussion über mögliche Funktionen von Gedichttiteln vertieft, und die Lernenden werden auf die Bearbeitung des nächsten Gedichts vorbereitet.

The City of London Tour (1992)
Roger McGough (*1937)

'Along Leadladen Street
Into Snarl-up Close
Through Crosspatch
Into Coronary Circus

Past Foulmouth Gardens
Into Fetid Lane
Along Pro/ifigate
To the station at Charnel House

Up Dirtneedle Street
Into Destitute Square
Down Pacemaker Passage
(Nearly there)

A quick one on the „Half Lung"
(Leave your gasmask at the door)
Which concludes, ladies and gents,
The City of London Tour.'

Die ersten drei Strophen des Gedichts bestehen aus einer Reihe negativ belegter Ortsbezeichnungen mit unterschiedlichen Präpositionen, die wie die Wegbeschreibung eines Stadtführers klingen (*Along Leadladen Street / Into Snarl-up Close / Through Crosspatch / Into Coronary Circus*). Bei den Straßen- und Platznamen handelt es sich durchweg um sprechende und unmissverständlich negativ belegte Bezeichnungen wie *Fetid Lane*, die übel riechende Straße, die im heutigen, wirklichen London gar nicht existieren. Es werden also Orte als Sehenswürdigkeit präsentiert, deren Besuch dem Namen nach wenig erstrebenswert scheint. In der letzten Strophe wendet sich das lyrische Ich schließlich an die *ladies and gents* und erklärt die Tour nach einem kurzen Abstecher an die *Half Lung* für beendet.

Roger McGoughs „The City of London Tour" (1992): Inhalt

155

Autor Roger McGough (*1937) ist einer der bekanntesten zeitgenössischen Dichter Englands. Seine Arbeiten richten sich an Kinder und Erwachsene, befassen sich häufig mit alltäglichen Ereignissen und sind oftmals komisch. In den 1960er Jahren gehörte McGough, der aus der Nähe von Liverpool stammt, zu den sogenannten *Liverpool Poets*, einer einflussreichen Gruppe junger Dichter, die sich in ihren Texten direkt und in einfacher Sprache mit aktuellen und alltäglichen Themen auseinandersetzten.

LEKTÜRETIPP

Informationen über das Leben und die wichtigsten Werke von Roger McGough und vieler der anderen Autorinnen und Autoren, deren Werke im Mittelpunkt der Unterrichtsmodelle in diesem Band stehen, finden Sie in folgendem Nachschlagewerk:

Kreutzer, Eberhard & Ansgar Nünning (Hrsg.): *Metzler Lexikon englischsprachiger Autorinnen und Autoren*. Aktualisierte Studienausgabe. Stuttgart: J.B. Metzler Verlag 2006.

Einstieg über Hausaufgabe Die Stunde beginnt damit, dass alle DIN-A4-Seiten auf Tischen ausgelegt oder an der Wand aufgehängt werden und die Lernenden die Gelegenheit erhalten, sich eigenständig die Arbeiten anzusehen. Ihre Aufgabe besteht darin, sich beim Betrachten und Lesen zu notieren, was ihnen an London am besten gefällt oder sie am meisten interessiert. So soll ein persönlicher Bezug zu der Stadt hergestellt werden. Das Einbringen von Bildern erscheint in diesem Zusammenhang sinnvoll, denn die Abbildungen konkretisieren die Eigenschaften der Stadt visuell, so dass die Lernenden eine Vorstellung der Stadt sowie davon ausgehend einen Bezug zu London entwickeln können. Die verschiedenen Ergebnisse werden anschließend kurz besprochen. Dies kann in Kleingruppen geschehen, um möglichst vielen Lernenden die Gelegenheit zur mündlichen Beteiligung zu geben.

Gedichterarbeitung über Lückentext und Intonierung Die Lernenden erhalten das Gedicht als Lückentext, in dem alle negativen Ausdrücke fehlen (vgl. Arbeitsblatt 3) und den sie nach ihren eigenen Vorstellungen vervollständigen sollen. Diese Aufgabe soll die Lernenden dafür sensibilisieren, dass auch die Wortwahl die Wirkung eines Gedichts bedingt. Eventuell kann ein Stadtplan als Hilfestellung ausgeteilt werden. Dieser ermöglicht später auch die Erkenntnis, dass die im Gedicht genannten Straßen und Plätze nicht existieren. Dazu kann auch online gearbeitet werden, z. B. auf der Seite http://www.london.citysam.de/london-stadtplan.htm, auf der sich ein interaktiver Stadtplan findet. Daran anschließend erhalten die Lernenden Arbeitsblatt 4 mit Instruktionen zum Gedichtvortrag und üben in Dreier- oder Vierergruppen das betonte Lesen ihres Gedichts, um mit ihren Stimmen ihre Interpretation des Gedichts zu unterstreichen. Die Gruppenmitglieder sollen einander Anregungen für einen möglichst eindrucksvollen Vortrag geben. Dann tragen mehrere Schülerinnen und Schüler ihre Texte vor. Die Zuhörenden kommentieren die Präsentationen. Durch diese Aufgabe soll den Lernenden bewusst werden, dass auch die Intonation eines Gedichts bedeutungstragend ist. Schließlich handelt es sich bei Gedichten um ein Genre, in dem u. a. auch Klangbilder zum Einsatz kommen. Diese können ihre Wirkung erst im mündlichen Vortrag entfalten. Anschließend wird das Originalgedicht mit dem Tageslichtprojektor an die Wand projiziert. Die Lernenden lesen den Text zunächst still. Im anschließenden Unterrichtsgespräch geht es vor allem darum, dass sie einerseits ihre individuellen Lektüreeindrücke formulieren und dass die bzw. der Lehrende andererseits durch Fragen ein Bewusstsein dafür schafft, inwiefern die Wortwahl sowie die ästhetischen, formalen und rhetorischen Mittel des Gedichts seine Wirkung bedingen:

 A Think about the lyrical I's choice of words and the form of the poem and draw a connection between these characteristics and the effect the poem has on you.

Im nächsten Schritt überlegen die Lernenden, wie sie dieses Gedicht vortragen würden, so dass ihre Intonation ihr subjektives Textverständnis zum Ausdruck bringt. Sie bekommen etwas Zeit, ihre Interpretationen zu üben. Anschließend präsentieren einige Schülerinnen und Schüler ihre Versionen. Diese Vorträge werden mit den vorherigen Präsentationen des ausgefüllten Lückentexts verglichen, und es wird diskutiert, inwiefern sich die Vortragsweisen von Gedichten unterscheiden, die ein positives bzw. ein negatives Bild über London vermitteln.

Vertiefung durch eigene Gedichtproduktion: *acrostics*

Die Lernenden verfassen einen Text über ihre eigene Stadt wahlweise nach dem Vorbild von McGoughs Gedicht, bei dem sie einzelne Wörter ersetzen (z. B. „The City of Goettingen Tour", „The City of Heidelberg Tour", etc.), oder z. B. in der Form von *acrostics*, bei denen die Anfangsbuchstaben der Zeilen den Namen der Heimatstadt ergeben. Für die Stadt Leer in Ostfriesland könnte ein solches *acrostic* z. B. folgendermaßen aussehen: Long canals, / Empty streets in the / Evening gloom; I / Rest in the peace of East Friesland. Da nicht davon auszugehen ist, dass Schüler diese Gedichtform kennen, müssen die Lehrenden ihnen zunächst die Merkmale vorstellen. Bei der eigenen Textproduktion steht es den Lernenden frei, ob sie sich auf die angenehmen oder die unangenehmen Seiten des Ortes konzentrieren wollen. Durch diese kreative Arbeit sollen die Schülerinnen und Schüler zur Auseinandersetzung mit dem Ursprungsgedicht und zur Reflexion über die Wirkung semantischer und lyrischer Gestaltungsmittel animiert werden.

Hausaufgabe Das Gedicht stellen die Lernenden als Hausaufgabe fertig und üben, ihm durch die Intonation Bedeutung zu verleihen. Damit diese kreative Arbeit nicht unbeachtet in den Heften oder Mappen landet, können die entstandenen Gedichte später gesammelt und zusammen mit anderen Arbeiten aus den noch folgenden Stunden in einem kleinen Heft mit dem Titel ‚Our London Poems' bzw. ‚Our City Poems' an alle Schülerinnen und Schüler verteilt oder im Rahmen einer Projektarbeit auf einer von den Lernenden zu entwerfenden Homepage veröffentlicht werden. Oder aber die Gruppe wählt ihre drei Lieblingsgedichte und hängt sie in der Klasse aus. Die Anerkennung ihrer Leistung, das positive Feedback und die Möglichkeit einer – zumindest schulinternen – Veröffentlichung haben in jedem Fall eine sehr motivierende Wirkung auf die Lernenden.

Tunnel Vision (1993)
Norman Tanti

Crammed inside the serpent's belly
Swaying in the noise and heat
Assailed with other's halitosis,
Someone treading on my feet.
With a roar the beast emerges
From the darkness into light.
Breathe a sigh of expectation
As the lucky ones prepare for flight.

You seize your chance, and thankfully seated
Open your paper to be defeated
By swaying straphangers' withering looks
As they dangle like meat on butcher's hooks.
Doors slide close with hydraulic hiss,

A pair of teenagers start to fondle and kiss.
You avert your eyes and look at the ads.
To be greeted with the vision of a scantily clad
Model with a come-hither entreaty
For you to purchase … but it's lost in graffiti.

With nothing to occupy your mind
You observe the suffering of mankind
With their varicosed legs and cramp in their toes,
The one with the sniff, and the drip of his nose.
But before a feeling of guilt makes you rise
To offer your seat, you close your eyes.
The monotonous rattle and poor ventilation
Sends you to sleep, 'til you reach the next station.

It's yours – and you try to push for the door
But the wall of humans you've tried to ignore
Are now forced into a greater compression
By a further seemingly senseless procession
Of sweating humanity, quick to disparage
The guard's cheerful call to „Move down the carriage."
You reach the doors with a second to spare
And thankfully take in large gulps of fresh air.
Then you leave the station with feelings of sorrow,
For you'll have to repeat the nightmare tomorrow.

In kurzen Episoden beschreibt das lyrische Ich in Norman Tantis Gedicht „Tunnel Vision" (1993) die Eindrücke einer U-Bahnfahrt in London. Die U-Bahn in London ist eine Besonderheit: Die *tube*, wie die Londoner sie nennen, wurde bereits 1863 in Betrieb genommen und ist damit die älteste ihrer Art in Europa. Zunächst verkehrten von Dampflokomotiven gezogene Züge auf einer relativ kurzen Strecke unter der Stadt. Erst 1890 wurden diese durch elektrisch betriebene Loks ersetzt. Heute gibt es ein Dutzend verschiedene Linien, die die verschiedenen Stadtteile Londons verbinden. In der ersten Strophe des Gedichts wird die U-Bahn mit einer Schlange verglichen, in deren engem Körper sich die Passagiere drängen. Die zweite Strophe beschreibt den Versuch des lyrischen Dus, sich – nachdem es einen freien Sitzplatz gefunden hat – mit dem Lesen der Zeitung von seinem Umfeld abzulenken. Doch aufgrund der neugierigen Blicke der übrigen Passagiere verwirft es diesen Plan und blickt sich um. Es folgen die visuellen und akustischen Eindrücke der Fahrt. Schließlich schläft das

Norman Tantis „Tunnel Vision" (1993): Inhalt

lyrische Ich ein und wacht erst kurz vor seiner Haltestelle auf. Es gelingt ihm, trotz des sinnlosen Geschiebes in gegensätzliche Richtungen, den Wagen zu verlassen. Dankbar atmet es frische Luft. Es warnt jedoch das lyrische Du: Am nächsten Tag wird sich dieser Albtraum wiederholen.

Formale Besonderheiten

Ein implizites lyrisches Ich beschreibt die Fahrt eines expliziten lyrischen Dus in der Londoner U-Bahn zur Rushhour. Zur Veranschaulichung verwendet es Vergleiche wie z. B. den unweigerlich negativ gedeuteten Vergleich des Zugs mit einer zischenden Schlange, *Like a serpent* und *with hydraulic hiss*, sowie die stehenden, sich festhaltenden Menschen mit Fleischstücken, die von Fleischhaken hängen. Tantis Gedicht ist ein Beispiel für eine typische Entwicklung in den zeitgenössischen Stadtgedichten, nämlich London zur Bühne für alltägliche Geschehnisse zu machen und als Sinnbild für das Phänomen der anonymen Großstadt einzustufen. Eine starke Identifikation des lyrischen Ich mit der Stadt findet sich in diesem Gedicht hingegen nicht.

LEKTÜRETIPP

Weiteres interessantes Textmaterial (vor allem Gedichte und Prosa) zur Londoner U-Bahn finden Sie in einer sorgfältig edierten und mit einem aufschlussreichen Nachwort versehenen Anthologie:

Döring, Tobias (Hrsg.): *London Underground; Poems and Prose about the Tube.* Stuttgart: Reclam 2003.

Einstieg über Fantasiereise und inneren Monolog

Die Stunde beginnt mit einer Fantasiereise, in der die Erlebnisse des lyrischen Dus aus Tantis Gedicht beschrieben werden. Der bzw. die Lehrende liest die Reise vor (vgl. Material 2), die Lernenden schließen die Augen und stellen sich die geschilderte Situation vor. Danach werden die Lernenden gefragt, welche Assoziationen sie während der vorgelesenen Fantasiereise hatten und wie diese auf sie gewirkt hat. Anschließend verfassen sie einen kurzen inneren Monolog über ihre Gefühle während dieser U-Bahnfahrt:

A Imagine you are on the tube and the compartment is packed with people. What would go through your mind?
Please write a short interior monologue: what do you think and feel while you are traveling on the tube?
Use the first-person narrative and present tense.

Falls die Lernenden noch nicht wissen, was einen inneren Monolog auszeichnet, müssen ihnen dessen Merkmale – Ich-Form, Präsens, gelockerte Syntax – vor Arbeitsbeginn erklärt werden. Einige Schülerinnen und Schüler tragen im Anschluss ihre Monologe vor. Der bzw. die Lehrende sollte die Schülerinnen und Schüler zuvor an die Ergebnisse der vorhergehenden Stunde bezüglich der Bedeutung von Intonation bei einem Vortrag erinnern. Durch diese wie auch die folgenden Aufgaben trainieren die Schülerinnen und Schüler ihre Empathiefähigkeit, denn sie sind aufgefordert, sich in andere Menschen und Situationen zu versetzen.

Nach dem Vortrag erhalten die Lernenden das Gedicht mit dem Leseauftrag, sich ein Standbild zu jeder Strophe vorzustellen. Hilfestellung beim Bauen von Standbildern bzw. *freeze frames* bietet ein *instruction sheet*, das sich als Zusatzmaterial (vgl. Material 3) auf der CD-ROM befindet. Die Schülerinnen und Schüler lesen sich das Gedicht zunächst still durch. Eventuelle Verständnisfragen werden im Plenum von den Lernenden gegenseitig beantwortet. Dann werden die Lernenden in vier Gruppen eingeteilt. Jede Gruppe bearbeitet eine der vier Strophen und entwickelt dafür ein Standbild. Dazu müssen die Lernenden sich gegenseitig ihre Vorstellungen schildern, Ideen abwägen und schließlich zu einem gemeinsamen Ergebnis kommen, das dem Rest der Klasse präsentiert wird. Die Zuschauer kommentieren die Standbilder und nehmen bei ihrer Interpretation Bezug zu den Textaussagen, so dass am Ende der Standbildaufgabe alle möglichen inhaltlichen Unklarheiten beseitigt sein müssten. Diese Aufgabe sorgt dafür, dass sich die Schülerinnen und Schüler nicht nur im Geist, sondern auch körperlich in die Lage des lyrischen Ich versetzen. Außerdem lernen sie, ihren Gedanken und Interpretationen mit Hilfe ihres ganzen Körpers Ausdruck zu verleihen, und sie entwickeln ein Bewusstsein für die Wirkung ihres Körpers und nonverbaler Körpersprache.

Erarbeitung über Standbildbau

Die Lernenden sollen als Hausaufgabe eine kurze Interpretation des Gedichts schreiben und außerdem erläutern, inwiefern die szenische Aktivität des Baus eines Standbilds hierfür hilfreich war. Dabei sollten die Ler-

Hausaufgabe

nenden angehalten werden, sich bewusst mit den im Unterricht erlernten Methoden der Texterschließung auseinanderzusetzen. Eine weitere Hausaufgabe besteht darin, Bilder von London und Kansas zu suchen und für die nächste Stunde mitzubringen. Ebenso werden Scheren und Klebstoff sowie Bunt- oder Filzstifte benötigt.

3.3.2 Erarbeitung und Vertiefung typischer formaler Merkmale der Textgattung

Erweiterung des Genre-Wissens Nachdem sich die Lernenden in den ersten drei Sitzungen bereits zentrale Merkmale der Gattung ‚Lyrik' erarbeitet haben, wird dieses Wissen in den folgenden beiden Sitzungen erweitert und vertieft. Zu diesem Zweck werden zwei Gedichte mit ähnlichem Thema – ‚Einsamkeit in der Großstadt' und ‚Heimweh' – behandelt, die dieses Gefühl auf unterschiedliche Weise zum Ausdruck bringen. Metrum, Rhythmus und rhetorische Mittel dienen bei diesen Texten dazu, inhaltliche Bedeutungsaspekte zu unterstreichen. Die Texte sind formal komplex, aber sprachlich und inhaltlich relativ unkompliziert. Die sprachliche Einfachheit soll den Schülerinnen und Schülern den Zugang zum Gedicht erleichtern, so dass sie die Textanalyse erfolgreich bewältigen und ihr Wissen bezüglich der formalen Merkmale lyrischer Texte ausbauen sowie Selbstvertrauen in ihre methodische Kompetenz entwickeln können. Dies dient als Vorbereitung auf die Auseinandersetzung mit den formal, aber auch sprachlich und inhaltlich anspruchsvollen älteren Texten des nächsten Blocks (vgl. Kap. II.3.3.3).

Kansas and London (1916)
Harry Kemp (1883-1960)

Where the vast and cloudless sky was broken by one crow
I sat upon a hill – all alone – long ago, …
But I never felt so lonely and so out of God's way
As here, where I brush elbows: with a thousand every day.

Harry Kemps „Kansas and London" (1916): Inhalt In Harry Kemps Gedicht „Kansas and London" (1916) berichtet das lyrische Ich, es habe sich auf einem einsamen Hügel in Kansas weniger einsam gefühlt als in London, wo es täglich Tausenden von Menschen begegnet. Um die Distanziertheit der Menschen in der Stadt und die Flüchtigkeit der Begegnung zum Ausdruck zu bringen, verwendet es dazu das Sprachbild *brush elbows with*. Das Gedicht legt den Schluss nahe, dass das Gefühl von Einsamkeit nicht auf der Abwesenheit von Menschen und ihrer räumlichen Nähe beruht, sondern vielmehr auf dem Fehlen sozialer Kontakte und der Interaktion mit anderen.

162

„Kansas and London" ist ein vierzeiliges Gedicht im Paarreim. Die Zeilen sind unterschiedlich lang. Bei der ersten Zeile handelt es sich um einen siebenhebigen Trochäus (*trochee*) (betont/unbetont), die zweite beginnt als Jambus (*iamb*) (unbetont/betont), ihm folgt ein zweihebiger Trochäus („– áll alóne –"), und für die letzten beiden Wörter (*long ago*) bieten sich zur Hervorhebung des einen oder des anderen Wortes verschiedene Betonungsmöglichkeiten. Die dritte Zeile ist ein siebenhebiger Trochäus, der als Jambus endet, die vierte ist wieder unregelmäßig. Das Abweichen vom regelmäßigen Metrum führt zu einem ‚Stolpern' beim lauten Lesen und lenkt damit die Aufmerksamkeit der Lesenden auf bestimmte Stellen des Gedichts. Das Metrum unterstreicht durch seine Unregelmäßigkeit das Paradox, das das lyrische Ich auf der inhaltlichen Ebene schildert: Es fühlt sich allein, obwohl es täglich in Kontakt mit Tausenden von Menschen kommt. Diese Aussage entsteht aus der Kontrastierung von räumlicher Präsenz (London) bzw. Absenz von Menschen (Kansas) und dem Fazit, dass sich das lyrische Ich trotz räumlicher Nähe zu Menschen in London einsamer gefühlt hat als in der Weite von Kansas. Dieses Fazit wird nicht explizit geäußert, sondern kann von den Lesenden basierend auf den Textaussagen erschlossen werden.

Formale Besonderheiten

Seine Reisen und ein längerer Aufenthalt in Kansas, die Harry Kemp (1883-1960) zu einer Vielzahl von Gedichten inspirierten, brachten dem amerikanischen Seemann und Dichter Kemp u.a. die Namen ‚*tramp poet*' und ‚*Kansas poet*' ein. In seinen Gedichten behandelte er häufig Dinge aus seiner eigenen Lebenswirklichkeit (z.B. die Seefahrt). Einen Winter verlebte er auch in London, so dass das Gedicht möglicherweise eigene Erfahrungen des Autors widerspiegelt.

Autor

Der bzw. die Lehrende sammelt zunächst die zu Hause geschriebenen Interpretationen zum Gedicht „Tunnel Vision" ein. Durch die Texte erhält er bzw. sie Feedback zu der durchgeführten Dramenaktivität. Dann betrachten die Lernenden in Gruppen die mitgebrachten Bilder von Kansas und London und beschreiben die Assoziationen, die die Bilder in ihnen auslösen. So aktivieren sie ihr sprachliches und inhaltliches Vorwissen. Nun werden die Begriffe ‚Kansas' und ‚London' an die Tafel geschrieben und die Lernenden werden aufgefordert, Assoziationen zu nennen (z.B. ‚USA – England', ‚*scarcely populated – densely populated*'). Außerdem werden sie gefragt, wie sie sich die Orte vorstellen. Der Titel des Gedichts „Kansas and London" wird schließlich genannt und die Lernenden werden aufgefordert zu spekulieren, wovon der Text handeln könnte. Um alle Lernenden daran zu beteiligen, ist es sinnvoll, ihnen Zeit zum Überlegen zu geben und sie zu bitten, sich Notizen zu machen.

Einstieg über Bildbetrachtung, Brainstorming, Hypothesen

Erarbeitung über Zusammenfassung und Untersuchung von Metrum und Rhythmus

Die Lernenden erhalten Kemps Gedicht und lesen es. Anschließend vergleichen sie es mit den zuvor notierten und geäußerten Hypothesen. Dann fassen sie den Textinhalt in Gruppenarbeit zusammen: *What does the lyrical I explicitly describe? What might this imply?* Die Ergebnisse werden nicht vorgetragen, weil das Gedicht relativ unkompliziert ist und die Lernenden auch ohne Hilfe zu zufriedenstellenden Ergebnissen kommen können. Fragen sollen daher in den Gruppen oder ggf. zwischen den Gruppen geklärt werden. Durch dieses erfolgreiche eigenverantwortliche Arbeiten soll das Selbstvertrauen der Lernenden bezüglich der Gedichtarbeit gestärkt werden. Im Anschluss an diese Aufgabe werden Metrum und Rhythmus des Gedichts untersucht. Dazu wird der Text von den Gruppenmitgliedern u. a. laut vorgelesen. So soll den Schülerinnen und Schülern bewusst werden, dass in einem Gedicht das Metrum und der Rhythmus bzw. darin auftretende Unregelmäßigkeiten bedeutsam für das Wirkungspotenzial eines Textes sind. Diese Ergebnisse werden im Plenum besprochen. Im Zuge dieser Arbeit werden Informationen über London und Kansas, die dem Gedicht zu entnehmen sind und noch nicht an der Tafel stehen, in der Aufzählung ergänzt.

Vertiefung durch Bilder oder Collagen

Anschließend fertigen die Lernenden Bilder oder Collagen aus den mitgebrachten Materialien zu „Kansas and London" an. Die Arbeitsweise des Collagierens (s. Kasten) kommt dabei denjenigen Schülerinnen und Schülern entgegen, die sich für unbegabte Maler halten: Sie wählen aus vorhandenem Bildmaterial aus, schneiden Bildteile aus, ordnen sie neu an, kleben sie auf und können so, ohne einen einzigen Stift benutzt zu haben, ein aussagekräftiges Bild schaffen. Um sicher zu gehen, dass ausreichend Material vorliegt, kann der bzw. die Lehrende zusätzlich Reisekataloge und Zeitschriften mitbringen, aus denen die Schülerinnen und Schüler weitere Bilder ausschneiden können. Sowohl die Bilder als auch die Collagen sollen die Aussagen des Gedichts unterstützen und zu diesem Zweck möglichst viele inhaltliche und formale Details des Textes visualisieren. Gespräche – in der Zielsprache Englisch – sind während des Bastelns und Malens erwünscht, damit sich die Lernenden über ihre Arbeiten und ihre Gedichtumsetzung austauschen können und auf diese Weise zum einen authentische Gespräche und zum anderen eigenständige Textreflexionen stattfinden. Um diese Diskussionen in der Zielsprache zu fördern, kann es den Schülerinnen und Schülern freigestellt werden, in Gruppen zu arbeiten. Gerade bei Collagen bietet es sich an, gemeinschaftlich nach geeignetem Material zu suchen und sich gemeinsam Gedanken über die Anordnung der ausgeschnittenen Bilder zu machen.

METHODE

Collagieren

Die kreative Arbeit des Collagierens kann zu überraschenden Ergebnissen führen, zum einen, weil kein Bild dem anderen gleicht und in jedem eine andere Sichtweise präsentiert wird, zum anderen, weil womöglich Lernende, die sonst schweigsam und zurückhaltend wirken, plötzlich eine hervorragende Leistung zeigen, weil ihnen diese Arbeitsweise gefällt. Allerdings ist diese Form der Gedichtinterpretation vergleichsweise zeitaufwendig, und der bzw. die Lehrende sollte sich auf einen stark erhöhten Lärmpegel einstellen. Die Methode kann für Schülerinnen und Schüler auch ungewohnt sein und zunächst auf ihre Skepsis stoßen. Doch die Scheu verfliegt, wenn den Lernenden zu verstehen gegeben wird, dass es bei dieser Aufgabe nicht darum geht, ein als besonders schön empfundenes Bild herzustellen, sondern dass die Auseinandersetzung mit dem zu illustrierenden Text während des Malens oder Bastelns das eigentliche Ziel ist. Ein Versuch in der Praxis hat gezeigt, dass diese Aktivität den Lernenden sehr viel Spaß bereitet hat. Die Ergebnisse waren sehr vielfältig: Jedes Bild stellte einen anderen Aspekt des Gedichts dar, so dass in der Bildbesprechung viele mögliche Unklarheiten durch die verschiedenen Interpretationen geklärt wurden und sich eine Reihe von interessanten Diskussionsansätzen bot.

Zur Auswertung der Ergebnisse legen die Lernenden ihre Bilder auf einen großen Tisch oder hängen sie so auf, dass alle sie sehen können. Bei größeren Gruppen sollte dies in Gruppenarbeit geschehen, damit die deskriptive Bildbesprechung nicht zu lange dauert und dadurch langweilig wird. Die Urheber stellen ihre Bilder vor und erläutern ihre Ideen. Die übrigen Lernenden kommentieren, was ihnen besonders gefällt oder sie zu Widerspruch reizt. Auf diese Weise werden die unterschiedlichen inhaltlichen Aspekte des Gedichts thematisiert und den Lernenden verschiedene Perspektiven eröffnet. Die Lernenden sollten nicht dazu aufgefordert werden, ihre durch das Malen und Basteln zum Ausdruck gebrachten Gedichtinterpretationen schriftlich wiederzugeben, damit ihre künstlerischen Arbeiten auch als vollwertige Deutungen honoriert werden und nicht wie eine Etappe auf dem Weg zu einer schriftlichen Interpretation als einzig akzeptablem Endergebnis wirken. Dies ist besonders für das Selbstbewusstsein jener Schülerinnen und Schüler von Bedeutung, die sonst eher zurückhaltend sind und sich eventuell überraschend durch eine herausragende kreative Leistung hervorgetan haben. Neben der Besprechung der kreativen Arbeiten ist auch deren Anerkennung für die

Besprechung und Würdigung der kreativen Arbeiten

Lernenden von Bedeutung. Dies kann durch die Kür der treffendsten oder eindrucksvollsten Bilder geschehen, durch das Aushängen aller Arbeiten im Klassenraum oder durch ihre Vervielfältigung für alle, z.B. im *Our London Poems'*- oder *,Our City Poems'*-Heft.

 A Als Hausaufgabe sollen die Lernenden erläutern, ob und warum sie in London leben wollen würden:
Would you like to live in London? Why or why not? Take notes for a discussion considering the pros and cons of living abroad in a big city.

Homesick (1909)
Dorothy Frances McCrae (1879-1937)

I'm sick of fog and yellow gloom,
Of faces strange, and alien eyes,
Your London is a vault, a tomb,
To those born 'neath Australian skies.
O land of gold and burning blue,
I'm crying like a child for you!

The trees are tossing in the park
Against the banked-up amethyst,
At four o'clock it will be dark,
And I a blind man in the mist.
Hark to old London's smothered roar,
Gruff jailer growling at my door!

Each day I see Fate's wheel whirl round,
And yet my fortunes are the same,
My hopes are trodden in the ground,
Good luck has never heard my name,
O friends, O home, beyond the seas,
Alone in darkness here I freeze!

The day is dead: night falls apace;
I reach my hand to draw the blind,
To hide old London's frowning face,

And then (alas) I call to mind
The shining ways we used to roam
Those long, light evenings at home.

I hate this fog and yellow gloom,
These days of grey and amethyst;
I want to see the roses bloom,
The smiling fields by sunshine kissed –
O land of gold and burning blue!
I'm crying like a child for you!

Im Gedicht „Homesick" (1909) der australischen Schriftstellerin Dorothy Frances McCrae (1879-1937), die selbst auch einige Zeit in London lebte, geht es um die Einsamkeit eines zugereisten lyrischen Ich in der Großstadt London und um dessen Heimweh nach Australien. London wird als ungastlich und kalt beschrieben und mit der Freundlichkeit und Wärme Australiens kontrastiert: In der ersten Strophe erklärt das lyrische Ich, der Nebel und die Dunkelheit Londons und die Fremdheit seiner Bewohner machten es krank. London sei wie eine Gruft für diejenigen, die unter dem Himmel Australiens geboren seien. In der zweiten Strophe erläutert es, was ihm Unwohlsein bereitet: Wind, frühe Dunkelheit, Nebel, der es zu einem Blinden macht, und das gedämpfte Getöse des alten Londons, das sich wie ein ruppiger Gefängniswärter vor der eigenen Tür aufhält. In der dritten Strophe geht es um die Hoffnungslosigkeit des lyrischen Ich, denn obwohl sich viel ereignet, ändert sich doch nichts in seinem scheinbar glücklosen Leben: Hoffnungen sind vergeblich, und es ruft seinen Freunden jenseits der Meere, *beyond the seas*, zu, dass es allein in der Dunkelheit friert. Nach diesen Zusammenfassungen folgt eine Aktion: In der vierten Strophe zieht das lyrische Ich den Vorhang vor das Fenster, als der Tag zu Ende geht und es Nacht wird, um Londons finsteren Blick auszusperren und sich die Helligkeit und die langen Abende in der Heimat in Erinnerung zu rufen. In der fünften Strophe erklärt es, es hasse den Nebel und die Dunkelheit und sehne sich nach blühenden Blumen und sonnigen Feldern.

Dorothy Frances McCraes „Homesick" (1909): Inhalt

Das Gedicht dieser relativ unbekannten australischen Dichterin wurde in die Unterrichtseinheit aufgenommen, weil es London aus einer Außenperspektive zeigt und zentrale Merkmale der Londondichtung des zwanzigsten Jahrhunderts aufweist: Das lyrische Ich und seine subjektive Wahrnehmung der Stadt sind in das Zentrum der London-Gedichte gerückt, und die Stadt wird psychologisch erfahren. Viele Stadtgedichte

Begründung der Textauswahl

167

dienen nicht als Reiseberichte oder sozialkritische Studien, sondern halten vielmehr persönliche Gefühle und Einzelerlebnisse des lyrischen Ich fest. Diese Erfahrungen erheben keinen Anspruch auf Allgemeingültigkeit oder Vermittlung einer umfassenden Darstellung der Stadt, sondern schildern lediglich einen Moment der Auseinandersetzung des Ich mit der Stadt.

Formale Besonderheiten

Das Gedicht „Homesick" zeichnet sich durch die wiederholte Personifikation Londons aus, die die Abneigung des lyrischen Ich gegen die Stadt und die Bedrohung, die es empfindet, veranschaulicht. Auch das Heimatland Australien ist durch eine emphatische Ansprache (Apostrophe/*apostrophe*) personifiziert (*O land of gold and burning blue*), doch wird Australien ganz anders beschrieben: Es ist beispielsweise nicht dunkel, sondern hell, es ist nicht grau, sondern farbig, und es ist nicht kalt, sondern sonnig. Die verwendeten Wörter stehen in deutlichem Kontrast zueinander (z. B. *grey* versus *gold* und *blue*, *mist* versus *sun*, *dark* versus *light*, *frowning* versus *smiling*). Die Unterscheidung von *you* (die Londoner) und *we* (die Australier, zu denen sich auch das lyrische Ich zählt) sowie die explizite und klagende Anrede der Londoner im Zuge der Auflistung negativer Eigenschaften der Stadt (z. B. *Your London is a vault, a tomb*) unterstreichen das Gefühl der Fremdheit, das das lyrische Ich in London empfindet. Seine Hoffnungslosigkeit wird durch die Wiederholung der letzten Zeilen der ersten Strophe am Ende des Gedichts (*O land of gold and burning blue! / I'm crying like a child for you!*) verdeutlicht: Es gibt keine Veränderung der Situation; statt eines positiven Ausblicks werden erneut Sehnsucht und Trauer Ausdruck verliehen.

Einstieg über persönlichen Zugang

Der bzw. die Lehrende stellt den Schülerinnen und Schülern die Frage, ob sie sich vorstellen können, in London zu leben und warum bzw. warum nicht. Mit Hilfe der zu Hause vorbereiteten Notizen müssten sich alle Lernenden ohne lange Bedenkzeit dazu äußern können. Mündlich unsichere Schülerinnen und Schüler profitieren von solch einer Vorbereitung, weil diese Äußerungen in der Fremdsprache erleichtert. Die Lernenden diskutieren die Vor- und Nachteile, die das Leben in einer Großstadt im Ausland mit sich bringen kann. Dabei können sie eigene Erfahrungen und Träume einbringen. Auf diese Weise soll ein persönlicher Zugang zum Thema des Gedichts geschaffen werden.

Die Lernenden erhalten den Gedichttext und lesen ihn mit dem Auftrag, das Beschriebene mit ihren eigenen Ideen zu vergleichen. Die Ergebnisse werden kurz besprochen, evtl. mit der Leitfrage, worum es in diesem Gedicht genau geht. Dann werden die Lernenden aufgefordert, die sprachlichen Besonderheiten des Gedichts in Partnerarbeit zu analysieren und zu untersuchen, inwiefern die formalen Merkmale die an der Tafel stehenden inhaltlichen Aussagen unterstützen: *How does the lyrical I express its feelings, which textual means are employed?* Als Gedächtnisstütze dienen die Punkte vier und sechs auf dem bereits ausgeteilten Arbeitsblatt 2. Bevor die Lernenden mit der Analyse beginnen, werden im Plenum bekannte rhetorische Mittel und ihre Eigenschaften zusammengetragen und auf einer Folie (vgl. Folie 2) festgehalten (für Definitionen vgl. Surkamp/Nünning 2016: 121-148). Die Folie kann der bzw. die Lehrende zu den folgenden Stunden mitbringen, als Hilfe auflegen und ggf. um weitere Mittel ergänzen. Nach der Analyse nennen die Lernenden ihre Ergebnisse, markieren die entsprechenden Textstellen in einer auf Folie gezogenen Kopie des Gedichts mit bunten Stiften und diskutieren mögliche Funktionen der sprachlichen Mittel (für einige Beispiele vgl. Material 4.).

(Marginalie: Erarbeitung sprachlicher Besonderheiten)

Im nächsten Schritt erschreiben die Lernenden den Gedichttext (s. Kasten). Da die Textreflexion durch gegenseitigen Austausch und ‚Über-die-Schulter-Schauen' der Lernenden beim Erschreiben noch verstärkt werden kann, ist auch in diesem Fall – wie beim Malen oder Basteln einer Collage – eine Unterhaltung der Schülerinnen und Schüler in der Fremdsprache erwünscht. Anschließend werden die Lernenden in Dreier- oder Vierergruppen eingeteilt, in denen sie jeweils drei oder vier erschriebene Texte lesen und diskutieren. Auf diese Weise wird die kreative Leistung aller Schülerinnen und Schüler gewürdigt, ohne dass es aufgrund der Behandlung einer großen Menge ähnlicher Arbeiten langweilig wird oder einzelne Arbeiten unbesprochen bleiben. Da der Inhalt und die sprachlichen Besonderheiten die Art der Darstellung bedingen, beschäftigen sich die Lernenden bei dieser Vorstellung erneut mit dem Zusammenspiel von Sprache, äußerer Form und Inhalt. Um ihnen bei der Entwicklung eines Lernbewusstseins zu helfen, werden die Lernenden vor dem nächsten Schritt gefragt, inwiefern ihnen diese Bearbeitungsweise geholfen hat, dem Gedicht einen Sinn zuzuweisen: *Has the visualization helped you to grasp the meaning of the words and have you understood the poem better than you did after the first readings?* Da „Homesick" mit dem Motiv ‚Heimweh' das gleiche Thema behandelt wie Harry Kemps Gedicht „Kansas and London", werden die Lernenden abschließend aufgefordert, beide Gedichte zu vergleichen. Sie diskutieren, welches Gedicht ihnen besser gefallen hat und welches ihrer Meinung nach das Heimwehgefühl

(Marginalie: Vertiefung durch Erschreiben und Gedichtvergleich)

169

besser ausdrückt und woran das liegen könnte. So lernen sie den Gedicht-vergleich als Methode kennen, um Texteigenschaften zu reflektieren.

METHODE

Ein Gedicht erschreiben bedeutet, dass die Lernenden den Text abschreiben und dabei die Aussagen einzelner Wörter und ihre Zusammenhänge mit Hilfe farbiger Stifte und unterschiedlicher Schreibweisen (variierende Schrifttypen, Buchstabenstärken und Schriftgrößen) optisch verdeutlichen und so Textaussagen visualisieren (vgl. Surkamp/Nünning 2016: 109). Der Prozess des Erschreibens führt zu einem Textverständnis, da sich die Erschreibenden bei der Arbeit überlegen und entscheiden müssen, wie sie welche Wörter darstellen, und dabei unweigerlich den Textinhalt reflektieren. Der fertig er-schriebene Text schließlich ist eine Interpretation des Originaltextes, denn die Visualisierung entspricht dem Textverständnis der Lernenden.

Hausaufgabe Als Hausaufgabe bekommen die Lernenden eine Kopie von zwei Bildern aus dem 19. Jahrhundert: Gustave Dorés *Wentworth Street, Whitechapel* (1872) und James Jacques Tissots *Too Early* (1873) (vgl. Arbeitsblatt 5). Das erste zeigt ärmlich gekleidete Menschen in den Straßen von London und das zweite Frauen in Ballroben in einem Salon. Die Lernenden werden aufgefor-dert, sich eine der dargestellten Figuren auszusuchen und zu überlegen, wie sie vermutlich ihren Tag verbringt. Dazu sollen sie sich zuvor eigenständig mit Hilfe von Büchern und des Internets über die Lebensumstände der Men-schen im England des 19. Jahrhunderts informieren.

3.3.3 Untersuchung der Bezüge zwischen Gedichten und ihrem historischen und sozialen Kontext

**Verhältnis Text –
Wirklichkeit** Stadtgedichte rekurrieren auf zeitgenössische Lebensbedingungen und weisen daher einen Bezug zum historischen und sozialen Kontext ihrer Entstehungszeit auf. Persönliche wie fremde Erfahrungen der Autorin-nen und Autoren, politische Entwicklungen, zentrale Ereignisse – all die-se Dinge können in den Gedichten implizit oder explizit zum Ausdruck kommen und bewertet werden. Für eine Deutung dieser Texte ist daher die Kenntnis der Umstände unerlässlich, unter denen sie entstanden sind. Damit die Lernenden diese Bezüge sowie die Notwendigkeit einer Re-cherche zu den Hintergründen der Gedichte erkennen, geht es in den fol-genden vier Sitzungen schwerpunktmäßig um den historischen und sozi-alen Kontext, auf den sich die Gedichte jeweils beziehen, und es werden wiederholt Rechercheaufgaben gestellt.

West London (1852)
Matthew Arnold (1822-1888)

Crouched on the pavement close by Belgrave Square
A tramp I saw, ill, moody, and tongue-tied;
A babe was in her arms, and at her side
A girl; their clothes were rags, their feet were bare.

Some labouring men, whose work lay somewhere there,
Pass'd opposite; she touch'd her girl, who hied
Across, and begg'd, and came back satisfied.
The rich she had let pass with frozen stare.

Thought I: Above her state this spirit towers;
She will not ask of aliens, but of friends,
Of sharers in a common human fate.

She turns from that cold succour which attends
The unknown little from the unknowing great,
And points us to a better time than ours.

Matthew Arnolds Gedicht „West London" von 1852 beschreibt eine Bettlerin mit zwei kleinen Kindern in den Straßen Londons. Die Mutter schickt das Ältere zu Arbeitern, um diese um ein Almosen zu bitten. Wohlhabende Passanten lässt sie vorbeiziehen, denn – so das Gedicht – sie wird keine Fremden bitten, sondern nur Freunde, d. h. Menschen, die ihr Los teilen. Sie wendet sich ab von der kühlen Hilfe, *the cold succour*, mit denen die unwissenden Großen, *the unknowing great*, den unbekannten Kleinen, *the unknown little*, begegnen. Damit weist sie in eine bessere Zeit, in der es mehr Solidarität und weniger Gleichgültigkeit gegenüber sozialen Unterschieden geben könnte.

Matthew Arnolds „West London" (1852): Inhalt

Arnold schrieb sein Gedicht in der Form des Sonetts (zu den Merkmalen des Sonetts vgl. Surkamp/Nünning 2016: 136), ohne jedoch die Regeln der Verwendung von These und Antithese in den beiden Quartetten und Terzetten einzuhalten. Das Gedicht lässt sich aufgrund seiner Forderung nach sozialen Reformen thematisch zu den politischen Sonetten zählen, wie sie in der ersten Hälfte des 19. Jahrhunderts entstanden: Es behandelt ein gesellschaftliches Phänomen und versucht Einfluss auf das Verhalten der Menschen zu nehmen.

Formale Besonderheiten

William Blake   Der aus einfachen Verhältnissen stammende Dichter, Illustrator und Drucker William Blake (1757-1827), der nach seiner Lehre als Kupferstecher zunächst die ‚Royal Academy of Arts' besuchte, wird der Epoche der Früh- oder Vor-Romantik zugeordnet. Der von vielen seiner Zeitgenossen für wahnsinnig gehaltene Blake verlieh seiner visionären Weltsicht in den meisten seiner Werke in Wort und Bild Ausdruck. Im Gegensatz zu seinen späteren Dichtungen, die experimentell, mystisch und prophetisch sind, bestehen die frühen „Songs of Innocence" (1789) und „Songs of Experience" (1794), aus denen der folgende Text stammt, aus kurzen und scheinbar einfachen Gedichten. Typisch für Blakes Denkweise und Lyrik sind neben einem Streben nach einer Vereinigung von Gegensätzen seine Auflehnung gegen jede Form von institutionalisiertem Zwang und Tyrannei, Unterdrückung des Geistes, konventionelle Moralauffassungen, soziale Ungerechtigkeit sowie gegen überkommene Traditionen. Das folgende Gedicht vermittelt zum einen eine anschauliche Vorstellung davon, mit welchen Gestaltungsmitteln Blake seiner rebellischen Haltung und seiner Sympathie für die Ideale der Französischen Revolution literarisch Ausdruck verlieh. Zum anderen repräsentiert Blakes poetische Anklage beispielhaft jenen ausgeprägten Subjektivismus, der eines der charakteristischen Merkmale der Lyrik der Romantik ist.

London (1794)
William Blake (1757-1827)

I wander thro' each charter'd street,
Near where the charter'd Thames does flow,
And mark in every face I meet
Marks of weakness, marks of woe.

In every cry of every man,
In every Infant's cry of fear,
In every voice, in every ban,
The mind-forg'd manacles I hear.

How the Chimney-sweeper's cry
Every black'ning Church appals;
And the hapless Soldier's sigh
Runs in blood down Palace walls.

But most thro' midnight streets I hear
How the youthful Harlot's curse
Blasts the new-born Infant's tear,
And blights with plagues the Marriage hearse.

William Blakes Gedicht „London" von 1794 schildert die Wahrnehmungen eines lyrischen Ich, das durch die Straßen Londons läuft. Die prononcierte Subjektivität dieses Gedichts manifestiert sich vor allem in der Sprechsituation und in der Perspektive des lyrischen Ich, die sowohl die Thematik als auch die literarische Gestaltung der beschriebenen Situationen prägt. Das lyrische Ich tritt in diesem Fall nicht nur als Aussageinstanz in Erscheinung, sondern erhält auch als wahrnehmendes, erkennendes und mit Bewusstsein ausgestattetes Subjekt persönliche Konturen. Dies ist vor allem darauf zurückzuführen, dass der Sprecher als Wahrnehmungszentrum fungiert: Er ‚wandert' durch London, besucht verschiedene Örtlichkeiten, die mit Ausnahme der Themse nicht näher spezifiziert sind, und gibt seine individuellen Eindrücke wieder, die er bei einem Gang durch London von ausgewählten Berufsgruppen gewonnen hat.

William Blakes „London" (1794): Explizite Subjektivität

Das lyrische Ich bemerkt, dass das Nutzungsrecht der Straßen so fest vergeben ist wie das der Themse, und nimmt in den Gesichtern der Menschen Spuren von Kummer und Not wahr. Es hört die vom Geist geformten Fesseln aus jedem Schrei der Männer, aus jedem Angstschrei der Kinder und aus jeder Stimme und jedem Verbot. Es sagt, der Schrei des (rußigen) Schornsteinfegers lasse die angeschwärzte Kirche erbleichen und der Seufzer des glücklosen Soldaten laufe blutig die Palastmauern herab. Und es berichtet davon, dass es beim Wandern durch die mitternächtlichen Straßen den Fluch der jugendlichen Prostituierten höre, der die Tränen des Neugeborenen versiegen lasse und den Hochzeitsleichenwagen (*Marriage hearse*) – nicht das Hochzeitsbett – mit Plagen verschandeln oder gar vernichten würde.

Inhalt

Verstärkt wird der ausgeprägte Ich-Bezug dadurch, dass das lyrische Ich keineswegs bloß sinnlich wahrnehmbare Objekte oder Personen beschreibt, sondern diesen zugleich Attribute zuschreibt, die Rückschlüsse auf die Perspektive des Sprechers zulassen. Die Subjektivität bekundet sich dabei sehr deutlich in einer Reihe von formalen Aspekten. Zum einen ist der Sprecher das Subjekt, das die meisten Verben regiert (Z. 1: *I wander*; Z. 3: *I meet*; Z. 8, 13: *I hear*). Zum anderen deutet und bewertet er das, was er vermeintlich bloß beobachtet, indem er wertende Adjektive und Substantive verwendet: So glaubt er in den Gesichtern der Stadtbewohner Schwäche und Leiden (Z. 4: *Marks of weakness, marks of woe*) erkennen zu

Formale Besonderheiten

können, und der Soldat wird als unglücklich und glücklos (Z. 11: *hapless*) beschrieben. Das lyrische Ich in Blakes „London" bedient sich literarischer Redemittel für die Darstellung dessen, was es wahrnimmt. Kennzeichnend für den Stil sind ungewöhnliche Attributzuordnungen sowie kühne Bilder und andere rhetorische Mittel.

Sozialkritik mit poetischen Mitteln

Es ist kennzeichnend für Blakes Gedicht, dass das lyrische Ich einzelne Sinneseindrücke herausgreift, die über sich selbst hinausweisen und sich auf zeitgeschichtliche soziale Probleme beziehen. Dieser Befund darf jedoch nicht zu dem voreiligen Schluss verleiten, es ginge dem Sprecher um die Wiedergabe sozialgeschichtlicher Details. Vielmehr zeichnet sich Blakes poetische Darstellungsweise zum einen dadurch aus, dass die einzelnen Wahrnehmungsinhalte für größere Phänomene stehen. Zum anderen deckt Blake mit literarischen Gestaltungsmitteln tiefer liegende Zusammenhänge auf, ohne sie direkt auszusprechen. Obgleich der anklagende Charakter und bittere Ton des Gedichts unüberhörbar sind, werden die Missstände und deren Ursachen nicht explizit angeprangert, sondern kausale Zusammenhänge werden mit Hilfe literarischer Darstellungsmittel implizit angedeutet.

Synästhesie und Metonymie

Blake bedient sich in diesem Gedicht durchgängig zweier Stilmittel, die mit den literaturwissenschaftlichen Begriffen ‚Synästhesie' und ‚Metonymie' bezeichnet werden. Unter einer ‚Synästhesie' versteht man die sprachliche Vermischung verschiedenartiger Reize, die unterschiedlichen Sinnesorganen zuzuordnen sind. So vermischt das lyrische Ich verschiedene Sinneswahrnehmungen wie z. B. das Hören und Sehen: Seufzer laufen blutig an Palastmauern herab. Diese Synästhesie dient zur Verstärkung des vermittelten gesellschaftskritischen Bildes. Eine Metonymie liegt hingegen dann vor, wenn das eigentlich gemeinte Wort durch ein anderes ersetzt wird, das in einer sachlichen, logischen oder ursächlichen Beziehung zu ersterem steht. Im Unterschied zur Metapher beruht eine Metonymie nicht auf sprachlicher Ähnlichkeit der verknüpften Elemente, sondern auf einer realen Berührung bzw. sachlichen Angrenzung (‚Kontiguität') der beiden Phänomene. Aufgrund der Komplexität dieser Gestaltungsmittel und ihrer Bedeutung für die Erschließung von Blakes Schreibweise ist es sinnvoll, sich ihre Wirkungsweise zu verdeutlichen. Die metonymischen und synästhetischen Beschreibungen überlassen es aufgrund ihrer Mehrdeutigkeit den Lesenden, einen Zusammenhang zwischen den Satzteilen herzustellen und Hypothesen darüber aufzustellen, worauf das lyrische Ich Bezug nimmt:

▸ Das Bild der angeschwärzten Kirchen kann etwa als metaphorische Anklage der anglikanischen Kirche (Metonymie) verstanden werden, die den Menschen nicht ausreichend zur Seite steht. Oder aber die Gebäude sind wirklich verrußt aufgrund der Industrie in London, und die Verwahrlosung der Kirchen symbolisiert eine Vernachlässigung und Abkehr von der Religion.

▸ Der glücklose Soldat kann als Kritik an der Erweiterung und Aufrechterhaltung des British Empire gelesen werden, für das viele junge Männer ihr Leben ließen.

▸ Das Blut an den Palastmauern könnte eine Anspielung auf die Französische Revolution (1789-1799) sein, in deren Zuge viele Paläste geplündert und ihre Bewohner getötet wurden. Deutet man ‚Palast' als Synonym für die englische Krone, so lässt sich diese Passage auch als bildliche Schuldzuweisung, als Kritik an sozialer Ungerechtigkeit oder Imperialismus verstehen.

▸ Der Hinweis auf die jugendliche Prostituierte kann als kritische Anspielung auf Kinderarbeit, Moralverfall sowie den Mangel an anständigen Arbeitsmöglichkeiten für junge Frauen dienen.

▸ Die versiegenden Tränen des Neugeborenen können für die Ausweglosigkeit der Situation der Besitzlosen sowie deren Unschuld daran stehen.

▸ Der Hochzeitsleichenwagen schließlich kann in Verbindung mit der Prostituierten auf das damalige Problem weit verbreiteter Geschlechtskrankheiten hindeuten (z. B. Syphilis), unter denen viele Prostituierte und Freier litten und mit denen sich sittsame Ehefrauen im Ehebett ansteckten, und damit zugleich als Kritik an sexueller Doppelmoral gedeutet werden.

Arnolds und Blakes Gedichte im Vergleich

Matthew Arnolds „West London" und William Blakes „London" stellen mit rund einem Jahrhundert Zeitabstand die Themen ‚Armut' und ‚soziale Ungerechtigkeit' dar. Während Arnolds reflektierte Momentaufnahme durch den Hinweis in der letzten Gedichtzeile (*And points us to a better time than ours.*) auf einen Wunsch nach Veränderung hindeutet und dem Gedicht Appellcharakter verleiht, ist Blakes „London" eine Zusammenfassung vieler subjektiver Eindrücke, die das lyrische Ich auf einer Wanderung durch die Straßen Londons sammelt. Anders als das lyrische Ich in „West London" gibt sich das lyrische Ich in „London" nicht optimistisch oder reformorientiert, sondern beschreibt das Unglück als unausweichliches Schicksal der Menschen. Ein weiterer Unterschied der Gedichte besteht darin, dass Arnolds lyrisches Ich implizit die Gleichgültigkeit derer anklagt, die von Industrialisierung und gesellschaftlichen Hierarchien profitieren, während es Blakes lyrisches Ich den Lesenden überlässt, aus Andeutungen Zusammenhänge und Schuldzuweisungen zu konstruieren.

Die Autoren im Vergleich

Matthew Arnold stammte aus einer angesehenen Familie und war ein renommierter Gesellschaftskritiker, dessen Gedichten gebührend Aufmerksamkeit gezollt wurde. Während Blake Ende des 18. Jahrhunderts zunächst nur eine kleine Leserschaft für seine Texte fand, waren Armut und die Notwendigkeit sozialer Veränderungen am Ende des 19. Jahrhunderts keine Tabuthemen mehr. Offen kritisierte Arnold in seinen Arbeiten das englische Klassensystem und forderte soziale Reformen. Der in London geborene William Blake wusste aufgrund seiner einfachen Herkunft um die Probleme der mittellosen Stadtbevölkerung und kannte das Elend in den Straßen. In seinen Gedichten wies er auf die sozialen Probleme Londons hin und illustrierte sie mit kolorierten Kupferstichen. Seine Inhalte waren jedoch für die damaligen gut situierten Leser zu schockierend, seine Forderungen zu radikal. Für die einfache Bevölkerung, deren Belange er vertrat und die in der Regel über keine fundierte Bildung verfügten, waren seine Texte wiederum zu kompliziert, so dass ihm Erfolg als Schriftsteller zu Lebzeiten verwehrt blieb.

Einstieg über Bild und Hausaufgabe

Der bzw. die Lehrende legt eine Folie des Arbeitsblatts 5 mit Reproduktionen von Gustave Dorés Grafik *Wentworth Street, Whitechapel* (1872) und von James Jacques Tissots Gemälde *Too Early* (1873) auf und bittet einige Schülerinnen und Schüler, ihre zu Hause verfassten Tagesabläufe vorzulesen. Sind wenigstens zwei Versionen zu jedem Bild vorgetragen, werden die Beschreibungen verglichen, um auf das Thema ‚soziale Ungleichheit' vorzubereiten. An der Tafel wird festgehalten, was aus der Sicht der Lernenden das Leben der Reichen und der Armen im 19. Jahrhundert bestimmte: *In your opinion, how did the rich and the poor live in 19th-century London?* Da sich die beiden zu behandelnden Gedichte mit der Frage beschäftigen, wer oder was für das Elend in der Stadt verantwortlich ist, werden die Schülerinnen und Schüler aufgefordert, in kleinen Gruppen auf der Basis ihrer zu Hause durchgeführten Recherchen mögliche Gründe für die Armut zu diskutieren (Industrialisierung, niedrige Löhne, Ausbeutung von Arbeitern, englisches Klassensystem). Diese Diskussion soll dazu beitragen, die gelesenen Informationen kritisch zu hinterfragen. Am Ende der vorgegebenen Zeit werden die Ergebnisse im Plenum vorgestellt.

Erarbeitung über differenzierte Lückentexte

Nach dieser inhaltlichen Aktivierung erhalten die Lernenden ein Arbeitsblatt (vgl. Arbeitsblatt 6a oder 6b) zu „West London" oder „London", dessen Aufgaben sie eigenständig in Gruppenarbeit lösen. Sie können selbst wählen, ob sie das mittelschwere „West London" bearbeiten oder sich am komplizierteren „London" versuchen möchten. Beide Gedichte werfen die Frage auf, wer oder was für das Elend in der Stadt verantwortlich ist, jedoch auf unterschiedliche Weise. So eröffnet die parallele Bearbeitung beider Texte unterschiedliche Perspektiven, und die abschließenden Präsentationen der interpretierten Gedichte bieten eine Grundlage für eine Diskussion. Da beide Texte die gleichen Themen (,Armut' bzw. ,soziale Ungerechtigkeit') behandeln, sind die jeweils zuhörenden Schülerinnen und Schüler durch die Arbeit mit ihrem eigenen Gedicht darauf vorbereitet: Sie verfügen über Vorwissen und Erwartungen, ohne jedoch zu wissen, wovon der andere Text genau handelt, so dass Neugier und Spannung entstehen können.

Bei den Arbeitsblättern 6a und 6b handelt es sich um Lückentexte. Ein Lückentext veranlasst die Schülerinnen und Schüler zu sorgfältigem Lesen, weil sie aus dem Kontext erschließen müssen, welche Wörter in die Lücken passen. Die Lösungen stehen – teilweise mit einsprachigen Vokabelerläuterungen – ungeordnet am Fuße des Arbeitsblattes. Das Ziel dieser Übung besteht nicht darin, das Originalgedicht möglichst perfekt zu rekonstruieren, sondern die Wirkung poetischer Sprache durch das Spiel mit den Worten zu erfahren. In kleinen Gruppen füllen die Lernenden die Lücken und vergleichen ihre Ergebnisse schließlich gemeinsam. Die Lernenden erhalten nun den Originaltext ihres bearbeiteten Gedichts, lesen ihn und werden aufgefordert, weiterhin in Gruppenarbeit Überschriften für die einzelnen Strophen der Gedichte zu finden. Im nächsten Schritt legen die Lernenden in ihren Kleingruppen eine Tabelle an, in deren erste Spalte sie eine Inhaltsangabe jedes Abschnittes schreiben und in deren zweite Spalte dessen mögliche Deutung folgt. Betitelt werden die beiden Spalten mit ,explicit meaning' und ,implicit meaning' bzw. ,What does the lyrical I say explicitly?' und ,What could this mean?'. Beim Füllen der Leerstellen durch die Bezugnahme auf historische und textuelle Zusammenhänge lernen die Schülerinnen und Schüler, dass Stadtgedichte auch als Reaktion auf historische Umstände zu verstehen sind und dass geschichtliches Hintergrundwissen für die Analyse und Interpretation eines Gedichts hilfreich sein kann.

Arbeit mit den Lückentexten

Bevor die beiden Gruppen dem Plenum ihre Ergebnisse präsentieren, wird kurz besprochen, was eine gute Präsentation ausmacht – z. B. das laute, klare Sprechen, das Anschreiben wichtiger Aspekte, die Erläuterung unbekannten Vokabulars, der Hinweis auf wichtige Zusammenhänge und ausführliche Erklärungen zu den Informationen. Dann folgt der Vortrag: Die Gedichte werden mit dem Tageslichtprojektor an die Wand geworfen, die Schülerinnen und Schüler lesen ihr Gedicht vor, geben Stück für Stück die Zusammenfassung des Gedichts und seine Deutung. Dabei sollten möglichst viele verschiedene Lernende involviert sein. Die

Präsentationen

Deutungen beider Texte werden verglichen und Alternativen besprochen. Kernaussagen werden schließlich zur Sicherung schriftlich festgehalten. Ein Ziel dieser Aufgabe besteht darin, den Lernenden bei der Ausbildung ihrer Präsentationskompetenzen behilflich zu sein.

LEKTÜRETIPP

Eine sehr gute Einführung in die Thematik bietet folgender Band:
Blod, Gabriele: *Präsentationskompetenzen: Überzeugend präsentieren in Studium und Beruf.* Uni-Wissen Kernkompetenzen. Stuttgart: Klett 2007.

Fakultative Zusatzaufgabe

Vermutlich wird die Gruppe, die „West London" bearbeitet, weniger Zeit für die Erarbeitung des Textes benötigen als die Gruppe, die sich mit „London" beschäftigt, weil das Bedeutungs- und Wirkungspotenzial von „West London" weniger komplex ist. In diesem Fall kann der bzw. die Lehrende die Schülerinnen und Schüler darauf hinweisen, dass „West London" in der Form des Sonetts verfasst ist, und sie bitten sich zu überlegen, weshalb Arnold gerade diese Form für sein Gedicht gewählt hat.

Composed upon Westminster Bridge, Sept. 3, 1802 (1807)
William Wordsworth (1770-1850)

Earth has not anything to show more fair:
Dull would he be of soul who could pass by
A sight so touching in its majesty:
This City now doth, like a garment, wear
The beauty of the morning; silent, bare,
Ships, towers, domes, theatres, and temples lie
Open unto the fields, and to the sky;
All bright and glittering in the smokeless air.
Never did sun more beautifully steep
In his first splendour, valley, rock, or hill;
Ne'er saw I, never felt, a calm so deep!
The river glideth at his own sweet will:
Dear God! the very houses seem asleep;
And all that mighty heart is lying still!

In Wordsworths Gedicht „Composed upon Westminster Bridge" beschreibt das lyrische Ich einen Momenteindruck der Stadt am Morgen: Majestätisch liegt London da und trägt die Schönheit dieses Morgens wie ein Gewand. Alle Gebäude liegen offen unter einem klaren Himmel im Sonnenschein. Das lyrische Ich erklärt, nie habe es eine solche Ruhe gespürt: Langsam gleitet die Themse vorbei, alle Häuser scheinen zu schlafen und das mächtige Herz der personifizierten Stadt scheint still zu stehen.

William Wordsworths „Composed upon Westminster Bridge" (1807): Inhalt

Das explizite lyrische Ich schildert Eindrücke, die es in einem zeitlich begrenzten Moment an einem bestimmten Ort und Zeitpunkt, der durch den Titel eindeutig markiert ist, gesammelt hat. Im unmittelbaren Vergleich zu Blakes „London" wird deutlich, dass der ästhetische Eindruck in diesem Gedicht von sehr viel größerer Bedeutung ist als eine politische Stellungnahme. Das lyrische Ich versucht auch nicht, eine objektive, umfassende und allgemeingültige Darstellung eines Orts zu geben, sondern es vermittelt bewusst subjektiv gehaltene Eindrücke. Es beschreibt die Stadt so, als handle es sich um ein lebendiges Wesen, das Kleider trägt und dessen Herzschlag zu spüren ist. Diese Anthropomorphisierung und Personifikation der Stadt lässt einen besonderen Bezug zwischen dem lyrischen Ich und der Stadt erahnen. Das so gezeichnete Bild steht in deutlichem Kontrast zu den im 19. Jahrhundert verbreiteten sozialkritischen Arbeiten zeitgenössischer Dichter: Viele Künstler der Epoche beziehen in ihren Texten Stellung zu sozialen Problemen; andere hingegen beschreiben subjektive Eindrücke, halten relativ unbedeutende Aspekte in entrückter Form fest – wie z. B. John Keats in „Ode on a Grecian Urn" (1819) – und geben damit eher Auskunft über einen momentanen Gemütszustand als über das, was für das alltägliche Leben der Londoner von Bedeutung ist. Die Beschreibung in Wordsworths Gedicht scheint im Übrigen auf einer persönlichen Erfahrung des Dichters zu beruhen, denn seine Schwester Dorothy verfasste 1802 in ihrem Tagebuch einen Eintrag, der deutliche Parallelen zum Inhalt dieses Gedichts aufweist.

Formale Besonderheiten

Ähnlich wie der Vorromantiker Blake zählt auch William Wordsworth (1770-1850) zu den bedeutendsten englischen Dichtern der Romantik. Herausragende englische Repräsentanten der Lyrik der Romantik sind neben Blake und Wordsworth vor allem Samuel Taylor Coleridge (1772-1834), John Keats (1795-1821), Percy Bysshe Shelley (1792-1822) und Lord Byron (1788-1824). Die Romantiker stellten u.a. die persönliche Sinneswahrnehmung und individuelle Erfahrungen, die Reflexion des scheinbar Alltäglichen und die Natur in den Mittelpunkt ihrer Arbeiten. Wie auch viele Dichter nach ihnen evozieren sie flüchtige Augenblicke und betonen die Subjektivität der Sprecher.

Autor

Einstieg über Tagebucheintrag

Die Lernenden erhalten den Tagebucheintrag von Dorothy Wordsworth als Kopie (vgl. Arbeitsblatt 7) und lesen ihn mit dem Auftrag, sich zu überlegen, was für eine Stimmung der Text vermittelt. Die Ideen werden im Plenum besprochen und an der Tafel festgehalten. Dann wird gefragt, mit welchen rhetorischen Mitteln, welchem Reimschema und Metrum man diese Eindrücke unterstützen könnte, wenn es sich bei dem Text um ein Gedicht handelte (z. B. der Vergleich mit schönen Dingen, um die Schönheit der Stadt zu unterstreichen, ein gleichmäßiger, langsamer Rhythmus, um die Ruhe auszudrücken, oder Metaphern, um das Alltägliche bedeutsam erscheinen zu lassen). Die Vorschläge werden neben die Eindrücke an die Tafel geschrieben.

Erarbeitung über Untersuchung von Intonation und Redemitteln

Bisher haben die Lernenden alle Texte gelesen. Zur Abwechslung und als Training des Hörverstehens steigen sie nun mit einer Hörversion (vgl. CD-ROM) in die Gedichterarbeitung ein. So erfahren sie erneut, welche Wirkung phonologische rhetorische Figuren haben, die erst durch den lauten Vortrag zur Geltung kommen. Außerdem trainieren sie dabei ihr Hörverstehen. Durch den Tagebucheintrag sind sie inhaltlich auf den Text und das zu erwartende Vokabular vorbereitet. Ihr Hörauftrag lautet:

 A Which impression do you get from the aural text?
Which rhetorical means underline this impression?

Sie hören das Gedicht wenigstens zweimal. Anschließend erhalten sie den Gedichttext und vergleichen ihn mit ihren ersten Ergebnissen und Ideen bezüglich der Redemittel. In Zweiergruppen vertiefen sie durch diesen Vergleich ihr Verständnis von Form und Funktion der sprachlichen Besonderheiten des Gedichts. Außerdem werden Reimschema, Metrum und Struktur des Gedichts im Hinblick auf ihre jeweilige Wirkung untersucht. Die Ergebnisse werden besprochen und die im Gedicht verwendeten Redemittel, die bisher nicht an der Tafel stehen, werden ergänzt.

Vertiefung durch eigenen Vortrag des Gedichts

Die Lernenden werden gefragt, inwiefern ihnen die Hörversion des Gedichts gefallen hat und wie sie selbst den Text laut vorgetragen hätten. So sollen sie sich der affektiven Wirkung lyrischer Texte bewusst werden. In Kleingruppen erarbeiten sie selbst einen Vortrag des Gedichts. Im Plenum wird besprochen, was im Vergleich zur abgespielten Hörversion verändert wurde. Eine oder zwei Versionen werden vorgetragen.

Für die Hausaufgabe erhalten die Lernenden ein Bild von Londonern, die **Hausaufgabe** vom Regen heimgesucht unter einem Brunnendach Schutz suchen (vgl. Arbeitsblatt 8). Sie werden aufgefordert, zur Vorbereitung auf das nächste Gedicht das Bild in wenigen Sätzen zu beschreiben und eine Kurzbiografie für eine Figur zu erfinden.

A Description of a City Shower (1710)
Jonathan Swift (1667-1745)

*Careful observers may foretell the hour
(By sure prognostics) when to dread a shower:
While rain depends, the pensive cat gives o'er
Her frolics, and pursues her tail no more.
Returning home at night, you'll find the sink
Strike your offended sense with double stink.
If you be wise, then go not far to dine,
You spend in coach-hire more than save in wine.
A coming shower your shooting corns presage,
Old aches throb, your hollow tooth will rage.
Sauntering in coffee-house is Dulman seen;
He damns the climate, and complains of spleen.
Mean while the South rising with dabbled wings,
A sable cloud a-thwart the welkin flings,
That swilled more liquor than it could contain,
And like a drunkard gives it up again.
Brisk Susan whips her linen from the rope,
While the first drizzling shower is born aslope,
Such is that sprinkling which some careless quean
Flirts on you from her mop, but not so clean.
You fly, invoke the gods; then turning, stop
To rail; she singing, still whirls on her mop.
Not yet, the dust had shunned the unequal strife,
But aided by the wind, fought still for life;
And wafted with its foe by violent gust,
'Twas doubtful which was rain, and which was dust.
Ah! where must needy poet seek for Aid,
When dust and rain at once his coat invade;
Sole coat, where dust cemented by the rain,
Erects the nap, and leaves a cloudy stain.*

Now in drops the flood comes down,
Threatening with deluge this devoted town.
To shops in crowds the daggled females fly,
Pretend to cheapen Goods, but nothing buy.
The Templar spruce, while every spout's a-broach,
Stays till 'tis fair, yet seems to call a coach.

The tucked-up sempstress walks with hasty strides,
While streams run down her oiled umbrella's sides.
Here various kinds by various fortunes led,
Commence acquaintance underneath a shed.
Triumphant Tories, and desponding Whigs,
Forget their feuds, and join to save their wigs.
Boxed in a chair the beau impatient sits,
While spouts run clattering o'er the roof by fits;
And ever and anon with frightful din
The leather sounds, he trembles from within.
So when Troy chairmen bore the wooden steed,
Pregnant with Greeks, impatient to be freed,
(Those bully Greeks, who, as the moderns do,
Instead of paying chairmen, run them through.)
Laocoon struck the outside with his spear,
And each imprisoned hero quaked for fear.

Now from all Parts the swelling kennels flow,
And bear their Trophies with them as they go:
Filth of all hues and odours seem to tell
What streets they sailed from, by the sight and smell.
They, as each Torrent drives, with rapid force
From Smithfield, or St. Pulchre's shape their course,
And in huge confluent join at Snow-Hill ridge,
Fall from the conduit prone to Holborn-Bridge.
Sweepings from butchers stalls, dung, guts, and blood,
Drowned puppies, stinking sprats, all drenched in mud,
Dead cats and turnips-tops come tumbling down
the flood.

In Jonathan Swifts Gedicht „A Description of a City Shower" (1710) beschreibt das implizite lyrische Ich aus der Sicht eines Augenzeugen, wie die Londoner aller Klassen von einem Regenschauer heimgesucht werden. Zunächst erklärt es dem expliziten lyrischen Du die Phänomene, die auf einen Wetterwechsel hindeuten: Katzen werden nachdenklich, den Ausgüssen entströmt Gestank, Hühneraugen blühen auf, alte Schmerzen pochen und ein hohler Zahn tut weh. Dann nähern sich die Regenwolken und entleeren sich wie Betrunkene, die zu viel Alkohol konsumiert haben. Als es zu nieseln beginnt, nehmen Frauen eilig ihre Wäsche von der Leine. Der arme Dichter klagt, dass Regen und Staub durch den Wind vermischt würden, so dass seine Kleidung nicht bloß nass, sondern auch schmutzig werde. Ein heftiger Regen setzt ein, und das Wasser droht die Stadt zu überfluten, so das lyrische Ich. Es scheint sich umzuschauen und beschreibt das Verhalten der Menschen in der Stadt: Frauen suchen Schutz in Läden und handeln, ohne etwas kaufen zu wollen. Ein Anwalt wartet, bis es aufklart, scheint jedoch eine Kutsche rufen zu wollen. Eine Näherin läuft eilig und mit aufgekrempelten Ärmeln, während das Wasser von ihrem geölten Regenschirm rinnt. In einem Schuppen treffen die unterschiedlichsten Menschen aufeinander und politische Gegner eint der Wunsch, ihre Perücken vor dem Nass zu bewahren. Ungeduldig sitzt ein junger Kavalier in seiner Sänfte, während der Regen auf das Lederdach seines Gefährts peitscht. Das lyrische Ich vergleicht seine Situation mit der der im trojanischen Pferd versteckten Griechen, die erbebten, als Laokoon seinen Speer in die Außenseite des Holztiers rammte. Der letzte Teil des Gedichts ist der Beschreibung der Wassermassen gewidmet: Von allen Seiten rauscht das Wasser in die Gosse und trägt seine Trophäen heran: Schmutz, Abfall, Dung und Blut, ertrunkene junge Hunde, stinkende Fische, tote Katzen und Rübenblätter. Alles strömt durch die Stadt.

Jonathan Swifts „A Description of a City Shower" (1710): Inhalt

Bei „A Desription of a City Shower" handelt es sich um ein satirisches Gedicht, ein sogenanntes *mock-epic* oder *mock-heroic poem*. Ein ‚*mock-epic poem*' ist ein episches Gedicht, das einen trivialen Gegenstand durch seine formvollendete Beschreibung auf geistreiche und unterhaltsame Weise scheinbar zu epischer Größe erhebt, es tatsächlich aber Spott und Hohn preisgibt. In diesem Fall wird ein banaler Regenguss beschrieben und formal (in *heroic couplets*) und inhaltlich (z.B. durch den Vergleich des Kavaliers mit den griechischen Helden) übertrieben erhöht. Die *heroic couplets* können als Mittel interpretiert werden, mit dem Spott provoziert werden soll: Während die Gedichtform dem durch den Regenguss wenig einladenden Zustand Londons und dem ungebührlichen Verhalten seiner Bewohner scheinbare Würde verleiht, versagt der Gedichtinhalt Stadt und Menschen diese Zuweisung. Die Leserschaft kann diesen Wi-

Formale Besonderheiten

derspruch entdecken, den scheinbaren Anspruch Londons als unbescheiden und prätentiös entlarven und über diese Selbstüberschätzung spotten. Swift parodiert mit seinem Gedicht die damalige Mode der mythischen Pastoraldichtung, indem er Bezug auf das vierte Buch von Vergils *Aeneis* nimmt und die banale Handlung in die Stadt verlegt. Eine mögliche Schlussfolgerung, die das Gedicht zulässt, ist, dass Swift implizit Kritik am englischen Klassensystem und der Unnatürlichkeit der sozialen Unterschiede üben wollte, indem er den Regen als ausgleichendes Element benutzte: Ob arm oder reich, der Regen macht keinen Unterschied und durchnässt alle Menschen gleichermaßen. Ebenso kann Swift spöttisch Londoner Typen mit der Absicht beschrieben haben, seine Leser zu belustigen, ohne ein sozialkritisches Bild der Stadt zeichnen zu wollen.

Autor Jonathan Swift (1667-1745) gilt als einer der größten englischen Satiriker. Ironisch und voller Spott beschreibt er die englische Gesellschaft und gibt einen satirisch verzerrten Einblick in die damaligen Lebensbedingungen der Menschen in England und Irland. Seine satirischen und sozialkritischen Texte wurden anonym oder unter Pseudonymen veröffentlicht.

Einstieg über Bildbeschreibung und Hausaufgabenvortrag Der bzw. die Lehrende präsentiert den Lernenden das zu Hause bearbeitete Bild auf Folie (vgl. Folie 3). Die Lernenden werden aufgefordert, das Bild zunächst deskriptiv und dann assoziativ zu beschreiben – *What can you see? What associations does the picture evoke in your mind?* – und ihre zu Hause entworfenen Kurzbiografien vorzutragen. Es werden wahrscheinlich ganz unterschiedliche Persönlichkeiten beschrieben, die – wie die Figuren in Swifts Gedicht – verschiedenen Tätigkeiten nachgehen und unterschiedlichen Gesellschaftsschichten angehören.

Erarbeitung über *scanning* und pantomimische Interpretation Die Lernenden erhalten eine Kopie von „A Description of a City Shower" und werden aufgefordert herauszuarbeiten, welche Figuren der Text erwähnt, und ihre Eigenschaften bzw. ihr Handeln in der konkreten Situation zu notieren. Dazu lesen sie den Text ein- oder zweimal gründlich durch und *scannen* ihn dann noch einmal nach den gesuchten Informationen. Die Ergebnisse werden im Plenum verglichen. Im nächsten Schritt werden die Lernenden in Zweier- oder Dreiergruppen eingeteilt (eine Gruppe pro Gedichtfigur) und aufgefordert zu erarbeiten, wie das Verhalten ihrer Figur pantomimisch dargestellt werden könnte. Dazu ist eine erneute selektive Lektüre erforderlich. Außerdem erhält eine weitere Gruppe von zwei bis drei Schülerinnen und Schülern die Aufgabe, das betonte Lesen des Gedichts vorzubereiten. Das Gedicht wird daraufhin vorgetragen, und während des Lesevorganges werden die erspielten Szenen in chronologischer Reihenfolge aufgeführt. Dazu sollte sich jede Gruppe schon im Vorhinein

ein Stichwort aus dem Gedicht merken, damit auch alle wissen, wann genau ihr Einsatz ist. Das pantomimische Spiel soll den Lernenden den Gedichtinhalt veranschaulichen. Außerdem sollen sie das Spiel als Form der Textinterpretation begreifen und lernen, dass sich auch beim Theaterspiel (Pantomime) Form (Mimik und Gestik) und Funktion (Unterstreichung der Textaussage) wechselseitig bedingen. Zum Abschluss können sich noch einmal alle Lernenden zusammen als ein Standbild hinstellen, das der bzw. die Lehrende fotografiert. Da die letzte Gedichtsstrophe keine weiteren Verhaltensweisen, sondern das Aussehen der Stadt beschreibt, können die Schülerinnen und Schüler den Gedichtvortrag mit möglichen Reaktionen ihrer Rollenpersönlichkeit auf diese Sinneswahrnehmungen begleiten und sich auf diese Weise den Inhalt dieser Passage vergegenwärtigen.

Nach dem Spiel wird gemeinsam zusammengefasst, was der Text beschreibt, und dann werden gemeinsam die Deutungshypothesen und Funktionen im Unterrichtsgespräch erörtert: *Sum up what the poem describes. What could its function be?* Dabei sollte u. a. herausgearbeitet werden, dass eine übertrieben ernsthafte Präsentation eines banalen Themas Ironie oder Sarkasmus ausdrücken kann. Bei der Analyse des Gedichts können die Schülerinnen und Schüler zu dem Schluss gelangen, dass z. B. *heroic couplets* statt heroischer Begebenheiten auch banale Dinge schildern können, so dass durch den Widerspruch von Inhalt und Form Satire und Spott ausgedrückt werden können.

Ergebnissicherung

Als Hausaufgabe sollen sich die Lernenden eigenständig das historische Hintergrundwissen zu Auszügen aus John Drydens Gedicht „Annus Mirabilis" von 1667 erarbeiten. Dazu sollen sie im Internet recherchieren.

Hausaufgabe

A Find information online on London in the year 1666.
Be careful to check several websites to make sure the information you found is correct.

Die drei Ereignisse, die die Lernenden dabei ermitteln sollen, sind die Pestepidemie, das Feuer, das weite Teile der Stadt zerstörte, und die Belagerung der Stadt durch holländische Truppen. Der Zweck dieser Aufgabe besteht neben der Vorbereitung auf das nächste Gedicht darin, dass die Lernenden üben, selbstständig Informationen zu einem vorgegebenen Thema im Internet zu finden. Dazu zählt auch, dass sie lernen, den Wahrheitsgehalt von Informationen durch den Vergleich der Inhalte von verschiedenen Websites zu überprüfen.

Annus Mirabilis (1667)
John Dryden (1631-1700)

[…]

Already labouring with a mighty fate,
She shakes the rubbish from her mounting brow,
And seems to have renew'd her charter's date,
Which Heaven will to the death of time allow.

More great than human now, and more august,
Now deified she from her fires does rise:
Her widening streets on new foundations trust,
And opening into larger parts she flies.

Before, she like some shepherdess did show,
Who sat to bathe her by a river's side;
Not answering to her fame, but rude and low,
Nor taught the beauteous arts of modern pride.

Now, like a maiden queen, she will behold,
From her high turrets, hourly suitors come;
The East with incense, and the West with gold,
Will stand, like suppliants, to receive her doom!

The silver Thames, her own domestic flood,
Shall bear her vessels like a sweeping train;
And often wind, as of his mistress proud,
With longing eyes to meet her face again.

The wealthy Tagus, and the wealthier Rhine,
The glory of their towns no more shall boast;
And Seine, that would with Belgian rivers join,
Shall find her lustre stain'd, and traffic lost.

The venturous merchant who design'd more far,
And touches on our hospitable shore,
Charm'd with the splendour of this northern star,
Shall here unlade him, and depart no more.

[…]

In John Drydens Gedicht „Annus Mirabilis" (lateinisch für ‚Wunderjahr') von 1667 schildert ein explizites lyrisches Ich die Ereignisse des denkwürdigen Jahres 1666: London wurde seit dem Vorjahr von einer Pestepidemie heimgesucht, die viele Tausend Menschen das Leben kostete, ein Feuer verwüstete in nur drei Tagen (2. bis 5. September 1666) große Teile der Stadt, und feindliche holländische Schiffe gelangten auf der Themse bis kurz vor London, bevor sie geschlagen werden konnten. Wie ein Beobachter beschreibt das lyrische Ich in dem für die Unterrichtseinheit ausgewählten Ausschnitt die Stadt nach dem Feuer und zeichnet ein hoffnungsvolles Bild: Die erste Strophe des Gedichtsauszugs handelt davon, dass das personifizierte London nach dem Feuer die Trümmer abschüttelt und seine Gründungsurkunde erneuert. In der zweiten Strophe heißt es, London sei nun großartiger und würdevoller und erhebe sich göttlich aus dem Feuer, mit weiten Straßen und Plätzen. Zuvor – so die dritte Strophe – saß die Stadt wie eine unbedarfte Schäferin am Fluss, ohne ihrem Ruhm gerecht zu werden oder mit der schönen Kunst des Stolzes vertraut zu sein. Aber nun – so Strophe vier – wird sie wie eine jungfräuliche Königin von ihren hohen Türmen stündlich Verehrer kommen sehen. In der fünften Strophe heißt es, dass sich die gewundene Themse, auf der Schiffe dahinziehen, danach sehnt, das Gesicht der Geliebten (London) wiederzusehen, als sei sie stolz auf diese. In der sechsten Strophe wird erklärt, dass weder der reiche Tajo (Spanien) noch der noch reichere Rhein (Territorien des Heiligen Römischen Reiches Deutscher Nation) mit dem Ruhm ihrer Städte prahlen könnten und dass auch der Glanz der Seine (Frankreich) verblasst und ihr Schiffsverkehr verloren sei. Ein kühner Händler, der Englands gastfreundliche Gestade erreicht, wird – verzaubert von der Pracht dieses nördlichen Sterns – sein Schiff entladen und nie mehr fortgehen, so die siebte Strophe.

John Drydens Auszug aus „Annus Mirabilis" (1667): Inhalt

Das Gedicht bezieht sich auf geschichtliche Ereignisse und liefert zugleich Erklärungsversuche. So werden Pest und Feuer einerseits als Strafe Gottes dargestellt und andererseits als göttliche Maßnahmen, die eine unkontrollierte Bevölkerungsexplosion verhindern sollen. Das Loblied auf das neue London soll den Ruhm der Stadt mehren, indem es seine Qualitäten verbreitet und so die Macht des Herrschers verkündet und untermauert. Es diente der Krone als Instrument, die Kunde ihrer Macht im Wettstreit mit anderen europäischen Herrschern zu verbreiten, und erfüllte somit einen politischen Zweck. Vor dem Feuer schien sich London nicht mit den sorgfältig angelegten Residenzstädten anderer europäischer Länder vergleichen zu können: Es gehörte damals bereits zu den größten Städten Europas und wuchs stetig, aber unstrukturiert. In den Straßen einiger Viertel herrschten Chaos und Armut mit all ihren negativen sozialen

Loblied auf die Stadt

Auswirkungen (Prostitution, Verbrechen, Trunksucht). Das lyrische Ich blickt jedoch nach dem Brand optimistisch in die Zukunft: London soll sich prächtig aus den Ruinen erheben und andere Metropolen glanzlos erscheinen lassen. Der Brand hatte freie Flächen geschaffen, auf denen die Stadt nach einem geordneten Plan – so wie andere Metropolen – neu angelegt werden konnte: *More great than human now and more august, / New deified she from her fires does rise: / Her widening streets on new foundations trust, / And opening into larger parts she flies.*

Formale Besonderheiten

Das Gedicht „Annus Mirabilis" besteht aus 87 vierzeiligen Strophen (*quatrains*) in Kreuzreimform (*alternate rhyme*) und enthält viele Sprachbilder wie Metaphern und Vergleiche sowie Anspielungen auf historische Ereignisse und Persönlichkeiten. Mit jedem Quäntchen zusätzlichen Wissens können die Lesenden dem Text daher weitere implizite Aussagen entnehmen, die andernfalls unentdeckt geblieben wären: Londons Bezeichnung als *august* (dtsch. ‚erhaben') etwa kann als Anspielung auf den römischen Kaiser Augustus verstanden werden, ein Herrscher über ein riesiges Imperium, der sich gegen starke Gegner zur Wehr gesetzt hatte (u. a. den Feldherrn und früheren Verbündeten Caesars Marcus Antonius und Cleopatra) und als Gott verehrt wurde. Der Begriff *maiden queen* verweist ohne Frage auf Queen Elizabeth I., die als ‚*Virgin Queen*' bezeichnet wurde. Sie war eine mächtige Herrscherin, die sich ebenfalls erfolgreich gegen starke Gegner behauptete und deren Regentschaft (1558-1603) schließlich beinahe fünfzig Jahre dauerte. Durch den Vergleich der Flüsse *Tagus* (Tajo), *Rhine* und *Seine* mit der Themse, in dem die Themse als stärker befahren und durch Londons Glanz stärker erhellt dargestellt wird, kommt die Konkurrenz Englands mit anderen Ländern zum Ausdruck.

Autor

John Dryden (1631-1700) zählt zu den großen englischen Restaurationsschriftstellern. Er stand im Dienste der mächtigen Männer seines Zeitalters (zunächst puritanischen Staatsmännern, dann Charles II. persönlich) und verfasste Theaterstücke, Gedichte, literaturkritische Abhandlungen und Übersetzungen. Nach seinem Tod wurde er in der Westminster Abbey beigesetzt.

Einstieg über Hausaufgabe

Die Jahreszahl ‚1666' wird an die Tafel geschrieben und die Lernenden werden aufgefordert, die Ergebnisse ihrer Recherche zu nennen. Die Informationen werden um die Jahreszahl herum aufgelistet. So sind die Ereignisse die ganze Stunde über präsent. Die Lernenden werden außerdem gefragt, welche Art von Gedicht sie zu diesen Ereignissen erwarten. Hier können sie Bezug auf das bislang in der Einheit Gelernte nehmen.

Die Lernenden erhalten eine Version des Gedichts, in der einzelnen Begriffen zwei Alternativen beigefügt wurden, so dass drei mögliche Wörter zur Auswahl stehen, aus der sich die Lernenden eines aussuchen und die anderen beiden wegstreichen (vgl. Arbeitsblatt 9). Der Zweck dieser Aufgabe besteht darin, die Lernenden zu einer intensiven Lektüre des Texts zu animieren und ihre Hypothesenbildung anzuregen. Dies erscheint sinnvoll, weil es sich bei „Annus Mirabilis" um ein sprachlich wie inhaltlich relativ komplexes Gedicht handelt, das die Zielgruppe allein schon in sprachlicher Hinsicht vor Schwierigkeiten stellt. Eine Vorarbeit, die auf die spätere Lektüre vorbereitet, ist daher unerlässlich. Außerdem sollen die Lernenden üben, Verständnislücken aus dem Kontext zu schließen. Die Lösungsvorschläge werden mit dem ausgeteilten Originaltext verglichen und die inhalts- und wirkungsbezogenen Unterschiede besprochen. Anschließend wird die Klasse in sieben Gruppen eingeteilt und jede Gruppe erhält eine Strophe des originalen Gedichtauszugs zugeteilt, deren Aussage sie erarbeitet:

Erarbeitung über Lückentext und Zusammenfassung

A   Summarise your stanza in your own words
and give a possible interpretation.

Bei inhaltlichen Fragen (z. B. ‚Wofür stehen Tagus bzw. Tajo und Rhein?') können die Lernenden im Internet nach Informationen suchen oder aber auf die Hilfe der Lehrkraft zurückgreifen. So erarbeiten sie sich den Gedichttext (relativ) selbstständig. Dann präsentieren die Gruppen ihre Ergebnisse in der Reihenfolge der Strophen. Verständnisfragen im Plenum sollten – soweit möglich – die verantwortlichen Gruppen beantworten.

Vertiefung durch Brief

Um Hypothesen bezüglich der Funktion dieses Gedichts zu entwickeln (z. B. Propaganda, Information, Verherrlichung), werden die Lernenden aufgefordert, einen Brief aus der Perspektive des Auftraggebers Charles II. an Dryden zu verfassen, in dem der König diese Gedichtpassage in Auftrag gibt und Wünsche zu ihrer Gestaltung und Wirkung äußert. Als Vorbereitung darauf können die Lernenden zuvor aufgefordert werden, über König Charles II. und seine Pläne zu recherchieren. Oder aber der bzw. die Lehrende hält einen kurzen Lehrervortrag zum Thema (s. Kasten).

WISSENSWERT

Charles II. hatte 1660 nach Jahren im französischen Exil als anglikanischer König nach dem puritanischen Interregnum (1649-1660) den englischen Thron bestiegen. Mit ihm gelangte die üppige barocke Hofhaltung nach England. Charles II. war ein absolutistischer Herrscher, der seine Königswürde als gottgewollt begriff. In Gedichten ließ er sich und London, die Hauptstadt seines Reiches, feiern, um die Kunde seiner Macht im eigenen Land zu verbreiten und nach außen zu tragen. Gedichte dienten damals auch als Propagandamittel, und einige Dichter waren Diener der Krone.

In den sieben Gruppen lesen sich die Lernenden gegenseitig ihre Briefe vor und diskutieren den möglichen Zweck und die Wirkung von Drydens Arbeit. Anschließend werden die genannten Möglichkeiten an der Tafel gesammelt und besprochen.

Textsortenwechsel: Verfassen eines Zeitungsartikels

Die Lernenden werden aufgefordert, diesen Gedichtauszug zu einem Zeitungsartikel umzuschreiben, um den Unterschied zwischen einem Tatsachenbericht und diesem Stadtgedicht zu erkennen sowie zu begreifen, dass Stadtgedichte die individuelle Sicht eines Autors mit literarischen Mitteln zum Ausdruck bringen und damit als subjektive Wiedergabe zu verstehen sind. Als Beispiel für einen Zeitungsartikel wird auf die BBC-Notiz der ersten Sitzung zurückgegriffen. Die Lernenden arbeiten zunächst die Eigenschaften der Notiz heraus, bevor sie sich an das Verfassen ihres eigenen Textes machen:

A   Nowadays, we would read about this fire in the newspaper or online. What are the characteristics of such a newspaper article?

Die Ergebnisse werden an der Tafel notiert, damit die Schülerinnen und Schüler sie während des Schreibens vor Augen haben (informative Überschrift, Antworten auf die W-Fragen im Artikel, Objektivität). So soll sichergestellt werden, dass die Ereignisse möglichst sachlich und nüchtern beschrieben werden. Im nächsten Schritt überlegen sich die Lernenden, an welches Publikum sie sich wenden möchten (z. B. das der *Sun* oder der *Times*; falls diese Zeitungen den Lernenden unbekannt sind, kann auch auf den Stil der Berichterstattung in deutschen Zeitungen verwiesen werden) und verfassen ihren Artikel:

 A Write a newspaper article based on the excerpt from „Annus Mirabilis".
Before you start writing, decide on an audience that you want to address.

Durch das Schreiben eines solchen Zeitungsartikels setzen sich die Schülerinnen und Schüler mit der Frage auseinander, wie ein gewünschter Effekt – nämlich die Information und Unterhaltung eines bestimmten Publikums – mit sprachlichen und formalen Mitteln erreicht werden kann. Ihnen wird bewusst, wie die Funktion bestimmt, welche Form (Wortwahl, Satzbau, Art der Darstellung, Grad der Subjektivität etc., aber auch Genre) ein Text erhält. Einige Lernende lesen ihre Artikel vor, ohne zu sagen, für welches Publikum sie ihn verfasst haben. So wird der Gedichtinhalt mehrfach nacherzählt und prägt sich ein. Der Hörauftrag lautet in jedem Fall: *In your opinion, which kind of readership has the article been written for? What makes you think so?* Dadurch reflektieren die Lernenden wiederholt das Zusammenspiel von Form und Wirkung bzw. Funktion.

3.3.4 Gesamtschau der Gedichte: Resümee zur Entwicklung der Stadtgedichte

Da die behandelten Gedichte ein breites Spektrum verschiedener diachroner Perspektiven und Schwerpunktsetzungen bieten, sollen im Anschluss an die letzte Sitzung der beschriebenen Gedichteinheit die Entwicklung Londons und der Stadtgedichte resümiert und mögliche Zusammenhänge zwischen den einzelnen Gedichten hergestellt bzw. verdeutlicht werden. Dazu wird in Gemeinschaftsarbeit ein Zeitstrahl erarbeitet. Für diesen Zweck werden DIN-A3-Blätter an den Schmalseiten aneinandergeklebt und in deren Mitte eine waagerechte Linie eingezeichnet, auf der in festgelegten Zentimeterabständen die Dekaden zwischen 1660 und 2005 vermerkt sind. Einzelne Schülergruppen übernehmen die Gestaltung von einer gewissen Anzahl von Jahren oder sind verantwortlich für einen der behandelten lyrischen Texte. Sie tragen die Gedichte bei ihrem Entstehungsdatum ein, dazu die historischen Ereignisse, auf die sie Bezug neh-

**Methode
des Zeitstrahls**

men, Informationen zum biografischen Hintergrund der Autorinnen und Autoren – sofern möglich – und weitere Ereignisse, die den Lernenden relevant erscheinen (z. B. die Anschläge vom 11. September 2001, die Französische Revolution oder andere Daten aus dem Geschichtsunterricht). Vorschläge für Einträge auf dem Zeitstrahl, die auch Inhalt und Form der Gedichte betreffen können, sind dem Zusatzmaterial (vgl. Material 5) auf der CD-ROM zu entnehmen. Die einzelnen Punkte können durch ein kleines Symbol oder ein anderes Bild illustriert werden. In chronologischer Reihenfolge stellen die Gruppen ihre Arbeiten vor. Ab der zweiten Präsentation werden nach jedem Beitrag im Plenum die Veränderungen und die Ereignisse besprochen, die zu diesen Veränderungen geführt haben mögen. Diese können z. B. auf breiten gebogenen bunten Papierpfeilen festgehalten werden, die – unter die Zeitleiste geklebt – die Entwicklung belegen. Folgende Punkte sollten bei dieser Besprechung Berücksichtigung finden:

A

▸ What is the poem about?
▸ Does the poem attempt a general description of the city or does it present individual impressions?
▸ How do focus and perspective of the city poems shift?
▸ Which historic events are mentioned in the poem?
▸ How does the form of the city poems change?
▸ How does the language change?
▸ Who is the writer or the patron?
▸ To whom is the poem addressed?

Der Zeitstrahl veranschaulicht die Entwicklung, und die Bilder prägen sich besser ein als Wörter. Der Zeitstrahl kann zudem im Klassenzimmer aufgehängt und in der Zukunft (auch in anderen Fächern) weiterverwendet werden, um Ereignisse zeitlich einzuordnen.

Abschließende Reflexion der Unterrichtseinheit

Das wichtigste Ziel dieser Unterrichtseinheit besteht darin, Lernenden die Scheu vor lyrischen Texten zu nehmen und sie mit einem breiten Spektrum an Zugangsmöglichkeiten zur selbstständigen Gedichterarbeitung anzuleiten. Dazu haben wir abwechslungsreiche, schülerzentrierte, handlungs- und produktionsorientierte Aufgaben vorgeschlagen. Die Lernenden sollen verschiedene Methoden der Texterarbeitung kennenlernen und darauf vorbereitet werden, sich Gedichte eigenständig zu erschließen. Außerdem sollen die Schülerinnen und Schüler lernen, die Merkmale lyrischer Texte zu erkennen und unter Berücksichtigung des historischen

Kontexts eigenständig Hypothesen über das Bedeutungs- und Wirkungspotenzial zu formulieren.

Um diese Ziele zu erreichen, haben wir in diesem Modell besonderen Wert auf die Schülerorientierung der Aufgaben gelegt. Den Lernenden soll immer wieder Raum für eigene Ideen gegeben werden. Mit den abwechslungsreichen Arbeitsaufträgen wird versucht, möglichst vielen unterschiedlichen Lernerpräferenzen gerecht zu werden. Die ungewöhnliche achronologische Reihenfolge der Gedichte haben wir gewählt, um die Lernenden beim Einstieg in die Textsorte nicht zu überfordern, sondern ihnen Spaß beim Lernen und bei der variationsreichen Beschäftigung mit lyrischen Texten zu vermitteln. Die zu Beginn der Unterrichtseinheit gestellte Frage nach ihrer Einstellung zu lyrischen Texten sollte am Ende noch einmal aufgegriffen werden. Bei einem Vergleich der Antworten ist zu hoffen und zu erwarten, dass die Lernenden feststellen, dass sie ihre Meinung bezüglich der Textsorte ‚Gedicht' revidiert haben. Um die positiven Seiten der Gedichtlektüre hervorzuheben, können die Lernenden zum Abschluss der Unterrichtseinheit auch noch ihr Lieblingsgedicht auswählen und erläutern, weshalb ihnen gerade dieses Gedicht so gefallen hat. Auf diese Weise wird noch einmal der persönliche Bezug der Schülerinnen und Schüler zu den Gedichten der Unterrichtseinheit hergestellt, und der Austausch positiver Erfahrungen kann zur weiteren Lektüre von Gedichten animieren.

Schüler-orientierung

LEKTÜRETIPP

Weitere Gedichte lassen sich im Internet mit Hilfe der Seite ‚Poemhunter' finden: http://www.poemhunter.com/poems/london/

III. Exemplarische Unterrichtssequenzen: Sekundarstufe II

1. Filmunterricht als Kulturunterricht: Die *stolen generation* in Australien am Beispiel des Films *Rabbit Proof Fence*, des Theaterstücks *Stolen* und weiterer Texte

1.1 Zur Konzeption der Unterrichtseinheit: Text- und Themenwahl, Lernziele, Methoden

Filmunterricht als Kulturunterricht

In diesem Kapitel soll anhand des Films *Rabbit Proof Fence* (2002) von Phillip Noyces gezeigt werden, inwiefern sich der Einsatz audiovisueller Texte für den fremdsprachlichen Kulturunterricht in der Oberstufe eignet. ‚Filmunterricht als Kulturunterricht' meint in diesem Zusammenhang einen Fremdsprachenunterricht, der eine dreifache Zielsetzung verfolgt. Erstens soll durch die Kombination eines Films mit einem weiteren fiktionalen Text – dem Theaterstück *Stolen* (1998) von Jane Harrison – sowie mit nicht-fiktionalen Quellen landeskundliches Wissen über ein englischsprachiges Land vermittelt werden. In diesem Fall geht es um Australien. Es wird die bis in die jüngere Vergangenheit verfolgte und für die Betroffenen traumatisierende Praxis behandelt, die Kinder der indigenen Bevölkerung von ihren Familien zu trennen, um sie in Missionsstationen, Heimen und von weißen Adoptiveltern erziehen zu lassen – mit dem Ziel, aus ihnen gläubige Christen zu machen und die jahrtausendealte Kultur und Lebensweise der ersten Australier zu zerstören. Zweitens sollen die Lernenden durch die Auseinandersetzung mit dem Wirkungs- und Funktionspotenzial des Films und Theaterstücks in ihrem spezifischen historischen und kulturellen Kontext film- bzw. dramenästhetische Kompetenzen erwerben. Und drittens soll die Beschäftigung mit den in beiden Medien dargestellten Figuren interkulturellen Lernzielen dienen und die Fähigkeit der Schülerinnen und Schüler zum Perspektivenwechsel schulen.

Kapitelaufbau und methodische Vorüberlegungen

Im Vordergrund der folgenden Ausführungen steht zunächst eine kurze theoretische Beschäftigung mit dem Begriff ‚Kulturunterricht'. Es werden Grundlagen für einen Englischunterricht skizziert, der Landeskunde und Literatur miteinander verbindet. Im Anschluss wird der historische Hintergrund beleuchtet und es werden sowohl der Film *Rabbit Proof Fence* als auch das Theaterstück *Stolen* inhaltlich sowie formal vorgestellt und in einen Bezug zum Thema der *stolen generation* gesetzt. Anhand verschiedener intertextueller bzw. intermedialer, analytischer und handlungsorientierter Zugangsformen werden schließlich Vorschläge zum Einsatz von Film und Drama im Englischunterricht unterbreitet, die der oben dargelegten dreifachen Zielsetzung im Hinblick auf sprachlich-landeskundliches, literar-ästhetisches und interkulturelles Lernen Rechnung tragen. In

Bezug auf die Film- bzw. Dramenanalyse geht es dabei vor allem darum aufzudecken, wie die traumatischen Erfahrungen dieser Kinder im Film bzw. auf der Bühne zur Darstellung kommen, d. h., wie sie inszeniert werden (z. B. durch die Einstellung der Kamera und Wahl der Darstellungsperspektive, durch Episierung sowie besondere Formen der Raum- und Zeitdarstellung). Handlungsorientierte Verfahren wie szenische Umsetzungen, innere Monologe, Stimmenskulpturen, Einsatz von Dopplerfiguren etc. sollen den Lernenden helfen, sich den Figuren emotional zu nähern, sich in ihre Lage zu versetzen und die dargestellten Schicksale aus der Innenperspektive nachzuempfinden. Die Verwendung von verschiedenen Arbeits- und Sozialformen soll zudem dazu beitragen, die Kommunikation in der Fremdsprache auf abwechslungsreiche und motivierende Art zu fördern.

Im Vergleich mit Konflikten zwischen indigenen Völkern und Kolonialmächten in anderen Teilen der Welt ist das traurige Kapitel der *stolen generation* Australiens der breiten Bevölkerung in Deutschland kaum bekannt. Durch die Behandlung dieses Themas im Fremdsprachenunterricht, die auch vereinzelt in Lehrbüchern angeregt wird, werden die Lernenden somit an einen vernachlässigten Aspekt der australischen Geschichte jenseits touristischer Schwerpunktsetzung herangeführt. Da es bei der *stolen generation* außerdem um die Leidensgeschichten von Kindern und deren Eltern geht, kann das Thema bei Schülerinnen und Schülern großes Interesse wecken. In der Regel erschüttert es sie, dass sie von diesem Teil der australischen Geschichte noch nichts gehört haben, und sie möchten mehr darüber in Erfahrung bringen. Die ausgewählte Thematik ist also motivationsfördernd. Außerdem lässt sich, wie Hartmann (2006: 12) anmerkt, anhand der *Stolen- generation*-Thematik beispielhaft die Unterdrückung, Entrechtung und kulturelle Enteignung der Aborigines durch die Kolonialmacht England aufzeigen. Insofern ist dieses Unterrichtsmodell auch von grundsätzlicher Relevanz, um Einsichten der postkolonialen Literaturkritik anhand eines konkreten Projekts im Unterricht umzusetzen und um Lernenden exemplarisch Einblick in die Kultur autochthoner Minoritäten zu vermitteln.

Fokus *stolen generation*

Der Film *Rabbit Proof Fence* wurde ausgewählt, weil Lernende durch die Visualisierung von Geschehensabläufen in bewegten Bildern in der Regel stärker als beim Lesen eines Buches zu emotionalen Reaktionen und persönlichen Stellungnahmen in Bezug auf das Dargestellte herausgefordert werden. Dies erleichtert das Sich-Hineinversetzen der Schülerinnen und Schüler in fremde Situationen und Personen. Ferner tragen sowohl der Film *Rabbit Proof Fence* als auch das Drama *Stolen* den für den Eng-

Authentische und motivierende Texte aus Australien

lischunterricht formulierten Forderungen Rechnung, dass authentische englischsprachige und auch aus anderen Ländern als Großbritannien und den USA stammende Texte behandelt werden sollten. Und nicht zuletzt wird in zahlreichen Richtlinien und Lehrplänen für die Oberstufe die Analyse eines *feature films* gefordert, die sich in diesem Fall sehr gut in eine landeskundlich orientierte Reihe zu einer anglophonen Bezugskultur einbetten lässt.

Literarische Texte als Kulturvermittler

Literatur in der Zielsprache ist im Fremdsprachenunterricht nicht nur ein wichtiges Medium des sprachlichen und literarischen Lernens. Literarische Texte – und damit auch Filme – tragen auch zur Ausbildung kultureller Kompetenzen bei, findet doch die Begegnung der Lernenden mit der Kultur der Zielsprache im Klassenzimmer hauptsächlich durch den Umgang mit Texten und Medien statt (vgl. Surkamp/Nünning 2016: 38-43). Literarische Texte stehen in einem engen Wechselverhältnis zur außertextuellen Wirklichkeit. Als Produkte eines spezifischen fremdsprachlichen Kontexts können sie Aufschluss geben über fremdkulturelle Wirklichkeiten, über die Diskurse, Werte und Normen, das kulturelle Wissen und die Denk- und Lebensweisen ihrer Entstehungsgesellschaft.

Berücksichtigung filmästhetischer Aspekte

Ein wichtiges Ziel des im Weiteren vorgestellten Unterrichtsmodells besteht darin, die Beschäftigung mit *Rabbit Proof Fence* in einen größeren kulturellen Kontext zu stellen – und zwar ohne dabei Gefahr zu laufen, den Film als bloße Quelle bzw. Impuls für die Recherche landeskundlicher Informationen über Australien zu instrumentalisieren. Vielmehr soll auch das spezifisch Ästhetische des Films berücksichtigt werden, d. h. vor allem die Funktionen seiner Darstellungsverfahren (s. Kasten). Es soll gezeigt und in der Unterrichtseinheit gemeinsam mit den Lernenden erarbeitet werden, dass der Film die politische bzw. historische australische Realität durch die Wahl seines Themas und den Einsatz spezifischer filmischer Gestaltungsmittel kommentiert und kritisiert.

WISSENSWERT

Film als plurimediale Darstellungsform

Anders als in schriftsprachlichen Texten, erfolgt die Informationsvergabe im Film auf verschiedenen Ebenen über unterschiedliche Zeichensysteme:

▸ akustisches Zeichensystem: Stimmen, Sprache, paralinguistische

Aspekte, Geräusche und Musik;
▸ optisches Zeichensystem: Bildinhalte, Farbgestaltung, Beleuchtung, Kameraeinstellungen und Montage.
Das Zusammenspiel dieser verschiedenen Zeichensysteme ist mit Bedeutung aufgeladen. Ein Bewusstsein für sowie die Fähigkeit zur Analyse dieser bedeutungstragenden Elemente sind zentrale Bestandteile eines kompetenten und kritischen Umgangs mit audiovisuellen Medien (*film literacy*) (vgl. Surkamp/Nünning 2016: 256-258).

Textvielfalt

Um zu einer kulturwissenschaftlichen Interpretation von *Rabbit Proof Fence* zu kommen, muss die historische Dimension des Films – und das heißt auch sein Produktions- und Wirkungshorizont – Berücksichtigung finden. Dafür soll der Film mit anderen nicht-fiktionalen und fiktionalen Texten zum Thema kombiniert werden. Erst durch intertextuelle Zugänge können Lernende Einsichten darüber gewinnen, welche Kollektiverfahrungen, Empfindungen, Einstellungen und Wahrnehmungsmuster in einer Gesellschaft existieren und auf welche Weise sie textuell verarbeitet werden.

Interkulturelle Kommunikationskompetenz

Da sowohl in *Rabbit Proof Fence* als auch in *Stolen* das Kulturthema der *stolen generation* anhand der Darstellung von menschlichen Einzelschicksalen inszeniert wird, können die Lernenden im Austausch über den Film und themenverwandte Texte aktiv an dem Diskurs über die indigene Bevölkerung Australiens teilnehmen. Die Auseinandersetzung mit dem Dargestellten kann schließlich durch den Einsatz handlungs- und produktionsorientierter Zugangsformen zur Ausbildung von interkultureller Kommunikationskompetenz beitragen: Insbesondere szenische Interpretationsverfahren bieten den Lernenden durch ihre Aufforderung, in Rollen zu schlüpfen, vielfältige Möglichkeiten zum Kennenlernen und zur Übernahme fremder Perspektiven, zur Entwicklung von Empathie gegenüber Fremden sowie zur Ausdifferenzierung eigenkultureller Wahrnehmungs- und Deutungsmuster.

Modul-Form der Unterrichtseinheit

Es ist nicht zwingend notwendig, *Rabbit Proof Fence* und *Stolen* zusammen zu behandeln, sondern der Film kann selbstverständlich auch ohne das Theaterstück und umgekehrt in einer Einheit behandelt werden. Sollten Lehrende sich jedoch dafür entscheiden, mit beiden Texten zu arbeiten, dann können von den zum Film gestellten Aufgaben auch einige ausgelassen werden, da eine Beschäftigung mit Film und Theaterstück sowie mit entsprechenden Zusatzmaterialien zeitlich viel Raum einnimmt.

Lehrende sollten den folgenden Unterrichtsvorschlag daher als eine Art Modul verstehen, aus dem sie einzelne Teile auswählen und individuell einsetzen bzw. miteinander kombinieren können. Für die Arbeit mit dem Film wurde zudem ganz bewusst eine enge Begleitung des Sehens durch Arbeitsblätter und konkrete Aufgaben gewählt, um Lernende in der (evtl. für sie noch ungewohnten) kulturdidaktischen bzw. kulturwissenschaftlichen Herangehensweise an dieses Medium zu schulen. Für die weiterführende Arbeit mit zusätzlichen Materialien wurden offenere Aufgaben gestellt, in denen die Schülerinnen und Schüler zeigen können, dass sie sich eigenständig mit verschiedenen Texten und Medien zum Thema auseinandersetzen können.

1.2 Hinweise zur Kontextualisierung bzw. Historisierung der Texte

Geschichte der *stolen generation*

In *Rabbit Proof Fence* und *Stolen* wird ein Abschnitt der australischen Geschichte dargestellt, der in Deutschland bisher kaum bekannt ist. Es geht um die zwischen 1910 und 1970 angewendete und durch das *General Child Welfare Law* rechtlich begründete Maßnahme, insbesondere Mischlingskinder (sogenannte *half-castes*), die aus Kontakten zwischen Frauen der Aborigines, also der Ureinwohner Australiens, und weißen Siedlern bzw. Arbeitern hervorgegangen sind, von ihren Familien zu entfernen, um sie an die ‚weiße Kultur' anzupassen. Viele dieser Kinder wurden in spezielle Lager bzw. Missionsstationen gebracht, die oftmals über hunderte von Meilen von ihrer Heimat entfernt waren. Manche Kinder wuchsen auch in weißen Pflegefamilien auf, wobei diese oftmals nicht wussten, woher die Kinder genau stammten. Umgekehrt wussten die Ursprungsfamilien nicht, wohin ihre Kinder jeweils gebracht wurden.

‚breeding out the colour'

Zu Beginn dieser Phase der Assimilationspolitik wurden insbesondere Mädchen aus ihren Familien genommen, weil sie zum einen als Haushaltshilfen benötigt wurden und zum anderen daran gehindert werden sollten, sexuelle Kontakte zu Aborigines aufzunehmen und erneut Mischlingskinder zur Welt zu bringen. In der Politik wurde das Konzept des ‚breeding out the colour' (vgl. Hagemann 2004: 99) verfolgt: Die *half-castes* sollten eines Tages ganz verschwinden. Später, nach dem Zweiten Weltkrieg, wurden dann mehr Jungen von ihren Familien getrennt, da Industriearbeiter benötigt wurden. Jungen wurden aber auch zu Helfern in der Landwirtschaft ausgebildet.

Auswirkungen

Die Auswirkungen dieser Praxis auf die Kinder und ihre Familien waren fatal. Es wurde zwar vorgegeben, die Kinder aus wohltätigen Zwecken von ihren Familien zu entfernen und sie aus ihrer Armut zu befreien, doch die Behandlung der Kinder trug oftmals nicht zu deren Wohlbefinden bei. Es war den Kindern z. B. nicht erlaubt, ihre Muttersprache zu sprechen – sie sollten stattdessen Englisch lernen. Außerdem mussten sie ihre Kultur, d. h. ihre Sitten und Bräuche, hinter sich lassen und durften keinen Kontakt zu ihren Familien haben. Viele Kinder erhielten keine Schulbildung, litten an Hunger und erfuhren physischen, psychischen und häufig auch sexuellen Missbrauch. Die Folgen im späteren Erwachsenenleben der Kinder waren (und sind teilweise bis heute) Arbeitslosigkeit, Alkoholismus, Depressionen, Selbstmord und Gewalttätigkeit, was wiederum zur Untermauerung schon existierender Vorurteile gegenüber der indigenen Bevölkerung führte (vgl. Thomson 2001: 26). Einer ganzen Generation wurde auf diese Weise die Kindheit gestohlen, ganze Familien wurden zerstört, ein ganzes Volk wurde entwurzelt.

Lange Zeit wurde über dieses Kapitel der australischen Geschichte geschwiegen. Erst 1995 erfolgte nach Jahren der Menschenrechtsbewegung in verschiedenen Ländern – darunter auch Australien – der Anstoß für eine Untersuchung der Ereignisse: Die Regierung bildete eine Menschenrechtskommission, die zwei Jahre später einen Bericht über die *stolen generation* mit dem Titel *Bringing Them Home Report* vorlegte. In diesem erschütternden Bericht wird das Schicksal von über 500 dieser Kinder und ihren Familien dargestellt. Es wird angenommen, dass in der untersuchten Zeitspanne von 1910 bis 1970 zwischen zehn und dreißig Prozent der *half-caste*-Kinder, d. h. ungefähr 100.000 Kinder, von ihren Familien getrennt und ohne Kontakt zu ihrer *community* und ihrer Kultur zwangsassimiliert wurden. Auf Rat der Verfasser des *Bringing Them Home Report* wurde in der Folge ein nationaler *Sorry Day* eingerichtet, der am 27. Mai 1998 zum ersten Mal stattfand. Viele Gemeinden legten sogenannte *Sorry Books* aus, in die sich landesweit Tausende von Menschen eintrugen, um ihre Betroffenheit zum Ausdruck zu bringen. Im Jahr 1997 wurde außerdem beschlossen, den betroffenen Familien eine Entschädigung von insgesamt 63 Millionen US-Dollar zukommen zu lassen; bis Ende Juni 1999 war davon jedoch nur ein Viertel ausgezahlt (vgl. Pusch 2003: 17). Eine offizielle Entschuldigung für die Verbrechen an der *stolen generation* von Seiten der australischen Regierung hat es lange nicht gegeben. Die konservative Regierung unter Premier John Howard ist nicht zu einer offiziellen Entschuldigung für das Unrecht an der Urbevölkerung bereit gewesen. Erst kürzlich – am 13. Februar 2008 – hat sich Kevin Rudd als erster Regierungschef Australiens zu Beginn seiner Amtszeit im Namen des Staates bei den Ureinwohnern seines Landes für das erlittene Unrecht entschuldigt.

Aktuelle Aufarbeitung

LEKTÜRETIPP

▸ Der *Bringing-Them-Home*-Bericht kann im Internet eingesehen werden unter https://www.humanrights.gov.au/publications/bring-ing-them-home-report-1997 (21.12.2017).

▸ Für weitere Informationen – auch im Hinblick auf eine Behandlung der Thematik im Unterricht – vgl. das von der Human Rights and Equal Opportunity Commission 2003 erstellte und 2007 aktualisierte ‚*Bringing Them Home*' *Education Module* unter http://www.humanrights.gov.au/human-rights-education-and-training (21.12.2017).

▸ Mehr über den *Sorry Day*, allgemeine Informationen über die *Stolen Generation* und die Entschuldigung der Regierung im Jahre 2008 findet sich auf der Seite des Australian Government unter http://www.australia.gov.au/about-australia/australian-story/sorry-day-stolen-generations (21.12.2017).

Geringe Kenntnis selbst in Australien Wie gering die Kenntnis über diesen dunklen Teil der Geschichte Australiens selbst in der Bevölkerung bis zum Erscheinen des Berichts war, zeigt auch das folgende Zitat der vom Volk der Muruwari aus New South Wales abstammenden Autorin Jane Harrison (in Kutsch 2005: 11) über den Beginn ihres Theaterprojekts *Stolen*: *In 1992, when the project was begun, there was very little knowledge or understanding of the plight of the Stolen Generations outside the indigenous community itself. Despite my Aboriginal heritage, I knew nothing about it and found my new knowledge often difficult to deal with emotionally.* In Deutschland wurde das Thema der *stolen generation* etwas bekannter durch Phillip Noyces erfolgreichen Film *Rabbit Proof Fence*, der in deutschen Kinos unter dem Titel *Long Walk Home* lief. Der Film basiert auf dem Buch *Following the Rabbit-Proof Fence* von Doris Pilkington (1996). Die Autorin ist eine der Töchter der realen Molly Craig und sie schrieb die Geschichte der Flucht ihrer Mutter nach 30-jähriger Trennung auf (auch sie war als Kind ihrer Mutter weggenommen worden). Dieses Buch gehört heute ebenso wie das Drama *Stolen* zum Lektürekanon in australischen Schulen.

1.3 Hinweise zu den Textinhalten und zu ihrer interpretatorischen Erschließung

1.3.1 *Rabbit Proof Fence*: Inhalt und formale Darstellungsverfahren

Kaninchenzaun Der Film *Rabbit Proof Fence* beruht auf einer wahren Geschichte aus dem Jahre 1931: der Flucht von drei Mädchen aus einem der Lager für Aborigines und ihrem langen Weg in die 2000 Kilometer entfernte Heimat entlang des *Rabbit-Proof Fence*, eines Zauns gegen die Kaninchenplage. Dieser Zaun durchzog den Westen Australiens von Nord nach Süd und wurde Anfang des 20. Jahrhunderts errichtet, um die von den ersten englischen Einwanderern gegen Ende des 18. Jahrhunderts eingeschleppten Kaninchen, die sich rasend schnell vermehrten und zu einer Plage für das ganze Land wurden, von der Farmbevölkerung im Westen fernzuhalten. Die im Zuge des Zaunbaus (nach dem ersten Zaun wurden noch zwei weitere errichtet und mit dem ersten verbunden) entstandenen Siedlungen trugen durch die Vergabe von Lebensmitteln zwar zum Überleben der indigenen Bevölkerung bei (der Lebens- und Jagdraum des ehemaligen Nomadenvolkes war durch die englische Besiedlung zerstört worden), machten diese aber auch abhängig von der weißen Regierung (vgl. Pusch 2003: 6).

Der Film beginnt mit der Darstellung des Lebens der Aborigines im Busch. **Handlung**
Die 14-jährige Molly, ihre acht Jahre alte Schwester Daisy und ihre 10-jährige Kusine Gracie sind Mischlingskinder, die im nordwestaustralischen Jigalong leben, einer Siedlung, in der sich seit Beginn des 20. Jahrhunderts hauptsächlich Aborigines niederließen. Ihre Väter sind weiße Landarbeiter, die den Kaninchenschutzzaun errichteten bzw. kontrollierten, reparierten und dann weiter zogen. Die Kinder wachsen bei ihren Müttern, Tanten und Großmüttern auf und werden durch sie in die Bräuche sowie in das kulturelle und soziale Wissen der australischen Ureinwohner eingeweiht. Dem für seine rigide Durchsetzung der Assimilationspolitik gefürchteten *chief protector* A.O. Neville sind die Mischlingsmädchen jedoch ein Dorn im Auge. (Nach einem Gesetz von 1905 war der *chief protector* der gesetzliche Vormund eines jeden Aborigine-Kindes unter 16 Jahren.) Er lässt sie durch Constable Riggs entführen und in das Umerziehungslager Moore River, eine Missionsstation nördlich von Perth, bringen. Dort sollen sie für ihr späteres Leben fernab ihrer Familien (und möglichst verheiratet mit einem weißen Mann) europäische Lebensgewohnheiten sowie die christliche Religion kennenlernen und ausschließlich die englische Sprache sprechen. Sie dürfen das Lager nicht verlassen und auch keinen Besuch empfangen. Molly, Daisy und Gracie fühlen sich wie in einem Gefängnis und wagen schon nach zwei Tagen den Ausbruch aus dem Lager und die Flucht nach Hause. Mr. Neville lässt sie zwar durch den Fährtenleser Moodoo, einen Aborigine, und später auch durch Regierungsbeauftragte mit einem Auto suchen, doch die Mädchen legen falsche Spuren und tricksen so ihre Verfolger immer wieder aus. Einzig Gracie läuft in eine Falle (unterwegs gibt ein Landarbeiter in Erwartung einer Belohnung vor, ihre Mutter würde in Wiluna auf sie warten): So wird Gracie kurz vor Ende der Reise wieder eingefangen und nach Moore Ri-

ver zurückgebracht. Molly und Daisy hingegen orientieren sich am Kaninchenzaun und finden nach neun Wochen (!) Fußmarsch völlig entkräftet zurück zu ihrer Familie. Der sogenannte ‚Seelenvogel' begleitet ihre Flucht: Bei den Aborigines gilt er als Schutzsymbol; er zeigt den Mädchen den Weg an, ermutigt sie, weiterzugehen, und ist für sie ein Zeichen der Hoffnung in der weiten Steppenlandschaft.

Filmische Gestaltung

Der Film schildert die Entführung der Kinder, das Leben in Moore River und die mutige Flucht in chronologischer Abfolge. Auf der auf dem deutschen Markt erschienenen DVD (*Long Walk Home*. München: Universum Film, 2002) findet sich unter dem Bonusmaterial eine Karte, die den langen Fluchtweg der Mädchen nachzeichnet. Mit dem entsprechenden Vorwissen über die geschichtlichen Hintergründe ist der Film – auch sprachlich – nicht schwer zu verstehen. Dazu tragen die lineare Erzählweise und der minimalistische Plot sowie die Besonderheit bei, dass der Film über große Teile nicht von Dialogen zwischen den Figuren, sondern von großartigen Landschaftsaufnahmen, Bildern der Protagonistinnen und Musik (komponiert von Peter Gabriel) lebt.

Verhältnis Buch – Film

Der Film beruht zwar auf einer wahren Begebenheit, vermittelt die Geschichte von Molly, Daisy und Gracie jedoch auf ganz eigene Art und Weise. Die Vorlage des Films, das Buch von Doris Pilkington, ist ebenfalls kein reiner Tatsachenbericht, sondern eine Mischung aus biografischen Aufzeichnungen und Fiktion (vgl. Brewster 2002). Im Film werden einige der im Buch beschriebenen Situationen aufgegriffen, jedoch teilweise anders umgesetzt. So erfolgt der Transport der Mädchen nach Moore River nicht per Schiff, wie dies in der Realität der Fall war und auch im Buch beschrieben ist. Die Kinder werden vielmehr in einem käfigartigen Gebilde auf einem Zug in das Umerziehungslager gebracht. Eine weitere zentrale Begebenheit im Leben der Mädchen, nämlich ihre vor dem Transport stattfindende Entführung, wird im Film zudem sehr viel dramatischer geschildert als im Buch, demzufolge Molly, Daisy und Gracie einfach ‚nur' abgeholt wurden und niemand Widerstand leistete. Der Film hat die Geschichte der Mädchen demnach auf besondere Weise und mit spezifisch audiovisuellen Mitteln inszeniert. Im Folgenden sollen einige der wichtigsten Darstellungsverfahren im Hinblick auf ihr Bedeutungs- und Funktionspotenzial analysiert werden. Alle Szenen- bzw. Kapitel- und Minutenangaben richten sich nach der auf dem deutschen Markt erschienenen DVD.

Zunächst ist die Handlungsstruktur bzw. der Aufbau des Films auffällig. Die Geschichte ist in einen Rahmen eingebettet, der dokumentarischen Charakter hat. Zu Beginn des Filmes (Kap. 1) werden durch ein *voice-over* der zur Drehzeit des Films über 90-jährigen Molly Craig die Hauptfiguren, der Ort des Geschehens und der geschichtliche Hintergrund eingeführt. Die Worte spricht keine Schauspielerin, sondern die ‚echte' Molly in der Sprache der Aborigines. Englische Untertitel ermöglichen das Verständnis. Weitere Dokumentaraufnahmen befinden sich im Epilog: Am Ende des Films begegnet der Zuschauer Molly Craig und ihrer Schwester Daisy zusätzlich in Bildern. Molly erzählt, dass sie als erwachsene Frau mit ihren zwei Kindern Doris und Annabelle erneut nach Moore River verschleppt wurde, noch einmal floh und den ganzen Weg nach Jigalong ein zweites Mal zurücklief. Allerdings musste sie ihre eine Tochter, Doris, zurücklassen und konnte nur mit ihrem Baby den langen Weg zurück antreten. Drei Jahre später wurde ihr Annabelle allerdings wieder weggenommen, und Molly hat sie seitdem nie wieder gesehen. Die dokumentarische Rahmenhandlung soll die Authentizität des Dargestellten unterstreichen und dem Zuschauer zu Beginn und am Ende des Films signalisieren, dass es sich bei dem Gezeigten um die wahre Lebensgeschichte realer Personen handelt. Durch die Worte Mollys und ihr Erscheinen vor der Kamera sollen die Zuschauer, die schon durch die visualisierte, von Schauspielerinnen gespielte Geschichte der Flucht emotional ergriffen sind, noch stärker berührt werden. Mit dem Wissen, dass es sich um eine wahre Begebenheit handelt, und durch die zusätzlich vermittelten Informationen, durch die das im Film gezeigte *happy end* nur von kurzer Dauer ist, ist die Fassungslosigkeit der Zuschauer angesichts des Schicksals der Mädchen und ihre Bewunderung angesichts von Mollys Lebensmut noch größer, als die Wirkung bei einem reinen Spielfilm gewesen wäre.

Dokumentarische Rahmenhandlung

Eine Szene, bei der der Einsatz spezifischer filmischer Mittel wie bereits erwähnt zu einer besonders intensiven Darstellung des Geschehens führt, ist die Entführung der drei Mädchen aus ihrem Heimatlager Jigalong. Die Dramatik der Entführungsszene (Kap. 4) wird durch den Einsatz einer Handkamera, schnelle Schnitte, Nahaufnahmen der Figuren sowie rhythmisch trommelnde und immer lauter werdende Musik unterstrichen, so dass die Panik und Orientierungslosigkeit der Mädchen, ihrer Mütter und der Großmutter verstärkt zum Ausdruck kommen (vgl. auch Pusch 2003: 8). Durch die Wahl einer subjektiven Kamera – der Zuschauer befindet sich mit Molly auf Augenhöhe – wird Mollys Sicht auf das Geschehen vermittelt. Die weißen Charaktere werden in Untersicht dargestellt, was Distanz zwischen sie und den Zuschauer bringt, während die Kameraführung zur Identifikation mit der Figur Molly einlädt (vgl. ebd.: 16).

Besondere technische Verfahren

Zeitlupen und Rückblenden

Weitere technische Verfahren, die Mollys Perspektive betonen und dem Zuschauer Einblick in ihr Innenleben gewähren, sind Zeitlupen und traumähnliche Rückblenden. Ein Beispiel hierfür findet sich in Kapitel 6, in dem das Lagerleben in Moore River dargestellt wird. Mr. Neville möchte Mollys Hautfarbe kontrollieren, um zu entscheiden, ob sie in eine andere Institution wechseln kann, in der sog. *quadroons*, also Mischlingskinder, die nur noch zu einem Viertel Aborigines sind, aufgezogen werden und eine Schulbildung erhalten. In dieser Szene illustriert die filmische Verzögerung von Mollys Gang die Angst, die Molly vor Mr. Neville und den Aufseherinnen empfindet, sowie ihre Ungewissheit, was nun mit ihr geschehen wird. Unnatürlich langsam bewegt sie sich auf Mr. Neville zu, der zudem aus Mollys Sicht aus der Froschperspektive präsentiert wird, was ihn auch für den Zuschauer bedrohlich erscheinen lässt und die Übermacht des Vormundes gegenüber den Aborigine-Kindern widerspiegelt.

Inszenierung von Traditionen, Mythen und Werten

Auch die zentrale Bedeutung bzw. der hohe Stellenwert alter Traditionen, Mythen und Werte für die Aborigines wird im Film nicht nur auf Handlungsebene deutlich, sondern zusätzlich durch filmische Darstellungsweisen hervorgehoben. Die Überlebensstrategien der Mädchen auf der Flucht, die sich aus dem Wissen ihres Volkes speisen, werden ausführlich dargestellt. Durch das Legen falscher Fährten täuschen sie ihre Verfolger, durch das Lesen von Tierspuren verschaffen sie sich Nahrung und durch eine besondere Körper- bzw. Zeichensprache nehmen sie Kontakt zu anderen Aborigines auf, die ihnen helfen. Dem Wert der Land- und Naturverbundenheit der Mädchen wird besonders dadurch Ausdruck verliehen, dass ihr Vorgehen während der Flucht durch Parallelmontage immer wieder mit der erfolglosen Suche ihrer weißen Verfolger kontrastiert wird. Das Vorgehen der Mädchen, das in den Traditionen der Aborigines wurzelt, ist Grundlage für ihr Überleben und das Gelingen ihrer Flucht; gegenüber den von den Weißen verfolgten Strategien und eingesetzten technischen Hilfsmitteln wie Auto und Fernglas erweist es sich als weit überlegen. Die Parallelmontage unterstreicht auch den wertvollen Zusammenhalt in und die Verbundenheit gegenüber der Familie im Leben der Aborigines, die Molly Kraft und Zuversicht verleihen: In Kapitel 10 berührt Molly zur gleichen Zeit wie ihre Mutter Maud den Zaun, wodurch beide Zuversicht schöpfen, dass sie wieder zusammenfinden werden, obwohl sie 1.500 Meilen voneinander entfernt sind. Wie Pusch (2003: 7) herausstellt, wird durch die Kreuzung der Blickachsen und die Synchronität der Bewegungen in dieser Parallelmontage eine Verbindung von Mutter und Tochter suggeriert.

Durch die Figurendarstellung, insbesondere die Gegenüberstellung der Charaktere von Molly und Gracie, werden unterschiedliche Reaktionen der Aborigines auf die weiße Assimilationspolitik gezeigt. Die willensstarke, kampfbereite und clevere Molly lässt sich durch nichts erschüttern und verfolgt mutig und unbeirrbar ihr Ziel: Sie leistet gegenüber der rassistischen Politik Widerstand und besinnt sich auf ihre eigenkulturellen Werte. Ihre Kusine Gracie hingegen ist ängstlich, unsicher und leicht beeinflussbar: Sie stellt die Flucht von Beginn an immer wieder in Frage und tendiert dazu, sich den weißen Autoritäten, ihrem Schicksal und den Plänen von Mr. Neville unterzuordnen. Beide Charakterausprägungen lassen sich nicht nur anhand des Verhaltens der Mädchen ablesen, sondern auch an ihrer Mimik und Körperhaltung, die in mehreren Szenen durch Groß- und Nahaufnahmen besonders stark zur Geltung kommen.

Kontrastive Figuren- darstellung

Insgesamt tragen die beschriebenen filmspezifischen Darstellungsverfahren dazu bei, bei den Zuschauern Empathie für die drei Mädchen und ihre Familien zu wecken, weil dieser Teil der australischen Geschichte aus der Perspektive der Aborigines, aus der Sicht der Opfer der Assimilationspolitik geschildert wird. Kritische Stimmen wiesen jedoch darauf hin, dass die Empathie auslösende Darstellung des Geschehens aus Opferperspektive der nötigen Distanz entgegenwirke, derer eine reflektierte Auseinandersetzung mit der Assimilations-Frage bedarf (vgl. Hughes-d'Aeth 2002: 8; Potter/Schaffer 2004: 6 teilen diese Auffassung jedoch nicht). Durch das Aufgreifen dieses wichtigen Themas der australischen Geschichte, das in offiziellen Darstellungen lange ausgeklammert wurde (vgl. auch Villella 2002), löste Noyces Film (ebenso wie schon zuvor der *Bringing Them Home Report*) politisch große Kontroversen aus (vgl. McCarthy 2004): Die konservative australische Regierung unter Premierminister John Howard wollte *Rabbit Proof Fence* nicht landesweit ausgestrahlt sehen, doch Philipp Noyce ging mit seinem Film persönlich in Schulen und Kinos. Er wollte, dass der Film breit rezipiert wurde (vgl. Pusch 2003: 17), und die Resonanz in der australischen Bevölkerung war sehr gut. Der Film schürte schließlich die Diskussion zwischen denen, die das dargestellte Unrecht an den Mischlingskindern leugneten, und denen, die von der australischen Regierung endlich eine Entschuldigung für die Geschehnisse erwirken wollten.

Kontroversen um den Film

1.3.2 Das Theaterstück *Stolen* von Jane Harrison: Inhalt und dramentechnische Mittel

In dem in Australien sehr erfolgreichen und preisgekrönten Theaterstück *Stolen* werden die Geschichten von fünf verschleppten Aborigine-Kindern dargestellt. Es ist kein offenkundig politisches Drama, sondern er-

Erfahrungen der *stolen generation*

laubt vielmehr Einblicke in die Erfahrungswelt dieser Kinder, in das, was sie durchgemacht haben und immer noch durchmachen müssen. Der Zuschauer erfährt, wie die Ereignisse auf sie einwirken, und wie die Kinder verzweifelt versuchen, diese zu verstehen. Im Einzelnen geht es um sexuellen Missbrauch (Ruby); um Kinder, die mit Gewalt von ihren Familien entfernt werden (Sandy) bzw. denen vorgespielt wird, dass ihre Mutter tot sei (Jimmy); um eine verzweifelte Mutter, die ihre Kinder gar nicht erst kennenlernen und ihre Mutterrolle nicht erleben darf, weil ihr schon die Babys weggenommen werden (Shirley); sowie um ein Aborigine-Mädchen, das bei weißen Adoptiveltern in Wohlstand aufwächst, jedoch als Jugendliche erfährt, dass sie ein Mischlingskind ist und ihre leibliche Mutter noch lebt (Anne). Einige von ihnen hoffen bis zum Schluss, dass sie ihre Familie wiederfinden, rutschen aber in die Kriminalität ab (Jimmy), begehen Selbstmord (ebenfalls Jimmy), fühlen sich heimatlos und sind nicht sesshaft (Sandy), geraten in eine Identitätskrise (Anne) oder werden psychisch krank (Ruby). Einzig Shirley sieht ihre Tochter nach 25 Jahren wieder und verbringt mit ihren Enkelkindern einen relativ glücklichen Lebensabend.

Formale Besonderheiten

Formal weist Harrisons Theaterstück einige Besonderheiten auf, die es in die Nähe des epischen bzw. expressionistischen Dramas rücken lassen. Wie im Folgenden gezeigt wird, tragen insbesondere die vielen narrativen Elemente, aber auch die Zeit-, Raum- und Figurendarstellung sowie die Handlungsstruktur und die Dialoggestaltung zum spezifischen Wirkungs- und Funktionspotenzial des Stückes bei.

Narrative Elemente

Auffällig ist zunächst, dass die Hauptereignisse im Leben der fünf Kinder auf der Bühne nicht szenisch dargestellt, sondern vorwiegend narrativ vermittelt werden. Zu finden sind rückblickende Erzählungen der Protagonisten, in das Geschehen eingeflochtene Geschichten und Mythen (z. B. die Geschichte vom Kinderdieb), wie sie für die von Mündlichkeit gekennzeichnete Kultur der Aborigines typisch sind, sowie Monologpassagen, die aus lose aneinander gereihten Impressionen bestehen und an die Darstellung des Bewusstseinsstroms im modernistischen Roman erinnern. Da alle fünf Hauptfiguren als narrative Vermittlungsinstanzen auftreten, kann man sogar von mehrperspektivischem Erzählen auf der Bühne sprechen: Die Geschichte der Assimilationspolitik wird auf diese Weise in eine Vielzahl unterschiedlicher, individueller Geschichten aufgefächert (vgl. auch Maufort 2002: 290).

Innen-perspektiven

Die narrativen Elemente in Harrisons Stück erfüllen verschiedene Funktionen. Zunächst sind sie ein Signal dafür, dass der Fokus nicht auf der

Darstellung äußerer Ereignisse liegt. Im Vordergrund stehen vielmehr die seelischen Auswirkungen der Assimilationspolitik auf die Kinder und ihre Familien. Da diese aus der Opferperspektive dargestellt bzw. erzählt werden, fungiert Theater hier als Mittel, um die Geschichten von Betroffenen der *stolen generation* an die Öffentlichkeit zu bringen. Die Bühne gibt ihnen die Gelegenheit, aus ihrer Randstellung herauszutreten und ihre Stimme zu erheben (vgl. ebd.: 289). Diese Aufwertung der Sichtweisen der Aborigines, die sich (wie oben dargelegt) auch im Film *Rabbit Proof Fence* findet, spiegelt sich hier in der Integration von *oral histories* als einem traditionellen Mittel zur Aufrechterhaltung enger familiärer Verbindungen sowie zur Weitergabe von Mythen, Riten und anderen kulturellen Elementen wider (vgl. Hughes 1987: 9). Nicht zuletzt ist die erzählerische Wiedergabe der Erfahrungen und Traumata der Kinder auch ein Weg zu deren Verarbeitung, an der der Zuschauer teilhat.

Weitere epische Elemente in *Stolen* zielen eher auf einen Verfremdungseffekt im Brechtschen Sinne. So finden sich innerhalb des Stückes z.B. Diaprojektionen (von Briefen, Traumbildern und alten Fotografien von Familienmitgliedern), Schattenspiele (die Eltern von Anne erscheinen in einer Szene als projizierte Schatten), Stimmen aus dem *off*, chorisches Sprechen der Figuren, schnelle Szenenwechsel sowie eine Vereinfachung der Bühnendekoration und ein mehrfaches illusionsdurchbrechendes Aus-der-Rolle-Fallen der Figuren. So besteht das Bühnenbild aus einigen Schlafsaalbetten, die mal Kinderheim, mal den Wohnort eines Kindes und mal eine Gefängniszelle darstellen. Die Schauspieler kleiden sich teilweise auf der Bühne um, übernehmen neben ihrer eigentlichen Rolle auch weitere kleinere Rollen und sprechen das Publikum direkt an. Diese Verfahren sollen bewirken, dass die Zuschauer eine kritische und fragende Haltung zum Geschehen einnehmen, anstatt sich zu sehr mit den Figuren zu identifizieren (wie dies z.B. im Film *Rabbit Proof Fence* der Fall ist). Durch den Einsatz von teilweise anonymisierten Stimmen aus dem *off*, die verschiedene Autoritäten im Leben der Kinder darstellen und sie z.B. dazu auffordern, ihre Familien zu vergessen, oder die sie rassistisch beschimpfen, wird die von den Kindern empfundene Bedrohung von außen noch verstärkt: *The disembodied voice thus becomes a greater threat through its possibilities. The characters in turn are seen as smaller and more vulnerable individuals within a soulless environment.* (Stubbings 2005)

Verfremdungs-effekte

Hinsichtlich der Zeitdarstellung zeichnet sich Harrisons Stück dadurch aus, dass die Ereignisse nicht linear dargestellt werden. Die Figuren springen vielmehr in der Zeit vor und zurück, sind manchmal Kinder und manchmal Erwachsene, was dem Zuschauer jeweils durch ihre unter-

Fragmentarisierte Zeitdarstellung

schiedliche Körpersprache angezeigt wird. Auf diese Weise werden, wie in einem Film durch die Montage schneller Schnitte, verschiedene Lebensstationen in kurzen Szenen skizziert, die teilweise nur ein paar Zeilen lang sind (vgl. auch Maufort 2002: 286). Das Verknüpfungsprinzip ist dabei nicht die Kausalität, sondern der Kontrast. Die einzige Verbindung zwischen den Figuren ist, dass sie alle ‚gestohlene Kinder' sind, jedoch nicht alle zur gleichen Zeit. Allerdings agieren sie in manchen Szenen so, als wären sie zur gleichen Zeit im gleichen Kinderheim untergebracht. In anderen Szenen wiederum spricht jede Figur separat vor sich hin, so wie Kinder dies manchmal im Spiel tun. Oder aber es kommt auf der Bühne zu einem Nebeneinander von Monologen von Figuren, die zwar etwas miteinander zu tun haben, sich aber nicht hören können, obwohl die Handlung auf der Bühne zeitgleich gezeigt wird. Am Ende sind die Figuren jedoch alle erwachsen, und der Zuschauer erfährt, wo sie als Erwachsene stehen bzw. wie sie ihre gestohlene Kindheit überstanden haben.

Funktionen der Zeitdarstellung

Die fragmentarisierte Zeitdarstellung erfüllt vor allem zwei Funktionen. Zum einen trägt auch sie dazu bei, dass der Akzent des Stückes nicht auf der chronologischen Abfolge von Ereignissen, sondern auf der Gefühls- und Gedankenwelt der Figuren und dem besonderen Augenblick liegt. Zum anderen weist sie symbolisch auf die Brüchigkeit der Identitäten und Leben der Kinder hin (vgl. ebd.: 289). Es ist den Protagonisten selbst aus der Rückschau nicht möglich, die Ereignisse in ihrem Leben in ihrer tatsächlichen Abfolge darzustellen – zu sinnlos erscheint ihnen ihr Schicksal, zu wenig wissen sie, wo ihre Wurzeln liegen und wohin sie gehören. Eine Zeitzeugin beschreibt den Identitätsverlust im *Bringing Them Home Report* folgendermaßen: *Most of us girls were thinking white in the head but were feeling black inside. We weren't black or white. We were a lonely, lost and sad displaced group of people [...].* (BTHR 1997: part 3, 1)

Repräsentative Charaktere

In Bezug auf die Figurendarstellung erinnert *Stolen* an das expressionistische Drama. Die fünf Protagonisten sind typenhaft angelegt und auf einen besonderen Aspekt ihres Schicksals reduziert. Da sie nur wenige individualisierende Charaktereigenschaften aufweisen, fällt es bisweilen schwer, ihre Namen zu behalten bzw. sie den einzelnen dargestellten Geschichten zuzuordnen. Die Figuren wirken vielmehr austauschbar. Durch diese Form der Figurenkonzeption wird insbesondere die Allgemeingültigkeit der skizzierten Lebensläufe für eine ganze Generation der Aborigines herausgestellt. Die dargestellten Schicksale sind eben keine Einzelfälle, sondern kamen in verschiedener Ausprägung zwischen 1910 und 1970 hundertfach vor. Die Erfahrungen, Probleme und Konflikte der Kinder stehen daher beispielhaft für Erfahrungen ihrer ethnischen Gruppe; die einzelnen Erzählungen sind alle Teil der Meta-Erzählung der *sto-len generation* (vgl. Thomson 2001: 25.). Die Lesart, dass es sich bei der Darstellung des Themas der ‚gestohlenen Kinder' um eine universale Er-fahrung der Aborigines handelt, wird auch dadurch unterstützt, dass bei den Aufführungen in Australien zum Schluss des Stückes die Schauspie-ler, die alle selbst Aborigines sind, kurz ihre eigene, oftmals sehr ähnliche Biografie skizzieren, dass also gespielte und wirkliche Rollen miteinander vermischt werden. Im Hinblick auf die Zuschauer wird *Stolen* in Austra-lien durch diesen Kunstgriff gar kathartische Wirkung zugeschrieben, da sich viele Betroffene in dem Stück wiederfinden können. So berichtet der Regisseur Wesley Enoch (in Kutsch 2005: 17) von *60-year-old women coming back to see the show five times, thousands of names signed in our 'Sorry' book [...], people who have heart attacks during the show.* Einige Zuschauer kamen nach der Auf-führung sogar auf die Bühne, um den Schauspielern ihre Geschichte mit-zuteilen und um ihre Erfahrungen auszutauschen (vgl. Casey 2001: 67).

Betrachtet man abschließend die Struktur von *Stolen*, so kann festgehal-ten werden, dass sich die traditionellen Kategorien von Handlung, Zeit, Figur und Dialog in eine Art Collage von Stimmen und Bildern der *stolen generation* auflösen. Die formale und inhaltliche Fragmentierung des Stückes wertet das innere Erleben der Figuren auf, subjektiviert dadurch die Ereignisse und symbolisiert insgesamt die Suche der Protagonisten nach sich selbst. Mit Hilfe welcher Verfahren diese Aspekte bei einer Be-handlung des Dramas im Verbund mit dem Film *Rabbit Proof Fence* im Unterricht herausgearbeitet werden können, soll im Folgenden gezeigt werden.

Symbolische Struktur

1.4. Methodische Vorschläge zum Einsatz von Film und Drama im Unterricht

1.4.1 Einführung in die Thematik der *stolen generation*

Der Film *Rabbit Proof Fence* und das Drama *Stolen* sind Texte, die ohne Kenntnis ihres kulturgeschichtlichen Kontexts nicht vollständig bzw. – im Falle von *Stolen* – nur schwer zu verstehen sind. Zu Beginn der Unter-richtseinheit (s. a. den tabellarischen Überblick auf der CD-ROM) ist da-her eine Einführung in die Thematik der *stolen generation* angebracht. Im Sinne eines schülerorientierten Unterrichts sollte die Erarbeitung der kulturgeschichtlichen Zusammenhänge von den Lernenden möglichst selbstständig und unter Einbeziehung verschiedener Quellen erfolgen.

Pre-viewing activities

Um das Interesse der Lernenden für den Film und das Theaterstück zu wecken, werden sie zunächst nach ihren Assoziationen zum Titel *Stolen*

Assoziationen

gefragt: Worum könnte es in einem literarischen Text mit diesem Titel gehen? Welche Figuren treten wohl auf? Welche Handlungsstruktur wird erwartet? Diese Vorgehensweise bietet sich an, weil man beim Stichwort *,stolen'* wahrscheinlich erst einmal an Gegenstände und nicht an Menschen denkt. Evtl. kann bei den Fragen noch hinzugefügt werden, dass es sich um eine Unterrichtseinheit zu Australien handeln wird. Auf diese Weise kann die Lehrkraft erfahren, ob die Lernenden schon Vorwissen zur *stolen generation* Australiens besitzen oder ob touristische Eindrücke überwiegen.

Informationen zum Thema recherchieren Für die Erarbeitung des landeskundlichen Wissens recherchieren die Lernenden sodann zu Hause oder – je nach Ausstattung – in der Schule mit Hilfe des Internets und eventuell von der Lehrkraft zur Verfügung gestellter Zusatztexte (s. Kasten) Informationen zu einem der folgenden, für den Film wie auch das Drama relevanten Begriffe: ,Aborigines' (*definition, culture*), ,Aborigines Act 1905' (*provisions, regulations*), ,Moore River Settlement' (*location, function*), ,stolen generation' (*definition of the term*), ,A.O. Neville' (*life and policy*), ,Rabbit Proof Fence' (*definition, function, location*) und ,Bringing Them Home Report' (*aims and content*). Die Lehrkraft bereitet dafür Kärtchen mit den Begriffen vor, von denen jeder Schüler bzw. jede Schülerin eines zieht (vgl. Material 1). Alle Schülerinnen und Schüler mit demselben Begriff bilden in der darauffolgenden Unterrichtsstunde eine Gruppe, sichten und bewerten ihre Materialien (Auszüge aus Lexika, Karten, Bücher aus Bibliotheken, Internetausdrucke), tragen die gewonnenen Informationen zusammen und erstellen ein Poster zur Präsentation ihrer Ergebnisse. Bei dieser Aufgabe werden Lesestile geschult, insbesondere der des schnellen *skimming*, bei dem die wesentlichen Informationen eines Textes global erfasst werden, sowie der des *scanning*, bei dem ein Text auf einen bestimmten Begriff hin durchgesehen wird. Für eine gelungene Postererstellung sollten die wichtigsten Merkmale eines informativen Posters (gut strukturiert, nicht zu viel Text, gut lesbare Schrift etc.) kurz mit den Lernenden besprochen werden.

LEKTÜRETIPP

In der von Arthur Kutsch herausgegebenen Schulbuchausgabe des Stückes *Stolen*, die 2013 bei Klett erschienen ist, finden sich einige Zusatztexte zur Erschließung des landeskundlichen Hintergrunds.

Eine schülerorientierte Methode zur Präsentation der Poster, bei der alle beteiligten Gruppenmitglieder die Gelegenheit erhalten, ihr Poster in englischer Sprache vorzustellen, ist die des *gallery walk* (vgl. Grieser-Kindel et al. 2016: 102f.). Die Lernenden hängen ihre Poster an verschiedenen Stellen im Klassenzimmer auf. Anschließend gehen die Schülerinnen und Schüler in Kleingruppen wie in einer Ausstellung im Museum von einem Poster zum anderen. In jeder Kleingruppe sollte sich für jedes der ausgestellten Poster ein Experte bzw. eine Expertin befinden, die das Poster präsentiert und Fragen der Mitschülerinnen und Mitschüler beantwortet.

Präsentation durch *gallery walk*

Im Anschluss an diese faktenorientierte Auseinandersetzung mit dem Thema der *stolen generation* setzen sich die Lernenden mit einigen persönlichen Lebensgeschichten von betroffenen Menschen aus dem *Bringing-Them-Home*-Bericht auseinander. Dafür bleiben sie in ihrer Gruppe und erhalten jeweils zwei Geschichten (s. Kasten), die im Hinblick darauf gelesen und diskutiert werden, was den Personen genau widerfahren ist und was die Ereignisse in ihnen ausgelöst haben:

Persönliche Lebensgeschichten

A In your groups, read two of the personal stories of indigenous people who were separated from their families as children.
Talk about the following question:
What did the indigenous children experience?
Collect the children's experiences and try to come up with phrases that summarise these experiences in a more general way.

Übergeordnetes Ziel der Einführung ist, dass die Lernenden Kenntnisse erwerben über die Ziele und den zeitlichen Umfang der Assimilationspolitik, über die konkreten Maßnahmen, die ergriffen wurden, sowie über die Folgen für die Betroffenen. Dieses Wissen soll sie für die Schicksale der betroffenen Kinder und Familien sensibilisieren und ihnen im Folgenden helfen, den Film und das Theaterstück in ihrem historischen Kontext zu situieren.

MATERIAL

Das 2017 interaktiv gestaltete *Bringing Them Home Education Module* bietet eine Auswahl an persönlichen Lebensgeschichten von Betroffenen an und schlägt auch Aufgaben zu deren Bearbeitung vor:

> http://www.humanrights.gov.au/our-work/education/publications/
> bringing-them-home-interactive-resource-2017 (21.12.2017)

1.4.2 Die Arbeit mit dem Film *Rabbit Proof Fence*: *while-viewing activities*

Allgemeine methodische Hinweise
Die Arbeit mit dem Film erfolgt im Intervall- und Sandwichverfahren: Der Film wird dabei in einzelne Segmente gegliedert, die sich an Handlungsabschnitten orientieren und die mit Unterbrechungen nacheinander angesehen und mittels verschiedener analytischer und kreativer Aufgaben bearbeitet werden. Es gibt nicht zu allen Szenen Aufgaben; vielmehr soll der Film zwischendurch auch immer wieder länger am Stück gezeigt werden, um den Lernenden die Freude am Filmerleben nicht zu nehmen. An einigen Stellen wird abwechselnd mit Filmsegmenten und ergänzenden schriftlichen Texten gearbeitet: mit Auszügen aus dem *Bringing Them Home Report*, dem dem Film zugrunde liegenden Buch von Doris Pilkington und dem Drehbuch sowie mit Zeitungsartikeln. Sogenannte *long-term while-viewing tasks* helfen dabei, den Blick auf den Film als Ganzes zu wahren und übergreifende thematische Zusammenhänge eigenständig zu erarbeiten (vgl. Hartmann 2006: 20). Um den Lernenden die Bearbeitung von Aufgaben während des Sehens zu erleichtern, werden spezielle Arbeitsblätter eingesetzt, die Hinweise darauf geben, worauf beim Sehen besonders geachtet werden soll. Generell gilt: Vor dem Sehen sollten die Schülerinnen und Schüler immer die Gelegenheit erhalten, sich die Arbeitsblätter genau anzusehen, auch um eventuelle Fragen im Vorfeld klären zu können. Der Fokus der Beschäftigung mit dem Film liegt auf der Erarbeitung seines Inhalts und seiner historischen und kulturellen Bezüge. Zudem soll anhand ausgewählter Szenen herausgearbeitet werden, mit welchen Mitteln der Film die Thematik der *stolen generation* inszeniert und welche Wirkung dies auf den Zuschauer hat. Es folgen konkrete Vorschläge für die Arbeit mit ausgewählten Filmkapiteln, die Hinweise zur Methodik, exemplarische Arbeitsaufträge sowie Angaben zu den Zielen der Unterrichtsabschnitte beinhalten.

LEKTÜRETIPP

Eine Vielzahl an Vorschlägen für analytische und kreative Aufgaben zur Behandlung von *Rabbit Proof Fence* im Unterricht finden sich auch in den Filmheften von Carrodus et al. (2001), Pusch (2003) und Hartmann (2006). In letzterem finden sich auch Auszüge des Filmskripts. Vgl. auch den Unterrichtsvorschlag von Wilden (2016).

Um sich der Wirkung und Funktion der filmischen Rahmenhandlung bewusst zu werden, wird den Lernenden zunächst der Filmanfang vorgespielt (Minuten 01:12-03:00). In diesem werden Landschaftsaufnahmen von Australien präsentiert, begleitet von der Stimme einer alten Frau (Molly), die in einer unbekannten Sprache spricht und deren Worte durch Untertitel erklärt werden. Den Schülerinnen und Schülern wird die folgende Frage gestellt: *How do the filmmakers begin the film and engage us in the story?* (Carrodus et al. 2001: 6). Danach erhalten sie ein Arbeitsblatt mit einer *While-viewing*-Aufgabe in Form von Fragen (vgl. Arbeitsblatt 1), die sie während der weiteren Filmbetrachtung (03:00-05:35) stichwortartig beantworten sollen.

Analyse von Rahmenhandlung und Eingangsszene

Die ersten Szenen liefern eine Einführung der Hauptfiguren und geben einen ersten Einblick in die Kultur und das Leben der Aborigines. Es wird gezeigt, dass den Mädchen kulturelles Wissen wie das Lesen von Spuren, das Verwischen von Fährten und das Jagen durch ihre Mütter vermittelt wird. Mollys Mutter ist es auch, die ihrer Tochter die Bedeutung des Schutzvogels im Rahmen der Kultur der Aborigines erläutert. Mütter spielen eine wichtige Rolle gerade bei den *half-caste* Kindern, die meist ohne ihre entlang des Kaninchenzaunes arbeitenden Väter aufwachsen.

Inhalt der ersten Szenen

Während der ersten Betrachtung der Entführungsszene (09:00-11:45) sollen die Lernenden ein Arbeitsblatt zu den dargestellten Emotionen der einzelnen Figuren ausfüllen (vgl. Arbeitsblatt 2). Die Ergebnisse werden gemeinsam auf dem auf Folie gedruckten Arbeitsblatt 2 gesammelt, indem einzelne Schülerinnen und Schüler nach vorne an den OHP kommen, ein Ergebnis eintragen und dann selbstständig den nächsten Schüler bzw. die nächste Schülerin aufrufen. Danach wird die Szene noch einmal mit einem anderen Fokus – nämlich dem der verwendeten cineastischen Mittel – betrachtet (vgl. Arbeitsblatt 3). Es wird vorausgesetzt, dass die Lernenden zentrale cineastische Mittel wie Einstellungsgrößen und verschiedene Formen der Kameraführung schon kennen (vgl. Surkamp/ Nünning 2016: 256-274; vgl. außerdem die Tabelle zur Filmsprache auf der CD-ROM). Sollte dies nicht der Fall sein, bietet die im nachfolgenden Kasten aufgeführte DVD eine gute Einführung. In Gruppen achten die Lernenden auf einen ausgewählten Aspekt (*split-viewing task*) und besprechen diesen im Anschluss mit ihren Gruppenmitgliedern. Die weitere Ergebnissicherung kann dann in einem Gruppenpuzzle erfolgen, für das neue Gruppen gebildet werden, in denen jeweils ein Experte aus den vorherigen Gruppen sitzt und über seine Ergebnisse referiert (vgl. Grieser-Kindel et al. 2016: 115f.). Sowohl Arbeitsblatt 2 als auch Arbeitsblatt 3 haben ebenso wie die daran anschließenden Besprechungen zum Ziel,

Analyse der Entführungsszene

die Lernenden für die im Film dargestellte Situation zu sensibilisieren, ihre Empathiefähigkeit zu fördern und sie auf die Ausdrucksmöglichkeiten von inneren Vorgängen im audiovisuellen Medium (Körpersprache und filmische Mittel) aufmerksam zu machen. Die filmanalytischen Kompetenzen der Lernenden sollen dadurch geschult werden, dass sie bei Arbeitsblatt 3 auch die Fragen nach den Effekten der Darstellungsverfahren auf die Zuschauer und nach deren Funktionen für die Präsentation des Geschehens auf Handlungsebene beantworten sollen.

MATERIAL

Sehr anschauliche Möglichkeiten, Lernenden die wichtigsten cineastischen Mittel mit bewegten Bildern näherzubringen, bieten die DVD *Filme sehen lernen* von Rüdiger Steinmetz et al. (2007) sowie die von Carola Surkamp 2010 herausgegebene CD-ROM *Close-Up*. Beide Medien erläutern anhand von ausgewählten Filmszenen verschiedene Einstellungsgrößen, Kamerabewegungen, Schnitttechniken etc.

Perspektivenwechsel durch kreatives Schreiben

Nach dem Sehen dieser Szene bieten sich verschiedene Aufgaben an. Die Lernenden können ihr erworbenes Wissen z. B. in einer kreativen Schreibaufgabe umsetzen und sich im Perspektivenwechsel üben. Dafür halten sie das Geschehen in einer Tagebuchaufzeichnung aus der Sicht von a) Molly, b) Mollys Mutter, c) Constable Riggs oder d) des am Zaun stehenden Arbeiters, der alles stillschweigend beobachtet, fest (vgl. Carrodus et al. 2001: 8). Oder aber die Schülerinnen und Schüler vergleichen die Filmszene mit der entsprechenden Szene aus dem Buch von Doris Pilkington (1996: 42-49, vgl. Material 2), in der die Situation des Abholens der Mädchen mit neutraler Erzählerstimme vermittelt wird, ohne dass der Leser Einblick in das Innenleben der Protagonisten erhält: *There is omniscient narration, and only briefly do we get insight into the adults' collective thoughts. The narrator mainly describes, he does not use reported thoughts. The scene is like a documentary; the extremely rare use of adjectives or adverbs underlines the ‚objective‘ depiction of events.* (Hartmann 2006: 41; hier findet sich auf S. 44 auch der dem Romanauszug entsprechende Teil des Filmskripts.) Aufgabe der Lernenden ist es in diesem Fall, die Unterschiede zwischen der Darstellung des Geschehens in Buch und Film herauszuarbeiten und die Funktion, die die filmische Darstellung erfüllt, zu beschreiben. Hartmann (ebd.) weist z. B. darauf hin,

dass der Regisseur die erzwungene Mitnahme der Mädchen nicht nur dramatisiert hat. Vielmehr zeigt er die indigenen Frauen, im Gegensatz zu der Darstellung im Romanaus-

zug, als Handelnde, die sich nicht willenlos in ihr Schicksal fügen. Dieser Unterschied zur Romanszene unterstreicht das wachsende Widerstandsbewusstsein; er bereitet auf die spätere Heroisierung der Mädchen und deren Willensstärke vor.

Auf der DVD *Long Walk Home* ist ein Bericht über den Dreh des Films enthalten, der die Umsetzung dieser denkwürdigen Szene sehr eindrucksvoll schildert und der im Unterricht zusätzlich herangezogen werden kann.

Kapitel 5 verschafft dem Zuschauer einen Einblick in das Leben der Kinder in der Missionsstation Moore River. Die Lernenden füllen während des Sehens ein Arbeitsblatt aus (vgl. Arbeitsblatt 4) und besprechen ihre Ergebnisse nach dem Sehen in Partnerarbeit. In einer anschließenden Diskussion werden die Ergebnisse mit denen von Arbeitsblatt 1, das Notizen zur Lebenssituation der Mädchen in ihrer Heimat Jigalong enthält, verglichen. Auf diese Weise setzen sich die Schülerinnen und Schüler intensiv mit dem Schicksal der Kinder in der Missionsstation auseinander. Molly, Daisy und Gracie werden dort kulturell umerzogen, indem man sie drängt, die Normen und Werte der weißen Kolonialmacht anzunehmen: Von ihnen werden Ordnung und Disziplin erwartet, sie sollen christliche Gebete sprechen und englische Lieder singen und sie dürfen ihre Muttersprache nicht verwenden. Durch den Vergleich der beiden Arbeitsblätter werden die Lernenden für den Unterschied zwischen der Welt, aus der die Mädchen kommen, und der neuen Welt, für die sie in der Missionsstation erzogen werden und in der sie fortan leben sollen, sensibilisiert. Durch die Partnerarbeit und die Diskussion im Plenum wird außerdem die kommunikative Kompetenz in der Fremdsprache gefördert.

Vergleich der Lebenswelten: Jigalong vs. Missionsstation

Im Folgenden wird den Lernenden eine Szene aus Kapitel 6 gezeigt (20:02-23:12), in der Mr. Neville der Morgenandacht in Moore River beiwohnt, um die neu angekommenen Kinder hinsichtlich ihrer Hautfarbe zu begutachten. Auch Molly wird zu ihm nach vorne gebeten. Mollys Angst während ihres Gangs nach vorne wird mit filmischen Mitteln wie Kameraführung und Einstellungsgrößen zum Ausdruck gebracht. Um Mollys Gefühle zu versprachlichen, werden die Lernenden aufgefordert, einen kurzen inneren Monolog zu Mollys Innenleben zu verfassen. Einzelne Schülerinnen und Schüler lesen anschließend ihre Monologe vor, evtl. sogar als Begleitung zum erneuten Schauen der Szene, so dass diese quasi mit einer ‚Tonspur‘ unterlegt wird. Durch das Schreiben der inneren Monologe aus Mollys Sicht werden die Lernenden zu einem Perspektivenwechsel aufgefordert. Zugleich wird ihnen verdeutlicht, wie viel der Film ihnen mittels seiner speziellen Darstellungsverfahren von Mollys Gefühlen in der Situation vermitteln konnte, ohne dass diese explizit themati-

Perspektiven-wechsel durch inneren Monolog

siert wurden. Diese nonverbale Ausdrucksfähigkeit kann durch folgende Fragen kurz mit den Schülerinnen und Schülern reflektiert werden:

 A What made you choose the words to express what Molly was thinking according to you?
Is it necessary to voice them? How is the meaning transmitted in the film?

Schwierige Perspektiven nachvollziehen

In der darauffolgenden Szene (23:30-26:50) wird die Rolle des Fährtenlesers Moodoo in der Missionsstation dargestellt. Er hat die Aufgabe, entflohene Kinder aufzuspüren und zur Station zurückzubringen. Während des Betrachtens der Szene sollen die Schülerinnen und Schüler Moodoo genau beobachten und sich Gedanken über seine Beweggründe und Gefühle machen:

 A Observe Moodoo and his behaviour in the camp.
Think about possible thoughts and feelings he might have.

Diese Aufgabe dient als Vorbereitung auf die nachfolgende Aktivität: Die Schülerinnen und Schüler sollen in Gruppen ein **Interview** mit Moodoo, das später in einem Rollenspiel durchgeführt wird, planen. Eine Gruppe versetzt sich in Moodoos Lage und überlegt sich, wie sein Leben bisher verlaufen ist, warum er in der Missionsstation als Fährtenleser arbeitet und warum er den Weißen hilft, die entflohenen Aborigine-Kinder wieder einzufangen, obwohl er selbst ein Aborigine ist. Eine zweite Gruppe überlegt sich Fragen, die sie Moodoo stellen möchte. Im **Rollenspiel** übernimmt dann zunächst ein Schüler aus der ersten Gruppe die Rolle des Moodoo, der von den Lernenden der zweiten Gruppe zu seinen Beweggründen und Gefühlen befragt wird. Der schauspielernde Schüler sollte aber nach ein paar Minuten durch einen anderen Schüler oder eine Schülerin abgelöst werden. Außerdem sollten die anderen Gruppenmitglieder ihn bei der Beantwortung der Fragen unterstützen, z. B. durch die Nennung von Stichwörtern. Indem sich die Lernenden in die Rolle von Moodoo hineinversetzen, vollziehen sie einen Perspektivenwechsel, der allerdings sehr viel schwieriger ist als die imaginative Übernahme der Perspektive von Molly, welche die Sympathieträgerin im Film ist. Fremdverstehen bedeutet aber in vielen Fällen, dass man die Handlung eines Menschen nachzuvollziehen versucht, die man zunächst nicht verstehen kann. Daher erfüllen alle diese Aufgaben, die Lernende zu Perspektivenwechseln und Perspektivenübernahmen animieren, im Kontext des interkulturellen Lernens eine besonders wichtige Funktion. Darüber hinaus fördert das Rollenspiel den spontanen und kreativen Gebrauch der Fremdsprache und trägt zur Interpretation der Figur des Moodoo bei. Die Lernenden sollten daher unbedingt dazu angeregt werden, nicht nur Fragen zu stellen, sondern bei Moodoos Antworten auch nachzufragen bzw. nachzuhaken.

In der Nacht, nachdem das entflohene Mädchen zurückgebracht wurde, liegt Molly wach und sieht vor ihrem inneren Auge Bilder von Menschen aus der Missionsstation und Bilder von sich selbst mit ihrer Mutter (27:00-28:13). Unterlegt ist diese Sequenz mit indigener Musik und den Lauten des Seelenvogels. Außerdem hört man Molly immer wieder flüstern: *They make me sick, these people. They make me sick.* Die Lernenden werden in zwei Gruppen (A und B) aufgeteilt. Die eine Gruppe schaut sich die Sequenz ohne Tonspur an; die andere Gruppe hört nur die Tonspur, ohne die Bilder sehen zu können. (D.h., beide Gruppen müssen jeweils kurzzeitig den Raum verlassen oder man nutzt zwei benachbarte Räume.) Das Betrachten bzw. Hören der Szene soll durch die Beantwortung von Fragen auf einem Arbeitsblatt begleitet werden (vgl. Arbeitsblatt 5). Dabei befasst sich Gruppe A mit der Deutung der Bilder und versucht z. B. an Mollys Gesicht abzulesen, was sie denkt und fühlt. Gruppe B konzentriert sich auf das Hörverstehen und hat die Aufgabe, aus Mollys Stimme und der verwendeten Geräuschkulisse herauszuhören, welche Atmosphäre in dieser Szene vermittelt wird. Anschließend finden sich die Lernenden paarweise zusammen, wobei immer ein Mitglied der Gruppe A mit einem Mitglied aus der Gruppe B zusammenarbeitet. Indem die Schülerinnen und Schüler ihre jeweiligen Ergebnisse vergleichen, rekonstruieren sie mit ihrem Partner bzw. ihrer Partnerin aus der anderen Gruppe die komplette Szene. Da jede und jeder etwas zu sagen hat und dem jeweiligen Gegenüber zum vollständigen Verstehen der Szene Informationen fehlen, kommt ein authentisches Gespräch in der Fremdsprache zustande. Gemeinsam beschäftigen sich die Lernenden mit Mollys Lage in der Missionsstation, mit ihren Gefühlen und Gedanken. Anschließend sollte die ganze Szene noch einmal allen mit Bild und Ton gezeigt werden, damit die Lernenden das Zusammenspiel visueller und auditiver Signale im Medium Film mit nun besonders aufmerksamem Blick bzw. Gehör rezipieren können.

Das Zusammenspiel auditiver und visueller Mittel erfahren

Perspektiven-differenzierung im Rollenspiel

Ein weiteres Rollenspiel soll den Lernenden verdeutlichen, dass die Kinder in der Missionsstation unterschiedliche Einstellungen zu ihrem Schicksal haben, die von der Anpassung an ihr neues, von der englischen Kolonialmacht bestimmtes Leben bis zum offenen Widerstand reichen. Die Schülerinnen und Schüler werden daher in fünf Gruppen aufgeteilt, in denen sie sich anhand einer Rollenspielkarte (vgl. Material 3) auf eine Diskussion im Schlafsaal über das geflohene und wieder eingefangene Mädchen Olive vorbereiten (vgl. auch das *instruction sheet 1* für Rollen-spiele als Hilfestellung für die Lernenden). Durch das gemeinsame Sammeln von Argumenten für eine bestimmte Position und den Austausch unterschiedlicher Auffassungen im folgenden Rollenspiel lernen die Schülerinnen und Schüler nicht nur verschiedene Positionen kennen, son-dern sie lernen auch, Reaktionen von anderen besser zu verstehen. Durch den Einsatz von Mimik und Gestik zur Unterstützung ihrer Argumente werden sie außerdem für die Wirkung nonverbaler Ausdrucksformen sen-sibilisiert. Alle Gruppenmitglieder sollten sich auf die jeweilige Rolle vor-bereiten; der Zufallsgenerator bzw. das Los sollte entscheiden, wer dann im späteren Rollenspiel drankommt. (Hierfür kann vorübergehend von einer Missionarsstation ausgegangen werden, in der sowohl Mädchen als auch Jungen untergebracht sind. Bis auf die Rolle der Molly sind die ein-zunehmenden Standpunkte nicht spezifisch auf Mädchen ausgelegt.)

***long-term while-viewing tasks* zur Figuren-darstellung**

Nach der Nacht, in der Molly lange wach liegt, beschließt sie, mit Gracie und Daisy aus Moore River zu fliehen. Der Film handelt in den folgenden Kapiteln von der Flucht der drei Mädchen, während der ihre unterschied-lichen Persönlichkeiten sehr deutlich zum Vorschein kommen und ihre Beziehung zueinander mehrfach auf die Probe gestellt wird. Molly ist die Anführerin der Gruppe, die Spuren liest, Entscheidungen trifft und An-weisungen erteilt. Daisy hält sich ganz an ihre große Schwester. Gracie allerdings lässt sich von Angst und Heimweh einnehmen und vertraut nicht auf das Gelingen der Flucht. Sie und Molly tragen daher manchen Konflikt aus. Die Lernenden erhalten die Aufgabe, die Mädchen während der Flucht genau zu beobachten und die Rollenverteilung innerhalb der Gruppe zu beschreiben. Diese Aufgabe ist eine sehbegleitende Langzeit-aufgabe (*long-term while-viewing task*), die über mehrere Szenen hinweg immer wieder bearbeitet wird, auch wenn zwischendurch weitere Aktivi-täten (s. u.) dazu kommen. Arbeitsblatt 6 hilft den Schülerinnen und Schü-lern bei der Bewältigung dieser Aufgabe. Zur Schulung ihrer deskriptiven und analytischen Fähigkeiten sollen sie insbesondere auf die Mimik, Ges-tik und Körpersprache der Mädchen achten, da das nonverbale Verhal-ten von Molly, Gracie und Daisy während der Flucht Aufschluss über ihre Gefühle, Gedanken und Einstellungen gibt. Es ist sinnvoll, die Klasse für diese Aufgabe in drei Gruppen aufzuteilen, von denen sich jede auf jeweils eines der Mädchen konzentriert (*split-viewing task*). Die erste Zwischenbilanz der Ergebnisse der einzelnen Expertengruppen sollte vor der Szene gezogen werden, in der die Mädchen auf den Landarbeiter treffen, der sie in die Falle locken möchte (s. u.).

Eine weitere Frage, zu der sich die Lernenden während des Sehens der gesamten Flucht Notizen machen sollten, ist die nach den Strategien, welche die Mädchen anwenden, um vor ihren Verfolgern zu fliehen und zu überleben (diese umschließen z. B. verschiedene Formen des Spurenverwischens, Wissen um die Beschaffung von Nahrung etc.):

Überliefertes Wissen der Aborigines

A   Which knowledge do the girls apply to manage the long and agonising way back home? Take notes.

Dadurch beschäftigen sich die Schülerinnen und Schüler erneut intensiv mit den Lebens- und Denkweisen der indigenen Bevölkerung Australiens. In diesem Zusammenhang ist auch die Symbolträchtigkeit des Seelenvogels von Bedeutung, der während der Flucht in mehreren Szenen sichtbar oder hörbar auftaucht (sichtbar in Mollys Traum; hörbar, als Gracie geschnappt wird; sichtbar in der Wüste, als Molly und Daisy vor Erschöpfung zusammenbrechen; sichtbar, als die Kinder in Jigalong ankommen). Mit Hilfe von Arbeitsblatt 7 können die Lernenden während des Sehens ihre Gedanken zu den unterschiedlichen Funktionen des Seelenvogels notieren.

Während der Flucht berühren Molly und ihre Mutter an verschiedenen Orten gleichzeitig den Zaun (45:06-46:20). Diese Szene bietet sich für eine Unterbrechung des Films und eine nähere Betrachtung der Funktionen des *rabbit proof fence* an. Nach der Szene füllen die Lernenden Arbeitsblatt 8 aus. Dieses dient als Grundlage für eine anschließende Diskussion im Plenum über die unterschiedlichen Bedeutungen des Kaninchenzauns: Dieser ist zum einen ein Symbol für die Eingrenzung des Lebensraums der Aborigines und Sinnbild für den Versuch der Kolonialmacht, Australien zu ‚zähmen' oder zu ‚säubern' (vgl. Pusch 2003: 10). (Dass der Grund für den Zaun die aus Europa eingeschleppten Kaninchen sind, verdeutlicht die Absurdität dieser Maßnahme gegen ein Ungleichgewicht, welches ohne die Kolonisierung nicht entstanden wäre.) Zum anderen ist es eben genau dieser Zaun, der den Mädchen die Flucht nach Hause ermöglicht, indem er ihnen den Weg weist und sie vor ihren Verfolgern schützt: Molly, Daisy und Gracie gehen zunächst am falschen Zaun entlang gen Westen statt

Bedeutungen des Kaninchenzauns erarbeiten

gen Norden, so dass Mr. Neville und seine Gefolgsleute sie an anderer Stelle suchen.

Hypothesen bilden

Im weiteren Verlauf treffen Molly, Daisy und Gracie auf Mavis, ein Aborigine-Mädchen, das bei weißen Farmern arbeitet und den Mädchen ihre Hilfe anbietet (ab Minute 50:50). Sie gibt Molly, Daisy und Gracie zu essen und schlägt ihnen vor, sie zu verstecken. Die Mädchen nehmen die Hilfe dankbar an und übernachten bei Mavis. Nachts wird diese jedoch von dem Farmbesitzer aufgesucht, der sie regelmäßig missbraucht. Beim Anblick der anderen drei Mädchen flieht der Farmer aus Mavis' Kammer. Molly ist alarmiert und möchte sofort weiterziehen; Mavis aber fleht sie an zu bleiben, da sie Angst vor einer Rückkehr des Farmers hat. An dieser Stelle (54:24) bietet es sich an, den Film anzuhalten, um die Lernenden über den weiteren Verlauf spekulieren und über ihre eigene Haltung nachdenken zu lassen:

 A What would you do in this situation? What do you think the girls will do and what consequences might this have?

Durch die Beantwortung dieser Fragen werden die Schülerinnen und Schüler nicht nur für die Tragweite der Entscheidungen der Mädchen auf der Flucht sensibilisiert, sondern sie werden auch im Hinblick auf das in Spannung versetzt, was im Film schließlich passieren wird: Molly beschließt, dass sie zunächst bleibt; der Farmbesitzer hat jedoch die Behörden über die drei Mädchen informiert, so dass es beinahe zu ihrer erneuten Gefangennahme kommt.

Auswertung der long-term while-viewing tasks

Vor dem Zeigen der Szene mit dem Landarbeiter (01:00:57-01:02:04) werden die Ergebnisse zu Arbeitsblatt 6, also zur sehbegleitenden Langzeitaufgabe, in Dreiergruppen (d. h. zu jedem Mädchen ein Experte bzw. eine Expertin) verglichen. Für diesen Abgleich kann die Lehrkraft am Ende auch ein Lösungsblatt in die Gruppen geben (vgl. Lösungsvorschlag zu Arbeitsblatt 6). Außerdem sollten die Lernenden ihre Notizen bezüglich der Frage auswerten, auf welches Wissen und welche Strategien die Mädchen zurückgreifen, um ihr Überleben und das Gelingen der Flucht zu sichern. Im Plenum sollte schließlich erörtert werden, dass die Mädchen unterschiedliche Einstellungen gegenüber der weißen Kolonialmacht haben, die von Resignation und Assimilation bei Gracie bis zu Willensstärke und Auflehnung bei Molly reichen.

Nach dieser Diskussion wird die Szene bis zu der Stelle gezeigt, an der der Landarbeiter den Mädchen mitteilt, dass Gracies Mutter in Wiluna auf sie warte (01:02:04). Der Film wird angehalten und die Lernenden werden erneut aufgefordert, in Dreiergruppen einen Dialog zu erfinden, in dem die Mädchen besprechen, wie sie nun vorgehen wollen. Einige der Dialoge werden szenisch dargestellt (und evtl. gefilmt) und Unterschiede im Umgang mit der Information über Gracies Mutter im Plenum diskutiert:

Perspektiven-übernahme durch Dialog und Diskussion

In the course of the escape the girls meet a worker who tells them that Gracie's mother is waiting in Wiluna.
Make up a dialogue in which the girls discuss whether to go to Wiluna or not.
Use the information about the girls you have collected so far.
Perform your dialogue in class.

Anschließend wird die Filmszene gezeigt, in der es zur Trennung der Mädchen kommt (01:02:04-01:03:45): Molly und Daisy gehen weiter am Zaun entlang nach Hause, während sich Gracie allein auf den Weg nach Wiluna macht. Diese Entscheidung sollte ebenso wie die Rolle des Landarbeiters im Klassenzimmer zur Diskussion gestellt werden:

After having seen the whole scene, what do you think about the girl's real decision?
Why do you think the worker is telling them that Gracie's mother is in Wiluna?

Durch das Ausagieren des Konflikts der Mädchen müssen die Lernenden sich erneut in andere Rollen begeben und eine Entscheidung aus einer anderen Perspektive heraus treffen. Dies schult sie im Fremdverstehen und fördert ihre kommunikativen Kompetenzen. Außerdem sind sie dazu aufgefordert, ihr gesamtes Wissen, das sie bisher bei der Filmarbeit über die Mädchen gesammelt haben, in die Ausgestaltung des Dialogs einzubringen. Die Aufgabe dient also auch einer weiterführenden Erschließung und Interpretation des filmischen Textes, an welche die abschließende Diskussion über die wirkliche Entscheidung der Mädchen anknüpfen kann.

Förderung von Empathie durch Standbild und Stimmenskulptur

Nachdem Molly und Daisy eine Zeitlang allein weitergezogen sind, überkommt Molly die Sorge um Gracie. Sie beschließt, Gracie zu suchen und doch noch davon zu überzeugen, mit ihnen nach Hause zurückzukehren. An einem Bahnhof stoßen Molly und Daisy auf Gracie. Aus einem Versteck heraus machen sie Gracie auf sich aufmerksam, doch bevor die drei wieder zueinanderfinden können, wird Gracie von Constable Riggs eingefangen. Der Hinweis, dass ihre Mutter in Wiluna sei, war tatsächlich eine Falle. Als Molly erkennt, dass Gracie wieder zurück nach Moore River gebracht wird und sie und Daisy ohne Gracie weiterziehen müssen, spiegeln sich ihre Traurigkeit und Hilflosigkeit sehr ausdrucksstark in ihrem Gesicht wider (01:07:16). Mittels eines Standbildes (vgl. CD-ROM) sollte dieser Blick eingefangen werden. Die Lernenden erhalten sodann die Aufgabe, eine Stimmenskulptur zu diesem Standbild zu entwerfen:

A Look at Molly and try to imagine what she is likely to think in this particular moment. Try to sum it up in just one sentence.
Now choose one person to play Molly who is supposed to form a voice sculpture out of your sentences.
This means that you have to present your sentence to ‚Molly'
and she has to choose which sentence fits the situation best.

Methode der Stimmenskulptur

Die Methode der Stimmenskulptur (vgl. hierzu ausführlicher Surkamp/ Nünning 2016: 192f. und Scheller 1998: 136f.) ist eine Möglichkeit, Mollys Innenleben, das an dieser Stelle im Film nur über die Bilder erfahrbar wird, zu verbalisieren. Die Lernenden überlegen sich, was Molly in diesem entscheidenden Moment wohl denkt. Eine Schülerin oder ein Schüler stellt Molly dar. Nacheinander gehen nun einige Lernende zu ihr bzw. ihm, stellen sich hinter sie bzw. ihn und sagen jeweils einen Satz, der Molly durch den Kopf gehen könnte. Wenn genügend Stimmen vorhanden sind, ruft ein zuvor ausgewählter Spielleiter bzw. eine Spielleiterin diese nacheinander ab und koordiniert bzw. kontrastiert sie, indem er bzw. sie auf die entsprechenden Repräsentanten zeigt, die dann ihren Satz sagen. Indem der bzw. die Leitende die Reihenfolge der Stimmen variiert und einzelne Stimmen wiederholen lässt, können bestimmte Gedanken hervorgehoben und auch evtl. Widersprüche deutlich gemacht werden. Die Figur selbst (bzw. die Spielerin, die Molly darstellt) entscheidet im Verlauf des Verfahrens, welche Stimme ihr Innenleben am besten wiedergibt. Zur Veranschaulichung des Verhältnisses der Stimmen zum tatsächlich Gedachten werden die Stimm-Repräsentanten entsprechend um Molly gruppiert (d.h. näher dran oder weiter weg). Der Stimmenchor wird dann so

lange durchgespielt, bis er den Vorstellungen der Spielerin für Molly entspricht. Die Lernenden können auf diese Weise ein besseres Verständnis
für Mollys Rolle und die von ihr empfundene Verantwortung gegenüber
ihrer Schwester und ihrer Kusine entwickeln.

Nach der Stimmenskulptur wird das filmische Standbild aufgelöst und
gezeigt, wie es Molly und Daisy weiterhin ergeht. Für die Lernenden ist
es jetzt besonders spannend zu verfolgen, ob wenigstens Molly und Daisy die Flucht gelingen wird. Die letzten Filmszenen sollten daher nicht
noch einmal unterbrochen werden. Lediglich kurz bevor die Rahmenhandlung wieder einsetzt und die ‚echte' Molly wieder zu hören ist und
schließlich sogar zusammen mit ihrer Schwester Daisy vor der Kamera
erscheint, um von ihrem weiteren Schicksal zu berichten, wird der Film
noch einmal angehalten (01:21:22). Die Lernenden sollen in Form eines
Spiels überlegen, wie das spätere Leben von Molly, Daisy und Gracie
ausgesehen haben könnte: In Dreiergruppen überlegt sich jeder Schüler
bzw. jede Schülerin das spätere Schicksal eines der Mädchen und die
beiden anderen Gruppenmitglieder versuchen durch Fragen, die nur
durch ‚ja' oder ‚nein' beantwortet werden dürfen, herauszubekommen,
was dem Mädchen nach Meinung ihres Mitschülers bzw. ihrer Mitschü-
lerin widerfahren ist:

Ende im Film vs. historische Fortsetzung

A Come together in groups. Each of you invents the future of one character.
Don't talk about this to your group mates.
By asking yes-/no-questions the others will have to find out what this
future looks like.

Durch diese Aktivität setzen sich die Lernenden intensiv mit mehreren
möglichen Lebensläufen der drei Mädchen auseinander. Daher werden
sie besonders gespannt darauf sein zu erfahren, wie es Molly, Daisy und
Gracie in späteren Jahren tatsächlich ergangen ist. Nach Abspielen des
Epilogs können die Schülerinnen und Schüler dann die von ihnen skizzierten (zum Teil wahrscheinlich sehr viel positiveren) Lebenswege mit
den realen Schicksalen der Mädchen vergleichen, und ihre Empfindungen angesichts der Grausamkeiten, die Molly, Daisy und Gracie erneut
widerfahren sind, äußern.

1.4.3 Vorschläge für Aufgaben nach dem Schauen des Films

Die Äußerungen eigener Empfindungen angesichts der Schicksale von
Molly, Daisy und Gracie sollten in ein Gespräch über persönliche Stel-

Post-viewing activities

225

lungnahmen zum Film allgemein münden (vgl. Carrodus et al. 2001: 6). Um ein solches Gespräch anzuregen, bieten sich etwa folgende Aufgaben und Fragen an:

A What are your own thoughts about the film?
How did you react to the film?
Discuss your views with other class members.
Which features of the events in the film surprised you?
Explain your answers.

Bei der Beantwortung dieser Fragen sollten die Lernenden auch dazu aufgefordert werden, an ihre Erwartungen in Bezug auf den Film zu Beginn der Unterrichtseinheit anzuknüpfen. Durch einen Vergleich ihrer neu gewonnenen Erkenntnisse mit ihren ursprünglichen Erwartungen können sich die Lernenden außerdem nochmals die Einsichten in die filmspezifischen Gestaltungsmittel bewusst machen und diese reflektieren.

Stummes Schreibgespräch Ein solcher Meinungsaustausch kann auch (zunächst) in Form eines stummen Schreibgesprächs stattfinden (vgl. Grieser-Kindel et al. 2016: 227f.). Die Lernenden arbeiten in Gruppen, wobei ein Teilnehmer bzw. eine Teilnehmerin seine bzw. ihre Gedanken zu dem Film auf einem Blatt Papier notiert. Dann wird das Blatt in die Mitte gelegt und ein anderes Gruppenmitglied nimmt es an sich, um das Geschriebene zu kommentieren, zu ergänzen etc. Wenn keiner mehr etwas hinzuzufügen hat, werden die Notizen gemeinsam besprochen und am Ende evtl. im Klassenraum aufgehängt.

Rezeptionskontext erarbeiten Da der Film nach seinem Erscheinen Kontroversen auslöste, bietet es sich an, in der Folge den Rezeptionskontext etwas genauer zu untersuchen und die verschiedenen Einschätzungen zum Film auch zur eigenen Meinung in Beziehung zu setzen. Der Film schürte den Konflikt zwischen denen, die das dargestellte Unrecht an den Mischlingskindern leugneten, und denen, die von der australischen Regierung endlich eine Entschuldigung für die Geschehnisse erwirken wollten. Diese unterschiedlichen Positionen können von den Lernenden in zwei Lagern diskutiert werden. Auf der Basis von Filmkritiken und Artikeln zum Film werden Argumente für beide Seiten entwickelt. Die Schülerinnen und Schüler sind also dazu aufgefordert, eine bestimmte Perspektive zu übernehmen und aus dieser heraus in der späteren Diskussion, die z.B. in Form eines *fishbowl* (s. Kasten) stattfinden kann, zu argumentieren.

METHODE

Bei einer *Fishbowl*-**Diskussion** sitzen jeweils zwei Redende innerhalb eines Kreises von Zuhörerinnen und -hörern. Sobald eine Person im Außenkreis in die Diskussion einsteigen möchte, wechselt sie eine oder einen der Redenden ab. (Geschieht dies nicht von alleine, kann ggf. eine bestimmte Anzahl von Argumenten oder ein Zeitlimit gesetzt werden.) Ziel dieser Diskussionsform ist es, eine möglichst breite Beteiligung zu erwirken und ansonsten dominante Rednerinnen und Redner zu beschränken. Inhaltlich fördert diese Diskussion nicht nur die kommunikativen Fähigkeiten der Lernenden, sondern auch ihr Vermögen zum Perspektivenwechsel und zu einer differenzierten Auseinandersetzung mit einem kontroversen Sachverhalt unter Einbeziehung unterschiedlicher Sichtweisen (vgl. Grieser-Kindel et al. 2016: 88f.).

Unterschiedliche Sichtweisen

Argumente gegen die Darstellung der Zwangsunterbringung von Mischlingskindern in staatlichen Institutionen als Genozid an den Aborigines finden sich z. B. in einem Zeitungsartikel von Andrew Bolt (2002, http:// members.optushome.com.au/jimball/Rabbitproofmyth.html): Die Kinder seien verwahrlost gewesen, man hätte sie nur zu ihrem eigenen Schutz aus ihren Familien geholt; sie wären dort im Gegensatz zu ‚reinen' Aborigine-Kindern nicht akzeptiert und deshalb auch nicht sicher gewesen vor Ausbeutung und Missbrauch; sie hätten nicht genügend Nahrung erhalten; ihre Eltern wären vielfach Alkoholiker gewesen; außerdem hätte man den Kindern eine bessere Zukunft und Bildung verschaffen wollen. Weitere Kritikpunkte sind die falsche Wiedergabe von Ereignissen aus Mollys Leben sowie die undifferenzierte Darstellung von A. O. Neville, der im Film ausnahmslos als Bösewicht erscheint (vgl. Howson/Des Moore 2002). Seine Nachkommen meldeten sich zu Wort und legten Dokumente vor, die zeigen sollten, dass er immer nur das Beste für die Aborigines wollte und die filmische Darstellung der historischen Persönlichkeit daher nicht gerecht würde: Nach seinem Tod soll seine Frau über 500 Briefe von Aborigines erhalten haben, die seine Bemühungen lobten, verwahrloste Kinder vor der Ausbeutung (nicht zuletzt auch durch ‚weiße' Australier europäischer Abstammung) zu bewahren (vgl. Windschuttle 2003: 14). Positive Reaktionen auf den Film und Gegenargumente zu den Behauptungen von Bolt finden sich bei Robert Manne (2002, Material 4). Die weit auseinandergehenden Meinungen zum Film können die Lernenden auch dazu animieren, eigenständig weitere Recherchen zum Thema durchzuführen, um ein differenzierteres Verständnis zu erreichen.

Verfassen einer Filmkritik

Als abschließende Aufgabe können die Lernenden ihre Schreibkompetenz in der Fremdsprache schulen, indem sie eine eigene Filmkritik verfassen und darin ihr ganzes bisheriges Wissen über den Film sowie ihre persönlichen Eindrücke verarbeiten. Wenn sie mit der Textsorte eines *film review* noch nicht vertraut sein sollten, ist es hilfreich, ihnen einige Richtlinien zum Schreiben an die Hand zu geben (vgl. *instruction sheet 2*). Die fertigen Filmkritiken können in Partnerarbeit ausgetauscht und bewertet werden (vgl. *peer assessment sheet*). Sofern die technischen Möglichkeiten dazu vorhanden sind, bietet sich auch eine Veröffentlichung der besten Filmkritiken – z. B. in der Schülerzeitung oder auf der Homepage der Schule – an, um die Lernenden so zusätzlich zu motivieren und ihre Leistungen zu honorieren.

Filmplakate analysieren und erstellen

Eine weitere Möglichkeit, sich nach dem Sehen mit dem Film als Ganzem zu beschäftigen, besteht in dem Vergleich von zwei unterschiedlichen Versionen des Filmposters (vgl. Arbeitsblatt 9). Die Schülerinnen und Schüler sollen dabei u. a. auf die Darstellung der Figuren, die Anordnung der einzelnen Bildelemente, die Farbgebung sowie die Verwendung von Symbolen achten und die dadurch entstehenden Wirkungseffekte auf den Betrachter beschreiben. Außerdem werden sie gefragt, welches Poster ihnen am besten gefällt. Im Anschluss kann der Vergleich der beiden Poster als Grundlage für den Entwurf eines eigenen Filmposters dienen. Dies fördert erneut die persönliche Auseinandersetzung mit dem Film, und die Lernenden erhalten nochmals die Gelegenheit, kreativ tätig zu werden.

1.4.4 Die Arbeit mit dem Drama *Stolen*

Vorbemerkungen

Im Folgenden werden einige Vorschläge zum Einsatz des Dramas *Stolen* gemacht, jedoch nicht in der gleichen Ausführlichkeit wie zuvor zum Film *Rabbit Proof Fence*. Es gilt hier, eine inhaltliche Ergänzung zum Thema der *stolen generation* in einer anderen Darstellungsform und damit auch die film- bzw. dramenspezifischen Ausdrucksmöglichkeiten zu erarbeiten. Für eine weitergehende und sehr lohnende Auseinandersetzung mit dem Stück *Stolen* sei auf das Unterrichtsmodul der ‚Human Rights and Equal Opportunity Commission' verwiesen (http://www.humanrights.gov. au/education/human-rights-school-classroom). Weitere Vorschläge für dramatische Zugangsformen, mit denen vor allem das Fremdverstehen der Lernenden gefördert werden soll, finden sich in Kap. II.2 des vorliegenden Bandes sowie in Surkamp/Nünning 2016: 149-201.

Pre-reading activity

Eine mögliche Überleitung zur Beschäftigung mit Jane Harrisons Theaterstück *Stolen* kann darin bestehen, die Schülerinnen und Schüler zu kreativen Gedanken anzuregen, wie man das Thema der *stolen genera-*

tion auf der Bühne inszenieren könnte. Vielleicht werden recht konventionelle Vorschläge gemacht (wie z. B. die chronologische Darstellung einer Lebensgeschichte), so dass diese Übung nicht nur die Neugier der Lernenden für das Stück wecken, sondern sie im weiteren Unterrichtsverlauf auch für die besonderen Darstellungsverfahren des Dramas sensibilisieren kann.

Die Lektüre von *Stolen* ist vom Umfang her gut zu bewältigen: Das Stück umfasst nur 40 Seiten. Die besondere Struktur des Dramas kann die Erschließung seines Inhalts allerdings erschweren. Eine Hilfestellung zur Sicherung des Textverständnisses bietet die Anfertigung von Figurenprofilen (vgl. das oben genannte Unterrichtsmodul der Human Rights and Equal Opportunity Commission, S. 198 und 203f). Für diese Aufgabe sollte sich jeder Schüler bzw. jede Schülerin eine der fünf Figuren auswählen und während des Lesens Stichpunkte zu deren Herkunft, familiärem Hintergrund, Lebensweg und Persönlichkeit sowie zu dem Hauptkonflikt, in dem die Figur sich befindet, sammeln (vgl. Arbeitsblatt 10). Nach der Lektüre sollten diese Informationen zur Vervollständigung der Profile in Gruppenarbeit ausgetauscht und anschließend dem Plenum vorgestellt werden (z. B. in Form von Wandpostern).

While-reading activity: Anfertigung von Figurenprofilen

Eine weitere Aufgabe, die das Lesen des Dramas unterstützt und an die Arbeit der Lernenden zu Beginn der Unterrichtseinheit sowie an die Ergebnisse aus der Beschäftigung mit dem Film *Rabbit Proof Fence* anknüpft, ist das Festhalten von Gemeinsamkeiten zwischen den Schicksalen der Protagonisten aus Drama und Film und dem der Kinder aus dem *Bringing Them Home Report* in Bezug auf Erfahrungen, Ereignisse und Langzeiteffekte der Assimilationspolitik. Die Ergebnisse können in Tabellen notiert werden (vgl. Arbeitsblatt 11).

Gemeinsamkeiten zwischen Film und Drama

Beide Aufgaben erleichtern den Schülerinnen und Schülern nicht nur das Verstehen des Theaterstückes, sondern ermöglichen ihnen nach der intensiven Einführungsphase in die Unterrichtseinheit und der Auseinandersetzung mit dem Film die erneute Beschäftigung mit der mentalen Dimension von Kultur. Sie lernen erneut etwas über die kollektiven Erfahrungen der indigenen Bevölkerung Australiens, spüren für den kulturhistorischen Kontext typische Denk- und Gefühlsweisen auf und setzen sich mit unterschiedlichen Werte- und Normenvorstellungen auseinander – vor allem hinsichtlich der Frage nach der Bewahrung der indigenen Traditionen oder einer Assimilation an die Kolonialkultur.

Beschäftigung mit der mentalen Dimension von Kultur

Analyse der dramenspezifischen Ausdrucksmittel In einem nächsten Schritt gilt es, den Lernenden zu verdeutlichen, dass diese Dimension von Kultur nicht nur auf der inhaltlichen Ebene von *Stolen* zur Darstellung kommt. Wie die vorangestellte Analyse des Dramas gezeigt hat, werden die von den Kindern empfundene Bedrohung durch Autoritäten, der Verlust ihrer individuellen und kulturellen Identität sowie ihre Vereinsamung und Hoffnungslosigkeit auch mit dramenspezifischen Mitteln inszeniert. Für den Ausdruck von Emotionen spielt z. B. die nonverbale Kommunikation eine wichtige Rolle. In vielen Szenen des Stückes tragen Mimik, Gestik und Körpersprache sowie paralinguistische Phänomene wie Intonation, Rhythmus, Tonhöhe, Tempo und Sprechpausen dazu bei, dass die Figuren etwas von ihrem Innenleben, von ihrer Traurigkeit, ihrer Angst, ihrem Zynismus und ihrer Verzweiflung preisgeben. Es gibt mehrere Möglichkeiten, dies mit den Lernenden zu erarbeiten. So können die Funktionen nonverbaler Zeichensysteme anhand der Textvorlage (Regieanweisungen und Dialoge) analytisch herausgearbeitet werden, z. B. mit Hilfe von folgenden Fragen (diese sind ebenso wie weitere Leitfragen für eine Analyse des Dramas auch auf der CD-ROM zu finden):

A

▸ Is there anything remarkable about the characters' facial expressions, gestures or body language? What functions do these non-verbal signs fulfil in scene x?

▸ Do the characters' facial expressions and gestures correspond with their utterances, support or differ from them?

▸ In what way do the actors' voices and vocal qualities such as pitch, volume, stylistic features etc. contribute to the meaning of the verbal messages?

▸ What can be inferred about a particular character from the way he or she speaks, behaves and/or acts?

Spielerische Umsetzung Sehr viel anschaulicher wird eine solche Analyse, wenn die Lernenden einzelne Szenen selbst spielerisch umsetzen und die zuschauenden Schülerinnen und Schüler das Wirkungs- und Funktionspotenzial nonverbaler Phänomene beurteilen. Welch wichtigen Beitrag die Körpersprache bei der Darstellung des Innenlebens einer Figur leisten kann, wird für die Lernenden auch dann ersichtlich, wenn sie eine Szene ohne Regieanweisungen bzw. eine Szene, in der der Nebentext entfernt wurde, mit Hinweisen zu Mimik, Gestik und Intonation vervollständigen sollen.

Weitere wichtige Bedeutungsträger in Harrisons Stück sind die Raum-, Zeit- und Figurendarstellung sowie die Handlungsstruktur und die Dialoggestaltung. Um die Analyse dieser Bauformen nicht einseitig im Frage-Antwort-Verfahren zwischen Lehrkraft und Lernenden durchzuführen, bietet es sich an, die Schülerinnen und Schüler in Gruppen mit der Untersuchung je eines Aspekts zu beauftragen. Folgende Leitfragen können dabei behilflich sein:

Erarbeitung der dramatischen Bauformen

> ▸ Where does the action take place? How is the fictional space
>   represented on stage and by which means (props, lighting etc.)?
> ▸ How are the events in the characters' lives arranged?
>   Does the play follow the chronological order of events or rearrange it?
> ▸ Do the characters have many different features?
>   What do we get to know about them?
>   What are the characters' situations and relationships with others?
> ▸ What structural elements are there in the play?
>   Is the plot coherent, linear, episodic, fragmentary?
>   What kind of ending does the play have (closed or open)?
> ▸ Who says what to whom, how and for which reasons?
>   What is the relationship between the utterances of character X
>   and character Y?

Die kulturelle Dimension dieser Darstellungsverfahren kann jedoch nur dann erfasst werden, wenn anschließend auch mögliche Wirkungen und Funktionen der Raum-, Zeit- und Figurendarstellung sowie der Handlungsstruktur und Dialoggestaltung bestimmt werden. Es müssen also auch Fragen beantwortet werden wie:

Bestimmung der Wirkungen und Funktionen

> ▸ Is the setting important or not? What does the setting contribute to the
>   drama's total effect?
> ▸ What are the effects of the drama's specific time structure?
>   In what way is the time structure relevant for the production of
>   meaning? Think about the play's cultural context.
> ▸ What does the play's fragmentary structure tell us about the lives of
>   the protagonists?
> ▸ Which functions do the embedded narratives and the various
>   monologues fulfil?

> ▸ What effect does Jane Harrison achieve by employing voices
> from off-stage, shadows and projections?

Vergleich:
Film vs.
Theaterstück

Nach der Präsentation der Gruppenergebnisse und der Besprechung der formalen Darstellungsverfahren und ihres Wirkungs- bzw. Funktionspotenzials im Plenum ist es sinnvoll, einen Vergleich mit dem Film anzustreben. Während nämlich der Film seine Geschichte chronologisch erzählt, so dass der Zuschauer sehr gut folgen kann, präsentiert das Drama nur einzelne Ausschnitte aus dem Leben verschiedener Betroffener, die der Zuschauer wie bei einem Puzzle selbst zusammensetzen muss. Die Lernenden sollten also danach gefragt werden, inwiefern sich die filmischen Verfahren in *Rabbit Proof Fence* von den dramentechnischen Mitteln in *Stolen* unterscheiden und welche Effekte dadurch jeweils hervorgerufen werden.

Handlungs-
orientierte
Zugangsformen

Das Verstehen der besonderen Wirkungsweise der in *Stolen* verwendeten dramatischen Verfahren kann auch durch den Einsatz handlungsorientierter Zugangsformen gefördert werden. Durch Methoden wie das **szenische Lesen** oder die **spielerische Umsetzung** einzelner Textpassagen können die Lernenden die besondere Struktur von Harrisons Stück, z. B. die schnellen Szenenwechsel oder den durch die Stimmen aus dem *off* ausgelösten Bedrohungseffekt, quasi am eigenen Leib erfahren. Auch das mehrfache Lesen oder Spielen zentraler Szenen, bei dem mit verschiedenen Sprechhaltungen, gestisch-mimischen Ausdrucksformen und Körperhaltungen experimentiert wird, kann dazu beitragen, dass die Schülerinnen und Schüler sich über das bedeutungserzeugende Potenzial theatralischer Mittel bewusst werden (für Szenen-Vorschläge, die sich für das Spiel besonders eignen, sowie für begleitende Arbeitsblätter vgl. das Unterrichtsmodul der Human Rights and Equal Opportunity Commission, S. 205-215).

Interkulturelles
Lernen durch
szenische
Verfahren

Darüber hinaus kann durch den Einsatz szenischer Zugangsformen bei der Beschäftigung mit Harrisons Theaterstück ein weiteres wichtiges Lernziel im Kulturunterricht erreicht werden: das des interkulturellen Lernens (vgl. hierzu auch Kap. II.2 des vorliegenden Bandes). Gerade weil die zahlreichen Verfremdungseffekte in *Stolen* im Zuschauer eine Distanzierung in Bezug auf die dargestellten Ereignisse hervorrufen und eine eher kritische, reflektierende Haltung gegenüber dem Geschehen fördern, sollten spielerische Verfahren eingesetzt werden, um den Lernenden auch einen emotionalen Zugang zu den Figuren und ihren Schicksalen zu ermöglichen. Werden die Schüler dazu angeregt, in eine Rolle zu schlüpfen und sich in die Lage einer der Figuren zu versetzen, so kann dies erstens dem Problem entgegenwirken, dass die fiktionalisierte Darstellung der *stolen generation* für (deutsche) Lernende allzu abstrakt bleibt. Zweitens kann durch das Spiel die für das Fremdverstehen wichtige Fähigkeit zum Perspektivenwechsel gefördert werden. Und drittens kommen durch dramatische Zugangsformen nicht nur die fremdkulturellen Inhalte des Textes, sondern auch die eigenkulturellen Perspektiven der Schülerinnen und Schüler ins Spiel. Szenische Verfahren fördern die Formulierung eigener Fragen an die fremde Situation und die handelnden Personen und damit die persönliche Auseinandersetzung mit Harrisons Stück: Warum reagiert diese Figur in dieser Situation so und nicht anders? Warum hätte ich vielleicht anders reagiert? Warum verwendet die Figur diese Körpersprache? Warum entscheidet die Figur sich in dieser Situation für diesen Weg? Warum nicht für einen anderen? Was hätte ich in dieser Situation getan?

Da es in *Stolen* zwar um die Präsentation von Innenwelten geht, vieles aber nur angedeutet wird, bietet es sich an, insbesondere mit szenischen Verfahren der Bewusstseinsdarstellung zu arbeiten, um den Lernenden die Annäherung an die Figuren zu erleichtern. So wird z. B. der sexuelle Missbrauch von Ruby bei ihren Wochenendausflügen nicht explizit thematisiert oder gezeigt, sondern muss vielmehr erst aus ihrem Verhalten nach den Vorfällen und aus ihrer Körpersprache erschlossen werden (vgl. Part 1, *Unspoken Abuse 1*; Part 2, *Unspoken Abuse 2*). Für die Ergründung des Innenlebens einer Figur können verschiedene handlungsorientierte Methoden verwendet werden. So kann eine Spielerin z. B. in einer der Szenen nach Rubys Rückkehr ins Heim in einem inneren Monolog beiseite sprechen, was Ruby gerade empfindet oder denkt. Die zuschauenden Schülerinnen und Schüler können den Zeitpunkt der Bewusstseinsdarstellung aber auch selbst bestimmen, indem sie das Theaterspiel an einer Stelle, die sie genauer gedeutet haben möchten, durch Stopp-Ruf unterbrechen und Ruby zu ihrer Gedanken- und Gefühlswelt interviewen. Oder aber einer der Zuschauer ruft „Stopp!", stellt sich in Form einer Dopplung der Figur hinter Ruby, nimmt deren Haltung ein und sagt (in der Ich-Form), was sie seiner Ansicht nach gerade fühlt.

Verfahren der Bewusstseinsdarstellung

1.4.5 Abschluss der Unterrichtseinheit

Für den Abschluss der Arbeit mit *Rabbit Proof Fence* und *Stolen* sollten möglichst kreative Aufgaben ausgewählt werden, die es den Lernenden erlauben, die gewonnenen Erkenntnisse auch im Hinblick auf den kulturhistorischen Kontext der Texte noch einmal übergreifend zusammenzuführen. Eine Aufgabe könnte z. B. darin bestehen, die Lernenden für eine

Kreative Synthese und Textsortenbewusstsein

der Figuren des Films oder des Theaterstückes eine *personal story* für den *Bringing Them Home Report* schreiben zu lassen. Eventuelle Lücken im Lebenslauf der Figuren können dabei kreativ ausfabuliert werden. Im Plenum sollte abschließend diskutiert werden, was die fiktionalisierten Fassungen der Geschichte(n) der *stolen generation* im Film und im Theaterstück im Gegensatz zu einer nicht-fiktionalen Darstellung, wie sie z.B. der Bericht der Menschenrechtskommission liefert, leisten können. Dabei sollten die Lernenden auch ganz persönlich und individuell darauf eingehen, wie der Film und das Theaterstück auf sie gewirkt haben und welche Schilderung der Thematik der 'gestohlenen Generation' in ihren Augen gelungener ist.

Einordnung in kulturellen Kontext

Eine Frage, deren Beantwortung von den Lernenden ein erneutes intertextuelles Vorgehen und die Einbeziehung aktueller Dokumente fordert, ist die nach Möglichkeiten der Versöhnung zwischen der indigenen Bevölkerung und den Australiern europäischer Abstammung. Die Lernenden sollten zunächst versuchen, eigene Vorschläge zu entwickeln, z.B. mit Hilfe der folgenden Frage (vgl. Carrodus 2001: 12): *What do you see as the best approaches to healing the scars of this experience and helping all Australians to move forward in harmony?* Danach bietet es sich an, sie in Gruppen die eigenständig schon beschrittenen Wege etwas genauer untersuchen und am Ende gemeinsam auswerten zu lassen.

Beschäftigung mit dem Song „Beds Are Burning"

So hat z.B. die auch in Deutschland bekannte australische Rock-Band Midnight Oil im Jahr 2000 während der Abschlussfeier der Olympischen Spiele in Sydney mit ihrem Song „Beds Are Burning" zur Versöhnung aufgerufen. Ihr Auftritt erregte Aufsehen, weil die Bandmitglieder in schwarzer Kleidung auftraten, auf der in weißen Buchstaben das Wort 'Sorry' prangte, unübersehbar auch für den bei der Feier anwesenden Premierminister John Howard, der sich während seiner Amtszeit nicht dazu entschließen konnte, sich im Namen der Regierung offiziell bei der indigenen Bevölkerung zu entschuldigen. Die Lernenden können Text und Musik des Songs analysieren und recherchieren, wann und wo er gespielt wurde, und zumindest exemplarisch recherchieren, wie er in Australien und in der Welt rezipiert wurde (für weiterführende Informationen s. Kasten; Peter Garrett, der Sänger von Midnight Oil, ist heute übrigens Minister für Umwelt, Kulturerbe und Kunst in Australien.).

LEKTÜRETIPP

Der Liedtext von „Beds Are Burning" der Gruppe Midnight Oil ist zu finden in Arndt/Sassenberg (2003a: 20, 50).
Für weiterführende Hinweise für einen Einsatz dieses Songs im Englisch-unterricht vgl. auch Arndt/Sassenberg (2003b: 47-50).

Weitere Gruppen können sich mit verschiedenen politischen Reden zum Thema auseinandersetzen. In der Textausgabe des Dramas *Stolen* finden sich z.B. historische Reden von den ehemaligen Premierministern Australiens Paul J. Keating und John Howard. Die bewegende Rede des jetzigen Premierministers Kevin Rudd, die der indigenen Bevölkerung Australiens am 13. Februar 2008 die lang ersehnte Entschuldigung für das ihr zugefügte Leid brachte, ist im Internet zu finden, ebenso wie ein Videomitschnitt der Rede und eine Reaktion auf die Rede durch Tom Calma von der Australian Human Rights and Equal Opportunity Commission (in Schriftform, im Audio-Format und als Videomitschnitt; s. Kasten). Die Lernenden können aber auch eigenständig weiteres Material recherchieren und auswerten.

Auseinander-setzung mit politischen Reden

LEKTÜRETIPP

Auf den folgenden Websites können die genannten aktuellen politischen Stellungnahmen eingesehen werden:

http://www.smh.com.au/articles/2008/02/13/1202760379056.html (21.12.2017)
https://www.youtube.com/watch?v=b3TZOGpG6cM (21.12.2017)
https://www.youtube.com/watch?v=FxHw1KK_gNw (21.12.2017)

Das Hauptziel dieser letzten Phase der Unterrichtseinheit besteht darin, den Lernenden mit Hilfe verschiedener Zusatztexte und Dokumente zu verdeutlichen, dass das Thema der *stolen generation* die australische Geschichte, Politik und Kultur bis heute bestimmt und die Auswirkungen der rigiden Assimilationspolitik bis heute zu spüren sind. Nach dem Abschluss der Arbeit sollten die Schülerinnen und Schüler in der Lage sein, verschiedene zusätzliche Materialien zum Thema selbstständig zu analy-

Ziel der Abschlussphase

sieren und herauszuarbeiten, welche Informationen für ihre Mitschülerinnen und Mitschüler besonders interessant sein könnten.

Evaluation der gesamten Einheit

Das Ende der Unterrichtseinheit sollte aber auch dazu genutzt werden, um über die Einheit selbst zu sprechen. Die Lernenden sollten über die ausgewählten Texte und das methodische Vorgehen reflektieren und ihren Lernerfolg einschätzen. Wenn dafür eine Art Evaluationsbogen herangezogen wird (vgl. *evaluation sheet*), so kann dieser auch der Lehrkraft Aufschluss über die Einschätzungen der Schülerinnen und Schüler sowie darüber geben, ob die Lernziele der Einheit erreicht worden sind.

Reflexion des Unterrichtsmodells: Filmunterricht als Kulturunterricht

Der Film *Rabbit Proof Fence* eignet sich in Kombination mit Jane Harrisons Drama *Stolen* und weiteren nicht-fiktionalen Quellen sehr gut dazu, die eingangs skizzierten Lernziele eines Filmunterrichts als Kulturunterricht einzulösen. Schülerinnen und Schüler können durch die Beschäftigung mit dem Film und dem Theaterstück Einblick in einen wichtigen Abschnitt der australischen Geschichte gewinnen. Darüber hinaus lernen sie eine wesentliche kulturelle Funktion literarischer Texte bzw. Medien kennen, da Film und Drama das in der australischen Öffentlichkeit lange Zeit tabuisierte Thema der *stolen generation* mit gattungs- bzw. medienspezifischen Mitteln inszenieren und den betroffenen Menschen ein Forum zur Artikulation ihres Leids verschaffen. Außerdem stellen beide Texte lebensweltliche menschliche Erfahrungen in Form von geschilderten Einzelschicksalen und damit eine Seite von Kultur dar, die im Unterricht ohne den Einsatz literarischer Texte nur schwer zu vermitteln ist.

Breites Methodenrepertoire

Die Vielfalt an Lernzielen im Kulturunterricht erfordert ein breites Methodenrepertoire, das es ermöglicht, sich dem (inter)kulturellen Lernen von zwei Seiten zu nähern. Durch intertextuelle und textanalytische Zugangsformen kann herausgearbeitet werden, was den Figuren in *Rabbit Proof Fence* und *Stolen* passiert ist und wie die Ereignisse im Film bzw. auf der Bühne inszeniert werden. Der Einsatz kreativer Interpretationsverfahren hingegen zielt darauf ab, die Fähigkeit der Lernenden zum Perspektivenwechsel zu fördern bzw. zu ergründen, was die Figuren denken und fühlen und wie sie ihre Erfahrungen jeweils verarbeiten.

Exemplarischer Charakter der Reihe

Insgesamt wurde in diesem Kapitel exemplarisch gezeigt, wie man fremdsprachlichen Literatur- bzw. Filmunterricht als Kulturunterricht gestalten kann. Die beschriebenen Methoden sind auch auf andere Texte übertragbar. Damit bietet dieses Kapitel zugleich Anregungen dafür, wie Texte im Sinne eines modernen Englischunterrichts kulturdidaktisch gelesen, analysiert und auch erspielt werden können.

2. Das *British Empire* in der englischsprachigen Literatur: *Colonial and Postcolonial Voices* in einer interkulturell orientierten Unterrichtsreihe

2.1 Zur Konzeption der Unterrichtseinheit: Text- und Themenwahl, Lernziele, Methoden

Die große Flut der Fernsehserien, Filme und Bücher über das koloniale Indien, die seit den 1970er Jahren die britische Insel überschwemmen, und die bisweilen heftigen Reaktionen von Autoren aus dem *Commonwealth* bzw. den ehemaligen Kolonien auf die nostalgische Glorifizierung imperialistischer Machtpolitik zeugen von der ungebrochenen Sprengkraft, die bis heute von der Erinnerung an das *British Empire* ausgeht. Aufstieg und Niedergang des ehemaligen Britischen Weltreichs haben auch in der englischen Literatur seit dem 17. Jahrhundert zahllose Spuren hinterlassen. Den ungebrochen hohen Stellenwert, den die Erinnerung an die imperiale Größe im Selbstverständnis Großbritanniens nach wie vor hat, kann man schon daran ablesen, dass dieses Thema in der englischen Literatur der Gegenwart in allen literarischen Gattungen häufig behandelt wird. Außerdem haben vor allem auch die postkolonialen Literaturen – von den *New English Literatures* aus den ehemaligen Kolonien bis hin zur sogenannten *Black British Literature* aus Großbritannien – zur kritischen Auseinandersetzung mit der Geschichte und dem Erbe des *British Empire* beigetragen.

Erinnerung an das *British Empire*

Das vorliegende Kapitel entwickelt Vorschläge für eine interkulturell orientierte Unterrichtsreihe, die den Themenkomplex des *British Empire* über die Auseinandersetzung mit kolonialen und postkolonialen, literarischen und nichtliterarischen Texten für Lernende greifbar macht und dabei zudem ihre interkulturellen Kompetenzen ausbildet. Ziel dieses Kapitels ist es zu veranschaulichen, wie sich die *Empire*-Problematik im Rahmen einer interkulturell orientierten Unterrichtsreihe in der gymnasialen Oberstufe bzw. der Sekundarstufe II mit Gewinn behandeln lässt. Um die Vorbereitung der Lehrenden gezielt zu erleichtern, legt das folgende Kapitel nicht nur einige theoretische Überlegungen zur Lernzielbestimmung eines interkulturell orientierten Literaturunterrichts dar, sondern gibt vor allem auch konkrete didaktische Hinweise zur Erstellung von Textsequenzen, zur praktischen Durchführung der Unterrichtsreihe und zu methodischen Zugangsmöglichkeiten für die Arbeit mit literarischen Texten, die sich mit der *Empire*-Thematik auseinandersetzen.

Thema, Kontext und Ziel des Kapitels

Textauswahl

Eine Besonderheit der vorgestellten Unterrichtseinheit liegt in der Zusammenstellung einer thematisch orientierten Sequenz literarischer *und* expositorischer Texte. Grundlage der Unterrichtsreihe stellen Textsammlungen bzw. Unterrichtsmaterialien zum *British Empire* (Jarman/Whybra/Kämmer 1986) sowie zur *(Post-)Colonial Experience* (Mitchell 1995/2005; Korff/Ringel-Eichinger 2005; Butzko/Pongratz 2005) dar, die den Zugang zu einer Vielfalt unterschiedlicher Gattungen, Textsorten sowie historischer und zeitgenössischer Perspektiven ermöglichen. Der Band *Empire and After. Literary Glimpses of the British Empire* (Jarman/Whybra/Kämmer 1986) eignet sich als Ausgangspunkt deshalb besonders gut, weil sich die umfangreiche Textauswahl auf literarische und expositorische Texte erstreckt, die zudem aus vier Jahrhunderten und aus verschiedenen geografischen Gebieten des *British Empire* zusammengestellt sind, so dass viele historische und kulturelle Facetten der Thematik erfasst werden können. Neben Auszügen aus Werken englischer Klassiker von Autoren wie Rudyard Kipling, Joseph Conrad, E. M. Forster oder George Orwell finden sich auch Texte postkolonialer Autoren wie Salman Rushdie, Chinua Achebe oder Ngugi wa Thiong'o. Die Texte geben Aufschluss über die konfliktreichen Beziehungen zwischen den britischen Kolonialherren und der einheimischen Bevölkerung in den Kolonien sowie über die Geschichte des *Empire*. Auch der Übergang zur Unabhängigkeit und die heutige Situation in einigen ehemaligen Kolonien werden exemplarisch beleuchtet. In der Unterrichtsreihe werden die ausgewählten Texte aus diesem Band ergänzt durch einzelne Texte aus drei weiteren Anthologien: der *Viewfinder*-Materialsammlung *The Postcolonial Experience* (Mitchell 2013), deren Schwerpunkt neuere Texte aus den *New English Literatures* bilden, sowie zwei Short-Story-Anthologien – *One Language, Many Voices* (Korff/Ringel-Eichinger 2005) und *Caught between Cultures* (Butzko/Pongratz 2005) –, die neben der Zusammenstellung kolonialer und postkolonialer Kurzgeschichten auch zusätzliche Materialien zur Kontextualisierung bereitstellen. Die Stellungnahme des *performance poet* Benjamin Zephaniah (2003) zur Ablehnung des Titels OBE (*Order of the British Empire*) und der Romanauszug aus *Small Island* von Andrea Levy (2004) bieten aktuelle Perspektiven auf das Thema.

Koloniale und postkoloniale Literaturen

Die vorgeschlagene Textsequenz (s. Kasten) ist dabei als Anregung zu verstehen. Angesichts der Vielzahl und Bandbreite des in den Anthologien abgedruckten Textmaterials wurde bei der Auswahl der Texte vor allem der Aspekt ihrer repräsentativen Aussagekraft für die jeweilige Zeit sowie die Vielfältigkeit der von ihnen repräsentierten Standpunkte berücksichtigt. Außerdem wurde darauf geachtet, dass neben den Klassikern der imperialistischen Literatur auch die postkoloniale Kritik an den weitreichenden Deformationen, die die britische Herrschaft in den ehemaligen Kolonien zurückgelassen hat, nicht zu kurz kommt. Je nach den speziellen Bedingungen einzelner Kurse oder der jeweils im Vordergrund stehenden Zielsetzung lässt sich die Textreihe jedoch durch weitere Texte ergänzen oder eine alternative Sequenz zusammenstellen.

Colonial Encounters	▸ Daniel Defoe: „*Robinson Crusoe* and Friday", Auszug aus Robinson Crusoe (1719) ▸ Chinua Achebe: „The Coming of the Missionaries", Auszug aus *Things Fall Apart* (1958)
(Ex-)Coloniser vs. (Ex-)Colonised: Images of Self and Other	▸ Rudyard Kipling: „The White Man's Burden" (1899) ▸ Thomas Babington Macaulay: „Minute on Education" (1835) ▸ George Orwell: „Shooting an Elephant" (1936) ▸ Ngugi wa Thiong'o: „The Martyr" (1975) ▸ Andrea Levy: „The Mother Country", Auszug aus *Small Island* (2004)
Postcolonial Voices: The Legacy of Empire	▸ Chinua Achebe: „Dead Men's Path" (1953) ▸ Chinua Achebe: „The African Writer and the English Language" (1964) ▸ Ngugi wa Thiong'o: Auszüge aus *Decolonising the Mind* (1986) ▸ Benjamin Zephaniah: „Me? I thought, OBE me? Up yours, I thought" (2003)

In vielen Lehrplänen für den Englischunterricht der Sekundarstufe II gehört der Themenkomplex des *British Empire* zu den obligatorischen Lerninhalten. Gerade für einen interkulturell ausgerichteten Fremdsprachenunterricht birgt die Auseinandersetzung mit dieser Thematik vielfältige didaktische Potenziale. Durch die Lektüre der ausgewählten Texte können Lernende etwa Einblick gewinnen in die für das *British Empire* typischen Konfliktkonstellationen, die geschichtlichen Hintergründe der Beziehung zwischen den Kolonien und dem englischen Mutterland und in das koloniale Erbe, das Großbritanniens Herrschaft in den ehemaligen Kolonien hinterlassen hat. Auf diese Weise erwerben die Lernenden kulturelles Wissen, das ihnen historische wie zeitgenös-

Begründung der Themenwahl: Didaktische Potenziale

sische Diskurse über die *(Post-)Colonial Experience* (s. Kasten) oder die Erinnerung an das *British Empire* erschließt und zudem eine Voraussetzung für die kompetente fremdsprachliche Auseinandersetzung über diese Diskurse darstellt. Die ausgewählten Texte erlauben zudem Aufschluss darüber, welche Differenzen es in der Beurteilung der Kolonialherrschaft aus unterschiedlichen Sichtweisen sowie zu verschiedenen Zeiten gab bzw. gibt. So bieten z. B. die argumentativen Texte über die Durchsetzung der englischen Sprache in den ehemaligen Kolonien (Macaulay, Achebe, Ngugi wa Thiong'o) koloniale und postkoloniale Sichtweisen, die sich in ihrer Beurteilung des Sachverhalts sehr stark voneinander unterscheiden.

WISSENSWERT

The Postcolonial Experience:
Zentrale Themen der postkolonialen Literatur

Die Themen postkolonialer Literaturen sind sehr heterogen und lassen sich nur schwer auf einen gemeinsamen Nenner bringen – im weitesten Sinne jedoch thematisiert die postkoloniale Literatur *colonial and postcolonial exploitation and injustice as well as the individual and collective psychological, political, and cultural consequences* (Antor 2000: 247). Eine zentrale Thematik bilden daher die komplexen Beziehungen und Interaktionsprozesse zwischen *self* und *other*, zwischen *(ex-)colonizer* und *(ex-)colonised*. Weil sich postkoloniale Texte zumeist mit dem kolonialen Erbe kritisch auseinandersetzen, werden sie auch häufig als *Ausdruck eines anti-imperialistischen Diskurses* (Birk/Neumann 2002: 118) aufgefasst. Sie hinterfragen essenzialistische Repräsentationen von *self* und *other*, also ethnozentrische Selbst- und Fremdbilder im kolonialen und postkolonialen Diskurs, decken ihre Konstrukthaftigkeit auf und schreiben gegen marginalisierende und diskriminierende Darstellungsformen des *colonial other* an (z. B. in Geschichtsschreibung und kolonialer Literatur). Die postkoloniale Literaturtheorie spricht dabei vom Konzept des *Writing Back* in der postkolonialen Literatur bzw. vom *Rewriting* kolonialer Geschichtsschreibung (vgl. Freitag/Gymnich 2007: 264f., 271ff.).

Bedeutung literarischer Texte

Wenngleich expositorische Texte zum *British Empire* bedeutsame Hintergründe, Kontexte und verschiedene Perspektiven zur Thematik liefern können, liegt der Schwerpunkt der Unterrichtseinheit auf den literarischen Werken, die gegenüber den nichtliterarischen einige Vorteile aufweisen. So veranschaulichen literarische Texte die geschichtlichen Zusammenhänge und kolonialen oder postkolonialen Erfahrungen anhand konkreter Einzelschicksale. Die differenziert dargestellte Beziehung zwischen Robinson Crusoe und Friday, Orwells in dem Essay „Shooting an Elephant" geschildertes Schlüsselerlebnis oder Kiplings lyrisch übersteigerte Evozierung des britischen Sendungsbewusstseins in „The White Man's Burden" sind für Lernende beispielsweise sehr viel besser nachvollziehbar als abstrakte Erörterungen des Kolonialismus. Der Romanauszug aus Achebes *Things Fall Apart* oder die Short Story „The Martyr" von Ngugi wa Thiong'o regen Lernende aber auch dazu an, sich auf ungewohnte Perspektiven einzulassen und ihre herkömmlichen Wahrnehmungsgewohnheiten in Frage zu stellen. Die dargestellten Konflikte zwischen *(ex)coloniser* und *(ex)colonised* in beiden Texten thematisieren dabei nicht nur koloniale Begegnungen und Machtverhältnisse, sondern können die Lernenden auch für die Problematik reduktionistischer kultureller Fremdbilder sensibilisieren. In diesem Sinne bietet die Textreihe vielfältige Möglichkeiten zum Erwerb kulturellen Wissens und zur Förderung interkultureller Kompetenzen.

Im Rahmen der Unterrichtseinheit werden literarische und interkulturelle Lernziele miteinander verbunden. Erstens geht es im Sinne eines kulturhistorischen didaktischen Ansatzes (vgl. Surkamp/Nünning 2016: 38-43) um den Erwerb von kulturellem Wissen über zentrale Aspekte der kolonialen und postkolonialen Thematik. Anhand der ausgewählten Texte sollen die Lernenden zunächst einen Einblick in typische Machtverhältnisse zwischen *(ex-)coloniser* und *(ex-)colonised* erhalten. Dabei geht es einerseits um die Erarbeitung des kolonialen Selbstverständnisses sowie kolonialer Vorstellungen von kultureller Fremdheit. Andererseits sollen die postkolonialen Texte einen Einblick in die Problematik des kolonialen Erbes gewähren, mit dem die Menschen bzw. die Gesellschaften in den ehemaligen Kolonien zum Teil bis heute noch zu kämpfen haben. Dabei sollen die Schülerinnen und Schüler auch eine Vorstellung von der diachronen Entwicklung des *British Empire* und dessen unterschiedlicher historischer Beurteilung in der kolonialen und postkolonialen Literatur entwickeln.

Lernziele: Kulturhistorischer didaktischer Ansatz

Zweitens stehen interkulturelle Lernziele im Mittelpunkt der Unterrichtseinheit (vgl. Surkamp/Nünning 2016: 33-38). Durch die Auseinandersetzung mit kolonialen und postkolonialen Konfliktkonstellationen und literarisch inszenierten kulturellen Selbst- und Fremdbildern sollen die Lernenden für die Problematik kolonial-essenzialistischer Selbstbilder sensibilisiert werden. Zudem sollen die Lernenden zur Stellungnahme und Aushandlung unterschiedlicher Sichtweisen sowie zur selbstkritischen Reflexion über die eigene Sichtweise bei der Wahrnehmung

Interkulturelle Lernziele

kultureller Fremdheit angeregt werden. Weiterhin zielt die Unterrichtseinheit auf die Sensibilisierung der Lernenden für Probleme und Voraussetzungen interkulturellen Verstehens. Die Bereitschaft und Fähigkeit zur Perspektivenübernahme (s. Kasten) sollen schließlich durch Aufgaben zum Perspektivenwechsel gefördert werden.

WISSENSWERT

Das Konzept der Perspektivenübernahme

Das Konzept der Perspektivenübernahme bezieht sich auf die grundlegende Fähigkeit, sich in die Lage eines anderen hineinzuversetzen und dessen Motivation, Handlungsabsicht und Perspektive auf ein Geschehen zu rekonstruieren. Der Begriff ‚Perspektive' umschließt in diesem Fall das gesamte Wirklichkeitsmodell bzw. Voraussetzungssystem eines Menschen – d.h. dessen Werte und Normen, internalisierte Konventionen, psychische Disposition, biografischen Hintergrund, kulturell geprägte Wahrnehmungs- und Deutungsschemata, Wünsche und Bedürfnisse, Kenntnisse und Fähigkeiten, die im Akt des Perspektivenwechsels rekonstruiert werden müssen [...]. Die große didaktische Bedeutung des Konzepts der Perspektivenübernahme ergibt sich daraus, dass diese Fähigkeit als notwendige Bedingung für soziales Handeln gilt und konstitutiv für das Verständnis anderer Menschen und fremder Kulturen ist. Außerdem zielt die Schulung der Fähigkeit zur Perspektivenübernahme darauf ab, Lernenden die Subjektivität und Relativität der eigenen Sichtweisen bewusst zu machen und sie zu einer Überschreitung der eigenen Perspektive anzuregen. (Surkamp/Nünning 2016: 33f.)

Literarische Lernziele

Drittens sollen die Lernenden Einsichten in die Wirkungsweise literarischer Gestaltungsmittel erwerben (vgl. Surkamp/Nünning 2016: 28-32). Weil die meisten jungen Menschen heutzutage auch in ihrer Lebenswelt fremde Kulturen verstärkt über mediale Repräsentationen wahrnehmen, zielt die Unterrichtseinheit darauf ab, die Lernenden für die ästhetischen, erzähltechnischen und formalen Besonderheiten literarischer Texte bzw. ihrer Darstellungen des *British Empire* zu sensibilisieren. Texte zur *Empire*-Problematik machen beispielsweise häufig von rhetorischen Figuren oder multiperspektivischen Erzählformen Gebrauch, so dass die Lernenden auch Grundkenntnisse in der Textanalyse erwerben können. Die Bandbreite unterschiedlicher Textsorten und deren vergleichende Analyse kann den Schülerinnen und Schülern außerdem ein Verständnis der jeweiligen Gattungsmerkmale und Gattungskonventionen z.B. von Gedichten oder Kurzgeschichten vermitteln.

Für die Durchführung der Unterrichtsreihe in einem Leistungskurs ist von einem Zeitraum von etwa fünf bis sechs Wochen auszugehen. Zu Beginn und am Ende der Reihe sollten jeweils zwei Doppelstunden für die Einführung in das Thema und für ein abschließendes Resümee eingeplant werden. Obgleich die genannten Texte jeweils in ungefähr einer Doppelstunde behandelt werden können, sollte während der ersten Woche etwas mehr Zeit pro Text veranschlagt werden, weil der Gegenstand für die Schülerinnen und Schüler zunächst neu ist. Nach der Behandlung einiger Texte wiederholen sich hingegen bestimmte Motive und Themen. Insgesamt können so etwa elf bis zwölf Texte behandelt werden. Dies stellt eine ausreichende Basis für Vergleiche unterschiedlicher historischer Reaktionen auf das *Empire* und für eine zusammenfassende Würdigung des diachronen Wandels der literarischen Auseinandersetzung mit diesem Thema dar.

Überlegungen zum methodischen Vorgehen: Zeitrahmen

Die Unterrichtsreihe ist in drei thematische Abschnitte gegliedert, innerhalb derer die Behandlung der Texte chronologisch erfolgt: *Colonial Encounters – (Ex-)Coloniser vs. (Ex-)Colonised: Images of Self and Other – Postcolonial Voices: The Legacy of Empire*. Die Zuordnung der Texte zu einem übergeordneten Thema ermöglicht es, verschiedene Texte innerhalb eines Abschnitts zu vergleichen und exemplarisch an den einzelnen Texten die zentralen Themen zu erarbeiten. Durch die Beibehaltung der chronologischen Reihenfolge innerhalb der thematischen Abschnitte hingegen lassen sich nicht nur wiederkehrende Grundprobleme systematisch erarbeiten, sondern auch Veränderungen in der Auseinandersetzung mit dem *Empire* ermitteln. Da die oben genannte Sequenz Texte aus vier Jahrhunderten umfasst, gibt deren Behandlung den Schülerinnen und Schülern anhand eines überschaubaren Textkorpus eine exemplarische Vorstellung von der Entwicklung des *Empire* vom 18. bis zum 20. Jahrhundert und von den unterschiedlichen Reaktionen, die dieser historische Prozess in der englischsprachigen Literatur hervorgerufen hat.

Drei thematische Schwerpunkte

Bei der Erörterung der Texte ist aber nicht nur danach zu fragen, wie ähnliche Probleme des Themas ‚Kolonialismus' zu verschiedenen Zeiten dargestellt wurden; von großem Interesse ist auch die Frage, welche Unterschiede es in der Beurteilung der Kolonialherrschaft von unterschiedlichen Seiten gab. In dem Zusammenhang bieten sich vor allem innerhalb der thematisch gegliederten Abschnitte vergleichende Analysen an, weil die Erarbeitung wesentlicher Gemeinsamkeiten und Unterschiede zwischen den Texten Aufschluss über die Bandbreite der Standpunkte gibt, die für die literarische Auseinandersetzung mit dem *British Empire* charakteristisch ist. Durch solche Vergleiche kann ein Spektrum unter-

Vergleichende Analysen

243

schiedlicher Reaktionen ermittelt werden, das von unkritischer Verherrlichung der imperialistischen Expansionspolitik (vgl. etwa das Gedicht von Rudyard Kipling) über unverhohlene Skepsis (z. B. bei George Orwell und Ngugi wa Thiong'o) bis zur postkolonialen Ablehnung (z. B. die argumentativen Texte von Ngugi wa Thiong'o und Zephaniah) reicht.

Methoden-vielfalt

Um das vielschichtige Potenzial der kolonialen und postkolonialen Texte im Literaturunterricht zu nutzen, werden verschiedene methodische Zugangsweisen eingesetzt, die den Lernenden nicht nur die Erschließung des spezifischen Themenspektrums, sondern auch einen persönlichen Zugang und die gemeinsame Aushandlung von Textbedeutungen und Rezeptionserfahrungen ermöglichen (vgl. Surkamp/Nünning 2016: 68-77). Textanalytische Zugangsweisen werden daher durch kreative handlungs- und produktionsorientierte Methoden ergänzt; zudem werden Aufgaben zur persönlichen Stellungnahme und zur Artikulation und Aushandlung individueller Rezeptionserfahrungen vorgeschlagen. Weil die Untersuchung kultureller Selbst- und Fremdbilder sowie die literarische Ausgestaltung der Beziehungen zwischen *(ex-)colonizer* und *(ex-)colonized* im Vordergrund der Unterrichtseinheit stehen, unterstützen die ausgewählten Aufgaben die Lernenden bei der analytischen und kreativen Erarbeitung der unterschiedlichen Perspektiven einzelner Figuren bzw. kultureller Gruppen und ihrer kulturellen Selbst- und Fremdwahrnehmung sowie des Beziehungsgefüges zwischen den Figuren. Neben textanalytischen Aufgaben zur Charakterisierung und Analyse des Perspektivenspektrums werden daher auch handlungs- und produktionsorientierte Aufgaben (Rollenspiele, Umschreiben einer Textpassage) eingesetzt, in denen die Schülerinnen und Schüler zur Perspektivenübernahme angeleitet werden und die Beziehungen zwischen den Figuren kreativ erkunden. Während die handlungs- und produktionsorientierten Aufgaben Lernenden einerseits einen persönlichen und kreativen Zugang zu den Texten ermöglichen, unterstützen sie andererseits deren Sensibilisierung für die Funktion von ästhetischen Darstellungsmitteln: Beispielsweise kann die Aufforderung, eine Textpassage beim Umschreiben wechselweise aus der Sicht des *ex-coloniser* und des *ex-colonised* wiederzugeben, zu wichtigen Einsichten in die Bedeutung der gewählten Erzählperspektive für die Repräsentation des kolonialen oder postkolonialen Subjekts führen.

Selbstständige Erarbeitung der Texte

Damit sich die Schülerinnen und Schüler in die für sie zunächst fremde Thematik einarbeiten können, sollte die Begegnung mit dem ersten Text zu Beginn der Unterrichtsreihe in der Klasse geschehen. Im weiteren Verlauf sollten die Texte von den Lernenden zu Hause vorbereitet werden, nicht zuletzt um die selbstständige Erarbeitung der thematischen und formalen Besonderheiten eines literarischen Textes zu fördern. Die letzten Sitzungen sollten einem Resümee vorbehalten bleiben, in dem die Ergebnisse der vorausgegangenen Einzelanalysen – vor allem das diachrone und synchrone Spektrum der kontrastierenden Sehweisen – zusammengefasst werden.

2.2 Hinweise zur Kontextualisierung der Texte

Da das Vorwissen der Schülerinnen und Schüler über diese Problematik in der Regel denkbar gering ist, sollte zu Beginn der Unterrichtsreihe der Akzent auf der Vermittlung der wichtigsten historischen Fakten liegen. Als Textgrundlage kommt dabei entweder eine knappe Darstellung des ereignisgeschichtlichen Ablaufs in Frage, wie sie Spann (2006), Bleiman (1989: viiff.) oder die beiden Short Story-Anthologien liefern (Butzko/Pongratz 2005: 214-223; Marshall in Korff/Ringel-Eichinger 2005: 209-212), oder aber eine von den Lernenden durchzuführende Internetrecherche.

Erarbeitung des historischen Kontexts

Darüber hinaus erscheint es sinnvoll, die Unterrichtsreihe mit dem Ziel der Hinführung zur Beschäftigung mit einem längeren Ganztext zu verbinden. Im Anschluss an die Reihe bietet es sich an, einen der zahlreichen Romane zur *Empire*-Problematik zu behandeln. Allein in den 1970er Jahren gewannen drei Romane, die sich mit dem Niedergang der britischen Herrschaft in Indien beschäftigen – James Gordon Farrells *The Siege of Krishnapur* (1973), Ruth Prawer Jhabvalas *Heat and Dust* (1975) und Paul Scotts *Staying On* (1977) – in kurzem Abstand den renommierten *Booker Prize*. Diese Romane gehören nicht zu jenen Werken, die durch eine nostalgische Verklärung der kolonialen Vergangenheit britische Heldentaten sowie Glanz und Größe des Empire im kollektiven Gedächtnis zu halten versuchen. Vielmehr setzen sie sich kritisch mit der Geschichte des britischen Kolonialismus auseinander.

Romane zum *British Empire*

Besonders geeignet als Schullektüre ist Ruth Prawer Jhabvalas *Heat and Dust*, ein Roman, der ein desillusioniertes Bild vom *British Empire* entwirft und in einer Schulausgabe vorliegt (vgl. Bleiman 1989). Die am 7.5.1927 in Köln geborene Autorin, die polnisch-jüdischer Abstammung ist, 1939 nach England emigrierte, dort einen Inder heiratete und selbst lange in Indien lebte, beschreibt in vielen ihrer Romane die Erfahrungen europäischer Frauen in einer fremden Kultur. In *Heat and Dust* kontrastiert sie das Leben der Briten in Indien in den 1920er Jahren mit der postkolonialen Situation während der 1970er Jahre. Sie schildert beide Phasen aus der Perspektive junger Frauen, die unter dem unerträglichen Klima eben-

Heat and Dust

so leiden wie unter den Normen der Gesellschaft. Am Beispiel zweier Liebesbeziehungen zwischen englischen Frauen und indischen Männern stellt Jhabvala die Schwierigkeiten und Folgen kultureller und moralischer Grenzüberschreitungen dar. Durch die Gestaltung der Erzählperspektive wird der Akzent in *Heat and Dust* auf das subjektive Erleben, die Erfahrungen und die Probleme junger Frauen in einer fremden Kultur gelegt.

Didaktisches **Potenzial** Jhabvalas Roman ist nicht bloß wegen seiner thematischen Aktualität (Stichwort: Probleme interkultureller Kommunikation und multikultureller Gesellschaften), der genauen Beobachtung von Details und der lebhaften Darstellung der Charaktere für die Behandlung im Oberstufenunterricht geeignet. Darüber hinaus bietet *Heat and Dust* vielfältige Möglichkeiten, Schülerinnen und Schülern an einem konkreten Beispiel die Begrenztheit einer eurozentrischen Sehweise vor Augen zu führen. Die bisweilen kritisierte Beschränkung Jhabvalas auf die Perspektive der europäischen Figuren erweist sich aus didaktischer Sicht durchaus nicht als Nachteil, denn sie fordert Lernende geradezu dazu auf, sich in die nicht in Form von Innensichten dargestellte Denkweise der indischen Figuren hineinzuversetzen. Die für die anderen Texte exemplarisch skizzierten produktionsorientierten Unterrichtsverfahren (z.B. das Umschreiben aus einer ausgesparten Perspektive) lassen sich bei der Behandlung von *Heat and Dust* in verschiedener Weise inhaltlich füllen und unter Berücksichtigung der interkulturellen Thematik des Romans abwandeln.

2.3 Hinweise zu den Textinhalten und zu ihrer interpretatorischen Erschließung

Colonial Encounters: **Daniel Defoes** *Robinson Crusoe* **(1719)** Im Mittelpunkt des ersten thematischen Abschnitts stehen zwei Romanauszüge, in denen Begegnungen zwischen *coloniser* und *colonised*, also typische koloniale Machtverhältnisse und Konfliktkonstellationen inszeniert werden. Daniel Defoes Roman *Robinson Crusoe* (1719) erzählt die Geschichte des Europäers Robinson Crusoe, der in der Karibik Schiffbruch erleidet und auf einer unbewohnten Insel strandet. Nach Jahren der Einsamkeit rettet Robinson Crusoe einen jungen Eingeborenen einer benachbarten Insel vor Kannibalen, die auf der Insel ihre Gefangenen töten und verzehren wollen. Der Romanauszug gibt Einblick in die Beziehung zwischen Robinson Crusoe und dem jungen Eingeborenen, der von Robinson Crusoe den Namen Friday erhält. Aus der subjektiv geprägten Sichtweise von Crusoe, der als Ich-Erzähler fungiert, wird diese Beziehung ganz selbstverständlich als ein Verhältnis zwischen ,*master*' und

‚*servant*' beschrieben; die Bereitwilligkeit Fridays, seinem ‚Herrn' zu dienen und Crusoes Rat zu folgen, erscheint dabei als zusätzliche Legitimati-
on der inszenierten ‚Unterwerfung' Fridays.

Eine gänzlich andere Vorstellung der Begegnung zwischen *coloniser* und
colonised entwirft Chinua Achebes *Things Fall Apart* (1958). Dieser postkoloniale Roman, der kurz vor der Unabhängigkeit Nigerias geschrieben
wurde, erzählt aus der Perspektive der historischen Verlierer vom ersten
Kontakt der Bewohner des westafrikanischen Dorfes Mbanta mit dem Kolonialismus. Das Vordringen europäischer Missionare führt zu Konflikten
und schließlich zum Verfall der ursprünglichen Gesellschaftsstrukturen
(vgl. Breitinger 2002). Der Auszug gewährt Einblick in die erste Begegnung zwischen Dorfbewohnern und Missionaren, in das Aufeinandertreffen unterschiedlicher religiöser Weltanschauungen und in die unterschiedlichen Sichtweisen und Reaktionen der Dorfbewohner bzw. ihre
Art des Umgangs mit den Missionaren. Während Nwoye sich zu den Geschichten der Missionare hingezogen fühlt, brennt sein Vater Okonkwo
nahezu vor Wut über die Entscheidung seines Sohnes, sich den Missionaren anzuschließen.

Chinua Achebes *Things Fall Apart* (1958)

Die zweite Sequenz besteht aus einer Zusammenstellung von fünf Texten,
die sich auf einen Zeitraum von nahezu 200 Jahren erstrecken und jeweils unterschiedliche Textgattungen repräsentieren (Gedicht, politische
Schrift, autobiografischer Essay, Short Story, Romanauszug). Sie ermöglicht den Lernenden einen Einblick in das überhöhte britische Selbstverständnis während des Kolonialismus, wie es noch in Kiplings Gedicht und
Macaulays politischer Schrift repräsentiert wird, sowie in die Zweifel, die
im Laufe der Zeit aus britischer Sicht (Orwells Essay) und aus der Sicht
postkolonialer Autoren (Levys Romanauszug) an diesem Selbstverständnis geäußert wurden. Durch das von den Texten repräsentierte Spektrum
an Perspektiven entsteht somit ein ebenso facettenreiches wie wider-
sprüchliches Bild des britischen Kolonialismus, dessen Geschichte in eine
Vielfalt unterschiedlicher Sehweisen und Geschichten aufgelöst wird.

(Ex-)Coloniser vs. (Ex-)Colonised: Images of Self and Other

Rudyard Kiplings Gedicht „The White Man's Burden" (1899) wurde als
Antwort auf die amerikanische Eroberung der Philippinen in der Folge
eines Krieges mit Spanien verfasst. Es ist ein Anredegedicht, das Amerika
an seine eigene *responsibility in sharing the imperialist vision* erinnert (Korff/Ringel-
Eichinger 2006: 14). Dabei gibt es zugleich Aufschluss über das koloniale
britische Sendungsbewusstsein (*Take up the White Man's burden*) und die damit
einhergehenden kulturellen Fremdbilder (*Your new caught sullen peoples, half
devil and half child*). Besonders interessant ist Kiplings Gebrauch von Meta-

Rudyard Kiplings „The White Man's Burden" (1899)

phern (*Go bind your sons to exile/ To serve your captives' need;/ To wait in heavy harness*) zur Beschreibung der Tätigkeiten, die im Sinne des Gedichts als ‚Bürde des weißen Mannes' zu interpretieren sind.

Thomas Babington Macaulays „Minute on Education" (1835)

Ein überhöhtes britisches Selbstverständnis wird auch in Thomas Babington Macaulays politischer Schrift „Minute on Education" (1835) deutlich, die jener im Zusammenhang mit dem Aufbau eines Bildungssystems in Indien verfasste, das auf der Schulsprache des Englischen beruhen sollte. Als Mitglied des *Supreme Council* stellt er in seiner Schrift seine Reformentwürfe zum Einsatz finanzieller Mittel für die Verbesserung der Ausbildung der indischen Bevölkerung vor. Die vom tiefsitzenden Gefühl der eigenen Überlegenheit geprägte Einstellung des Politikers gegenüber der indischen Bevölkerung lässt keinen Zweifel daran, dass in den Augen des britischen Kolonialherren kulturelle Unterschiede nicht Ausdruck unterschiedlicher, aber gleichwertiger Weltbilder sind, sondern dass sie möglichst rasch überwunden werden sollten.

George Orwells „Shooting an Elephant" (1936)

Unverhohlene Skepsis am britischen Selbstverständnis und eine anti-imperialistische Einstellung werden in George Orwells autobiografischem Essay „Shooting an Elephant" (1936) erkennbar. Orwell, der von 1922 bis 1927 bei der *Indian Imperial Police* in Burma diente, berichtet von einem Schlüsselerlebnis. Im Dienste des *Empire* gerät er in eine Dilemma-Situation, in der er entweder einen wild gewordenen Elefanten töten muss, den er eigentlich nicht töten will, oder sich zum Gespött der ‚natives' macht. Dem Repräsentanten des *Empire* offenbart sich in diesem Moment die ‚wahre' Natur des Imperialismus (vgl. Korte 2005: 22):

> *I first grasped the hollowness, the futility of the white man's dominion in the East. Here was I, the white man with his gun, standing in front of the unarmed native crowd – seemingly the leading actor of the piece; but in reality I was only an absurd puppet pushed to and fro by the will of those yellow faces behind.* (Orwell in Jarman/Whybra/Kämmer 1986: 71)

Ngugi wa Thiong'os „The Martyr" (1975)

Der Schauplatz von Ngugi wa Thiong'os Kurzgeschichte „The Martyr" (1975) ist Kenia in der Zeit vor der Unabhängigkeit, die für weiße Siedler mit einer ständigen Angst vor einem Angriff durch die Mau-Mau einherging. Die Geschichte erweist sich u. a. aufgrund ihrer erzähltechnischen Gestaltung als besonders interessant. Zu Beginn verfolgt der Leser bzw. die Leserin eine Unterredung zwischen drei weißen Siedlerinnen, die Aufschluss über ihre Vorstellungen von den einheimischen Kenianern als undifferenzierte Masse, gefährliche Wilde oder aber als ‚my boys' gewähren. Die aus der Perspektive des afrikanischen Dieners Njoroge geschilderten Passagen hingegen bieten eine völlig andere Sicht der Kolonialgeschichte und der Beziehung zwischen Briten und der afrikanischen Bevölkerung. Der Wechsel zwischen der Perspektive von Mrs Hill und ihres Dieners Njoroge führt dabei nicht nur die unterschiedlichen Beurteilungen der kolonialen Situation vor Augen, sondern kann auch dazu genutzt werden, um über Techniken der Sympathielenkung und deren Wirkungsweise auf die Rezeption des Lesers zu reflektieren.

Der Roman der britisch-jamaikanischen Autorin Andrea Levy, *Small Island* (2004), erzählt die Geschichte der sogenannten *Windrush Generation*, der ersten Einwanderer aus Jamaika, die nach dem Zweiten Weltkrieg im Jahr 1948 nach Großbritannien kamen. Der multiperspektivische Roman wird abwechselnd aus der Perspektive zweier Engländer bzw. zweier Jamaikaner erzählt. Der ausgewählte Auszug selbst ist eine aus der Handlung herausfallende Leseranrede des Jamaikaners Gilbert, der in diesem Fall als Ich-Erzähler fungiert. Gilbert spielt mit der Metapher des *‚mother country'* und den Erwartungen, die diese für das britische Selbstverständnis zentrale Familienmetapher weckt. Während die Vorstellung vom *‚mother country'* in Jamaika für ihn in mehrfacher Hinsicht eine große Bedeutung hatte, wirft er als gerade eingewanderter Jamaikaner dem Mutterland und seinen Bewohnern vor, diesen Erwartungen einer *‚caring mother'* nicht gerecht zu werden. So berichtet er ironisch von seinem ersten Zusammentreffen mit dem britischen Mutterland und seinem *Schock angesichts des armen, smogbelasteten, von Rationierung und Kriegsschäden gebeutelten, aber dennoch imperial-arroganten Großbritanniens* (Stedman 2007: 238):

Andrea Levys
Small Island
(2004)

> *Then one day you hear Mother [das britische Mutterland] calling – she is troubled, she need your help. Your mummy, your daddy say go. Leave home, leave familiar, leave love. Travel seas with waves that swell about you as substantial as concrete buildings. Shiver, tire, hunger – for no sacrifice is too much to see you at Mother's needy side. This surely is adventure. After all you have heard, can you imagine, can you believe, soon, soon you will meet Mother?*
> *The filthy tramp that eventually greets you is she. Ragged, old and dusty as the long dead. Mother has a blackened eye, bad breath and one lone tooth that waves in her head when she speaks. Can this be that fabled relation you heard so much of? This twistedcrooked weary woman. This stinking cantankerous hag. She offers you no comfort after your journey. No smile. No welcome. Yet she looks down at you through lordly eyes and says, ‚Who the bloody hell are you?'* (Levy 2004: 116)

Der Abschnitt *Images of Self and Other* endet also mit einer postkolonial-kritischen Sichtweise auf das britische Selbstverständnis als *‚mother country'*, die jedoch trotz Gilberts vorwurfsvoller Äußerungen zugleich in einem humorvoll-ironischen Stil gehalten ist.

Postcolonial Voices: The Legacy of Empire

Die Unterrichtsreihe schließt mit einer Sequenz postkolonialer Texte, die sich mit dem Erbe beschäftigen, das der Kolonialismus den ehemaligen Kolonien hinterlassen hat. In **Chinua Achebes** Short Story **„Dead Men's Path" (1953)** wird der Afrikaner Michael Obi zum neuen Schuldirektor in einem Dorf der Igbo ernannt. Obi, der eine westliche Erziehung genossen hat und bei der Umgestaltung der Schule vom modernen Fortschrittsdenken getrieben ist, wird zum *Sprachrohr des Kulturimperialismus* (Korte 2005: 25). Gegenüber der indigenen Kultur der Igbo hat er Arroganz entwickelt und missachtet deshalb die Bedeutung des *dead men's path* für die einheimische Bevölkerung. Während der Weg den Dorfbewohnern den weiteren Kontakt zu ihren Toten ermöglicht, lässt Obi diesen Pfad abriegeln, weil er über das Schulgelände führt. Der Protest, den dieses Vorgehen hervorruft, führt schließlich zur Rüge durch den weißen *Supervisor*, von dem sich der angepasste Afrikaner aufgrund seines ‚fortschrittlichen' Denkens eigentlich Achtung erhofft hatte.

Englisch aus postkolonialer Sicht

Während Achebes Kurzgeschichte die durch den Kolonialismus herbeigeführten Veränderungen in der afrikanischen Gesellschaft thematisiert, beschäftigen sich die argumentativen Texte von Achebe und Ngugi wa Thiong'o mit der Frage, wie die Durchsetzung des Englischen aus postkolonialer Sicht zu bewerten sei. In **„The African Writer and the English Language" (1964)** hebt **Chinua Achebe** trotz einer kritischen Einstellung zum British Empire die Bedeutung der englischen Sprache in Afrika als *lingua franca* hervor; hingegen akzentuiert **Ngugi wa Thiong'o** in den Auszügen aus **Decolonising the Mind (1986)** die negativen Auswirkungen, die damit verbunden waren: Die Durchsetzung des Englischen in afrikanischen Schulen ging mit der Abwertung der indigenen Sprachen und Kultur einher, so dass schon in der Schule die natürliche Beziehung der Kinder zu ihrer Muttersprache zerstört wurde. In diesem Sinne bewertet Ngugi wa Thiong'o auch die englische Sprache als *Instrument der Kolonisierung* (Freitag/Gymnich 2007: 270).

Benjamin Zephaniahs Stellungnahme

Die öffentliche Stellungnahme des britischen *dub poet* Benjamin Zephaniah (2003) zu einer bevorstehenden Verleihung des OBE (*Order of the British Empire*) durch die Queen zeichnet sich schließlich durch eine äußerst scharfe Kritik am *British Empire* aus. In der im *Guardian* veröffentlichten Stellungnahme kritisiert Zephaniah diese aus seiner Sicht unhaltbare Art der Erinnerung an das *British Empire*:

> *Me? I thought, OBE me? Up yours, I thought. I get angry when I hear that word „empire"; it reminds me of slavery, it reminds of thousands of years of brutality, it reminds me of how my foremothers were raped and my forefathers brutalised. It is because of*

this concept of empire that my British education led me to believe that the history of black people started with slavery and that we were born slaves, and should therefore be grateful that we were given freedom by our caring white masters. It is because of this idea of empire that black people like myself don't even know our true names or our true historical culture. [...] Benjamin Zephaniah OBE – no way Mr Blair, no way Mrs Queen. I am profoundly anti-empire. (Zephaniah 2003, https://www.theguardian.com/books/2003/nov/27/poetry.monarchy)

Zephaniahs kritische Haltung kann schließlich auch im Unterricht die Aktualität dieser Thematik, nämlich der Erinnerung an das *British Empire*, verdeutlichen und eine Diskussion darüber in Gang setzen, wie das *British Empire* aus heutiger Sicht beurteilt und erinnert werden sollte. Die Allgegenwart des kulturellen Erbes, das für Großbritanniens imperiale Erinnerungskultur bis heute kennzeichnend ist, zeigt sich nicht zuletzt daran, dass noch heute selbst Popstars wie Bono, Elton John, Bob Geldorf, Sting, Rod Stewart und Kylie Minogue (um nur einige wenige zu nennen) als Auszeichnung für ihre Verdienste um die Popmusik den *Order of the British Empire* erhalten, dessen Motto lautet: *For God and the Empire*. Auch wenn es der jüngste der britischen Ritterorden und der am häufigsten verliehene ist, zeigt der *Order of the British Empire* doch einmal mehr, wie allgegenwärtig die Erinnerung an die einstige imperiale Größe des Weltreichs noch heute ist. Ein Arbeitsauftrag, durch eine Internetrecherche mehr über diesen Ritterorden und einige der damit Ausgezeichneten in Erfahrung zu bringen, dürfte bei Jugendlichen angesichts solch aus deren Sicht illustrer Namen sicherlich einen Motivationsschub bringen. Außerdem bieten die dabei ermittelten Informationen zugleich eine wichtige Grundlage, um den letzten Text dieses Unterrichtsmodells, Benjamin Zephaniahs „Me? I thought, OBE me? Up yours, I thought" (2003), nicht nur besser zu verstehen, sondern auch kontextualisieren zu können.

Aktualität der Empire-Thematik: der OBE

2.4 Das Unterrichtsmodell in Teilsequenzen

Der Einstieg in die Unterrichtseinheit (s. a. den tabellarischen Überblick auf der CD-ROM) lässt sich besonders gut über eine **Weltkarte** gestalten, die die Ausdehnung des *British Empire* im 19. Jahrhundert zeigt (vgl. z. B. http://www.bbc.co.uk/history/british/empire_seapower/britain_empire_01.shtml). Lernende können Länder identifizieren, die zum *British Empire* gehörten, und ihr Vorwissen zum Thema einbringen. Im Anschluss sollten grundlegende Kenntnisse über den Aufstieg, den Fall und das Erbe des *British Empire* erarbeitet werden. Ein **Grundlagentext**,

Einstieg in die Unterrichtseinheit

der sich dafür gut eignet, ist in einer der Short-Story-Anthologien enthalten (Butzko/Pongratz 2005: 214-223). Es bietet sich an, den ganzen Text als Hausaufgabe vorbereitend lesen und in arbeitsteiliger Gruppenarbeit drei Themenkomplexe erarbeiten zu lassen: ‚The rise of the British Empire' (ebd.: 214-217), ‚The fall of the British Empire' (ebd.: 217-219) und ‚The legacy of the British Empire' (ebd.: 220-223). Die drei Themenkomplexe sollten von jeweils zwei Gruppen bearbeitet und der ganzen Lerngruppe per *wall poster* oder Overhead-Folie präsentiert werden. Alternativ kann von den Lernenden eine Internetrecherche durchgeführt werden.

Zwei übergeordnete *tasks* Weiterhin sollte die Aufmerksamkeit schon zu Beginn der Unterrichtseinheit auf zwei übergeordnete *tasks* gelenkt werden, die zwar erst zum Abschluss der Unterrichtseinheit wahlweise bearbeitet werden, jedoch den Schülerinnen und Schülern während der Erarbeitung der einzelnen Texte eine Orientierung bieten können (vgl. Arbeitsblatt 1): Eine geeignete Aufgabenstellung besteht im **Erstellen einer Collage/mindmap**, auf der die Lernenden die in den Texten inszenierten und ggf. ihre eigenen ‚Images of the *British Empire*' festhalten. Sie soll sowohl einen Überblick über die behandelten Texte und deren Darstellungen des British Empire bieten als auch Einblick in die ‚Images' gewähren, die die Schülerinnen und Schüler im Laufe der Unterrichtseinheit entwickelt haben. Alternativ entwerfen die Lernenden **fiktive Dialoge** zwischen unterschiedlichen Figuren aus den literarischen Texten, die sich über ihre Situation als *(ex-)coloniser* bzw. *(ex-)colonised* austauschen. Dabei geht es erneut um eine resümierende Beschäftigung mit den verschiedenen Sichtweisen, Konflikten, Selbst- und Fremdbildern, die in den Texten zum *British Empire* repräsentiert werden.

2.4.1 *Colonial Encounters*: *Coloniser vs. colonised*

Zwei Texte Im Mittelpunkt des ersten Themas stehen zwei Texte, an denen die typische Konstellation zwischen *coloniser* und *colonised* erarbeitet wird. Der kolonialen Sicht in Defoes *Robinson Crusoe* wird dabei die postkoloniale Perspektive in Achebes *Things Fall Apart* gegenübergestellt. Da der Gegensatz kaum größer sein könnte, provoziert er gleichsam die Frage danach, was sich in dem Zeitraum zwischen 1719 und 1958 wohl alles verändert hat und wie es zu diesen historischen Veränderungen gekommen sein kann. Die schon im Grundlagenkapitel (vgl. Kap. I.3) eingeführten Prinzipien der Kontrastierung von Texten und der Perspektivenvielfalt erweisen sich gerade bei der Erarbeitung der *Empire*-Problematik als grundlegend, um Lernenden einen Sinn für die Komplexität der Thematik sowie ein Bewusstsein für die diametral entgegengesetzten Interessen und Sichtweisen zu vermitteln, die im Falle von Kolonialismus und Imperialismus zu berücksichtigen sind.

Da es sich bei Robinson Crusoe um eine bekannte Geschichte handelt, sollte vor der Textpräsentation das Vorwissen der Schülerinnen und Schüler erfragt werden: *What do you know about Robinson Crusoe? What do you know about Friday? Do you have any idea about the story's setting?* Daraufhin wird der Auszug entweder vom Lehrer bzw. der Lehrerin vorgetragen, so dass die Lernenden mitlesen können, oder aber sie erhalten ca. 15 Minuten zur eigenständigen Lektüre. Als *while-reading activity* können die Lernenden ihre Aufmerksamkeit auf die Beziehung zwischen Robinson Crusoe und Friday lenken:

Defoes „Robinson Crusoe and Friday" (1719): Vorwissen und Leseeindrücke

Read the novel extract. You may want to pay special attention to the relationship between Robinson Crusoe and Friday and mark passages that you consider important, interesting, astonishing etc.

Im Anschluss erhalten die Schülerinnen und Schüler die Gelegenheit, in einer ersten Phase der Sinnkonstruktion ihre Leseeindrücke zu artikulieren, zu vergleichen bzw. miteinander auszuhandeln (vgl. Surkamp/ Nünning 2016: 84). Die Diskussion kann sowohl in Partnerarbeit als auch im Plenum geschehen und sollte zur zentralen Thematik – der Beziehung zwischen Robinson und Friday – hinführen:

Discuss: What do you consider remarkable about the story?
Which aspects or passages about the relationship between Robinson Crusoe and Friday do you consider important, interesting?
How would you describe the relationship between Robinson Crusoe and Friday?

Bevor sich die Schülerinnen und Schüler mit der erzählerischen Gestaltung des Romanauszuges analytisch und kreativ auseinandersetzen (vgl. Arbeitsblatt 2), sollte in einem Unterrichtsgespräch die Erzählsituation geklärt werden (vgl. Surkamp/Nünning 2016: 218ff., 224ff.): *Who is the narrator of the story? Give evidence from the text.* Es handelt sich hierbei um eine typische Ich-Erzählsituation, in der Robinson Crusoe als Ich-Erzähler auftritt. Er übernimmt die Einführung und Beschreibung des Schauplatzes, die Charakterisierung und Kommentierung der Figuren (z. B. Fri-

Erzählsituation

day) und das Erzählen der Handlung. Im Unterrichtsgespräch kann auch über die Funktion der Wahl der Erzählinstanz gesprochen werden: *What would be different if Friday was the narrator? To what extent might it change the story?*

Analytische und kreative Aufgaben

In der Hausaufgabe wird die Auseinandersetzung mit der Funktion der Erzählsituation vertieft. Zunächst markieren die Lernenden Passagen, in denen der Erzähler durch Kommentare Aufschluss über sein Werte- und Normensystem sowie seine Einstellung zu Friday gibt, und reflektieren über die Selbst- und Fremdbilder Robinsons (vgl. Arbeitsblatt 2; vgl. dazu auch Jarman/Whybra/Kämmer 1986: 6). Als zweiter Teil der Hausaufgabe soll eine produktionsorientierte Aufgabe zum Perspektivenwechsel bearbeitet werden. Wenngleich der Leser bzw. die Leserin keine Innensicht von Friday erhält, können die Schülerinnen und Schüler über seine Reaktionen zu Robinsons Beschreibungen spekulieren (vgl. Arbeitsblatt 2; vgl. auch Jarman/Whybra/Kämmer 1986: 6): Mögliche Reaktionen von Friday wären Empörung, Erstaunen oder aber eine stark von Robinsons Erörterung abweichende Interpretation der Ereignisse.

Funktion der Erzählinstanz

In der nächsten Stunde werden die Ergebnisse zur Funktion der Erzählinstanz im Plenum gesammelt und abschließend unter der Fragestellung diskutiert: *Which images of self and other does Robinson express?* Ein Schüler kann die Ergebnisse als Tafelbild (z. B. in Tabellenform) fixieren. Die Schülerprodukte zum Perspektivenwechsel können abschließend Anlass dazu geben, die Frage nach der Funktionalisierung der Erzählsituation noch einmal aufzugreifen (vgl. Surkamp/Nünning 2016: 233):

 A What is the effect of changing the perspective?
Compare the effect of using Robinson or Friday as the I-narrator.
To what extent does the narrative situation influence the reader?

Auch ließe sich überlegen, ob eine Geschichte wie Robinson Crusoe auf dem Buchmarkt heute noch in dieser Form erscheinen könnte:

A   If a writer chose to (re)write the story of Robinson Crusoe today,
do you think the story could possibly be the same?
What might be different?

Für Lerngruppen, die diese Frage weiter verfolgen möchten, bieten sich auch postkoloniale *rewritings* der Geschichte zum Vergleich an (z. B. J. M. Coetzee: *Foe*; Derek Walcott: *Pantomime*), die sich in dem Band *The Postcolonial Experience* (Mitchell 2005: 10f.; 54ff.) finden: Während in *Foe* z. B. die fehlende Perspektive von Friday thematisiert wird, werden in *Pantomime* die Rollen von Robinson und Friday konsequent verdreht.

Chinua Achebes *Things Fall Apart* (1958)

Die Texterarbeitung von Achebes Romanauszug „**The Coming of the Missionaries**" erfolgt als Hausaufgabe. Im ersten **Rezeptionsgespräch** (vgl. Surkamp/Nünning 2016: 84) diskutieren die Lernenden im Plenum über die offene Frage: *What is the story about?* Dabei sollten verschiedene Aspekte zur Sprache kommen: der erste Kontakt zwischen Missionaren und Dorfbewohnern und deren Reaktionen, die unterschiedlichen religiösen Weltanschauungen, der Konflikt zwischen Nwoye und seinem Vater Okonkwo. Um sich den verschiedenen Perspektiven, die in dem Auszug durch Figuren oder Gruppen repräsentiert werden, zu nähern, entwerfen die Schülerinnen und Schüler in Partner- oder Kleingruppenarbeit eine **Figurenkonstellation in Diagrammform** (vgl. Arbeitsblatt 3; vgl. auch Surkamp/Nünning 2016: 173). Zwei oder drei der Ergebnisse können per Overheadfolie oder Tafelbild vorgestellt und miteinander verglichen werden.

Im Anschluss sollten die beiden Figuren Nwoye und Okonkwo näher beleuchtet werden. Um sich der Figur Nwoye zu nähern, können die Lernenden zwischen zwei produktionsorientierten Aufgaben wählen:

Nwoye und Okonkwo

A   1. Describe Nwoye's development throughout the story.
What is it about Christianity and the missionaries that attracts Nwoye's interest?
2. Retell the story from Nwoye's perspective, using Nwoye himself as an I-narrator.

Beim Vergleich der Schülerprodukte sollten Unterschiede zwischen den individuellen Interpretationen der Schülerinnen und Schüler herausgearbeitet werden. Dabei muss gewährleistet werden, dass die Lernenden selbst ihre Interpretationen immer wieder am Text belegen. Schließlich werden sie aufgefordert, den Konflikt zu beschreiben, der zwischen Nwoye und seinem Vater entsteht: *Describe the conflict between Nwoye and Okonkwo.* Diese offene Aufforderung bietet den Lernenden erneut die Möglichkeit, ihre individuellen Interpretationen (ist es ein Generationenkonflikt, ein kultureller Konflikt etc.?) zu artikulieren und im Gespräch auszudifferenzieren.

Rollengespräch mit Okonkwo

Okonkwos Perspektive dürfte für die Schülerinnen und Schüler ungewohnt und daher schwieriger nachvollziehbar sein als diejenige von Nwoye. Um sich der Perspektive Okonkwos zu nähern, empfiehlt sich ein Rollengespräch (vgl. Freitag 2008), das in Kleingruppen vorbereitet wird: Während die eine Hälfte der Lernenden sich Fragen notiert, die sie gerne an Okonkwo stellen möchte, bereiten die anderen sich auf Okonkwos Rolle vor, indem sie ein **character profile** erstellen (vgl. Arbeitsblatt 4). Im Plenum stellen sich abwechselnd mehrere Lernende in Okonkwos Rolle den Fragen der anderen und antworten spontan aus Okonkwos Perspektive heraus. Diese Rollengespräche sollten als Anlass für ein vertiefendes Interpretationsgespräch genutzt werden, in dem nicht nur die Plausibilität der Antworten reflektiert, sondern auch die Frage nach Okonkwos Handlungsmotiven erneut gemeinsam erörtert wird. Zum Abschluss kann der Romantitel *Things Fall Apart* aufgegriffen und auf den Romanauszug bezogen werden: *The novel's title is* Things Fall Apart. *In what way do things fall apart in this part of the novel?*

Vergleich Defoe ↔ Achebe

Um den ersten Abschnitt der Textsequenz (*Colonial Encounters*) abzuschließen, sollte zudem darüber reflektiert werden, inwiefern sich die beiden Texte von Defoe und Achebe in ihrer Darstellung und Beurteilung des *British Empire* bzw. der Beziehungen zwischen *coloniser* und *colonised* unterscheiden: Beide Texte inszenieren typische Beziehungen zwischen *coloniser* und *colonised*; während jedoch Defoes kolonialer Roman aus dem Jahr 1719 den positiven und ‚zivilisierenden' Einfluss Robinsons auf Friday hervorhebt und eindeutige Rollenzuschreibungen vornimmt (*master vs. servant*), verweist der postkoloniale Roman *Things Fall Apart* aus dem Jahr 1958 viel stärker auf die Konflikte in der Dorfgemeinschaft, die durch den Kolonialismus hervorgerufen werden und zur Zerstörung der indigenen Kultur und der Dorfgemeinschaft führen.

2.4.2 *(Ex-)Coloniser vs. (Ex-)Colonised: Images of Self and Other*

Der Fokus bei der Erarbeitung der folgenden Texte liegt auf deren Ins-zenierung kultureller Selbst- und Fremdbilder (s. Kasten). Das koloniale britische Selbstverständnis wird zunächst an Kiplings Gedicht und Ma-caulays politischer Schrift verdeutlicht. Der Essay von Orwell hingegen äußert Skepsis an diesem britischen Selbstkonzept, und die Kurzgeschich-te von Ngugi wa Thiong'o sowie der Romanauszug von Levy gewähren Einblick in postkolonial-kritische Sichtweisen.

Kulturelle Selbst- und Fremdbilder

WISSENSWERT

Die wechselseitige Abhängigkeit kultureller Selbst- und Fremdbilder im kolonialen Diskurs

Awareness of the Self and its place in the world is largely determined by the way, ‚the other' is distinguished and perceived. As a means of rationalizing and justifying the colonial and imperial enterprise, the colonizers constructed the colonial subject in terms of binary oppositions like primitive vs. enlighte-ned, inferior vs. superior, savage vs. civilized, black vs. white, Orient vs. Oc-cident, periphery vs. centre, etc. In deconstructing these stereotypes, post-colonial critics emphasize the role of imperialist ideology in ‚inventing' the identity of the colonized subject. (Korff/Ringel-Eichinger 2006: 183)

Das Lesen des Gedichtes erfolgt – wie bei fast allen übrigen Texten in diesem Abschnitt – als Hausaufgabe. Die Lernenden sollen ermuntert und dazu angeleitet werden, ihnen unbekannte Wörter selbstständig durch die Arbeit mit einem einsprachigen Wörterbuch zu erschließen. Zur Vor-bereitung auf die Unterrichtsstunde bearbeiten die Lernenden zentra-le Fragen zur Klärung der Sprechsituation des Gedichts (vgl. Surkamp/ Nünning 2016: 126ff.) und der in dem Gedicht entworfenen kulturellen Fremdbilder (vgl. Arbeitsblatt 5; vgl. dazu auch Jarman/Whybra/Kämmer 1986: 28). Außerdem erhalten die Schülerinnen und Schüler den Auftrag, den Vortrag des Gedichts zu üben (vgl. hierzu Surkamp/Nünning 2016: 105-108).

Rudyard Kiplings „The White Man's Burden" (1899): Vorbereitung der Lektüre

Im Unterricht selbst wird das Gedicht zunächst von einem Schüler bzw. einer Schülerin vorgetragen; die Klasse gibt Feedback, inwiefern der Vor-trag ihrem eigenen Verständnis des Gedichts entspricht bzw. inwiefern sie durch Lautstärke, Sprechgeschwindigkeit, Betonung etc. Verände-rungen beim Vortrag einzelner Zeilen, Wörter, Strophen vorschlagen. Die bearbeiteten Aufgaben werden im gemeinsamen Unterrichtsgespräch

Gedichtvortrag und -analyse

erörtert, wobei immer wieder Belege aus dem Gedicht einzufordern sind. Gemeinsam werden an der Tafel Ausdrücke gesammelt und erörtert, die sich auf die vermeintlichen Aufgaben des ‚*white man*' beziehen (z. B. *serve the captives' need, seek another's profit, fill full the mouth of Famine, bid the sickness cease*). Das gleiche Vorgehen wird mit Ausdrücken zur Beschreibung der ‚natives' wiederholt (z. B. *new-caught, sullen peoples, half devil and half child, open speech and simple, sloth and heathen folly*). Bei der Erörterung der Ausdrücke sollte auch auf semantische rhetorische Figuren (Metapher, Personifikation; vgl. hierzu Surkamp/Nünning 2016: 143-148) eingegangen werden. Beispielsweise nutzt Kipling zahlreiche Metaphern für die Beschreibung der Beziehungen zwischen *coloniser* und *colonised* (*bind your sons to exile, serve your captives' need, wait in heavy harness, veil the threat of terror, fill full the mouth of Famine*), die näher erörtert werden sollten (vgl. Arbeitsblatt 5). Einige der Metaphern können den Schülerinnen und Schülern auch Anregungen für das spätere Erstellen der *mindmap* bzw. Collage bieten: *You may want to try and illustrate some of the metaphors used by Kipling in your mindmap/ collage (e. g. by using pictures, designing a cartoon etc.).* Abschließend kann eine Diskussion des Gedichts und seines Titels die Lernenden zur Stellungnahme auffordern: *Do you agree with Kipling's use of the word ‚burden' to describe the activities and attitudes of the ‚white man'?* (Jarman/Whybra/Kämmer 1986: 28).

Thomas Babington Macaulays „Minute on Education" (1835): Argumentativer Aufbau

Macaulays „Minute on Education" sollte hauptsächlich in Bezug auf den argumentativen Aufbau der politischen Schrift und die inhärenten Selbst- und Fremdbilder untersucht werden. Im Unterricht erhalten die Lernenden in Partnerarbeit oder Kleingruppen daher zunächst den Auftrag, den Text in verschiedene Sinnabschnitte zu gliedern und diesen Abschnitten jeweils eine Überschrift zu geben (vgl. Arbeitsblatt 6). Mindestens zwei Gruppen sollten die Gelegenheit bekommen, ihre Unterteilung per OHP-Folie vorzustellen. Im Anschluss an die gemeinsame Erörterung verschiedener Unterteilungsmöglichkeiten arbeiten die Schülerinnen und Schüler in Einzel- oder Partnerarbeit Fragen zu Macaulays Argumentation durch (vgl. Arbeitsblatt 7; vgl. hierzu auch Jarman/Whybra/Kämmer 1986: 34). Anschließend werden die Ergebnisse ausgetauscht. Das Unterrichtsgespräch schließt mit einer Erörterung der kulturellen Selbst- und Fremdbilder, die in Macaulays „Minute on Education" deutlich werden:

 A Describe the British self-concept and the attitudes towards Indian culture and language that are expressed. Which images of self and other can be identified in Macaulay's statements?

Alternativ kann diese Fragestellung auch schriftlich als Hausaufgabe bearbeitet werden.

Bevor Orwells Essay in Eigenarbeit vorbereitet wird, äußern die Lernenden in einer *pre-reading activity*, welche Erwartungshaltung sie bereits durch den Titel haben (vgl. hierzu und zu den folgenden Arbeitsaufträgen Arbeitsblatt 8; zu *pre-reading activities* vgl. Surkamp/Nünning 2016: 79ff.). Es ist zu vermuten, dass der Titel bei den Schülerinnen und Schülern Erwartungen an eine Abenteuer- oder Heldengeschichte weckt, die beim Lesen enttäuscht werden dürften: Während die Geschichte zunächst tatsächlich mit Elementen einer spannenden Abenteuergeschichte spielt, erfüllt Orwell als Protagonist jedoch keineswegs die Ansprüche, die man an einen mutigen ‚Helden' stellt. Zu Beginn der nächsten Unterrichtsstunde werden die artikulierten Erwartungen und die tatsächlichen Rezeptionseindrücke aufgegriffen: *Were your expectations met?* Auf diese Weise kann ein erster Zugang zu Orwells Schlüsselerlebnis und seinem Selbsterleben als ‚*puppet*' ermöglicht werden.

George Orwells „Shooting an Elephant" (1936): Erwartungshaltung aufbauen

In einem nächsten Schritt versuchen die Schülerinnen und Schüler im Unterrichtsgespräch, das Dilemma zu erfassen, in dem Orwell sich befindet. Um die relativ komplexe Dilemma-Situation und Orwells Deutungen derselben näher zu betrachten, sollte die zentrale Textstelle (Jarman/Whybra/Kämmer 1986: 70, l.165-71, l.220) auch gemeinsam gelesen und diskutiert werden. Dabei sollten auch Orwells Zweifel am überhöhten Selbstverständnis der Briten erörtert werden, wie es noch in Kiplings Gedicht zu erkennen ist.

Dilemma-Situation

Zum Abschluss bietet sich in diesem Zusammenhang eine kreative Aufgabe an: Die Lernenden verfassen einen Brief von Orwell an Kipling, in dem Orwell zu „The White Man's Burden" bzw. dem dort repräsentierten britischen Selbstverständnis Stellung nimmt. Einige dieser Briefe werden zu Beginn der nächsten Stunde vorgestellt. Obgleich zwischen „The White Man's Burden" (1899) und „Shooting an Elephant" (1936) fast vierzig Jahre liegen und ein solcher Briefwechsel historisch unwahrscheinlich ist, lässt sich auf diese Weise der Unterschied zwischen dem jeweils inszenierten britischen Selbstverständnis in Kiplings Gedicht und Orwells Essay kreativ erkunden.

Kreative Aufgabe

Im Falle von Ngugi wa Thiong'os Kurzgeschichte „The Martyr" besteht das Hauptziel darin, die Differenzierung der drei Figurenperspektiven mit den Lernenden zu erarbeiten. Die Kurzgeschichte sollte zunächst nur bis zu dem Punkt gelesen werden, an dem die Perspektive von Mrs

Ngugi wa Thiong'os „The Martyr" (1975)

259

Hill zu ihrem Diener Njoroge wechselt (Jarman/Whybra/Kämmer 1986: 74, l.1 – 75, l.139). Das gemeinsame Lesen im Unterricht ist dafür am besten geeignet. Wahlweise kann der Lehrer bzw. die Lehrerin das Vorlesen übernehmen, oder aber die Lernenden erarbeiten sich den Text in Einzelarbeit. Um die Sichtweisen der drei weißen Siedlerinnen in dem ersten Textabschnitt zu differenzieren, werden die Lernenden in Partnerarbeit aufgefordert, je eine der drei Frauen und ihre Sichtweise kurz zu charakterisieren und zu der Figur und ihrer Sichtweise Stellung zu nehmen. Zwei alternative Vorgehensweisen sind denkbar: Entweder erstellen die Lernenden dabei ein kurzes *character portrait* (vgl. Arbeitsblatt 9; vgl. auch Surkamp/Nünning 2016: 174) oder eine *role biography* (vgl. Arbeitsblatt 10; vgl. Surkamp/Nünning 2016: 199f.). Nach einer Diskussion über die Figuren und ihre Einstellungen, in der auch die individuellen Stellungnahmen der Schülerinnen und Schüler nicht zu kurz kommen sollten, kann über den Fortgang der Geschichte spekuliert werden: *How do you expect the story to go on? Give reasons.*

Funktion der Erzähltechniken

Um die Funktionen von erzähltechnischen Verfahren zu erarbeiten, bietet sich eine Analyse des Wechsels der Perspektive zum Diener Njoroge an, die zunächst einmal überrascht: Während Mrs Hill sich selbst als besonders fortschrittliche und liberale Arbeitgeberin für die Kenianer sieht und glaubt, mit dem Grundsatz „Treat them kindly" deren Gunst zu gewinnen, offenbart die folgende Passage, in welcher der Leser bzw. die Leserin Einblick in Njoroges Gedanken und Gefühle erhält, Njoroges Zorn über Mrs Hill und deren Verhalten gegenüber den für sie arbeitenden Kenianern. Zudem hinterfragt Njoroge Mrs Hills Berechtigung als Grundherrin, da sein Vater ihm das Land vor vielen Jahren versprochen hatte. Diese Aspekte sollten nach dem Lesen des zweiten Abschnitts erörtert werden (Jarman/Whybra/Kämmer 1986: 75, l. 140-76, l. 206):

A

1. Explain the change that takes place in the short story.
2. (How) Has your impression or picture of the characters changed?

Anhand von Arbeitsblättern erarbeiten die Lernenden in Partner- oder Kleingruppenarbeit die unterschiedlichen Perspektiven von Mrs Hill und Njoroge (vgl. Arbeitsblatt 11) sowie die Erzähltechniken und ihre Funktionen im Hinblick auf Leser- und Sympathielenkung (vgl. Arbeitsblatt 12; vgl. hierzu Surkamp/Nünning 2016: 233ff.). Im gemeinsamen Unterrichtsgespräch werden die Ergebnisse diskutiert.

Daraufhin wird die Geschichte bis zum Ende gelesen. Im Laufe des letzten Teils erhält der Leser bzw. die Leserin abwechselnd Einblick in Njoroges und Mrs Hills Gedanken, die sich gegenseitig für einen Moment lang nicht mehr als *coloniser* bzw. *colonised*, sondern als Individuen wahrzunehmen scheinen: *It was the first time she [Mrs Hill] had thought of him as a man with a family*. Die Hoffnung auf ein glückliches Ende wird jedoch enttäuscht und fordert zur Stellungnahme auf. Ein Sammeln von Reaktionen nach Beendigung der Geschichte ermöglicht den Schülern daher die Artikulation ihrer persönlichen Eindrücke und Gedanken: *What are your reactions to the ending of the short story?*

Stellungnahme zum Ende der Short Story

Eine produktionsorientierte Aufgabe – das Sammeln von Ideen für ein alternatives Ende oder das Ausformulieren eines fiktiven Gesprächs zwischen Njoroge und Mrs Hill (vgl. Arbeitsblatt 13; zu produktionsorientierten *post-reading activities* vgl. Surkamp/Nünning 2016: 249f.) – kann schließlich dazu dienen, den Konflikt zwischen den beiden Figuren und Möglichkeiten der Deeskalation kreativ zu erkunden und auf diese Weise interkulturelle Kompetenzen auszubilden. Abschließend werden mögliche Bedeutungen des tatsächlichen Endes diskutiert und eine Gesamtinterpretation der Kurzgeschichte angestrebt:

Konfliktlösungsmöglichkeiten kreativ erkunden

A

1. What do you think are possible meanings of the short story's ending?
2. How do you interpret the short story itself?
   If you compare the short story to the other texts we have read so far, what is special about its treatment of the relationship between coloniser vs. colonised?

Bei der Beantwortung dieser Fragen sollte insbesondere die literarische Gestaltung der Beziehung zwischen *coloniser* und *colonised* in der Kurzgeschichte zur Sprache kommen: Während zunächst auf typische Beschreibungsmuster von *coloniser* vs. *colonised* zurückgegriffen wird, werden diese Wahrnehmungsmuster in dem Moment aufgebrochen, als sich die beiden Figuren gegenseitig plötzlich als Individuen, als Mutter bzw. Familienvater wahrnehmen. Auf diese Weise stellt die Kurzgeschichte nicht nur die stereotypen Selbst- und Fremdbilder von *coloniser* und *colonised* in Frage, sondern auch die typische koloniale Machtkonstellation, die auf diesen Selbst- und Fremdbildern basierte.

Darstellung der Beziehung zwischen *coloniser* und *colonised*

Andrea Levys
Small Island
(2004):
Großbritannien
als ,*mother*
country'

Aus der Sicht der ehemaligen Kolonialbevölkerung thematisiert die Figur Gilbert in dem Romanauszug **„The Mother Country"** aus *Small Island* das zweifelhafte britische Selbstverständnis als ,*mother country'*, das auf Familienmetaphern beruht, jedoch die Vorstellung einer ,*caring mother'* den jamaikanischen Immigranten gegenüber nicht einlöst. Für die Erarbeitung dieser Problematik bietet sich zunächst eine *pre-reading activity* an, in der die Meptapher des *mother country* erörtert wird (vgl. Arbeitsblatt 14). Die Familienmetaphorik impliziert beispielsweise die Vorstellung der ,*caring mother'*, ,*happy family union'*, ,*mother in charge of education'*, ,*children in need of betterment'*.

LEKTÜRETIPP

Wenn Sie sich näher über die Metapher des Empire als Familie, den interkulturellen Ansatz oder weitere literarische Texte informieren möchten, so finden Sie weiterführende Informationen zu dem in diesem Kapitel vorgestellten Unterrichtsmodell in folgendem Band:

Nünning, Vera & Ansgar Nünning (Hrsg.): *Anglistik und Englischunterricht 58: Intercultural Studies. Fictions of Empire*. Heidelberg: Winter 1996.
In diesem Band findet sich auch folgender Aufsatz:
Nünning, Ansgar: „Das Britische Weltreich als Familie: Empire-Metaphern in der spätviktorianischen Lyrik als Denkmodelle und als Mittel der historisch-politischen Sinnstiftung." S. 91-120.

Rezeptions-
eindrücke und
Erzählsituation

Der Romanauszug kann im Anschluss an diese *pre-reading activity* sowohl im Unterricht als auch zu Hause vorbereitet werden. Bei der Besprechung sollten die Lernenden zunächst individuelle Rezeptionseindrücke schildern: *What were your reactions when reading this story?* Im Anschluss wird geklärt, wer als Erzähler auftritt, wer angeredet wird und welche Wirkung diese Anrede auf den Leser oder die Leserin ausübt (Aufmerksamkeit, Gefühl des Angesprochenseins, stärkere Involviertheit): *Who speaks? Who is being addressed? Which effect did this reader address have on you?* Daraufhin werden die Schülerinnen und Schüler aufgefordert, Gilberts *reader address* in Kleingruppenarbeit zu interpretieren (vgl. Arbeitsblatt 14, Aufgabe 2).

Erwartungen
↔ Realität

Die Interpretationen werden an der Tafel gesammelt, von den einzelnen Gruppen erklärt und im gemeinsamen Gespräch diskutiert. Zentrale Aspekte, die in dieser Diskussion zur Sprache kommen sollten, sind

z. B. der Gegensatz zwischen Gilberts Erwartungen und seiner Desillusionierung aufgrund des fehlenden Interesses des *mother country*. Falls diese Aspekte nicht von den Schülerinnen und Schülern eigenständig in die Diskussion eingeführt werden, können sie auch ein Arbeitsblatt zur Gegenüberstellung von *expectations vs. reality* bearbeiten und im Anschluss diskutieren (Arbeitsblatt 14, Aufgabe 3). Um schließlich Gilberts Perspektive nachzuvollziehen, erhalten die Lernenden eine kreative Schreibaufgabe: Sie verfassen den ersten Brief von Gilbert an seine Eltern oder Verwandten in Jamaika, in dem er von seinen Erlebnissen, seiner Desillusionierung und Enttäuschung über das ‚*mother country*' berichtet (vgl. Arbeitsblatt 14, Aufgabe 4).

Die Auseinandersetzung mit der Familienmetaphorik des *British Empire* ließe sich zudem mit Karikaturen aus der Zeitschrift *Punch* vertiefen (vgl. hierzu die Karikaturen in Nünning 1996: 115-120; vgl. Arbeitsblatt 14, Aufgabe 5). Wie sich die Zeitgenossen die imperiale Familie vorzustellen hatten, geht beispielhaft aus einer Illustration hervor, die aus der Weihnachtsausgabe der populären Wochenzeitschrift *Punch* aus dem Jahre 1884 stammt. Sie trägt den bezeichnenden Titel „John Bull's Christmas Family Party" und zeigt, was für eine *Happy Family* John Bull, die etwas in die Jahre gekommene *Dame Britannia* und ihre zahlreichen Sprößlinge aus Übersee doch sind. Wem das Bild der ach so harmonischen Familienparty noch nicht reicht, der erhält durch ein die Illustration kommentierendes und erläuterndes Gedicht auch noch Einblick in die Gefühlswelt der Familienmitglieder, die – wie könnte es anders sein – natürlich überglücklich sind.

Einsatz von Karikaturen

2.4.3 *Postcolonial Voices: The Legacy of Empire*

Die letzten Texte der Unterrichtseinheit führen schließlich die Auswirkungen des Kolonialismus auf die ehemaligen Kolonien vor Augen. Die hier zusammengestellten Texte gewähren postkoloniale Einblicke in Konflikte in der afrikanischen Gesellschaft (Achebes Kurzgeschichte) sowie unterschiedliche Stellungnahmen zur Schulsprache Englisch in den Kolonien (Achebe, Ngugi wa Thiong'o) und zum *Empire* selbst (Zephaniah).

Auswirkungen des Kolonialismus

Für das Verständnis der Kurzgeschichte sind das Erfassen des zentralen Konfliktes zwischen Michael Obi und den Dorfbewohnern, die unterschiedlichen Figurenperspektiven sowie das Ende der Kurzgeschichte bedeutsam. Die Fragen *What is the central conflict in the short story?* und *What are the reasons for this conflict?* stehen im Mittelpunkt des ersten Unterrichtsgesprächs und ermöglichen die Artikulation und Aushandlung individueller Interpretationen. Dabei kann z. B. erörtert werden,

Chinua Achebes „Dead Men's Path" (1953): Zentraler Konflikt

inwiefern es sich in der Geschichte hauptsächlich um einen kulturellen Konflikt handelt bzw. inwiefern es um einen Konflikt geht, den Michael Obi durch seine Arroganz und seine fehlende Kompromissbereitschaft zu verantworten hat. An der Tafel sollten verschiedene Deutungsmöglichkeiten des Konfliktes und seiner Ursachen festgehalten und im Anschluss ausgehandelt werden. Auch das Ende der Kurzgeschichte kann an dieser Stelle schon erörtert werden: *How do you interpret the ending of the short story?*

Michael Obi: ‚Sprachrohr des Kolonialismus'

Mit Hilfe einer Figurenkonstellation (vgl. Surkamp/Nünning 2016: 173), die von den Schülern in Einzel- oder Partnerarbeit erstellt wird, kann sich die Lerngruppe einen Überblick über das Figuren- und Perspektivenspektrum verschaffen (vgl. Arbeitsblatt 15). Im Anschluss steht eine genauere Auseinandersetzung mit dem Protagonisten Michael Obi und seiner Funktion als ‚Sprachrohr des Kolonialismus' an. Für eine Charakterisierung bieten sich zwei Alternativen an: Einerseits können die Schülerinnen und Schüler im Sinne der Moderationsmethode aufgefordert werden, Begriffe oder Eigenschaften auf einzelne Moderationskarten zu schreiben, die Michael Obi charakterisieren: *On each card, note down one adjective oder key word that can be used to characterise Michael Obi.* Jeder Schüler bzw. jede Schülerin oder jede Kleingruppe erhält reihum die Gelegenheit, die erarbeiteten Karten zu erörtern und an der Tafel zu platzieren. Nachdem alle Karten vorgestellt wurden, werden *cluster* gebildet und einzelne Aspekte (widersprüchliche Äußerungen, besonders häufige Nennungen) in einer Diskussion aufgegriffen.

Charakterisierung von Michael Obi

Eine andere Möglichkeit zur Charakterisierung besteht darin, Michael Obi aus den unterschiedlichen Sichtweisen der Figuren in der Geschichte charakterisieren zu lassen. Hierfür finden sich verschiedene Kleingruppen zusammen, die Michael Obi jeweils aus der Sicht einer der Figuren (Michael Obi, seine Frau Nancy, der Ani (*village priest*), ein Dorfbewohner, der *Government Education Officer*) beschreiben und in einem Rollenmonolog die Sichtweise der jeweiligen Figur präsentieren (vgl. Arbeitsblatt 16; zu ähnlichen Aufgaben vgl. Surkamp/Nünning 2016: 191ff.). Nach der Gruppenarbeit kommt je ein Repräsentant einer ‚Figur' nach vorne; alle präsentieren nacheinander ihre Rollenmonologe.

Reflexionsgespräch

Ein anschließendes Reflexionsgespräch gibt den Schülern die Möglichkeit, zu den Ergebnissen in den Gruppen Stellung zu nehmen und schließlich eine persönliche Sichtweise bezüglich Michael Obi zu artikulieren: *What do you think of Michael Obi?* Auch kann gemeinsam darüber diskutiert werden, unter welchen Bedingungen eine Lösung des Konflikts möglich wäre: *Do you think the conflict could be solved? How?* Michael Obis Funktion in der Kurzgeschichte sollte zudem auch auf einer abstrakteren Ebene reflektiert werden:

Which function does Michael Obi have in the story?
If you think of the typical character constellation between coloniser and colonised, which side does Michael Obi belong to?

Diese Fragen führen schließlich zu einem Abschlussgespräch und zur Gesamtinterpretation der Kurzgeschichte. Dabei sollten die Lernenden u. a. erörtern, inwiefern die Geschichte das Erbe des *Empire* thematisiert:

In what way does the story portray the legacy of the Empire?
Try to give examples from the characters, their conflicts and attitudes.

Die argumentativen Texte von Achebe – „**The African Writer and the English Language**" (1964) – und Ngugi wa Thiong'o – **Decolonising the Mind** (1986) – werden hauptsächlich auf ihre jeweiligen Argumente bezüglich der Durchsetzung der englischen Sprache in den ehemaligen Kolonien untersucht. Die Schülerinnen und Schüler bereiten zu Hause wahlweise jeweils zwei der drei Textauszüge vor, indem sie die Argumentation der Autoren in Form kurzer Statements zusammenfassen (vgl. Arbeitsblatt 17). Im Unterricht tragen die Lernenden dann in arbeitsteiliger Gruppenarbeit die Argumente bzw. Statements für jeweils einen der Texte zusammen und präsentieren ihr Ergebnis per OHP-Folie.

Simulierte Debatte: Englisch als *lingua franca*

Um eine vertiefte Auseinandersetzung mit den jeweiligen Argumenten zu erreichen, können die Texte auch als Ausgangspunkt für eine simulierte Debatte zum Thema *The English language: A blessing or a curse for the former British colonies?* genutzt werden. Dafür stellen die Lernenden in arbeitsteiliger Kleingruppenarbeit eine Reihe von Argumenten aus der Sichtweise von Achebe und Ngugi wa Thiong'o sowie evtl. Macaulay („Minute on Education") zusammen. In Gruppen von ca. vier bis fünf Lernenden bereiten sie sich somit auf je eine Rolle in der Debatte vor (vgl. Arbeitsblatt 18). Während der Debatte diskutieren drei von ihnen als Repräsentanten von Achebe, Ngugi wa Thiong'o und Macaulay in einem Sitzkreis vor der Klasse. Für die Diskutanten gibt es die Möglichkeit, sich nach mindestens drei Gesprächsbeiträgen durch ein anderes

Vertiefung durch simulierte Debatte

Gruppenmitglied austauschen zu lassen; zudem steht ein Stuhl für weitere Teilnehmer aus dem Publikum bereit, die an keine bestimmte Rolle gebunden sind, sondern auch als Provokanten fungieren können. In einer Reflexionsrunde sollten die Lernenden zudem die Möglichkeit erhalten, ihre persönliche Stellungnahme zum Thema der simulierten Debatte zu artikulieren.

Benjamin Zephaniah: „Me? I thought, OBE me? Up yours, I thought" (2003)

Zephaniahs Stellungnahme steht am Ende der Unterrichtseinheit und bietet einen guten Ausgangspunkt für ein Resümee über unterschiedliche Sichtweisen auf und Beurteilungen des *British Empire*. Für diesen Zweck sind besonders die ersten zwei Absätze von Interesse, in denen Zephaniah seine Ablehnung des OBE mit seinem Bild vom *Empire* begründet. Während der Texterarbeitung, die als Hausaufgabe stattfindet, sollten die Lernenden Zephaniahs Statement sowie seine Sichtweise des *Empire* zusammenfassend darstellen. Zudem sollten sie zu Zephaniahs Sicht auf das *Empire* Stellung nehmen und dabei Bezüge zu den behandelten Texten herstellen:

1. Sum up Zephaniah's statement and his view about the Empire.
2. What is your opinion about Zephaniah's statements?
   Do you (dis)agree with his view of the Empire?
   What is your image/view of the British Empire?
   Give reasons for your point of view and, if possible, make references to the various texts we discussed.

In einem Unterrichtsgespräch werden die Sichtweisen der Schülerinnen und Schüler ausgetauscht und diskutiert. Die Diskussion stellt zugleich einen Ausgangspunkt für die *post-reading activities* zum Abschluss der Unterrichtsreihe dar. Dabei können die Lernenden auch auf die Ergebnisse ihrer Recherchen über den *Order of the British Empire* zurückgreifen.

2.4.4 Der Abschluss der Unterrichtseinheit

„Images of the British Empire"

Um die Arbeit an den verschiedenen Texten resümierend abzuschließen, erhalten die Lernenden die schon angekündigten zwei schülerzentrierten Aufgaben zur Auswahl (vgl. Arbeitsblatt 1). Die erste Aufgabe betrifft das **Erstellen eines *wall poster*** unter dem Titel „Images of the British Empire" in Form einer *mindmap* oder einer Collage. Die zugrunde liegende Idee ist, dass die Schülerinnen und Schüler ihre eigenen Vorstellungen vom *British Empire*, die sie während der Unterrichtsreihe gewonnen haben, überblicksartig festhalten. Dabei können und sollen sie auf die literarischen und nichtliterarischen Texte, deren Darstellungen des *British Empire* oder kultureller Selbst- und Fremdbilder zurückgreifen. Einerseits können einzelne Texte, Figuren, Motive etc. aus den Texten auf dem Plakat zusammenfassend dargestellt werden; die Lernenden sollen aber auch deutlich machen, welche ‚Images' des *British Empire* sie selbst ausgebildet haben: Gibt es bestimmte Texte, deren Darstellung des *British Empire* sie besonders angesprochen oder überzeugt haben? Gibt es andere Texte, denen sie nicht zustimmen? Die individuellen Vorstellungen können sowohl in schriftlicher als auch in bildlicher Form zu Papier gebracht werden. Es bietet sich an, Fotos, Abbildungen, Zeichnungen etc. einzufügen, um z.B. einzelne Szenen oder kulturelle Selbst- und Fremdbilder aus den literarischen Texten abzubilden oder aber symbolisch darzustellen (vgl. z.B. die Anregung, Metaphern aus dem Gedicht „The White Man's Burden" symbolisch darzustellen, S. 259).

Eine Alternative bietet das Entwerfen fiktiver Dialoge (vgl. Surkamp/ Nünning 2016: 247) zwischen verschiedenen Figuren aus unterschiedlichen Texten. Auf diese Weise können sich die Lernenden noch einmal kreativ mit diversen Sichtweisen und Beurteilungen des *British Empire* auseinandersetzen. Hierfür sollten die Lernenden ca. zwei bis drei Dialoge zwischen unterschiedlichen Figurenpaaren entwerfen, die in dieser Form in den Texten nicht zusammen auftreten. Denkbar sind z.B. fiktive Gespräche zwischen Okonkwo (*Things Fall Apart*) und Njoroge („The Martyr"), zwischen Nwoye (*Things Fall Apart*) und Michael Obi („Dead Men's Path") oder aber zwischen dem Ani („Dead Men's Path") und Okonkwo (*Things Fall Apart*). Eine Alternative bietet ein Gespräch zwischen Mrs Hill („The Martyr") und Robinson Crusoe. Dem Einfallsreichtum der Lernenden sind bei der Wahl der Figuren keine Grenzen gesetzt; jedoch sollte in den Dialogen stets der Austausch von Sichtweisen zur Lebenssituation der Figuren als *(ex-)coloniser* oder *(ex-)colonised* im Mittelpunkt stehen.

Figurendialoge

In beiden Aufgaben geht es um das resümierende Verarbeiten unterschiedlicher Sichtweisen, mithin um den Vergleich kultureller Selbst- und Fremdbilder und der unterschiedlichen Bewertungen des *British Empire*. Eine solche intensive Auseinandersetzung mit verschiedenen Texten bietet auch den Lernenden noch einmal die Möglichkeit, sich über die unterschiedlichen Perspektiven Klarheit zu verschaffen und über die eigene Sichtweise im Vergleich zu den literarischen und nichtliterarischen Texten zu reflektieren. Indem sie schließlich ihre individuelle Sichtweise formulieren, entwickeln sie wichtige Voraussetzungen für aktives Eingreifen in den Diskurs über die *(Post-)Colonial Experience*.

Perspektivenkoordination und Vergleich kultureller Selbst- und Fremdbilder

Ergebnis-präsentation	Abschließend sollten die Ergebnisse vorgestellt und diskutiert werden. Dazu bieten sich z. B. eine Posterpräsentation, ein *gallery walk* oder die Vorstellung der geschriebenen Rollenspiele an. In einer Plenumsdiskussion können einzelne Arbeiten gewürdigt und gemeinsame Erkenntnisse resümierend zusammengefasst werden.
Abschließende Betrachtung der Unterrichtsreihe: Verbindung vielfältiger Lernziele	Die Behandlung des *British Empire* im Rahmen einer interkulturell angelegten Unterrichtsreihe bietet somit die Möglichkeit, wesentliche Bereiche im Lernzielkatalog des Fremdsprachenunterrichts abzudecken. Aufgrund ihrer Kürze, ihres relativ geringen Schwierigkeitsgrades, der gattungsmäßigen Bandbreite und der Vielfalt der in ihnen wiedergegebenen Standpunkte erlauben es die genannten Texte, in einer Unterrichtsreihe mehrere der inhaltlichen und strukturellen Vorgaben der Lehrpläne zu erfüllen. Außerdem ermöglichen es die skizzierten Verfahren, im Literaturunterricht Sprachtraining, methodische Textarbeit, interkulturelle Kommunikationsschulung und die Sensibilisierung für literarische Darstellungsmittel gewinnbringend zu verbinden, denn durch produktionsorientierte Unterrichtsverfahren werden sowohl sprachpraktische als auch textuelle und methodische Kompetenzen gefördert.
Ausbildung interkultureller Kommunikationskompetenz	Darüber hinaus können kreative Formen der Textarbeit auch zur Ausbildung der interkulturellen Kommunikationskompetenz beitragen, weil das aktive Umschreiben eines Textes Perspektivenwechsel, Empathie und Hineindenken in andere Denkweisen erfordert. Im Rahmen eines interkulturell orientierten Literaturunterrichts bietet sich daher am ehesten die Möglichkeit, über spezifische Lernziele hinaus auch einen *Beitrag zum allgemeinen übergeordneten Erziehungsziel, sei es nun als Emanzipation, Mündigkeit, Selbständigkeit, Kritikfähigkeit oder wie immer definiert* (Freese 1980: 29) zu leisten. Dass gerade in der heutigen Zeit der Grenzüberschreitungen der Vermittlung interkultureller Kompetenzen verstärkte gesellschaftspolitische Bedeutung zukommt, dürfte ein hinreichender Grund sein, einige der Verfahren bei der Durchführung der skizzierten Unterrichtsreihe zum *British Empire* in die Praxis umzusetzen.

3. *Growing Up:* Darstellung der Adoleszenz in englischsprachigen Kurzgeschichten

3.1 Zur Konzeption der Unterrichtseinheit: Text- und Themenwahl, Lernziele, Methoden

Kurzgeschichten zur Adoleszenzproblematik bzw. *stories of initiation* erfreuen sich im Englischunterricht seit langem und aus guten Gründen besonderer Beliebtheit unter Lehrenden wie Lernenden. Zum einen ist die Popularität der Short Story selbst in einer Zeit, in der allenthalben über die Lektüreunlust der heutigen Jugend und den wachsenden Einfluss der ‚Neuen Medien' geklagt wird, im Hinblick auf den Englischunterricht ungebrochen. Zum anderen sind gerade Texte, in denen Erfahrungen und Probleme Heranwachsender direkt angesprochen werden, für die jugendpsychologische Disposition der Zielgruppe angemessen und fördern schon durch ihre Thematik die Interaktion zwischen den Lernenden und der fiktionalen Welt. Angesichts der hinlänglich bekannten Kanonisierung einer kleinen Zahl von immer wieder behandelten Kurzgeschichten und der noch immer vorherrschenden Privilegierung traditioneller Formen der Textanalyse ergibt sich allerdings die Notwendigkeit, neue Vorschläge für die Textauswahl und für alternative methodische Zugangsmöglichkeiten zu unterbreiten.

Popularität des Themas

In diesem Kapitel werden daher fünf neuere englischsprachige Kurzgeschichten zum Thema *‚growing up'* inhaltlich und formal vorgestellt sowie Vorschläge zu ihrer Erarbeitung im Unterricht unterbreitet. Ein methodischer Schwerpunkt ist der des ‚Lernens durch Lehren'. Die Einheit ist daher für besonders leistungsstarke Kurse in der Oberstufe vorgesehen. Für Lernergruppen, in denen die Textmenge nicht zu bewältigen ist bzw. die noch mehr Lenkung durch die Lehrkraft bedürfen, können einzelne Kurzgeschichten ausgewählt und unabhängig von den anderen behandelt werden. Das Kapitel beinhaltet auch für eine solche Vorgehensweise vielfältige Anregungen, Tipps und konkrete Aufgaben – von den Inhaltsangaben, die die Auswahl einer Geschichte erleichtern, über Kurzinterpretationen und Analysefragen bis hin zu einer Zusammenstellung passender kreativer Aktivitäten für jede Geschichte.

Methode: Lernen durch Lehren

Gerade durch ihren methodischen Schwerpunkt des ‚Lernens durch Lehren' bietet sich die Einheit jedoch auch für die Hochschullehre an. Lehramtsstudierende können im Rahmen eines Literaturdidaktikseminars auf diese Weise erste Unterrichtserfahrungen sammeln. Das Verfahren ermöglicht ihnen, zu einem frühen Zeitpunkt in ihrer Ausbildung unter-

Eignung für Hochschullehre

richtspraktisch zu arbeiten, indem sie eventuelle Schwierigkeiten bei der Behandlung einer Kurzgeschichte auf Schülerseite antizipieren, eigenverantwortlich methodische Entscheidungen treffen und in Eigenregie einen narrativen Text gemeinsam mit ihren Kommilitoninnen und Kommilitonen erarbeiten.

**Thema
,growing up'**

Sowohl für Schülerinnen und Schüler als auch für Lehramtsstudierende ist das gewählte Thema ,growing up' besonders geeignet. Lernenden in der Schule bietet es Gelegenheit zur Auseinandersetzung mit den eigenen lebensweltlichen Erfahrungen: Als Teenager sind die Schülerinnen und Schüler Experten für das Erleben der oftmals turbulent verlaufenden Phase der Adoleszenz. Studierenden wiederum bietet das Thema Gelegenheit, sich auf ihre zukünftige Zielgruppe in der Schule einzustellen und sich mit Inhalten zu beschäftigen, die später auch Teil ihrer Lehre sein werden.

**Lernziele:
Schwerpunkt
Textanalyse**

Während in den Unterrichtsmodellen beispielsweise zu den London-Gedichten oder dem kanadischen Kurzdrama in diesem Band die Betonung auf produktions- und handlungsorientierten Verfahren liegt, steht im folgenden Unterrichtsentwurf zunächst die Textanalyse als Zugangsform zu den Kurzgeschichten im Vordergrund. Die Ausbildung von Gattungswissen und Textsortenbewusstsein ist ein wesentliches Ziel dieser Einheit. Das Genre der Kurzgeschichte wurde dafür ganz bewusst ausgewählt, da die Lernenden sich auf der Basis von Short Storys in analytischen Herangehensweisen (und in deren Vermittlung) üben können, ohne erst eine große Textmenge in der Fremdsprache bewältigen zu müssen. Die Lernenden benötigen dieses durch die Textanalyse erworbene Wissen, um ihre individuellen Leseerlebnisse auch auf literarische Darstellungsverfahren, die die Interaktion zwischen Text und Leser maßgeblich steuern, zurückzubeziehen.

LEKTÜRETIPP

Deutsche bzw. englische Einführungen in die Grundlagen, Kategorien und Methoden der Erzähltextanalyse finden Sie in folgenden Bänden:

Nünning, Ansgar & Vera Nünning: *Grundkurs anglistisch-amerikanistische Literaturwissenschaft.* Uni-Wissen Anglistik/ Amerikanistik. 8. Aufl., Stuttgart: Klett 2015 [2001].
Nünning, Ansgar & Vera Nünning: *An Introduction to the Study of English and American Literature.* Uni-Wissen Anglistik/Amerikanistik. 5. Aufl.,

Stuttgart: Klett 2008 [2004].
Nünning, Ansgar & Birgit Neumann: *An Introduction to the Study of Narrative Fiction.* Stuttgart: Klett 2008.

Ein weiteres Ziel dieser Unterrichtseinheit ist es, authentische Sprech- und Schreibanlässe in der Fremdsprache zu schaffen und unter Rückgriff auf Kategorien der Erzähltextanalyse (vgl. Nünning/Nünning 2001; Nünning/Neumann 2008) gemeinsam zu intersubjektiv nachvollziehbaren Textinterpretationen zu gelangen, in welche die Lernenden auch ihre eigenen Lebenserfahrungen einbringen können – ein Aspekt, der z.B. in der Hochschullehre bislang so gut wie gar nicht bedacht wurde. Die Konflikte von literarischen Figuren in narrativen Texten können zu individuellen und kreativen Stellungnahmen bezüglich eigener Erfahrungen anregen: Sowohl das Handeln und Fühlen der Protagonisten beim Erleben der ersten körperlichen Veränderungen laden zu Identifikation oder Abgrenzung ein, als auch ihre Auseinandersetzungen mit den Eltern, ihre Konkurrenzkämpfe mit Gleichaltrigen und Geschwistern, ihr erstes Verliebtsein und vor allem ihre Suche nach dem eigenen Selbst. Insgesamt soll gezeigt werden, dass Kurzgeschichten, in denen Probleme von Heranwachsenden im Zentrum stehen, sich sowohl zu einer thematischen Beschäftigung mit zentralen Aspekten des Erwachsenwerdens als auch zur Ausbildung und Förderung von sprachlichen, narrativen und textanalytischen Kenntnissen eignen.

Lernziele: Sprech- und Schreibanlässe

Die Short Story eignet sich aufgrund ihrer Kürze in besonderer Weise für jenen intertextuellen Zugang, den Wolfgang Hallet (1998, 2002) so überzeugend in die fachdidaktische Diskussion eingeführt hat (vgl. auch Kap. I.3 im vorliegenden Band). Bei der Lektüre trifft jeder Text auf eine Vielzahl anderer dem Leser bzw. der Leserin bekannter literarischer Verfahren und Bedeutungen, so dass bestimmte Besonderheiten eines Textes – wie die Figurencharakterisierung oder der Plot – vor dem Hintergrund anderer Texte besonders deutlich hervortreten können (vgl. Hallet 1998: 8). Durch die explizite Behandlung mehrerer Texte zu einem bestimmten Thema im Unterricht können das Textverstehen und die Interpretation daher maßgeblich durch das Zusammenspiel der Texte selbst gesteuert werden (vgl. ebd.).

Intertextueller Zugang

Um diesen Effekt zu erreichen, sollen in diesem Entwurf in Anlehnung an Hallets Vorschlag einer intertextuellen Literaturdidaktik fünf Kurzgeschichten zu der thematischen Sequenz *Growing Up* kombiniert werden.

Kombination von fünf Kurzgeschichten

Das Funktionspotenzial jedes einzelnen literarischen Textes soll sich dadurch entfalten, dass die Bedeutungen der Intertexte miteinander ‚spielen': *Ein Text wird aus dem Blickwinkel anderer Texte beleuchtet, seine Merkmale und Besonderheiten, darunter inhaltliche [...], aber auch strukturelle und erzählerische treten erst im Vergleich mit anderen Texten deutlich hervor.* (Hallet 2002: 99)

Kriterien der Textauswahl

Bei der Textauswahl wurde daher berücksichtigt, dass die literarischen Repräsentationen der Adoleszenz möglichst unterschiedlich ausfallen. Zum einen betrifft das auf der inhaltlichen Ebene der erzählten Geschichte (*story*) das Geschlecht, das Alter und den Konflikt der dargestellten Figuren: Es geht um die Probleme von Jungen und Mädchen, im Jugend- und Erwachsenenalter, um Auseinandersetzungen mit Geschwistern, Eltern und der *peer group* sowie um unterschiedliche Aspekte bei der Suche nach einem Platz in der Gesellschaft. Zum anderen ist auf der Ebene der erzählerischen Vermittlung (*discourse*) darauf geachtet worden, dass sich die Wirkungsweise verschiedener narrativer Darstellungsverfahren hinsichtlich des übergeordneten Unterrichtsthemas verdeutlichen lässt: Zwei der ausgewählten Geschichten weisen z. B. die ungewöhnliche *You*-Erzählsituation auf, die ganz unterschiedlich funktionalisiert werden kann – etwa als Ansprache des erzählenden Ich an sein früheres Selbst oder als direkte Leseranrede, die zur Identifikation mit dem Dargestellten anregen soll.

Gruppenarbeit zu analytischen Schwerpunkten

Die auf den ersten Blick große Textmenge kann bewältigt werden, wenn nach einer gemeinsamen Analyse einer ersten Kurzgeschichte jeder weitere Text zwar von allen Lernenden gelesen, jedoch nur von jeweils einer Gruppe unter besonderer Berücksichtigung eines Schwerpunktthemas analysiert wird. So können z. B. vier Expertengruppen gebildet werden, die jeweils eine der Kurzgeschichten unter einem bestimmten formalen Gesichtspunkt erarbeiten: ‚Bewusstseinsdarstellung in der *You*-Erzählsituation' (Julie Orringers „Note to Sixth-Grade Self"), ‚Perspektiven und Perspektivenstruktur' (Bernard Mac Lavertys „Father and Son"), ‚Raumdarstellung' (Gloria Sawais „Mother's Day") sowie ‚Zeitdarstellung' (Michael Cunninghams „Mister Brother"). Die Schwerpunkte ergeben sich aus den jeweiligen erzählerischen Besonderheiten der Short Storys (vgl. Punkt 3.3). Die Ergebnisse der Gruppenarbeiten werden der gesamten Lerngruppe vorgestellt, wobei die einzelnen Gruppen im Sinne der Methode ‚Lernen durch Lehren' (vgl. Martin/Kelchner 1998) eigene kleinere Unterrichtsphasen planen und durchführen. Im Gegensatz zu der bloßen Präsentation von Inhalten treffen die Schülerinnen und Schüler bzw. die Studierenden selbst methodische Entscheidungen, wie sie bei ihren Mitschülern bzw. Kommilitonen Lernprozesse auslösen können (s. Kasten).

METHODE

Bei der Methode **Lernen durch Lehren** (LdL) werden Lehrfunktionen auf die Lernenden übertragen. Dies kann nach Martin und Kelchner (1998: 211-213) sowohl in allgemein-didaktischer als auch in fremdsprachendidaktischer Hinsicht begründet werden: Die Schülerinnen und Schüler lernen, wichtige Inhalte von unwichtigen zu unterscheiden, ihre kommunikativen Kompetenzen zu schulen, durch die Verbindung von Wissensaneignung und -vermittlung ihr Handeln metareflexiv zu begleiten und ihren Spracherwerb innerhalb des selbst geleiteten Unterrichtsgesprächs sowohl gezielt als auch zufällig zu unterstützen. Gerade im Hinblick auf einen schülerorientierten Unterricht liegen die Vorteile der Methode LdL auf der Hand: Die Lernenden selbst treffen zentrale Entscheidungen, wie sie den Lehrstoff vermitteln wollen, so dass sie ihren eigenen Interessen, Vorlieben und Talenten entsprechend handeln können. Da die Lernenden alle in etwa derselben Altersgruppe angehören, trennen die lehrenden Schülerinnen und Schüler oder Studierenden keine hierarchischen Beziehungen von denen, die unterrichtet werden. Zudem sind sie mit der Lernerperspektive vertraut, über die ein Lehrer nur mutmaßen kann, was die Kommunikation im Unterricht erleichtert.

Kreative Lernertexte

Ausgehend von allen textanalytischen Ergebnissen kann die subjektive Wirkung der literarischen Texte auf die Lernenden im Anschluss durch kreative Lernertexte dokumentiert werden, z. B. durch das Verfassen einer Rezension oder eines Briefes an eine der Figuren. Über die Bearbeitung von produktionsorientierten Aufgabenstellungen wird das Spiel der Texte aktiv erweitert: Die Lernenden bringen ihre eigenen Texte zum Thema ‚*growing up*' ein und stehen somit im Zentrum eines Unterrichts, der sich aus *webs of significance* (Hallet 2002: 71) zusammensetzt.

3.2 Hinweise zur Kontextualisierung der Texte

Hintergrundwissen zur Adoleszenz und zum Genre Kurzgeschichte

Aus der Darlegung der Lernziele sowie der Begründung von Text- und Themenwahl des folgenden Unterrichtsmodells ergibt sich, dass Lehrende für die Durchführung der Einheit in zweierlei Hinsicht Kenntnisse benötigen, die über die eigentlichen Primärtexte hinausgehen. Für die thematische Kontextualisierung der ausgewählten Kurzgeschichten ist es zum einen hilfreich, sich die zentralen psychosozialen Elemente der Adoleszenz vor Augen zu führen. Diese lassen sich in den Short Storys wiederfinden und sind für deren Verständnis im Hinblick auf den inhaltlichen Fokus ‚*growing up'* zentral. Daher werden sie auch in den Interpretationsansätzen der Short Storys wieder aufgegriffen (vgl. Punkt 3.3). Zum anderen ist es für das Ziel der Ausbildung von Gattungswissen und Textsortenbewusstsein bei der Arbeit mit den ausgewählten Kurzgeschichten wichtig, dass die Lehrenden sich einen Überblick über die wichtigsten genrespezifischen Merkmale der Short Story verschaffen. Im Folgenden werden daher sowohl die Merkmale der Adoleszenz skizziert als auch die konstitutiven Elemente von Kurzgeschichten dargestellt.

3.2.1 Merkmale der Adoleszenz

Biologische und psychosoziale Veränderung

Nach Remschmidt (1992: 1) lässt sich die Adoleszenz auf einer sehr weit gefassten Ebene als Lebensphase bezeichnen, *die den* Übergang von der Kindheit zum Erwachsenalter *markiert.* Sie wird häufig synonym mit dem Begriff der Jugend verwendet. Der Begriff der Pubertät bezeichnet das biologische Einsetzen der Geschlechtsreife. Doch wird ein junger Mensch zumeist auch nach Eintritt der ersten Periode bzw. des ersten Samenergusses nicht als Erwachsener, sondern als Jugendlicher bezeichnet. Pubertät *umfaßt also mehr den* körperlichen *Reifungsaspekt, Adoleszenz den psychischen Entwicklungsaspekt. Da die körperlichen Reifungsvorgänge gewissermaßen den Anstoß für alle folgenden Wandlungen geben, läßt sich die* Pubertät als Beginn der Adoleszenz *auffassen.* (ebd.: 2)

Pubertät vs. Adoleszenz

Die Pubertät ist ein universelles Phänomen, welches zu allen Zeiten in allen Kulturen auffindbar war und ist (vgl. Aries 2001: 17). Dagegen ist die Jugend oder Adoleszenz als ein soziales Phänomen nur in jenen Gesellschaften auszumachen, die ihren Mitgliedern ein *psychosoziales Moratorium* (Erikson 1980: 137) gewähren. Dabei handelt es sich um den gesellschaftlichen Status der Jugendlichen, die soziales Handeln (z. B. in Jugendcliquen, in der Schule und der Ausbildung) erproben und mit potenziell angestrebten Rollen in den verschiedenen Gesellschaftsbereichen experimentieren können, bevor sie als Erwachsene angesehen werden. Die Verlängerung der Ausbildungszeiten bringt es mit sich, dass der Dauer der Adoleszenz kaum Altersgrenzen gesetzt werden können. Lediglich vor dem Gesetz nehmen soziale Rechte und Pflichten mit zunehmendem Alter (vor allem mit der Volljährigkeit) deutlich zu.

Sechs Entwicklungsaufgaben der Adoleszenz

Die Frage „Was bedeutet es eigentlich genau, erwachsen zu werden?" lässt eine Vielzahl von Antwortmöglichkeiten zu und wird kaum jemals abschließend beantwortet werden können. In jedem Fall ist jedes Individuum dazu gezwungen, eine Reihe von psychischen und sozialen Veränderungen zu durchleben. Nach Ballstaedt und Mandl (zitiert nach Hesse 2002: 27) sind vor allem sechs Entwicklungsaufgaben von Bedeutung, die im Folgenden erläutert werden.

Als erstes erfordern das Wachstum des Körpers und die Entwicklung der Sexualorgane in der Pubertät, dass der Jugendliche seine eigene körperliche Erscheinung akzeptiert und sich mit seiner sexuellen Identität auseinandersetzt. Das beinhaltet, dass das Individuum seine sich entwickelnden sexuellen Wünsche und Vorlieben zu verstehen und auf sie zu reagieren versucht (vgl. Aries 2001: 308). Im Falle von Homosexualität kann es besonders schwierig sein, sich seiner sexuellen Orientierung bewusst zu werden, sich seinem (in der Regel mehrheitlich heterosexuellen) Umfeld zu erklären und Partnerbeziehungen aufzunehmen.

1. Akzeptanz der eigenen körperlichen Erscheinung und sexuelle Identität

Des Weiteren lernt der Jugendliche, zwischen sozialen Rollen innerhalb der Gesellschaft zu unterscheiden und eigene Rollen anzunehmen. Die soziale Rolle als Grundbegriff der Soziologie ist als *die Summe der Erwartungen und Ansprüche von Handlungspartnern, einer Gruppe, umfassenderer sozialer Beziehungsbereiche oder der gesamten Gesellschaft an das Verhalten und das äußere Erscheinungsbild (Rollen-Attribute) des Inhabers einer sozialen Position* (Hillmann 1994: 742) definiert. Im Gegensatz zum Kind ist der Jugendliche aufgrund seiner erweiterten kognitiven Fähigkeiten in der Lage, sich selbst sowohl aus einer Innen- als auch aus einer Außenperspektive zu betrachten (vgl. Hesse 2002: 26). Aus seiner Innenperspektive resultiert sein subjektiver Blickwinkel als einmaliges Individuum, doch im Laufe seiner Sozialisation wird er dazu angeleitet, sich selbst auch mit den Augen Anderer zu betrachten, die in unterschiedlichen alltäglichen Situationen die Erfüllung einer Reihe von sozialen Rollen erwarten (vgl. Calhoun et al. 1994: 108-110). Ballstaedt und Mandl heben insbesondere den Erwerb einer Geschlechtsrolle hervor, also ein dem biologischen Geschlecht angemessenes soziales Verhalten innerhalb der Gesellschaft. Calhoun et al. (1994: 269) nennen Rollenattribute, die den Geschlechtern westlicher Gesellschaften zugeschrieben werden: *Being rational (a supposedly masculine trait) is viewed superior to being emotional (a feminine trait); being competitive (a masculine trait) as more valuable than being caring (a feminine trait); making money (until recently a male role) as more important than rearing children (still primarily a feminine pursuit).* Anhand dieser Merkmale lässt sich die anhaltende soziale Ungleichheit zwischen den Geschlechtern nachvollziehen, die das Aufwachsen der Jugendlichen als künftige Männer und Frauen nicht unbeeinflusst lassen kann.

2. Entwicklung der Rollenwahrnehmung und Erwerb sozialer Rollen

Als dritter Aspekt erfordert das Erwachsenwerden, dass Kinder, die im Idealfall auf die emotionale Unterstützung ihrer Eltern und anderer Bezugspersonen vertrauen können, als künftige Erwachsene ihre Bedürfnisse aus eigener Kraft kontrollieren lernen. Sie selbst müssen eigenverantwortlich über die Notwendigkeit einer Bedürfnisbefriedigung oder deren Vernachlässigung entscheiden und auf die Bedürfnisse Anderer

3. Erlangen von emotionaler Unabhängigkeit

Rücksicht nehmen, um selbst als Mitglied der Gesellschaft akzeptiert zu werden. Nach Remschmidt (1992: 103) lassen sich verschiedene Phasen der emotionalen Reaktionsweisen in der Adoleszenz ausmachen: *Während in der Frühadoleszenz eine relativ starke Orientierung an der Gruppe der Gleichaltrigen erfolgt, die sich z.T. als starker Konformitätsdruck äußert, wird dieser Einfluß in der späten Adoleszenz geringer zugunsten eines stärkeren Strebens nach Selbstverwirklichung und Individualität.* Die bereits erwähnte Aufnahme von intimen partnerschaftlichen Beziehungen ist ein weiterer wichtiger Schritt zur emotionalen Ablösung vom Elternhaus (vgl. Hurrelmann 1995: 147).

4. Aufbau eines Wertesystems und eines ethischen Bewusstseins

Der Aufbau eines Wertesystems und eines ethischen Bewusstseins dient zur Orientierung bei einer eigenverantwortlichen Lebensführung. Denn die Entwicklung zu modernen und gesellschaftlich hochkomplexen Technologiegesellschaften ist von einem Verlust von allgemein verbindlichen gesellschaftlichen Werten und Normen begleitet worden, die zuvor eine strukturierende und sinnstiftende Funktion einnahmen (vgl. Hornung 2004: 307). Somit wachsen die Jugendlichen in eine pluralisierte und individualisierte Gesellschaft herein (vgl. Beck 1983). Unzählige Ordnungsversuche des individuellen und sozialen Lebens können je nach Blickwinkel mehr oder weniger gleichwertig nebeneinander stehen. So lassen sich berechtigte Argumente für vielfältige Ideologien wie z. B. Gebote der Weltreligionen oder persönliche Lebensphilosophien des Individuums finden. Die Jugendlichen haben die Freiheit und den Zwang zugleich, Entscheidungen zwischen Alternativen zu treffen. Remschmidt (1992: 107) erklärt die Entstehung von Werthaltungen vor allem aus Lernprozessen, bei denen die persönliche Autonomie des Jugendlichen immer weiter wächst.

5. Entwicklung sozial verantwortlichen Verhaltens

Die eigene Lebensführung sollte, so die fünfte Entwicklungsanforderung an Jugendliche, sozial verantwortlich gestaltet werden. Zu einer sozialen Integration in die verschiedenen Lebensbereiche der Gesellschaft bedarf es nach Hurrelmann (1995: 292) einer *Auseinandersetzung mit den Anforderungen und Aufgaben, die sich ihnen [den Jugendlichen] in Familie, Schule, Freizeit und Gleichaltrigengruppe stellen.* Stark von der Norm abweichendes und kriminelles Verhalten, Drogenkonsum und Suchtverhalten sowie psychosoziale Störungen und gesundheitliche Beeinträchtigungen sind Risiken, die das Aufwachsen in einer individualisierten Gesellschaft mit sich bringen kann (ebd.: 230).

6. Identitätsbildung

E. H. Erikson sah die Jugend vor allem als eine Phase der Identitätskrise, in der die Fragen *Wer bin ich? Wer bin ich nicht?* (Erikson 1980: 214-215, Diagramm D) beantwortet werden müssen. Ohne eine gefestigte Identität können seiner Theorie nach keine ernsthaften, erwachsenen und intimen Bindungen mit anderen Menschen eingegangen werden (vgl. ebd.: 157). Die Auffassung einer einmal zu bildenden Identität ist jedoch gerade aufgrund der Komplexität von postmodernen gesellschaftlichen Sozialformen vielfach hinterfragt worden (vgl. Keupp 1990). So werden in aktuellen geisteswissenschaftlichen Studien (vgl. z. B. Gymnich 2003, Krappmann 1997) auch Erwachsene als Identitätssuchende in täglichen Interaktionen betrachtet. Die Frage danach, wann genau ein Mensch erwachsen ist, wird nicht gelöst, insbesondere in Zeiten massenmedial vermittelter Meinungsbilder, in denen Erwachsene sich bemühen, möglichst lange jung und jugendlich zu bleiben.

3.2.2 Gattungsmerkmale der Short Story

Debatten über die Definition der Short Story sind so alt wie die Gattung selbst. Dass sich dieses Genre von anderen literarischen Erzählgattungen in erster Linie durch seine Kürze unterscheidet, ist in etwa der kleinste gemeinsame Nenner der verschiedenen Begriffsbestimmungen. Im Gegensatz zu älteren normativen Gattungstheorien gehen die meisten neueren Definitionsversuche so vor, dass sie Unterschiede zwischen der Short Story und verwandten Erzählgenres benennen. Von Bedeutung sind in diesem Zusammenhang Genres wie der Essay, die Anekdote oder die Skizze bzw. *sketch*.

Abgrenzende Definition

Die folgende Matrix fasst die wichtigsten Merkmale der Gattung Short Story auf einen Blick zusammen (vgl. Ahrends 1996: 51f.). Obgleich es natürlich durchaus Texte gibt, die von dem folgenden Merkmalskatalog abweichen, erfasst er zentrale Charakteristika vieler Kurzgeschichten:

Matrix

Konstitutive Merkmale der Kurzgeschichte	
Stoffgestaltung	Prinzip der erzählerischen Ökonomie
Allgemeine Darstellungsprinzipien	verschiedene Verfahren der Selektion, Reduktion und Komprimierung
Raumdarstellung	Verzicht auf räumliche Vielfalt, häufige Ortswechsel und panoramaartige Beschreibungen
Zeitdarstellung	Verzicht auf die Beschreibung längerer Zeitverläufe; Bevorzugung von Zeitraffung, Zeitdehnung und szenischem Erzählen

Figurendarstellung	begrenztes Personal; Konzentration auf einige signifikante Eigenschaften; Verzicht auf längerfristige Charakter-entwicklungen; Beschreibung momentaner Bewusstseins-veränderungen
Handlungsstruktur	zielgerichtete Struktur: Konzentration auf die Wiedergabe einzelner Ereignisse, Episoden, Szenen oder Situationen
Erzählsituation	variabel, aber Tendenz zu Verzicht auf multiperspektivisches Erzählen
Sprache und Stil	Tendenz zu stilistischer Verknappung und suggestivem Erzählen

Kurzge-schichten im Unterricht

Bereits in der Sekundarstufe I ermöglicht die Kurzgeschichte Fremd-sprachenlernenden die Rezeption eines literarischen Ganztextes, der im Gegensatz zu einem Lehrbuchtext als authentisch wahrgenommen wird. Aufgrund ihrer Tendenz zur Verdichtung, Andeutung und Mehrdeutigkeit erweist sich die Short Story als besonders geeignet, um Lernende früh-zeitig an zentrale Besonderheiten narrativer Texte heranzuführen. Da sie sich in einem weitaus kürzeren Zeitraum als etwa ein Roman lesen, ana-lysieren, interpretieren und kreativ weiterverarbeiten lässt, sollte zudem die motivationssteigernde Wirkung der Kurzgeschichte nicht unterschätzt werden.

Berücksich-tigung unter-schiedlicher Gattungsaus-prägungen

Um Lernenden die formale Variationsbreite der Short Story vor Augen zu führen, erweist es sich als sinnvoll, sie mit unterschiedlichen Gattungs-ausprägungen vertraut zu machen. Für die hier vorgestellte Unterrichts-einheit werden deshalb Kurzgeschichten mit unterschiedlichen erzähle-rischen Merkmalen sowie eine Untergattung der Short Story, die Short Short Story, mit einbezogen. Nach Nischik (1997: 24-25) lassen sich keine definitiven Wortzahlgrenzen dieser ‚Kürzestgeschichten' festlegen. Ihre Knappheit erinnert zwar an den Ausschnittcharakter von Fernsehbeiträ-gen, doch sind sie *in Abweichung von manchen Fetzen massenmedialer Dauerproduktion bewußt gestaltete komplexe Ganzheiten, die zwar das Fragmentarische heutiger Wahrneh-mungsweisen oder Daseinsformen reflektieren, aber selbst nicht Fragment sind. Sie sind allerdings an eine Aufmerksamkeitsspanne angepaßt, die vom Fragmentarischen beeinflußt wird* (ebd.: 25).

3.3 Hinweise zu den Textinhalten, den narrativen Besonderheiten der Kurzgeschichten und zu ihrer interpretatorischen Erschließung

Im Folgenden sollen die fünf Kurzgeschichten, die für den Unterrichtsentwurf zum Thema ‚*growing up*' ausgewählt wurden, überblicksartig vorgestellt werden. Vier der fünf Primärtexte befinden sich auf der diesem Buch beiliegenden CD-ROM; die Erzählung „Mister Brother" von Michael Cunningham ist im Internet erhältlich (und zwar auch als Hörtext). Um die Unterrichtsvorbereitung gezielt zu erleichtern, werden zu jeder Short Story eine inhaltliche Synopse, die Relevanz zum Thema ‚*growing up*' und narrative Besonderheiten dargelegt. Der jeweilige Beitrag einer Short Story zum Thema ‚Erwachsenwerden' wird stichwortartig und in Anlehnung an die unter 3.2.1 ausgeführten zentralen psychosozialen Elemente der Adoleszenz angegeben. Die narrativen Merkmale – z. B. Erzählperspektive, Raum- und Zeitdarstellung – einer jeden Kurzgeschichte werden kurz erläutert. Die jeweiligen Angaben in der Randspalte verstehen sich hierbei als Empfehlung eines erzähltextanalytischen Schwerpunkts, der sich aufgrund der spezifischen Struktur der einzelnen Erzählungen anbietet. Dies bedeutet nicht, dass diese Aspekte dann auch in genau dieser Form von den Lernenden erarbeitet werden sollen. Sie dienen vielmehr der bzw. dem Lehrenden als mögliche Analyse- und Interpretationsangebote, die in konkrete didaktische Überlegungen mit einfließen können.

Überblick

She flew home at Christmas, and her mother and her mother's new husband met her at the airport. In diesem ersten Satz der nur vier Seiten langen Short Short Story „Happy" (1984) von Joyce Carol Oates ist der zentrale Konflikt der jungen Protagonistin bereits enthalten: Anstatt an Weihnachten eine harmonische Zeit in ihrem Elternhaus zu verbringen, ist sie gezwungen, sich mit der veränderten Lebenssituation ihrer Mutter auseinanderzusetzen. Im Verlauf der Geschichte steht das Glück der Mutter und ihres neuen Partners im Vordergrund der Begegnung, so dass die Bedürfnisse der Tochter unberücksichtigt bleiben. Die Tochter gelangt während der gesamten Erzählung nicht in ihr Elternhaus, sondern wird von ihrer Mutter in das öffentliche Nachtleben der Erwachsenen eingeführt. Passiv zuhörend erfährt sie, dass das turtelnde Paar das Elternhaus der Familie verkaufen will, um etwas Neueres, Kleineres oder nur Vorübergehendes zu beziehen – eine Aussage, die auch als charakteristisch für die Beschaffenheit dieser neuen Beziehung gelten könnte. *As long as you're happy* ist der einzige Kommentar der Tochter bezüglich der Pläne ihrer Mutter.

Joyce Carol Oates, „Happy" (USA, 1984): Inhalt

Beitrag zum Thema

Die folgenden Aspekte des Themas *growing up'* finden sich in Oates' Kurzgeschichte und können mit den Lernenden erarbeitet werden:

▸ *Gewinnung emotionaler Unabhängigkeit*: Die Protagonistin muss lernen, ihre eigenen Bedürfnisse zu Gunsten der Zufriedenheit ihrer Mitmenschen zu kontrollieren.

▸ *Entwicklung der Rollenwahrnehmung und Erwerb sozialer Rollen*: Es wird notwendig, dass die Protagonistin ihre Mutter nicht mehr primär in ihrer Elternrolle, sondern auch in ihrer Rolle als Frau mit partnerschaftlichen Bedürfnissen sieht, um nachvollziehen zu können, welches Verständnis von Glück ihre Mutter hat. Diese scheint ihre Tochter bereits als erwachsene Frau anzusehen, da sie sie in Schauplätze der Erwachsenenwelt einführt. Dass deren primäre Bedürfnisse nicht erfüllt sind (z. B. Hunger), bemerkt die Mutter nicht länger.

▸ *Entwicklung sozial verantwortlichen Verhaltens*: Als künftige Erwachsene muss die Protagonistin eigenständig für eine ausreichende Befriedigung eigener Bedürfnisse sorgen und kann sich nicht länger auf die bedingungslose Fürsorge ihrer Mutter verlassen.

Narrative Besonderheiten

Die personale Erzählsituation der Kurzgeschichte ermöglicht es, die Wahrnehmung der Tochter nachzuvollziehen: Sie fungiert als Reflektorfigur. Ihre Innenperspektive erscheint jedoch fast emotionslos, da selbst eine Passage in der erlebten Rede (Beschreibung der Bühnenpräsentation in der Bar) sehr nüchtern und sachlich anmutet. Der Leser bzw. die Leserin erahnt somit, dass die Protagonistin Gefühle wie den Schmerz über die familiären Veränderungen unterdrückt. Das Bewusstsein der anderen Figuren wird dem Leser lediglich durch deren wörtliche Rede zuteil, d. h., es liegt in dieser Geschichte eine monoperspektivische Fokalisierung vor. Der hohe Redeanteil der Erwachsenen bestimmt jedoch einen Großteil der Geschichte: Die Partner schwärmen von ihrem Glück, während das Mädchen selbst sehr wenig spricht. Zeitlich erstrecken sich die wenigen Ereignisse der Erzählung über einen einzigen Abend in der Weihnachtszeit und werden in ihrer chronologischen Reihenfolge erzählt. In einer kurzen Rückwendung wird erklärt, dass die Tochter in zwei bis drei Telefonaten von der neuen Lebenssituation ihrer Mutter erfahren hat. Bezüglich der Raumdarstellung ist nach der Lektüre des ersten Satzes zu erwarten, dass sich die Geschichte neben dem Flughafen auch im Zuhause der Familie abspielt. Stattdessen werden eine Bar und ein Restaurant aufgesucht. Es besteht also eine räumliche Opposition zwischen den Lesererwartungen (etwa: ein vertrautes Heim) und dem tatsächlichen, der Protagonistin fremden Schauplatz des Nachtlebens. Das Eintauchen in das Nachtleben kann als Bedeutungsträger für die Erwachsenenwelt fungieren. Das Mädchen gelangt nicht mehr nach Hause – die Kindheit ist vorüber. Kennzeichnend für diese Geschichte – wie auch für das Genre der Short (Short) Story sind die vielen Auslassungen: Weshalb wohnt das Mädchen nicht mehr zu Hause? Wo ist ihr Vater? Was genau ist mit den Eltern geschehen?

Das namenlose ‚Du' der Erzählung „Note to Sixth-Grade Self" (2003) von Julie Orringer erlebt zunächst einen regulären Mittwoch inmitten der konformitätsbestimmten Welt ihres amerikanischen Schulalltags: Jede kleinste Einzelheit ihres Verhaltens muss mit den ungeschriebenen Gesetzen der Jugendlichen und deren Rangordnung abgestimmt sein. Doch dann geschieht das Unglaubliche: Die Außenseiterin wird während eines Tanzkurses Eric Cassio, einem der beliebtesten Jungen, zugeteilt. Sie genießt jede Sekunde mit ihm in vollen Zügen, doch wird dafür büßen müssen: Ihre Mitstreiterinnen um den ersten Preis des Tanzwettbewerbs ächten und schikanieren sie in der Öffentlichkeit. So wird sie nicht nur im Sportunterricht verletzt, sondern auch zu einer Versöhnung diesbezüglich in das Einkaufszentrum der Stadt gelockt, die niemals stattfindet. Zum Trost kauft sie sich ein Abendkleid, welches sie beim Abschlussball zu tragen plant. Da ihr keines der Mädchen glaubt, dieses Kleid zu besitzen, bringt sie es in die Schule mit, woraufhin es mutwillig zerstört wird. Nach einigen Wochen schlägt Eric Cassio der Protagonistin vor, Fahrrad zu fahren. Zudem schenkt er ihr ein neues Kleid – doch zum Ball wird er mit einem jener beliebten Mädchen gehen, die die Protagonistin verspottet haben: Die Geschehnisse haben nichts an der gewohnten sozialen Ordnung der Schule geändert.

Julie Orringer, „Note to Sixth-Grade Self" (USA, 2003): Inhalt

▸ *Akzeptanz der eigenen körperlichen Erscheinung*: Die Protagonistin vergleicht ihren Körper mit dem ihrer weiblichen Mitmenschen und sieht sich selbst gefangen in einem ‚Vogelscheuchenkörper'.

▸ *Entwicklung der Rollenwahrnehmung und Erwerb sozialer Rollen*: Im Mikrokosmos der amerikanischen *Middle School* existieren feste Verhaltenscodes, denen sich die Jugendlichen unterordnen müssen. Sie erkennen dabei nicht, dass die Rangordnungen der Jugendzeit in der Zukunft ohne Bedeutung sind. Erst als erwachsene Erzählerin ist die Protagonistin in der Lage, über die Normen der Teenagerwelt reflektiert zu berichten.

▸ *Erlangen von emotionaler Unabhängigkeit*: Die Eltern der Protagonistin werden nicht in die Probleme ihrer Tochter eingeweiht. Die Orientierung an ihrer *peer group* leitet den Ablösungsprozess vom Elternhaus ein.

▸ *Identitätsbildung:* Der große Einfluss der populären Mädchen der Schule bestimmt, was in der frühen Adoleszenz als ‚cool' angesehen wird, so dass die Protagonistin ihre eigenen Talente und Interessen zugunsten einer Nachahmung ihrer fraglichen Vorbilder vernachlässigt.

Beitrag zum Thema

Somit besinnt sie sich (noch) nicht auf ihre eigene Identitätsbildung, sondern hat primär das Bedürfnis nach Anerkennung in ihrer *peer group*.

Fokus: Bewusstseinsdarstellung in der *You*-Erzählsituation

Die Kurzgeschichte ist in der *You*-Erzählsituation geschrieben: Aus der Erzählerperspektive der zwanzig Jahre älteren Protagonistin werden Appelle, Vorausdeutungen, Warnungen, Empfehlungen, Verbote etc. an ihr eigenes *sixth-grade self* ausgesprochen. Der Ablauf der Geschehnisse lässt sich zwar retrospektiv nicht mehr beeinflussen, dennoch wird deutlich, dass die emotional involvierte Erzählerin durch den Erzählvorgang versucht, das Verhalten ihres *sixth-grade self* in eine günstigere Position zu lenken (*Try to understand there's a world larger than the one you inhabit. If you understand that, you will be far ahead of Patricia and Cara.*) Es scheint, als sei die Protagonistin unfähig, ‚ich' zu sagen, da sie insgesamt kaum spricht, sondern wie ein Roboter fremdgesteuert wird. Ihr Verhalten ist den sozialen Imperativen ihrer Umwelt angepasst. Der sehr dominanten, aufgrund ihrer Emotionalität und Autorität beinahe auktorial wirkenden Erzählerstimme bleibt lediglich übrig, ihr (eigenes, damaliges) Verhalten zu hinterfragen. Das Verhältnis von Protagonistin und Erzählerin erinnert an jenes zwischen erlebendem und erzählendem Ich in der Ich-Erzählsituation: Aus der Perspektive einer erwachsenen Frau ist die Erzählerin erfahrener als die jugendliche Protagonistin und deshalb weniger naiv. Sie scheint ihre schmerzhaften Erlebnisse der Vergangenheit aufarbeiten zu wollen. Die Verwendung der zweiten Person Singular kann auch als direkte Leseranrede verstanden werden. Auf diese Weise wird der Rezipient gezwungen, sich in das Erleben der zudem namenlosen Protagonistin einzufühlen.

Bernard Mac Laverty, „Father and Son" (Schottland, 1982): Inhalt

In Bernard Mac Lavertys Kurzgeschichte „Father and Son" (1982) erzählen ein alleinerziehender Vater und sein spätadoleszenter Sohn im Wechsel von ihren alltäglichen Erfahrungen des Zusammenlebens in einem Haus in Nordirland. Ihre Beziehung wird von problematischen Ereignissen der Vergangenheit belastet: Die Mutter ist gestorben und der Sohn einmal von zu Hause ausgerissen und mit kriminellen Aktivitäten und Drogen in Kontakt gekommen. Beide Protagonisten beklagen sich gleichermaßen über das rücksichtslose Verhalten des Anderen: Der Vater sorgt sich, dass sein Sohn erneut auf die schiefe Bahn kommen könnte, nachdem er ihn auf einem Motorrad hat mitfahren sehen. Als junger Erwachsener strebt sein Sohn nach Freiheit und Unabhängigkeit. Er möchte seine Zeit hauptsächlich außerhalb seines Zuhauses mit seinen Freunden verbringen und seine Privatsphäre gewahrt wissen. Die Figuren erahnen aufgrund ihrer Kommunikationsstörungen nicht, dass sie einiges gemeinsam haben: Beide können vor Angst in der Nacht nicht schlafen und sehnen sich nach der friedlichen Zeit der Kindheit des Sohnes, in der sie zusammen fischen gingen. Eines Nachts hört der Vater seinen Sohn an der Haustür mit Freunden sprechen. Kurze Zeit später findet er ihn blutend am Boden – er hat mit seiner Sorge Recht behalten, aber ihn zu Hause nicht vor der brutalen Außenwelt bewahren können.

▶ *Entwicklung der Rollenwahrnehmung und Erwerb sozialer Rollen, besonders der Geschlechtsrollen*: Dass der Tod der Mutter einen großen Verlust für den Sohn bedeutet, hat der Vater erkannt, und er sieht die Notwendigkeit, mehr mit ihm zu sprechen. Der Sohn hingegen beklagt sich über das angeblich ‚weibliche' Verhalten seines ängstlichen Vaters, den er weinen und beten sieht. Er schaut nicht zu ihm auf, da er männliche Geschlechtsrollenerwartungen in seinen Augen nicht zufriedenstellend erfüllt.

▶ *Erlangen von emotionaler Unabhängigkeit*: Der Sohn orientiert sich ausschließlich an seiner *peer group*, so dass sich das emotionale Abhängigkeitsverhältnis der Familie paradox gestaltet: Der einsame Vater scheint abhängiger von der Zuwendung seines Sohnes als umgekehrt.

▶ *Entwicklung sozial verantwortlichen Verhaltens*: Aus der Perspektive des Vaters gibt es begründete Zweifel an der Verantwortlichkeit des Freizeitverhaltens seines Sohnes, der aktiv in radikalen Gruppierungen am Nordirlandkonflikt mitzuwirken scheint. Aus der Perspektive des Sohnes hingegen lässt sich ein Bedürfnis nach Eigenverantwortlichkeit nachempfinden.

▶ *Identitätsbildung*: Die jugendliche Suche nach Identität wird durch die politische Instabilität in Kombination mit den familiären Problemen erheblich erschwert. Aus der Antwort auf die besorgte Frage des Vaters, weshalb sein Sohn ihm seinen Aufenthaltsort verheimlicht, wird deutlich, dass dieser die Orientierung verloren hat: *Because I never know where I am.*

Beitrag zum Thema

Die Geschichte wird von zwei Erzählern erzählt: Die Verwendung der Ich-Erzählsituation wechselt zwischen Vater und Sohn ab. Die Erzähler adressieren einander zum Teil direkt (z. B. über Appelle), zum Teil sprechen sie in der dritten Person voneinander (*My son, he looks confused. I want you to talk to me the way I hear you to people at the door.*). Zudem werden einzelne Dialoge zwischen beiden Figuren in wörtlicher Rede (und ohne Erzählerkommentar) eingeschoben. Da beide Erzähler als Protagonisten der erzählten Geschichte fungieren, existieren jeweils zwei Erzähl- und Figurenperspektiven. Aus der Perspektive des jeweils anderen lassen sich die Gedanken und Gefühle beider Figuren nachvollziehen. Sie kommen in dem Bericht beider Erzähler explizit und in ihrer Figurenrede impli-

Fokus: Perspektiven und Perspektivenstruktur

zit zum Ausdruck. So wird die Fürsorge und Vorsicht des Vaters in den Augen des Sohnes als Kontrolle und Schwäche empfunden. Umgekehrt stellt sich das Freiheits- und Unabhängigkeitsstreben des Sohnes in der Wahrnehmung des Vaters als Orientierungslosigkeit und Hass dar. Die Perspektiven sind sich jedoch auch sehr ähnlich: Das Leben im gemeinsamen Haus wird sowohl im Bericht des Sohnes als auch des Vaters einzig durch immer wiederkehrende Rituale der Figuren beschrieben, so dass sich keine Harmonie als Gegenpol zur Gefahr draußen einstellen kann. Die Außenwelt wird von beiden Erzählern als gefährlich wahrgenommen: Der Sohn berichtet vom Ertönen der Krankenwagensirenen, der Vater von den Medien, in denen er über den Tod junger Männer und Szenen aus London informiert wird.

Gloria Sawai, „Mother's Day" (Kanada, 2001): Inhalt

In der Short Story „Mother's Day" (2001) von Gloria Sawai befindet sich die elfjährige Norma am Anfang der Pubertät: Ihr Körper beginnt sich zu verändern, wofür sie sich insbesondere ihren Eltern gegenüber schämt. Diese behandeln sie jedoch weiterhin als Kind, dem sie bei einer Erkältung heiße Wickel auf die nackte Brust legen, ohne zu merken, dass Norma dies unangenehm ist. Als Norma nach ihrer Genesung eine Unterkunft für ein streunendes Katzenbaby sucht, ist niemand bereit, ihr die Fürsorge abzunehmen. Im Gegenteil: Eine Nachbarin lobt Norma für ihr umsorgendes, mütterliches Verhalten. Daraufhin setzt Norma das Kätzchen nicht nur wieder aus, sondern erschlägt es in einem Graben jenseits der Grenzen ihrer Stadt – sie befindet sich, auf symbolischer Ebene betrachtet, jenseits der Normen ihrer Umwelt, der sie verschweigt, was sich an diesem Muttertag ereignet hat.

Beitrag zum Thema

▸ *Akzeptanz der eigenen körperlichen Erscheinung*: Norma setzt sich mit ihrer eigenen körperlichen Entwicklung auseinander, vergleicht sich mit Gleichaltrigen, doch schämt sich ihrer Umwelt gegenüber bezüglich ihrer wachsenden Brust. Sie verspürt ein großes Bedürfnis nach Intimsphäre, gerade ihren Eltern gegenüber.

▸ *Auseinandersetzung mit der eigenen Sexualität*: Indem Norma als perfekte Mutter charakterisiert wird, wird sie als sexuelles Wesen wahrgenommen, wogegen sie selbst sich (noch) mit aller Heftigkeit wehrt.

▸ *Entwicklung der Rollenwahrnehmung und Erwerb sozialer Rollen, besonders der Geschlechterrollen*: Schon der Titel der Geschichte lässt erahnen, dass der Auseinandersetzung mit der Mutterrolle große Bedeutung zukommt. Sie beginnt damit, dass sich Norma außerstande sieht, ein geeignetes Muttertagsgeschenk zu finden. Die Protagonistin analysiert zudem das Rollenverhalten ihrer Eltern als Eheleute und vergleicht es mit Zitaten des Katechismus. Auch Ungleichheiten zwischen den Geschlechterrollen werden im Zusammenhang mit der Religion erörtert.

▸ *Erlangen von emotionaler Unabhängigkeit*: Norma ist insbesondere während ihrer Erkältung auf die Fürsorge ihrer Eltern angewiesen. Doch sie beginnt sowohl ihre primären Bedürfnisse selbstständig zu befriedigen (z.B. bereitet sie selbst Mahlzeiten zu) als auch die Richtigkeit des Verhaltens ihrer Bezugspersonen zu hinterfragen (z.B. die mangelnde Religiosität ihres Vaters oder die mangelnde Rationalität ihrer Mutter).

▸ *Aufbau eines Wertesystems und eines ethischen Bewusstseins*: Das Abwägen von rationalen und spirituellen Erklärungen für die Phänomene des menschlichen Zusammenlebens beschäftigt Norma in besonderer Weise. Sie hinterfragt die sich widersprechenden Werte und Normen der Gesellschaft. Somit kann ihr Vorname als *telling name* gelten.

▸ *Entwicklung sozial verantwortlichen Verhaltens*: Gerade aufgrund der Tatsache, dass Norma sich fortlaufend mit der Einhaltung eines sozial verantwortlichen Wertesystems auseinandersetzt, ist es besonders schockierend, dass sie ein Lebewesen tötet.

▸ *Identitätsbildung*: Norma erzählt ihre Geschichte, um die Umstände, die zu ihrer schrecklichen Tat geführt haben, zu begreifen. Nur auf diese Weise kann sie zu sich selbst finden.

Erzählsituation

Sawai verwendet für ihre Kurzgeschichte die Ich-Erzählsituation: Es besteht eine zeitliche und moralische Distanz zwischen erzählendem und erlebendem Ich. Das zwei Jahre ältere erzählende Ich setzt sich aufgrund seiner größeren Erfahrung stärker mit Werten und Normen auseinander, als es eine Elfjährige tun würde. In diesem Zuge adressiert die Erzählerin den Leser bzw. die Leserin direkt, um die Umstände ihrer damaligen Situation zu verdeutlichen und hervorzuheben, dass sie diese aus heutiger Perspektive selbst nicht nachvollziehen kann.

Fokus: Raumdarstellung

Zentral in dieser Erzählung ist die Raumdarstellung. Die Beschreibungen von Naturgewalten in der Geschichte können analog zur Gemütslage des Ichs der Erzählung gelesen werden: Auf symbolischer Ebene kann der immer stärker wehende, wiederholt erwähnte Wind für die Veränderung in Normas Leben stehen; der Frühling als Symbol für das Heranwachsen hat verschiedenste Ausprägungen, wie die Erzählerin zu berichten weiß – nicht jeder entwickelt sich so wie sie selbst; durch die Personifikation der Schneeflocken zeigt sich, dass die Erzählerin über die Veränderungen des Windes nachsinnt – in der Jugend werden Kinder auf ihr Dasein als junge Erwachsene vorbereitet, in dem sie sich (wie die Schneeflocken) ein neues Zuhause suchen müssen. Normas Zuhause wird als warmer Ort beschrieben, der von dem kalten Wind der Welt draußen bedroht wird. Der Weg nach Hause nach ihrer schrecklichen Tat ist nicht mehr von Vorfreude auf Wärme und mütterliche Fürsorge begleitet. Auch haben ihre Eltern nicht mit dem Essen auf sie gewartet: Sie muss selbst für die Befriedigung ihrer Bedürfnisse sorgen. Jenseits der Stadtgrenze wird das Wetter schlechter und die Umgebung dunkler: Die warm beleuchteten Häuser der Gemeinde stehen im Kontrast zum dunklen Nichts, in das Norma sich bei ihrer Grenzüberschreitung begibt. Nach ihrer Sünde jenseits der Stadtgrenze ist der weiße Schnee mit dunklem Blut befleckt – Norma hat gesündigt. Das Blut deutet einen Initiationsritus in die Welt der Erwachsenen an.

Michael Cunningham, „Mister Brother" (USA, 1998): Inhalt

Der vierzehnjährige Twohey in Michael Cunninghams Erzählung „Mister Brother" (1998) beobachtet seinen attraktiven, drei Jahre älteren Bruder im Badezimmer, der sich für eine Verabredung mit einem Mädchen fertig macht. ‚Mister Brother' ist genervt von der Anwesenheit seines jüngeren Bruders und beginnt, ihn wegen seiner angeblichen mangelnden Männlichkeit zu provozieren. Als Twohey während der brüderlichen Kabbelei *faggot* genannt wird, beschließt er, sich nicht mehr um seinen Bruder zu kümmern, sondern stattdessen eines Tages so erfolgreich zu sein, dass er auf seinen derzeit so beneidenswerten Bruder herabschauen wird. Dreißig Jahre später stellt Twohey tatsächlich fest, dass sein Bruder es nicht mehr verdient, „Mister Brother" genannt zu werden: Dieser ist ein unglücklicher, geschäftlich und privat gebrochener Mann, der Trost bei seinem wohlhabenden, erfolgreichen und homosexuellen Bruder findet.

Beitrag zum Thema

▸ *Akzeptanz der eigenen körperlichen Erscheinung*: Der direkte Vergleich des eigenen vollschlanken und noch kindlichen Körpers, den der Protagonist niemals nackt zeigen will, mit dem spätadoleszenten, muskulären Äußeren seines älteren Bruders, der sich gerne halbnackt präsentiert, verursacht Minderwertigkeitsgefühle bei Twohey.

▸ *Auseinandersetzung mit der eigenen Sexualität*: Die Emotionen seines verunsicherten jüngeren Bruders missachtend, hänselt ‚Mister Brother' Twohey hinsichtlich seiner sich entwickelnden Sexualität. Seine Anspielungen auf Masturbation und Homosexualität verursachen einerseits Schuldgefühle bei Twohey, andererseits bedingen sie seine Entscheidung, sich nicht mehr an seinen Bruder zu halten.

▸ *Entwicklung der Rollenwahrnehmung und Erwerb sozialer Rollen, besonders der Geschlechterrollen*: ‚Mister Brother' attackiert Twoheys angeblich mangelnde Männlichkeit, indem er die hysterische Seite ihrer Mutter imitiert und sich über seine Art zu lachen lustig macht. Selbst als Erwachsener wird Twohey von Selbstzweifeln hinsichtlich seiner Maskulinität geplagt, z.B. bezüglich seines Einrichtungsgeschmacks. Twohey muss für sich selbst herausfinden, wie er mit seiner Rolle als Mann umgeht – was aufgrund seiner Homosexualität besonders schwierig sein kann.

▸ *Erlangen von emotionaler Unabhängigkeit von Bezugspersonen*: Obwohl das Verhalten von ‚Mister Brother' ihn schmerzt, ist die Bewunderung für seinen Bruder zunächst so groß, dass er in seiner Gegenwart bleiben und sehr wahrscheinlich wie er sein will. Doch der aktive Entschluss, sich auf sich selbst zu konzentrieren, bedeutet einen wichtigen Schritt zur eigenen Autonomie.

▸ *Identitätsbildung*: Die Selbsteinschätzung von Twohey hat sich in den dreißig Jahren, die zwischen den beiden Episoden der Geschichte liegen, geändert. Aus der Perspektive eines erwachsenen Mannes, der sich zu seiner Homosexualität bekennt und anerkennt, dass er seine Träume größtenteils realisiert hat, erscheint sein vierzehnjähriges Selbst sexuell unerfahren, überempfindlich und blass. Doch von seiner Unsicherheit hat sich auch der erwachsene Twohey nicht vollends befreien können: Er hinterfragt selbstkritisch seinen eigenen dekadenten Lebensstil im Beisein seines Bruders (oder ist es gerade dessen Anwesenheit, die ihn in alte Bahnen der Selbstzweifel zurückwirft?).

Erzählsituation und Raumdarstellung

Die Erzählsituation weist Ähnlichkeiten mit der in Orringers „Note to Sixth-Grade Self" auf, denn auch hier handelt es sich um eine *You*-Erzählsituation: Der erwachsene Twohey spricht zu seinem vierzehn- und seinem fünfundvierzigjährigen Selbst, aber lädt gleichzeitig den Leser mit einer direkten Ansprache ein, sich als Protagonist der Geschichte zu fühlen. Durch die Erzählung erklärt er seine derzeitige Beziehung zu seinem Bruder und zu sich selbst, indem er eine wichtige Episode ihrer gemeinsamen Vergangenheit beleuchtet. Die beiden Hauptschauplätze, das Badezimmer im Familienhaus einer amerikanischen Vorstadt vor dreißig Jahren sowie Twoheys eigenes Wohnzimmer in einer exquisiten Wohngegend der Gegenwart, fungieren als entgegengesetzte Pole. Das Badezimmer ist ein privater Ort, in dem man sich für die Welt draußen herrichtet, ein Spiegel unterstützt hier die Suche nach dem Selbst. Twohey zieht sich letztlich aus dem Badezimmer zurück in die Privatsphäre seines Schlafzimmers, um sich auf sich selbst zu besinnen. Das Wohnzimmer dagegen ist ein Ort, den man seinem Stil entsprechend herrichtet und in dem man Gäste empfängt, ja seine Identität darstellt: Mit fünfundvierzig ist Twohey jedoch immer noch unsicher, ob sein Stil anderen gefällt.

Fokus: Zeitdarstellung

Die sich wandelnde Figurenperspektive von Twohey wird mit Hilfe der Zeitdarstellung besonders deutlich. Die erzählte Zeit der Vergangenheit von vor dreißig Jahren und die Gegenwart des Erzählers werden miteinander verstrickt, so dass die Geschichte nicht in ihrer chronologischen

Reihenfolge erzählt wird. Somit lassen sich die Charakterisierungen der Figuren zu den verschiedenen Zeitpunkten besonders gut kontrastieren. Der längste Zeitverlauf von dreißig Jahren wird innerhalb weniger Sätze zusammengefasst, während die Situation im Badezimmer, die einen Wendepunkt in Twoheys Leben darstellt, zeitdeckend und szenisch erzählt wird. Diese Szene ist die längste der Geschichte und von größter Relevanz: Die Geschichte wird mit ihr begonnen und geschlossen.

3.4 Das Unterrichtsmodell in Teilsequenzen

**Vor-
überlegungen**

Der im Folgenden vorgestellte Unterrichtsentwurf zu den fünf ausgewählten Kurzgeschichten umfasst die Planung der Inhalte, Ziele, Aufgabenstellungen, Materialien sowie Arbeits- und Sozialformen. Er ist in aufeinander aufbauende Phasen gegliedert, die im Einzelnen erläutert werden (s. a. den Verlaufsplan der Unterrichtsreihe in tabellarischer Form auf der CD-ROM). Für den Fall, dass nicht alle fünf Kurzgeschichten, sondern nur eine Auswahl behandelt werden soll, können einzelne Teilsequenzen problemlos aus dem Unterrichtsmodell ausgegliedert werden – so lassen sich z. B. die thematische Heranführung, der Einstieg in die Gattung und die Einübung der Analyse narrativer Texte anhand der Short Short Story „Happy" mit der nachfolgenden Behandlung einer der Kurzgeschichten kombinieren. Bei der gewünschten Konzentration auf ein oder zwei Kurzgeschichten, die im Unterricht gemeinsam erarbeitet werden sollen, ist es sinnvoll, die Lernenden an der Auswahl der Geschichte zu beteiligen, z. B. indem Textausschnitte (wie erste Absätze) auf einem Arbeitsblatt bereitgestellt werden. Dieses Verfahren ist zudem dazu geeignet, anhand der Textbeispiele in verschiedenartige erzählerische Besonderheiten und deren Wirkungsweise einzuführen.

3.4.1 Heranführung an Thema und Genre

**Kreativer
Einstieg:
Collage oder
*mindmap***

Zum Einstieg in die Unterrichtseinheit werden die Schülerinnen und Schüler bzw. die Studierenden auf kreative Weise an das übergeordnete Thema der Adoleszenz herangeführt, indem sie zu Hause eine Collage mit dem Titel ‚*Aspects of Growing Up*' oder eine *mindmap* zu diesem Thema anfertigen. Kreative Übungen eignen sich besonders für den Unterricht, weil sie die Person als ganze in den Lernprozess einbeziehen (vgl. Caspari 2003: 309). So erfordert die Aufgabe neben kognitiven Fähigkeiten auch affektive Prozesse, denn sie regt *Intuition, Phantasie und Spontaneität an und [gibt] Gelegenheit zum persönlichen Ausdruck* (ebd.). Die Lernenden erhalten den folgenden Arbeitsauftrag:

A

What does ‚growing up' mean to you?
For homework, create a poster which is entitled:
„Aspects of Growing Up." Prepare a short oral presentation (2 min.)
in order to be able to present your work in class.

Die Aufgabenstellung ist bewusst offen gehalten, damit dem Ideenreichtum der Lernenden keinerlei Grenzen gesetzt werden. So können sie beispielsweise Fotos, Zeichnungen, Zeitschriftenauszüge, Schriftzüge usw. auf individuelle Weise auswählen, anordnen, modifizieren und verbinden. Dieser Aufgabe liegt folgende didaktische Überlegung zugrunde (die von den Lehramtsstudierenden in einer fachdidaktischen Veranstaltung an der Hochschule nachvollzogen werden sollte): Indem zahlreiche individuell angefertigte Handlungsprodukte als Gesprächsanlass dienen, wird der schulische Unterricht für den Erfahrungshorizont seiner jugendlichen Hauptakteure geöffnet. Schließlich sind diese imstande, aus erster Hand zu berichten, welche Aspekte des Erwachsenwerdens besonderer Beachtung bedürfen.

Eine solch handlungs- und produktionsorientierte Aufgabenstellung ist im Prinzip ergebnisoffen. Dennoch ist bei der Präsentation der Poster – die z.B. in Kleingruppen erfolgen kann – zu erwarten, dass einzelne Aspekte des Erwachsenwerdens wiederholt genannt werden, z.B. das Auftreten von körperlichen Veränderungen, die Wahl eines Berufes, die Gründung einer eigenen Familie usw. Aufschlussreich dürfte es sein zu beobachten, ob und wenn ja welche Unterschiede und Gemeinsamkeiten zwischen Postern der Mädchen und jenen der Jungen auszumachen sind. Da diese *pre-reading activity* als Vorbereitung auf die Lektüre der Kurzgeschichten gedacht ist, sollte insbesondere darauf geachtet werden, welche Probleme oder Widersprüchlichkeiten des Erwachsenwerdens von den Lernenden thematisiert werden.

**Poster-
präsentation**

Zur Sicherung der Ergebnisse am Ende der Posterpräsentationen eignet sich die gemeinsame Erstellung einer *mindmap* im Plenum, da sie die Verknüpfung einzelner Gedanken entsprechend der vernetzten Struktur des Gehirns sinnvoll darzustellen vermag (vgl. Scholz 2004: Tafel 10A). Im Fremdsprachenunterricht hat ihre Verwendung zudem den Vorteil, dass zentrale Vokabeln in einem sinnvollen Zusammenhang erlernt werden können. So kann die Lehrkraft je nach Ausgang der Unterrichtsstunde gemeinsam mit der Lerngruppe nach Oberbegriffen für einzelne Ergebnisse suchen. Zum Beispiel können als Hauptäste der Struktur biologische und

**Ergebnis-
sicherung mit
*mindmap***

soziale Aspekte des Erwachsenwerdens unterschieden werden, die sich in mannigfache Nebenäste aufgliedern lassen.

Heranführung an das Genre ‚Short (Short) Story' In einem nächsten Schritt sollen die Lernenden auf die Rezeption eines authentischen narrativen Textes in der Fremdsprache vorbereitet werden. Ein Brainstorming zum Begriff der Short Story, bei dem sie auf ihr schon vorhandenes Wissen über Kurzgeschichten zurückgreifen können, gewährleistet die Abgrenzung zu anderen literarischen Gattungen und nicht-fiktionalen Textsorten. Dabei können die Lernenden beispielsweise dazu angeleitet werden, die ästhetische Funktion literarischer Texte von der didaktischen Funktion von Lehrbuchtexten und der informierenden Funktion von Sachtexten zu unterscheiden. In einem an rezeptionsästhetischen Grundsätzen orientierten Literaturunterricht (vgl. Surkamp/Nünning 2016: 23-28) bietet sich diese Phase der Unterrichtseinheit zudem dazu an, den Lernenden zu verdeutlichen, dass jeder literarische Text seine Wirkungsweise erst im Zusammenspiel mit der Erfahrungswelt und dem Wissen von individuellen Rezipienten entfaltet.

Konzentration auf den ersten Satz Bevor eine Kurzgeschichte im Ganzen gelesen wird, kann die Konzentration auf den ersten Satz und/oder den ersten Abschnitt des Textes sowohl die Neugier der Leserinnen und Leser auf die Geschichte wecken als auch zur Heranführung an zentrale Gattungsmerkmale von Erzählungen dienen. Bei dem Beispiel der Short Short Story „Happy" befähigt bereits der erste Satz den Leser bzw. die Leserin, zentrale Informationen nicht nur auf der Handlungs-, sondern auch auf der Erzählebene zu ermitteln: *She flew home at Christmas, and her mother and her mother's new husband met her at the airport.* („Happy": 46) Nach der Lektüre dieses Satzes können bereits die folgenden zentralen Fragen beantwortet werden:

Zentrale Fragen	Konstituenten narrativer Texte	Merkmale von „Happy"
Who?	*Characters*	*A girl, her mother, the mother's new husband*
What?	*Story*	*Girl arrives at home airport, her mother is remarried, girl meets stepfather*
When?	*Time*	*Christmas time*

290

Where?	Setting	Airport
Why?	Plot	Mother has married again, so the characters have to face a new situation → conflict?
How?	Discourse	Third person narrator → figural or authorial narrative situation

Mittels dieser Aufstellung kann innerhalb eines Unterrichtsgesprächs das bereits vorhandene Gattungswissen (beispielsweise zur zielgerichteten Struktur der Handlung oder der geringen Anzahl von Charakteren) der Lernenden mit fremdsprachlichen Begriffen untermauert sowie eine erste motivierende Erwartungshaltung auf den zu lesenden Text aufgebaut werden: Wie werden sich die Figuren der erzählten Geschichte ausgehend vom erwähnten Schauplatz verhalten und wie wird ihr Handeln erzählerisch vermittelt?

In einer produktionsorientierten Hausaufgabe werden die Lernenden sodann dazu angeregt, diesen Fragen intuitiv im Einzelnen nachzugehen, indem sie den ersten Satz der Geschichte weiterführen. Je nach Leistungsstärke der Lerngruppe kann entweder unter besonderer Beachtung der Erzählsituation die Geschichte aus der Perspektive des Mädchens fortgesetzt oder lediglich mögliche Handlungsverläufe stichpunktartig gesammelt werden. Beide Varianten garantieren, dass die Lernenden unter dem Eindruck der thematischen Hinführung über einen möglichen Verlauf der Geschichte spekulieren und somit zu eigenen kreativen Geschichten in der Fremdsprache kommen. Bei der Präsentation der Produkte bietet es sich an, die zuhörende Lerngruppe dazu aufzufordern, mittels der oben verwendeten W-Fragen auf die inhaltlichen und formalen Besonderheiten der Texte zu achten. So können die Lernenden narrative Kompetenz ausbilden, d.h. ein Bewusstsein dafür entwickeln, dass jeder Erzähltext aus zentralen Konstituenten besteht, die ihnen aus ihren eigenen Erzählgewohnheiten vertraut sind. Es dürfte zudem sehr spannend sein, die Verschmelzung von individuellen Lesererwartungen mit der praktischen Anwendung literarischen Gattungswissens zu verfolgen. So werden beispielsweise geübte Leserinnen und Leser mit großer Wahrscheinlichkeit erkennen, dass in der Figurenkonstellation der Geschichte bereits der zentrale Konflikt der Short Story angelegt ist. Der Lehrkraft

Produktions-orientierte Hausaufgabe

kommt in dieser Phase die moderierende Aufgabe zu, anhand der Lernertexte Besonderheiten der Gattung und des Themas herauszustellen.

3.4.2 Gemeinsame Analyse von Joyce Carol Oates' Short Short Story „Happy"

**Individuelle
Lektüre**
In der dritten Unterrichtsphase lernt die Lerngruppe den Text „Happy"
von Joyce Carol Oates kennen, der im Rahmen einer vorbereitenden
Hausaufgabe gelesen wird. Die Lektüre in Einzelarbeit hat neben der
eigenen Wahl des Lesetempos gegenüber dem gemeinsamen Lesen den
Vorteil, dass subjektive Leseeindrücke vorerst unbeeinflusst von den
Aussagen anderer Leserinnen und Leser bleiben. Insbesondere die Interpretationen der Lehrperson, deren Vorwissen größer als jenes ihrer Lerngruppe sein dürfte, sollten nicht vorschnell preisgegeben werden, wie es
z.B. beim abschnittweisen lauten Lesen im Unterricht der Fall sein kann.
Damit die spontanen Lernerreaktionen Thema des Unterrichts werden
können, bietet es sich an, dass die Lernenden sich stichpunktartig mit ihren Eindrücken auseinandersetzen, z.B. unter der Fragestellung: *Which
impressions did you get while reading the text?*

**Rezeptions-
gespräch**
Um den individuellen Leseeindrücken gerecht zu werden, sollte mit der
eigentlichen Erzähltextanalyse erst begonnen werden, wenn ein Rezeptionsgespräch auf Basis der vorbereitenden Hausaufgabe stattgefunden hat.
Hierbei sollen die Lernenden auch die Gelegenheit erhalten, ihre eigenen
imaginierten Handlungsverläufe aus der vorherigen Stunde mit dem Originaltext zu vergleichen. Eventuell auftretende Verständnisschwierigkeiten können im Unterrichtsgespräch mit Hilfe der oben aufgeführten W-
Fragen abgebaut werden, welche die spätere Analyse, Interpretation und
kreative Weiterverarbeitung des Textes inhaltlich vorentlasten.

**Gemeinsame
Erzähltext-
analyse**
Im Folgenden erlernen die Schülerinnen und Schüler bzw. Studierenden zunächst exemplarisch im Gespräch mit der Lehrperson, wie eine
Erzähltextanalyse systematisch vorgenommen werden kann, um im
weiteren Verlauf des Unterrichts die erlernten Analyseschritte auf eine
selbstständig zu erschließende Kurzgeschichte anzuwenden. Die Bearbeitung von Arbeitsblättern zum Bereich der erzählten Geschichte (vgl.
Story-Worksheets I) und zum Bereich der erzählerischen Vermittlung (vgl.
Discourse-Worksheets II) kann die Erzähltextanalyse aller Kurzgeschichten der Unterrichtseinheit durch gezielte Denkanstöße und systematische
Fragestellungen erleichtern. Die Konzeption der Arbeitsaufträge ist in
enger Anbindung an die *Methoden der Literaturvermittlung* aus dem ersten Band von *Englische Literatur unterrichten* (Surkamp/Nünning 2016:
Kap. II.5.2) entstanden. Den Lernenden wird mit Hilfe der Arbeitsblätter
ein transferierbares Vokabular zuteil (vgl. auch das englischsprachige

Glossar textanalytischer Begriffe in ebd.: 328-343), welches sie bei der Betrachtung unterschiedlicher textueller Strategien und deren Funktionsweisen in einer Geschichte anzuwenden lernen. Joyce Carol Oates' Short Short Story „Happy" eignet sich insbesondere aufgrund ihrer Kürze für eine Einführung bzw. Wiederholung der zur Bearbeitung der Arbeitsblätter benötigten Arbeitstechniken im Plenum.

Im Anschluss an die Erzähltextanalyse soll als Hausaufgabe erarbeitet werden, welchen Beitrag die Geschichte zum übergeordneten Thema *growing up* leistet, z. B. anhand der folgenden Fragestellung: | **Thematische Einordnung**

A   How does this story contribute to our topic ‚growing up'?
Explain by focusing on particular passages of the text.

Auf diese Weise lassen sich in der darauffolgenden Unterrichtsstunde gemeinsam eine oder mehrere *morals* der Geschichte (ggf. unter Verwendung von Zitaten) finden, welche farblich illustriert bzw. dargestellt werden und ggf. die Poster der *pre-reading*-Phase ergänzen können.

3.4.3 Erzähltextanalysen unterschiedlicher Short Storys zum Thema in Gruppenarbeit

Die Lernenden sind durch die gemeinsame Analyse der Short Story „Happy" für die Besonderheiten dieses Erzähltextes und deren Wirkungsweisen sensibilisiert worden. Das langfristige Ziel der Einheit ist es jedoch, dass die Schülerinnen und Schüler die Merkmale und das Funktionspotenzial einer Erzählung auch bei der Begegnung mit einem unbekannten Text selbstständig erkennen. Zur Festigung des gewonnenen Methodenwissens soll dieses daher im Folgenden von den Lernenden arbeitsteilig angewendet und vertieft werden: In Expertengruppen analysieren sie eigenverantwortlich jeweils eine weitere der vorgestellten Short Storys zum Thema *growing up* mit Hilfe der Arbeitsblätter. Die Lernenden können somit einerseits die Übertragbarkeit und den Nutzen der Analysefragen erkennen: Als Leserinnen und Leser eines Erzähltextes begegnen sie immer wieder den typischen Konstituenten einer Geschichte. Andererseits birgt jede Geschichte besondere narrative Merkmale, so dass die Anwendung von Analysekriterien an einen Text nicht automatisiert erfolgen sollte: Es gilt vielmehr, das Spezifische einer Geschichte herauszufinden und diesen Aspekt dann genauer zu beleuchten. So kann z. B. in einer Geschichte die Raumdarstellung eine wichtige Rolle spielen, während eine andere Geschichte eine bedeutsame Zeitstruktur aufweist. | **Arbeitsteiliges Vorgehen**

Fokus auf einen textanalytischen Schwerpunkt

Bei der Vorstellung der einzelnen Kurzgeschichten ist bereits angedeutet worden, dass diese eine Bandbreite von literarischen Darstellungsverfahren aufweisen, welche je einen besonderen Beitrag zum Thema ‚growing up' leisten können. Pro Kurzgeschichte und Expertengruppe soll nun jeweils ein bestimmter erzähltextanalytischer Schwerpunkt vertiefend beleuchtet werden, der den Lernenden vorgegeben werden kann. Es kann aber auch überlegt werden, die Lernenden selbst einen Schwerpunkt auswählen zu lassen, der in ihren Augen für eine Geschichte bedeutsam ist. Die Auswahl dieses Schwerpunktes müssen sie dann allerdings begründen können. Außerdem sollte in einem solchen Fall berücksichtigt werden, dass die einzelnen Gruppen unterschiedliche Schwerpunkte wählen, damit in den weiteren Unterrichtsstunden nicht zu viele Wiederholungen auftreten.

Didaktische Aufbereitung durch Lernende

Die erarbeiteten Ergebnisse der Expertengruppen sollen im weiteren Verlauf nicht etwa in einer Aneinanderreihung von Gruppenreferaten den passiv zuhörenden Kommilitonen bzw. Mitschülerinnen und Mitschülern vorgetragen, sondern aktiv erlernt werden. Die Expertengruppen übernehmen dazu selbst Lehrfunktionen: Sie vermitteln auf ihre Weise ihren Mitschülerinnen und -schülern bzw. den anderen Studierenden ihren jeweiligen Beitrag zum Unterrichtsthema. Der Lehrkraft kommt vor allem bei einem Einsatz in der Schule die Aufgabe zu, den Schülerinnen und Schülern je nach Leistungsstand mehr oder weniger in Sach- und Methodenfragen zur Seite zu stehen, damit diese die notwendigen Voraussetzungen zum Lernen durch Lehren (LdL) ausbilden können. So kann es z. B. hilfreich sein, den Lernenden zur Vorbereitung ihrer LdL-Einheiten eine Art Methoden- oder Aufgabenrepertoire an die Hand zu geben, das Ideen für die Vermittlung der Kurzgeschichten in den Phasen vor dem Lesen und während der Lektüre liefert. (Zu methodischen Anregungen, die den Expertengruppen ggf. zur Verfügung gestellt werden könnten, vgl. Surkamp/Nünning 2016: 78-89). Die Lernenden können aber auch auf Aktivitäten zurückgreifen, die ihnen aus ihrer Schülerperspektive geläufig sind, oder eigene Ideen einbringen. Weitere Orientierungshilfe bietet das Arbeitsblatt *Teaching your class* (s. CD-ROM). Es kann den Lernenden ggf. Ängste nehmen, eigenverantwortlich didaktische und methodische Entscheidungen zu treffen, denn die Gruppenmitglieder müssen Antworten auf eine Reihe von Fragen finden: Wie können sie das Lesen der Short Story für die anderen erleichtern? Welche Besonderheiten ihres Analyseschwerpunktes wollen sie ihren Mitschülern bzw. Kommilitonen auf welche Weise vermitteln? Welche Textstellen sind repräsentativ für ihren Analyseschwerpunkt? Eine Einführungsstunde zum Vorgehen in den Expertengruppen sollte gewährleisten, dass die Lernenden für die eigenverantwortliche Arbeit motiviert werden und die Anforderungen der Folgestunden genau verstehen. Die einzelnen Schritte der Gruppenarbeit werden im Folgenden veranschaulicht.

Nachdem jedes Gruppenmitglied die zu analysierende Short Story als Hausaufgabe gelesen hat, soll die eigene Arbeitsgruppe bei der Klärung von eventuellen Verständnisfragen behilflich sein. Im Anschluss nimmt jedes Team zunächst eine stichpunktartige Erzähltextanalyse vor, indem gemeinsam die Aufgabenstellungen der Arbeitsblätter durchgegangen werden. Die Erarbeitung der einzelnen Aufgaben fördert das Textverständnis und die analytischen Kompetenzen der Lernenden, die sich einen Grundstock für die daran anschließende vertiefende Erarbeitung ihres Analyseschwerpunktes legen. Mögliche Ergebnisse bei der Beschäftigung mit den einzelnen Schwerpunkten lassen sich der oben aufgeführten Vorstellung der Kurzgeschichten entnehmen (vgl. Kap. III. 3.3). Nach der Analyse ihrer Geschichte sind die Lernenden zur Gestaltung einer Unterrichtsphase aufgefordert.

Textanalyse und Gestaltung einer Unterrichtsphase

Vorbereitend auf eine jede (Doppel-)Stunde bzw. Sitzung, die von einer Expertengruppe geleitet wird, sollten auch alle übrigen Lernenden die entsprechende Kurzgeschichte gelesen haben. Je nach der Bearbeitungsweise, für die sich die einzelnen Expertengruppen entscheiden, leiten sie ihre ‚Schülerinnen und Schüler' an, sich aktiv und ggf. auch kreativ mit dem Text auseinanderzusetzen. Beispielsweise könnte der Titel einer Kurzgeschichte auf der Kopiervorlage weggelassen werden, um von den übrigen Lernenden erfunden zu werden, oder das Ende einer Geschichte könnte selbst verfasst werden. Die Möglichkeiten lassen sich beliebig erweitern. Jegliche Schüleraktivitäten, Medien, Arbeits- und Sozialformen der Präsentationsstunden richten sich nach den Unterrichtskonzepten der jeweiligen Teams, die ihre didaktischen Überlegungen an ihrem Schwerpunktthema ausrichten sollten. Je nach Leistungsstärke der Gruppe können die LdL-Einheiten auch als Einstieg in eine Kurzgeschichte dienen, die im weiteren Verlauf im Hinblick auf noch nicht beachtete inhaltliche Aspekte gemeinsam mit der Lehrkraft im Plenum ausführlicher besprochen bzw. durch zusätzliche Aufgaben weiter bearbeitet wird.

Unterricht der Lernenden

Im Anschluss an jede LdL-Einheit sollte diese direkt durch die Mitschülerinnen und Mitschüler bzw. durch die Mitstudierenden evaluiert werden. Zu diesem Zweck können gemeinsam Bewertungskriterien aufgestellt und ggf. auch ein Bewertungsbogen entworfen werden. Einzelne Bewertungskriterien können z.B. der Grad an Vorbereitung der Lehrenden, deren Zeitmanagement, die Strukturierung der Stunde, der abwechslungs-

Evaluation

295

reiche Einsatz von unterschiedlichen Methoden und Sozialformen, die Aktivierung der Lernenden oder die Aufgaben- und Materialauswahl sein. Nicht nur die Vorbereitung der Einheit, sondern auch deren Auswertung sollte jedenfalls metareflexiv erfolgen.

Thematische und intertextuelle Reflexion

Nach dem Abschluss aller LdL-Einheiten wird jedes Gruppenmitglied mit Hilfe der folgenden Aufgabenstellung dazu angeregt, einen themenzentrierten Interpretationstext zur gemeinsam analysierten Kurzgeschichte zu verfassen:

A How does your story contribute to our topic ‚growing up'?
Which textual aspects influenced your interpretation?

Auf diese Weise wird jedem Leser bzw. jeder Leserin der Freiraum gewährt, seine bzw. ihre subjektive Bedeutungskonstruktion zu dokumentieren und sich dabei ggf. auch von den Meinungen anderer Lesender abzugrenzen. Das dabei entstehende Lernerprodukt tritt unterdessen in einen gleichwertigen Dialog sowohl mit den literarischen Ausgangstexten als auch mit anderen selbst produzierten Texten des Unterrichts: So können die Lernenden ggf. Abstand von zuvor verfassten *morals* oder Meinungen zum Thema der Adoleszenz nehmen.

Herstellen von Beziehungen zwischen den Einzeltexten

Nachdem die Lernenden sich mit allen Kurzgeschichten auseinandergesetzt haben, ist zu erwarten, dass sie – z. B. in einem Unterrichtsgespräch im Plenum (vgl. Kap. I.2.2 des vorliegenden Bandes) – Bezüge zwischen den Einzeltexten herstellen können. Sie werden erkennen, dass das Thema *,growing up'* auf vielfältige Weise in literarischen Texten präsentiert werden kann. Das Herstellen von Beziehungen zwischen den einzelnen Texten ermöglicht ihnen zudem die Einsicht, dass Sinnstiftung ein immerwährender, individueller Prozess ist. In einer abschließenden Unterrichtsphase sollte dieses intertextuelle Spiel wie im Folgenden vorgestellt durch die Herstellung weiterer kreativer Intertexte fortgeführt werden.

3.4.4 Kreative Auseinandersetzung mit und eigene Erstellung von Intertexten der Unterrichtseinheit

Produktionsorientierte Zugänge

Nachdem die Lernenden eine Vielzahl von eher analytisch ausgerichteten Aufgabenstellungen bewältigt haben, sollte das dadurch erarbeitete Wissen abschließend auf kreative Weise angewendet und spielerisch vertieft werden. Für die Bearbeitung vieler kreativer Aufgaben ist eine gute Textkenntnis notwendig, und zwar sowohl im Hinblick auf den Inhalt als auch auf die Form einer Kurzgeschichte. Auf der CD-ROM wird eine Reihe produktionsorientierter Aufgaben vorgestellt (vgl. Material 5), die sich für eine weitere Beschäftigung mit den erarbeiteten Kurzgeschichten eignen. Sie reichen von der Konkretisierung einzelner Elemente einer Erzählung über deren Umschreibung bzw. Transformation in ein anderes Medium bis hin zur persönlichen Auseinandersetzung mit dem Dargestellten und verfolgen ganz unterschiedliche Ziele. So können Zeitungsartikel, Sprechblasen, Tagebucheinträge, Suchmeldungen und Textkritiken erstellt oder die Short Storys aus anderen Perspektiven oder für andere Schauplätze umgeschrieben werden. Des Weiteren kann ein Treffen der Charaktere aus verschiedenen Texten ausgemalt werden, oder aber die Erzählungen werden in andere Textsorten transponiert, z. B. in eine Theaterszene, ein Musikstück, ein Foto oder ein Bild.

Hinweise zum methodischen Vorgehen

Je nach verbleibender Unterrichtszeit kann eine Mindestanzahl von Aufgaben vorgegeben werden, die die Lernenden bearbeiten sollen. Falls einige Lernende eher mit ihren Aufgaben fertig sein sollten als andere, können sie sich mit weiteren Aufgaben beschäftigen, so dass diese Unterrichtsphase auch der Binnendifferenzierung dienen kann. In jedem Fall sollten die Lernenden gemäß ihrer individuellen Interessen und Fähigkeiten Auswahlmöglichkeiten in Bezug auf kreative Verfahren haben. Die entstehenden Produkte sollten dann in Partnerarbeit durchgesehen und reflektiert werden, bevor sie einem größeren Publikum zuteil werden. Dies fördert die Zusammenarbeit zwischen den Lernenden, ermöglicht die Würdigung jedes einzelnen Produktes und hilft zurückhaltenden Schülerinnen und Schülern bei der Vorstellung ihrer Arbeiten.

Potenziale der kreativen Zugänge

Da die dargestellten Aktivitäten auf eine schülerzentrierte und erfahrungsorientierte Weiterverarbeitung von literarischen Texten abzielen, fördern sie auch imaginative und affektive Fähigkeiten. Dieser Aspekt ist insbesondere für die Hochschullehre wichtig, in der die kreative Auseinandersetzung mit literarischen Texten in der Regel zu kurz kommt (vgl. hierzu und zur Short Story „Happy" auch Surkamp 2013). Darüber hinaus erweitern die vorgeschlagenen Aufgaben das Netz der Intertexte zum Unterrichtsthema ‚*growing up*' und dienen dadurch weiterhin einem vertieften Textverstehen im Hinblick auf die schon erarbeiteten Short Storys.

Alternative Einsatzmöglichkeit

Wenn nur mit einer einzelnen der in diesem Kapitel vorgestellten Kurzgeschichten gearbeitet werden soll, bietet sich noch eine andere Vorgehensweise an: Einige der kreativen Aufgaben können auch vor der Analyse einer Short Story bearbeitet werden, um auf diese Weise die Lernenden Gattungswissen und Textsortenbewusstsein produktiv erwerben zu lassen. Das Umschreiben einer Geschichte aus einer anderen Perspektive beispielsweise kann für die spezifische Erzählsituation einer Geschichte sensibilisieren, die nach dieser kreativen Aufgabe dann auf analytische Weise besonders unter die Lupe genommen wird (vgl. auch Surkamp/ Nünning 2016: 240ff.).

Gemeinsame Reflexion des Unterrichts

Den Abschluss der Unterrichtseinheit bildet eine gemeinsame Reflexion über deren gesamten Verlauf: *Wenn Schülerorientierung konsequent zu Ende gedacht wird, so ist die Forderung nahe liegend, die Schüler an der Auswertung zu beteiligen.* (Meyer 1993: 373) Indem alle Teilnehmerinnen und Teilnehmer eines Unterrichts gemeinsam seine Gestaltung reflektieren, bekommen die einzelnen Lernenden die Chance, aus ihrer individuellen Perspektive Bezug zu ihren Lern- und (in diesem Fall auch) Lehrerfahrungen zu nehmen. Indem sie sich im Plenum mitteilen, können Lernende außerdem aktiv Einfluss auf die künftige Unterrichtsgestaltung nehmen. Eine besondere Form der Partnerarbeit kann zudem dazu dienen, dass sich die Schülerinnen und Schüler bzw. die Studierenden über jene Unterrichtsmerkmale, die sie für gelungen halten, und jene, die sie für kritikwürdig erachten, austauschen können: das rotierende Partnergespräch (s. Kasten).

METHODE

Bei der kommunikationsorientierten Unterrichtsmethode des **Rotierenden Partnergesprächs** führen die Lernenden untereinander Gespräche unter vier Augen und wechseln auf Zeichen der Lehrkraft mehrmals den Partner. Damit dies auf schnelle und unkomplizierte Weise geschehen kann, schlägt Scholz (2004: Tafel 2A) folgende organisatorische Vorbereitungen vor: Die Lernenden bilden einen großen Stuhlkreis und zählen der Reihe nach ab: A – B, A – B, A – B,... Die ‚B's nehmen nun ihren Stuhl, tragen ihn in den Innenbereich und setzen sich den vormals rechts von ihnen sitzenden ‚A's gegenüber. Zum Partnerwechsel rückt einer der Kreise zwei Plätze weiter in eine Richtung. Durch die verbale Interaktion hat jeder bzw. jede Einzelne die Chance, Präzisierungen an der Kritik des eigenen Lernprozesses und der Unterrichtsgestaltung vorzunehmen und etwas über die Gedanken des Gegenübers zu erfahren. Im Anschluss kann ein großer Stuhlkreis gebildet werden, an dem auch die Lehrperson teilhaben soll. Ein Vorteil beim Einsatz dieser Methode zur Reflexion des Unterrichts besteht darin, dass die Lernenden sich bei einem mündlichen Feedback an die Lehrperson nicht allein auf ihre subjektive Meinung berufen müssen, sondern sich in einigen Punkten gestärkt durch ihre Mitschüler fühlen können. Erst nachdem jeder die Gelegenheit hatte sich zu äußern, sollte eine Reflexion aus Lehrersicht erfolgen. Gemeinsam versuchen die Unterrichtsteilnehmenden im Anschluss, mögliche Ziele für künftige Unterrichtseinheiten zu sammeln, die sowohl aus der Perspektive der Lernenden als auch aus der der Lehrenden Chancen auf eine Verwirklichung haben.

Das hier vorgestellte Unterrichtskonzept ermöglicht die Erschließung der wichtigsten narrativen Merkmale der Gattung ‚Short Story' im Rahmen eines Unterrichtsthemas, das Schülerinnen und Schüler aus ihrem eigenen jugendlichen Alltag kennen. In der Präsentation der ausgewählten Kurzgeschichten konnte gezeigt werden, dass diese sich auf besondere Weise dafür eignen, in unterschiedliche Facetten des Erwachsenwerdens einzuführen. Durch das arbeitsteilige Vorgehen kann eine große Anzahl von Texten erschlossen, analysiert, interpretiert und kreativ weiterverarbeitet werden. Die Methode des Lernens durch Lehren ermöglicht dabei einen lernerzentrierten Unterricht, was insbesondere für die Hochschullehre eine Innovation darstellt, da Grundlagenwissen der Erzähltextanalyse eben nicht wie so oft noch üblich im Frontalunterricht vermittelt, sondern gemeinsam mit Mitstudierenden erarbeitet wird.

Abschließende Betrachtung der Unterrichtseinheit

Schlussbemerkungen und Ausblick

Englische Literatur unterrichten: Theorie und Praxis

Die beiden Bände des Werkes *Englische Literatur unterrichten* verstehen sich insofern als Einheit, als sie einerseits davon ausgehen, dass nachhaltig erfolgreicher Literaturunterricht im Hinblick auf seine Grundlagen und Methoden einer umfassenden theoretischen Fundierung bedarf. Andererseits sind wir der Überzeugung, dass – getreu der Devise „The proof of the pudding is in the eating" oder dem bekannten Fußballer-Diktum „Entscheidend is' auf'm Platz" – eine umfassende Berücksichtigung unterrichtspraktischer Belange bei der Planung und Durchführung ebenso wichtig ist. Auch wenn ein Plädoyer für den Nutzen und die Praxisrelevanz literaturwissenschaftlicher Theorien, Modelle und Methoden für die Literaturdidaktik und den Literaturunterricht heutzutage unzeitgemäß erscheinen mag (vgl. Nünning 2004), lohnt es sich doch daran zu erinnern, dass gerade im Falle des Literaturunterrichts nur eine Verbindung von solider theoretischer und methodischer Fundierung mit didaktischer und schulischer Unterrichtspraxis eine Gewähr dafür bietet, dass Lernende möglichst viele Kompetenzen erwerben und umfassend für ein späteres Studium und das Berufsleben qualifiziert werden.

LEKTÜRETIPP

Einen Überblick über neue Ansätze in der Literaturdidaktik und deren Relevanz für die Unterrichtspraxis bieten die folgenden Handbücher:

Hallet, Wolfgang & Ansgar Nünning (Hrsg.): *Neue Ansätze und Konzepte der Literatur- und Kulturdidaktik.* WVT-Handbücher zur Literatur- und Kulturdidaktik, Bd. 1. Trier: WVT 2007.
Bredella, Lothar & Wolfgang Hallet (Hrsg.): *Literaturunterricht, Kompetenzen und Bildung.* WVT-Handbücher zur Literatur- und Kulturdidaktik, Bd. 2. Trier: WVT 2007.
Hallet, Wolfgang, Carola Surkamp & Ulrich Krämer (Hrsg.): Literaturkompetenzen Englisch: Modellierung – Curriculum – Unterrichtsbeispiele. Seelze-Velber: Kallmeyer-Klett 2015.

Theoretische Grundlagen und Methoden des Literaturunterrichts

Aufgrund der Einsicht in die Notwendigkeit, dass erfolgreicher Literaturunterricht einer umfassenden theoretischen und methodischen Fundierung bedarf, haben wir in dem ersten Band zum Thema *Englische Literatur unterrichten 1: Grundlagen und Methoden* durch einen breiten Überblick über grundlegende Begriffe, Konzepte und Zugangsweisen vor allem aufzuzeigen versucht, wie durch den Einsatz unterschiedlicher Verfahren der Textarbeit im fremdsprachlichen Literaturunterricht bei den Lernenden ganz verschiedene Kompetenzen gefördert werden können. Damit verfolgt der erste Band das Ziel, interessierten Leserinnen und Lesern einen Überblick über die Grundbegriffe und Methoden literaturdidaktischer Arbeit zu verschaffen und die wichtigsten Verfahren des Umgangs mit literarischen Texten im Englischunterricht vorzustellen.

In diesem Band, *Englische Literatur unterrichten 2: Unterrichtsmodelle und Materialien*, haben wir den Akzent hingegen darauf gelegt, Modelle für Unterrichtsreihen vorzustellen und konkrete Anregungen für die Unterrichtspraxis zu geben. Aus diesem Grund stehen in diesem zweiten Band die Inhalte und Darstellungsverfahren eines breiten Spektrums von Werken aus unterschiedlichen Gattungen sowie die detaillierte Planung und Durchführung von Unterrichtsreihen im Vordergrund. Anhand ausgewählter Textbeispiele sind wir in diesem Band der Frage nachgegangen, wie die – von uns im ersten Band leitmotivisch geforderte – Verbindung von analytischen und kreativen Aufgaben sowie die Berücksichtigung kultureller und historischer Kontexte in der Unterrichtspraxis jeweils konkret und genau aussehen kann.

Unterrichtsmodelle und Anregungen für die Unterrichtspraxis

Ein weiteres wichtiges Ziel dieses ‚Praxisbandes' besteht darin, Lehrenden neue Lektüreanregungen zu geben und damit einen Beitrag zu leisten, um das sattsam bekannte und viel beklagte Problem der Uniformität der englischsprachigen Schullektüre zu lösen. Zahlreiche zusätzliche Materialien wie Arbeitsblätter und weitere Texte sollen dazu beitragen, Lehrenden die Umsetzung der entwickelten Unterrichtsvorschläge in der Praxis sowie die Unterrichtsvorbereitung gezielt zu erleichtern.

Lektüreanregungen und Materialien

Am Ende dieses zweiten Bandes von *Englische Literatur unterrichten* möchten wir nochmals den Modellcharakter der Unterrichtssequenzen hervorheben, die wir als exemplarische Unterrichtsmodelle konzipiert haben. Exemplarisch und modellhaft sind diese Sequenzen in dreierlei Hinsicht: Modellcharakter haben die Sequenzen erstens, weil die in Kapitel I.3 dargelegten Grundsätze der Textauswahl und Zusammenstellung von Textreihen nicht nur in den Unterrichtsmodellen, die in den Kapiteln II und III ausführlich vorgestellt wurden, sondern auch für andere Unterrichtsreihen gleichermaßen relevant sind. Der Modellcharakter der Sequenzen gründet zweitens darin, dass deren Konzeption und Struktur ebenfalls auf andere Unterrichtssequenzen übertragbar sind. Drittens haben schließlich auch die vorgestellten Methoden und Aufgaben insofern Modellcharakter, als sie ebenso gut dazu dienen können, in anderen Un-

Modellcharakter der Unterrichtssequenzen

terrichtssequenzen andere literarische Werke zu analysieren und interpretatorisch zu erschließen.

Vielfalt von Zugangsformen und Aufgaben

Insgesamt vermittelt der zweite Band somit einen Eindruck von den vielfältigen Chancen und Möglichkeiten, die durch die Beschäftigung mit literarischen Texten im Englischunterricht eröffnet werden. Lehrenden wird es durch die Vielzahl der skizzierten Zugangsformen und Aufgaben ermöglicht, im Literaturunterricht Sprachtraining, Textarbeit, Förderung von Kreativität, Persönlichkeitsbildung und interkulturelle Kommunikationsschulung gewinnbringend zu verbinden. Die vorgestellten Formen der Textarbeit fördern sowohl die Lesekompetenz und das Hör- und Sehverstehen der Schülerinnen und Schüler als auch deren mündliches und schriftliches Ausdrucksvermögen in der Fremdsprache. Zudem erlauben sie, dass Lernende ihr Weltwissen einbringen, soziale Schlüsselkompetenzen ausprägen und in der selbstständigen Erschließung literarischer Texte geschult werden. Schließlich können insbesondere kreative Verfahren auch die Leselust fördern, die der stärkste Motivationsfaktor für die Beschäftigung mit Literatur im Fremdsprachenunterricht ist. Da es kein Verfahren gibt, das für sich beanspruchen könnte, das bestmögliche oder gar das allein gültige zu sein, sollten Schülerinnen und Schüler verschiedene Zugangsformen erlernen und als Instrumentarium zur eigenständigen Erschließung literarischer Werke zur Verfügung haben. Zudem kann man nur durch eine Vielzahl verschiedener Zugangsmöglichkeiten sowohl der Mehrdeutigkeit und Vielschichtigkeit literarischer Texte als auch den individuellen Lernprozessen von Schülerinnen und Schülern gerecht werden.

Übertragbarkeit der Grundsätze

Außerdem bieten die in Kapitel I eingeführten Grundsätze, die bei der Planung von Unterrichtssequenzen, bei der Entscheidung für bestimmte Methoden und Sozialformen sowie bei der Textauswahl und Zusammenstellung von Textreihen zu berücksichtigen sind, Lehrenden zwar kein Patentrezept, aber einen Orientierungsrahmen, der für die Durchführung literarischer Unterrichtsreihen generell relevant ist. Obgleich es sich von selbst verstehen mag, dass alle diese Überlegungen auf andere literarische Unterrichtsreihen und Texte übertragbar sind, sei zum Abschluss dieses zweiten Bandes zumindest noch in Form eines kurzen Ausblicks verdeutlicht, welche Perspektiven sich für weitere Unterrichtsreihen bieten.

Romane zur ‚growing up'-Thematik

So gibt es zu dem für die Schulpraxis besonders relevanten Themenschwerpunkt ‚growing up' natürlich nicht nur die in Kapitel III.3 exemplarisch vorgestellten Kurzgeschichten, sondern auch eine Vielzahl von

Werken aus anderen Genres. Das Thema ‚Darstellung der Adoleszenz‘ lässt sich vor allem anhand englischer Romane der Gegenwart mit Erfolg behandeln. In einer Vielzahl von Romanen stehen nämlich Probleme jugendlicher Protagonisten mit dem Heranwachsen im Mittelpunkt. Stellvertretend für viele andere seien etwa Keith Waterhouses *Billy Liar* (1959), John Fowles' *The Collector* (1963), Ian McEwans *The Cement Garden* (1978) sowie aus jüngerer Zeit vor allem die auch hierzulande äußerst populären Romane von Nick Hornby genannt. Da wir diese und andere Romane an anderen Stellen ausführlicher aus literaturdidaktischer Sicht vorgestellt haben, um Lehrenden neue Möglichkeiten der Textauswahl zu erschließen und ihnen konkrete Lektüreanregungen für den Englischunterricht in der Sekundarstufe II zu geben, mögen Hinweise auf die entsprechenden Publikationen genügen (vgl. Nünning 1994a, 1997b; Nünning/Nünning 2008). Die genannten Romane sowie eine Vielzahl weiterer *stories of initiation* greifen ähnliche Themen auf wie die in Kapitel III.3 exemplarisch vorgestellten Kurzgeschichten.

Als weiteres Beispiel, das die Übertragbarkeit zumindest andeuten soll, sei auf die Möglichkeit hingewiesen, die Überlegungen zur Konzeption einer interkulturellen Unterrichtsreihe, die wir in Kapitel III.2 am Beispiel der *Empire*-Thematik angestellt haben, auf das Thema ‚Englische Deutschlandbilder‘ zu übertragen, das von zeitloser Aktualität und Brisanz ist. Vor allem die Einsichten der komparatistischen Imagologie, die sich mit nationalen Selbst- und Fremdbildern beschäftigt, lassen sich bei der Durchführung einer Unterrichtsreihe zum Thema ‚Englische Deutschenbilder‘ in der gymnasialen Oberstufe mit Gewinn umsetzen. Die Behandlung des Themas ‚Das Image der Deutschen‘ deckt nicht nur zentrale Sektoren im allgemeinen Lernzielkatalog des Fremdsprachenunterrichts ab, sondern sie verfolgt auch eine Reihe von spezifischen Teilzielen. Erstens kann eine solche Unterrichtsreihe jene Vorurteile, Stereotypen und unbewussten Ängste erhellen, die die englische Wahrnehmung von Deutschland und den Deutschen bis heute prägen und die gemeinhin unter dem Begriff ‚Mentalität‘ zusammengefasst werden. Dabei soll Lernenden zweitens die Einsicht vermittelt werden, dass englische Deutschlandbilder, wie sie bis heute in vielen Filmen und Fernsehsendungen perpetuiert werden, und das überwiegend negative Image, das die Deutschen in Großbritannien seit dem Ersten Weltkrieg haben, aus geschichtlichen Erfahrungen heraus entstanden und daher nur im historischen Kontext angemessen zu verstehen sind. Viele der antideutschen Klischees und Feindbilder, die zum Teil auf die Erfahrungen von zwei Weltkriegen zurückgehen, haben sich bis heute im kollektiven Bewusstsein vieler Engländer gehalten. Drittens kann im Rahmen einer solchen

Englische Deutschlandbilder als Beispiel einer interkulturellen Unterrichtsreihe

Reihe gezeigt werden, dass Selbst- und Fremdbilder von Nationen (übrigens ebenso wie von Personen) unauflöslich miteinander verknüpft sind. Durch die Kontrastierung eines breiten Spektrums von Texten aus unterschiedlichen Gattungen kann Lernenden viertens eine Vorstellung von der Vielfalt und Widersprüchlichkeit der Bilder vermittelt werden, die in Großbritannien über Deutschland und die Deutschen verbreitet sind. Im Vergleich unterschiedlicher Texte wird deutlich, dass zwischen den (Vor-)Urteilen der Politiker, den Deutschlandbildern der Massenmedien und den Einstellungen der Bevölkerung zu Deutschen erhebliche Unterschiede bestehen. Fünftens kann eine Beschäftigung mit den in Großbritannien verbreiteten Vorstellungen über die Deutschen Lernenden zeigen, dass die Bilder, die sich bei den englischen Nachbarn in Geschichte und Gegenwart ausgeformt haben und die sie mit Deutschland verbinden, sich oft wesentlich von der Selbsteinschätzung der Deutschen unterscheiden. Im Hinblick auf Möglichkeiten der Textauswahl und der Vorgehensweise kann weitgehend analog verfahren werden wie in dem Unterrichtsmodell zum *British Empire*; konkrete Hinweise für eine entsprechende Unterrichtsreihe finden sich in Nünning (1994b).

Ausblick Es versteht sich von selbst, dass die in diesem Band vorgestellten Unterrichtsmodelle, Texte und Materialien nur einen kleinen Ausschnitt aus der Vielzahl von Möglichkeiten darstellen, wie Lehrende im Englischunterricht bei der Planung und Durchführung literarischer Unterrichtsreihen vorgehen können. Durch die bewusst exemplarische Vorgehensweise und den oben nochmals hervorgehobenen Modellcharakter der Unterrichtssequenzen haben wir gleichwohl zu verdeutlichen versucht, dass der Nutzen der in diesem Band ausführlich beschriebenen Sequenzen weit über die jeweiligen Texte, Themen und Inhalte hinausreicht. Abschließend bleibt uns nur noch, allen treuen Leserinnen und Lesern, die uns bis hierhin gefolgt sind, sehr herzlich für ihr Interesse zu danken und unserer Hoffnung Ausdruck zu verleihen, dass sie viele der in den beiden Bänden von *Englische Literatur unterrichten* vorgestellten Methoden, Ideen und Anregungen für die Praxis mit viel Erfolg und Freude in ihrem eigenen Unterricht umsetzen. Und da wir uns sehr über die vielen positiven Rückmeldungen, die wir in den letzten Jahren auf unsere Bände erhalten haben, gefreut haben, wären wir Ihnen, liebe Leserin und lieber Leser, schließlich sehr dankbar, wenn Sie uns Ihre Kommentare, Kritik und Anregungen senden würden an carola.surkamp@phil.uni-goettingen. de oder ansgar.nuenning@anglistik.uni-giessen.de.

Literaturverzeichnis

(Empfohlene Bücher, die sich auch für den Aufbau einer Handbibliothek eignen, sind im Folgenden durch * kenntlich gemacht.)

(Titel, die in den Kapiteln zu den Unterrichtsmodellen nicht zu finden sind, sind bei der Literatur zu den Grundlagen mit aufgeführt, weil sie einschlägig für verschiedene Bereiche des fremdsprachlichen Literaturunterrichts sind.)

1. Literatur zu den Grundlagen zur Erstellung von Unterrichtsmodellen

Bach, Gerhard/Timm, Johannes-Peter (2003): „Handlungsorientierung als Ziel und als Methode." In: Dies. (Hrsg.): *Englischunterricht: Grundlagen und Methoden einer handlungsorientierten Unterrichtspraxis*. 3., vollständig überarbeitete u. verbesserte Aufl. Tübingen/Basel: Francke. 1–21.

*Bausch, Karl-Richard/Christ, Herbert/Krumm, Hans-Jürgen (Hrsg.) (2003): *Handbuch Fremdsprachenunterricht*. 4., neu bearbeitete Auflage. Tübingen: Francke.

Blell, Gabriele/Grünewald, Andreas/Kepser, Matthis/Surkamp, Carola (Hrsg.) (2016): *Film in den Fächern der sprachlichen Bildung. Reihe Film Bildung Schule.* Baltmannsweiler: Schneider-Verlag Hohengehren.

*Blod, Gabriele (2007): *Präsentationskompetenzen: Überzeugend präsentieren in Studium und Beruf.* Uni-Wissen Kernkompetenzen. Stuttgart: Klett.

*Bredella, Lothar (2002): *Literarisches und interkulturelles Verstehen*. Tübingen: Narr.

*Bredella, Lothar/Burwitz-Melzer, Eva (2004): *Rezeptionsästhetische Literaturdidaktik mit Beispielen aus dem Fremdsprachenunterricht Englisch*. Tübingen: Narr.

Bredella, Lothar/Christ, Herbert (Hrsg.) (1995): *Didaktik des Fremdverstehens*. Tübingen: Narr.

Bredella, Lothar/Christ, Herbert (Hrsg.) (2007): *Fremdverstehen und interkulturelle Kompetenz*. Tübingen: Narr.

Bredella, Lothar/Meißner, Franz-Josef/Nünning, Ansgar/Rösler, Dietmar (Hrsg.) (2000a): *Wie ist Fremdverstehen lehr- und lernbar?* Tübingen: Narr.

*Bredella, Lothar/Hallet, Wolfgang (Hrsg.) (2007): *Literaturunterricht, Kompetenzen und Bildung*. Trier: WVT.

Burwitz-Melzer, Eva (2001): „*Such is the power of poets*…": Gedichte und interkulturelles Bewusstsein in der Sekundarstufe I." In: *Der Fremdsprachliche Unterricht Englisch*, 35, Heft 53. 17-26.

Christ, Hannelore (1995): „*Ja aber es kann doch sein*…": In: der Schule literarische Gespräche führen. Frankfurt/M.: Lang.

*Collie, Joanne/Slater, Stephen (1987): *Literature in the Language Classroom. A Resource Book of Ideas and Activities*. Cambridge: Cambridge University Press.

Decke-Cornill, Helene (1994): „Intertextualität als literaturdidaktische Dimension: Zur Frage der Textzusammenstellung bei literarischen Lektürereihen." In: *Die Neueren Sprachen*, 93, Heft 3. 272–287.

Decke-Cornill, Helene (1995): „Zwischen den Texten. Perspektivenvielfalt als Provokation." In: Bredella, Lothar (Hrsg.): *Verstehen und Verständigung durch Sprachenlernen?* Bochum: Brockmeyer. 263–268.

Delanoy, Werner (2002): *Fremdsprachlicher Literaturunterricht: Theorie und Praxis als Dialog*. Tübingen: Narr.

Delanoy, Werner/Eisenmann, Maria/Matz, Frauke (Hrsg.) (2015): *Learning with Literature in the EFL Classroom*. Frankfurt/M.: Lang.

Diehr, Bärbel/Surkamp, Carola (2015): „Die Entwicklung literaturbezogener Kompetenzen in der Sekundarstufe I: Modellierung, Abschlussprofil und Evaluation." In: Hallet, Wolfgang/Surkamp, Carola/Krämer, Ulrich (Hrsg.): *Literaturkompetenzen Englisch. Modellierung – Curriculum – Unterrichtsbeispiele*. Seelze-Velber: Klett-Kallmeyer. 41–55.

*Duff, Alan/Malay, Alan (1990): *Literature*. Oxford: Oxford University Press.

Edelstein, Wolfgang/Keller, Monika/Wahlen, Karl (1982): „Entwicklung sozial-kognitiver Prozesse: Eine theoretische und empirische Rekonstruktion." In: Geulen, Dieter (Hrsg.): *Perspektivenübernahme und soziales Handeln. Texte zur sozial-kognitiven Entwicklung*. Frankfurt/M.: Suhrkamp. 181–204.

*Erll, Astrid/Gymnich, Marion (2007): *Interkulturelle Kompetenzen: Erfolgreich kommunizieren zwischen den Kulturen*. Stuttgart: Klett.

Fingerhut, K. (1974): *Affirmative und kritische Lehrsysteme im Literaturunterricht*. Frankfurt/M.: Diesterweg.

Freese, Peter (1980): „Zur Erstellung von Textsequenzen für den Englischunterricht der reformierten Sekundarstufe II." In: *Praxis des neusprachlichen Unterrichts*, Heft 27. 22-34.

Geulen, Dieter (1982): „Soziales Handeln und Perspektivenübernahme." In: Ders. (Hrsg.): *Perspektivenübernahme und soziales Handeln. Texte zur sozial-kognitiven Entwicklung*. Frankfurt/M.: Suhrkamp. 24–72.

Grieser-Kindel, Christin/Henseler, Roswitha/Möller, Stefan (2016): Method Guide 2: Methoden für den Englischunterricht Klasse 5–13. Paderborn: Schöningh.

Härle, Gerhard (2004a): „Literarische Gespräche im Unterricht: Versuch einer Positionsbestimmung." In: Härle, Gerhard/Rank, Bernhard (Hrsg.): *Wege zum Lesen und zur Literatur*. Baltmannsweiler: Schneider. 137–168.

Härle, Gerhard (2004b): „Lenken – Steuern – Leiten: Theorie und Praxis der Leitung literarischer Gespräche in Hochschule und Schule." In: Härle/Steinbrenner (2004a). 107–139.

*Härle, Gerhard/Steinbrenner, Marcus (Hrsg.) (2004a): *Kein endgültiges Wort: Die Wiederentdeckung des Gesprächs im Literaturunterricht*. Baltmannsweiler: Schneider.

Härle, Gerhard/Steinbrenner, Marcus (2004b): „Das literarische Gespräch im Unterricht und in der Ausbildung von Deutschlehrerinnen und -lehrern: Eine Einführung." In: Diess. (2004a). 1–24.

Hallet, Wolfgang (1998): „Fremdsprachenunterricht als *Spiel der Texte*." In: *Spiel der Texte. Der Fremdsprachliche Unterricht Englisch*, 32, Heft 4. 4–9.

*Hallet, Wolfgang (2002): *Fremdsprachenunterricht als Spiel der Texte und Kulturen: Intertextualität als Paradigma einer kulturwissenschaftlichen Textdidaktik*. Trier: WVT.

Hallet, Wolfgang (2008): „Literarisches Verstehen und Kognition: Mentale Modelle und Visualisierungsaufgaben im Literaturunterricht." In: Bosenius, Petra/Rohde, Andreas/Wolff, Martina (Hrsg.): Verstehen und Verständigung. Trier. 137–170.

*Hallet, Wolfgang/Nünning, Ansgar (2007a): *Neue Ansätze und Konzepte der Literatur- und Kulturdidaktik*. Trier: WVT.

Hallet, Wolfgang/Nünning, Ansgar (2007b): „Neue fachwissenschaftliche Konzepte – neue fachdidaktische Perspektiven: Kontext, Konzeption und Ziele des Bandes." In: Dies. (2007a). 1–10.

*Hallet, Wolfgang/Nünning, Ansgar (Hrsg.) (2008): *Handbuch Romandidaktik: Theoretische Grundlagen – Methoden – Lektüreanregungen*. Trier: WVT.

*Hallet, Wolfgang/Surkamp, Carola (Hrsg.) (2015): *Handbuch Dramendidaktik und Dramapädagogik im Fremdsprachenunterricht*. Trier: WVT.

*Hallet, Wolfgang/Surkamp, Carola/Krämer, Ulrich (Hrsg.) (2015): *Literaturkompetenzen Englisch: Modellierung – Curriculum – Unterrichtsbeispiele.* Seelze-Velber: Kallmeyer-Klett.

*Haß, Frank (Hrsg.) (2006): *Fachdidaktik Englisch: Tradition – Innovation – Praxis.* Stuttgart: Klett.

Hecke, Carola/Surkamp, Carola (Hrsg.) (2015): *Bilder im Fremdsprachenunterricht: Neue Ansätze, Kompetenzen und Methoden.* 2. Aufl. 2015. Tübingen: Narr.

*Henseler, Roswitha/Möller, Stefan/Surkamp, Carola (2011): *Filme im Englischunterricht: Grundlagen, Methoden, Genres.* Seelze-Velber: Kallmeyer-Klett.

Hinz, Klaus (1996): „Schüleraktivierende Methoden im fremdsprachlichen Literaturunterricht. Beispiel: Englisch." In: *Praxis des neusprachlichen Unterrichts*, 43, Heft 2. 139–150.

Ivo, Hubert (1994): „Reden über poetische Sprachwerke: Ein Modell sprachverständiger Intersubjektivität." In: Ders.: *Muttersprache – Identität – Nation: Sprachliche Bildung im Spannungsfeld zwischen einheimisch und fremd.* Opladen: Westdeutscher Verlag. 222–271.

Kimes-Link, Ann (2013): *Aufgaben, Methoden und Verstehensprozesse im englischen Literaturunterricht der gymnasialen Oberstufe. Eine qualitativ-empirische Studie.* Tübingen: Narr.

*Klippel, Friederike/Doff, Sabine (2007): *Englischdidaktik: Praxishandbuch für die Sekundarstufe I und II.* Berlin: Cornelsen-Scriptor.

König, Lotta (2018): *Gender-Reflexion mit Literatur im Englischunterricht: Fremdsprachendidaktische Theorie und Unterrichtsbeispiele.* Stuttgart: Metzler.

Kranz, Dieter (1995): „Neue Ziele erfordern neue Wege: Literarische Texte im Englischunterricht der Sekundarstufe II." In: Börner, Wolfgang/Vogel, Klaus (Hrsg.): *Der Text im Fremdsprachenunterricht.* Bochum: AKS. 99–117.

Küster, Lutz/Lütge, Christiane/Wieland, Katharina (Hrsg.) (2015): *Literarisch-ästhetisches Lernen im Fremdsprachenunterricht.* Frankfurt/M.: Lang.

Legutke, Michael (1988): *Lebendiger Englischunterricht: Kommunikative Aufgaben und Projekte.* Bochum: Kamp.

Legutke, Michael K./Thomas, Howard (1991): *Process and Experience in the Language Classroom.* London/New York: Longman.

Mayer, Johannes (2004): „Literarische Gespräche: Strukturen – Verstehenslinien – Phasen." In: Härle/Steinbrenner (2004a). 141–174.

Merkelbach, Valentin (1998): „Über literarische Texte sprechen: Mündliche Kommunikation im Literaturunterricht." In: *Deutschunterricht*, Heft 1. 74–82.

Müller-Hartmann, Andreas (1997): „Die Integration von Literatur- und Landeskundedidaktik: Methodische Ansätze im Rahmen des interkulturellen Lernens." In: Bredella et al. (2000a). 289–303.

Nissen, Rudolf (1989): *Romane im Englischunterricht – Literature in English Language Teaching.* Hamburg: ELT.

Nissen, Rudolf (1992): „Rezeptionsgespräche als Lerngespräche: Schema-Begriff und kommunikatives Lernen im fremdsprachlichen Literaturunterricht." In: Multhaup, Uwe/Wolff, Dieter (Hrsg.): *Prozeßorientierung in der Fremdsprachendidaktik.* Frankfurt/M.: Diesterweg, 157–172.

Nünning, Ansgar (1992): „Spaß am lyrischen Spiel: Stevie Smiths Lyrik aus literaturdidaktischer Perspektive." In: *Die Neueren Sprachen*, 91, Heft 1. 18–36.

Nünning, Ansgar (1994a): „Growing Up: Darstellung der Adoleszenz im englischen Roman der Gegenwart." In: *Fremdsprachenunterricht*, 47, Heft 3. 212–217.

Nünning, Ansgar (1994b): „Das Image der (häßlichen?) Deutschen. Möglichkeiten der Umsetzung der komparatistischen Imagologie in einer landeskundlichen Unterrichtsreihe für den Englischunterricht." In: *Die Neueren Sprachen*, 93, Heft 2. 160–184.

Nünning, Ansgar (1996): *Uni-Training Englische Literaturwissenschaft: Einführung in Grundstrukturen des Fachs und Methoden der Textanalyse*. Stuttgart: Klett.

Nünning, Ansgar (1997a): „Literatur ist, wenn das Lesen wieder Spaß macht! Offener Kanon und alternative Formen der Textarbeit." In: *Englisch. Der Fremdsprachliche Unterricht*, 31, Heft 27. 4–13.

Nünning, Ansgar (1997b): „Perspektivenübernahme und Perspektivenkoordinierung: Prozeßorientierte Schulung des Textverstehens und der Textproduktion bei der Behandlung von John Fowles' *The Collector*." In: Jarfe, Günther (Hrsg.): *Literaturdidaktik – konkret. Anglistik und Englischunterricht* 61. Heidelberg: Winter. 137–161.

*Nünning, Ansgar (1998a): *Der englische Roman des 20. Jahrhunderts*. Uni-Wissen Anglistik/Amerikanistik. Stuttgart: Klett.

Nünning, Ansgar (Hrsg.) (1998b): *Unreliable Narration: Studien zur Theorie und Praxis unglaubwürdigen Erzählens in der englischsprachigen Erzählliteratur*. Trier: WVT.

Nünning, Ansgar (2000): „,Intermisunderstanding'. Prolegomena zu einer literaturdidaktischen Theorie des Fremdverstehens: Erzählerische Vermittlung, Perspektivenwechsel und Perspektivenübernahme." In: Bredella et al. (2000a). 84–132.

Nünning, Ansgar (2004): „Es geht immer auch anders, oder: Unzeitgemäßes Plädoyer für den Nutzen (und die ,Praxisrelevanz'!) literaturwissenschaftlicher Theorien, Modelle und Methoden für die Literaturdidaktik und den Literaturunterricht." In: Bredella, Lothar/Delanoy, Werner/ Surkamp, Carola (Hrsg.): *Literaturdidaktik im Dialog*. Tübingen: Narr. 65–97.

*Nünning, Ansgar/Neumann, Birgit (2008): *An Introduction to the Study of Narrative Fiction*. Stuttgart: Klett.

*Nünning, Ansgar/Nünning, Vera (2007 [2001]): *Grundkurs anglistisch-amerikanistische Literaturwissenschaft*. Uni-Wissen Anglistik/ Amerikanistik. 6. Aufl., Stuttgart: Klett.

*Nünning, Ansgar/Nünning, Vera (2008 [2004]): *An Introduction to the Study of English and American Literature*. Uni-Wissen Anglistik/Amerikanistik. 5. Aufl., Stuttgart: Klett.

Nünning, Ansgar/Nünning, Vera (2007): „Erzählungen verstehen – verständlich erzählen: Dimensionen und Funktionen narrativer Kompetenz." In: Bredella/Hallet (2007). 87–106.

Nünning, Ansgar/Nünning, Vera (2008): „Der englische Pop-Roman im Englischunterricht: Die Romane Nick Hornbys." In. Hallet/Nünning (2008).

*Nünning, Ansgar/Zierold, Martin (2008): *Kommunikationskompetenzen: Erfolgreich kommunizieren in Studium und Berufsleben*. Uni-Wissen Kernkompetenzen. Stuttgart: Klett.

Pieper, Irene (2004): „Poetische Verdichtung: Schüler und Schülerinnen interpretieren Rose Ausländers Gedicht ,Zirkuskind' im Unterrichtsgespräch." In: Härle/Steinbrenner (2004a). 219–239.

Pulm, Manfred/Röhrig, Johannes (1994): *Textarbeit im Englischunterricht der Sekundarstufe II: Didaktische Kommentare und methodische Anregungen zum Themenbereich ,Cross-cultural Encounters'*. Stuttgart: Klett.

Sara, Kira/Elis, Franziska (Hrsg.) (2017): Themenheft *„Creative Writing"* von Der fremdsprachliche Unterricht Englisch, Heft 150.

Rosebrock, Cornelia (2004): „Rezeptionskompetenz in Bildschirm- und Bücherwelten." In: Härle, Gerhard/Rank, Bernhard (Hrsg.): *Wege zum Lesen und zur Literatur*. Baltmannsweiler: Schneider. 105–119.

Schinschke, Andrea (1995a): *Literarische Texte im interkulturellen Lernprozeß*. Tübingen: Narr.

Schinschke, Andrea (1995b): „Perspektivenübernahme als grundlegende Fähigkeit im Umgang mit Fremdem." In: Bredella/Christ (1995). 36–50.

Spinner, Kaspar (1987): „Zur Rolle des Lehrers im Unterrichtsgespräch." In: Willenberg, Heiner (Hrsg.): *Zur Psychologie des Literaturunterrichts: Schülerfähigkeiten, Unterrichtsmethoden, Beispiele.* Frankfurt/M.: Diesterweg. 186–188.

Spinner, Kaspar (2004): „Gesprächseinlagen beim Vorlesen." In: Härle/Steinbrenner (2004a). 291–307.

Surkamp, Carola (2005): „‚The essence of the new way of looking is multiplicity – Multiplicity of eyes and multiplicity of aspects seen': Perspektivenwechsel als Lernziel und als Methode im fremdsprachlichen Literaturunterricht." In: Duncker, Ludwig/Sander, Wolfgang/Surkamp, Carola (Hrsg.): *Perspektivenvielfalt im Unterricht.* Stuttgart: Kohlhammer. 33–48.

Surkamp, Carola (2007a): „Handlungs- und Produktionsorientierung im fremdsprachlichen Literaturunterricht." In: Hallet/Nünning (2007a). 89–106.

Surkamp, Carola (2007b): „Fremdes spielerisch verstehen lernen: Zum Potenzial dramatischer Texte und Zugangsformen im Fremdsprachenunterricht." In: Bredella/Christ (2007). 133–147.

Surkamp, Carola (Hrsg.) (2010): *Close-Up: Exploring the Language of Film.* Paderborn: Schöningh.

Surkamp, Carola (2013): „Texte erspielen – literaturwissenschaftliche Kompetenz erwerben: Ein Plädoyer für die Integration von lerner- und handlungsorientierten Verfahren in den universitären Literaturunterricht". In: Hallet, Wolfgang (Hrsg.). *Literatur- und kulturwissenschaftliche Hochschuldidaktik: Konzepte, Methoden, Lehrbeispiele.* Trier: WVT. 105–119.

Surkamp, Carola (2014): „Mündlichkeit im fremdsprachlichen Literaturunterricht: das Unterrichtsgespräch revisited." In: Burwitz-Melzer, Eva/Königs, Frank G./Riemer, Claudia (Hrsg.): *Perspektiven der Mündlichkeit.* Tübingen: Narr. 224–231.

Surkamp, Carola (Hrsg.) (2017): *Metzler Lexikon Fremdsprachendidaktik: Ansätze – Methoden – Grundbegriffe.* 2., überarbeitete und erweiterte Aufl. Stuttgart/Weimar: Metzler.

Surkamp, Carola/Sommer, Roy (2002): „‚Mit anderen Augen' – Multikulturalismus und Fremdverstehen am Beispiel ausgewählter britischer multikultureller Erzähltexte." In: *Neusprachliche Mitteilungen aus Wissenschaft und Praxis*, Heft 4. 227–237.

Surkamp, Carola/Zerweck, Bruno (2007): „Soziales Lernen durch Theaterspielen: Das Thema ‚Mobbing' im Kurzdrama *Allie's Class* (2007)." In: *Der Fremdsprachliche Unterricht Englisch*, 85/86. 18-22.

*Timm, Johannes-Peter (Hrsg.) (1998): *Englisch lernen und lehren: Didaktik des Englischunterrichts.* Berlin: Cornelsen.

Viebrock, Britta (Hrsg.) (2016): *Feature Films in English Language Teaching.* Tübingen: Narr.

Volkmann, Laurenz (2010): *Fachdidaktik Englisch: Kultur und Sprache.* Tübingen: Narr.

Weber, Ingeborg (Hrsg.) (1994): *Weiblichkeit und weibliches Schreiben: Poststrukturalismus, weibliche Ästhetik, kulturelles Selbstverständnis.* Darmstadt: WBG.

Weber, Ingeborg (1996): „Mütter und Töchter: Fakten und Fiktionen." In: *Neusprachliche Mitteilungen aus Wissenschaft und Praxis*, 49, Heft 1. 10–13.

Werner, Johannes (2004): „Schulisches Interpretieren als ‚Deutungsspiel': Die argumentierenden Formen des literarischen Gesprächs." In: Härle/Steinbrenner (2004a). 191–218.

Wieler, Petra (1998): „Gespräche über Literatur im Unterricht: Aktuelle Studien und ihre Perspektiven für eine verständigungsorientierte Unterrichtspraxis." In: *Deutschunterricht*, Heft 1. 26-37.

Wieler, Petra (2004): „Gespräche mit Grundschulkindern über Kinderbücher und andere Medien." In: Härle/Steinbrenner (2004a). 265–289.

Würzbach, Natascha (1996): „Unterrichtsrelevante feministische Forschungsliteratur für die Hand der Lehrerin und des Lehrers im Leistungskurs Englisch." In: *Neusprachliche Mitteilungen aus Wissenschaft und Praxis*, 49, Heft 1. 14–19.

2. Literatur zum Einsatz von Jugendromanen und zur Förderung von Lesekompetenz bzw. Lesemotivation

Entwicklung von Lesekompetenz in der Fremdsprache

Bimmel, Peter (2002): „Strategisch lesen lernen in der Fremdsprache." In: *Zeitschrift für Fremdsprachenforschung*, 13, Heft 1. 113–141.

Blümel-de Vries, Katrin (2003): „Schulung von Lesestilen im Französischunterricht (4. Lernjahr)." In: *Der fremdsprachliche Unterricht Französisch*, Heft 37. 68–75.

Donnerstag, Jürgen/Bosenius, Petra (2000): „Die Funktion der Emotionen in der Konstruktion von Bedeutung zu englischen literarischen Texten." In: Wendt, Michael (Hrsg.): *Konstruktion statt Instruktion: Neue Zugänge zu Sprache und Kultur im Fremdsprachenunterricht*. Frankfurt/M.: Lang. 153-162.

Drechsel, Barbara/Artelt, Cordula: „Lesekompetenz". In: PISA-Konsortium Deutschland (Hrsg.) (2007): *PISA 2006: Die Ergebnisse der dritten internationalen Vergleichsstudie*. Münster: Waxmann. 225-247.

Ehlers, Swantje (1999): „Zum Wandel in der Lesetheorie und seine Folgen für die Fremdsprachendidaktik." In: *Zeitschrift für Fremdsprachenforschung*, 10, Heft 2. 177–207.

Ehlers, Swantje (2003): „Übungen zum Leseverstehen." In: Bausch et al. (2003). 287–292.

Finkbeiner, Claudia (2005): *Interessen und Strategien beim fremdsprachlichen Lesen: Wie Schülerinnen und Schüler englische Texte lesen und verstehen*. Tübingen: Narr.

Götze, Lutz (1995): „Das Lesen in der Fremdsprache: Neuere Erkenntnisse der Hirnforschung." In: Wierlacher, Alois et al. (Hrsg.): *Jahrbuch Deutsch als Fremdsprache*. München: iudicum. 61–74.

Haß, Frank (Hrsg.) (2008): *Texte knacken. Englisch 5-10*, Heft 2.

Helbig, Beate (1998): „Texterschließungstechniken und -strategien bei der Arbeit mit authentischen Textmaterialien im Anfangsunterricht der dritten Schulfremdsprache." In: Landesinstitut für Schule und Weiterbildung NRW, Soest (Hrsg.): *Auf der Suche nach dem Sprachlernabenteuer*. Bönen: Kettler. 131-146.

Henseler, Roswitha/Surkamp, Carola (2009): „‚O this reading, what a thing it is!‘ Lesekompetenz in der Fremdsprache Englisch fördern." In: *Der fremdsprachliche Unterricht Englisch*.

Hermes, Liesel (1998): „Leseverstehen." In: Timm (1998). 229–236.

Hessisches Kultusministerium (Hrsg.) (2004): *Leseförderung in der Praxis. Tipps, Hilfen und Konzepte für die Sekundarstufe I*. Wiesbaden.

Hurrelmann, Bettina (2003): „Lesen – Lesen als Basiskompetenz in der Mediengesellschaft." In: *Lesen und Schreiben*. Friedrich Jahresheft. Seelze: Friedrich. 4–10.

Ivey, Gay/Fisher, Douglas (2006): „Learning From What Doesn't Work." In: *Best of Educational Leadership 2005-2006*, 63. 7–12.

Krashen, Stephen D. (2004): *The Power of Reading: Insights from the Research*. Portsmouth, NH: Heinemann.

Küppers, Almut (2001): „Von Harry Potter lernen heißt: Lesen lernen. Von den Erkenntnissen der Lesesozialisationsforschung und deren Bedeutung für den Fremdsprachenunterricht." In: *Fremdsprachenunterricht*, Heft 5. 324–331.

Lutjeharms, Madeline (2006): „Zum Erwerb fremdsprachiger Lesefertigkeiten." In: Jung, Udo O.H. (Hrsg.): *Praktische Handreichung für Fremdsprachenlehrer*. 4., vollst. neu bearbeitete Aufl. Frankfurt/M.: Lang. 145–152.

Nieweler, Andreas (2003): „Lesekompetenz im Französischunterricht entwickeln." In: *Der fremdsprachliche Unterricht Französisch*, Heft 63/64. 3–11.

Nix, Daniel/Rosebrock, Cornelia (2008): *Grundlagen der Lesedidaktik und der systematischen schulischen Leseförderung*. Hohengehren: Schneider.

Palincsar, A. S./Brown, A. L. (1984): „Reciprocal Teaching of Comprehension-fostering and Comprehension-monitoring Activities." In: *Cognition and Instruction*, 1, Heft 2. 117–175.

Rest, Heike (2005): „Intelligentes Üben mit kooperativen Lesemethoden." *Pädagogik*, Heft 11. 16–19.

Vences, Ursula (2004): „Lesen und Verstehen – Lesen heißt Verstehen." *Der fremdsprachliche Unterricht Spanisch*, 2, Heft 5. 4–11.

Weskamp, Ralf (1996): „Lesen in der fremden Sprache – Lesestrategien für fortgeschrittene Fremdsprachenlerner." In: *Fremdsprachenunterricht*, 40, Heft 49. 321–327.

Westhoff, Gerard (1999): *Fertigkeit Leseverstehen*. München: Langenscheidt.

Förderung von Lesemotivation

Brusch, Wilfried (2006): „Die Lust am Lesen wecken." In: *At Work*, Heft 11. 3–5.

De Florio-Hansen, Inez (2003): „Lesemotivation und Lesekompetenz: Techniken und Strategien für das Leseverstehen." In: *Fremdsprachenunterricht* 6. 403–408.

Gravert-Götter, Helga (2005): „Wer liest was? Lesen beobachten mit dem Lesepass." In: *Praxis Deutsch*, Heft 194. 28–30.

*Henseler, Roswitha/Surkamp, Carola (Hrsg.) (2007a): Themenheft *Lesemotivation – Jugendliteratur* von *Der fremdsprachliche Unterricht Englisch*, 41, Heft 89.

Henseler, Roswitha/Surkamp, Carola (2007b): „Leselust statt Lesefrust: Lesemotivation in der Fremdsprache Englisch fördern." In: *Der fremdsprachliche Unterricht Englisch*, 41, Heft 89. 2–19.

Hintz, Ingrid (2000): „Andere Bücher habe ich nur gelesen, bei diesem musste ich nachdenken: Methoden lernen und anwenden mit dem Lesetagebuch." In: *Praxis Deutsch*, Heft 164. 33–39.

Knobloch, Jörg (2001): *Das Geheimnis der Lesekiste 2. Sekundarstufen und Bibliothek*. Lichtenau: AOL.

Krück, Brigitte/Loeser, Kristiane (1997): „Effektive Rezeptionsstrategien durch Lesetagebücher." In: *Fremdsprachenunterricht*, 1, Heft 41. 2–10.

Landesinstitut für Schule und Medien Berlin (2005): *Praxisbox Lesen: Bausteine zur Leseförderung in der Grundschule*. Braunschweig: Bildungshaus Schulbuchverlage.

Laßmann, Alev (1994): „Lesetagebücher (*Reading logs*) als offene Unterrichtsform in der Sekundarstufe I." In: *Englisch*, 29, Heft 3. 81–86.

Mosner, Bärbel (2000): *Das Leser-Tagebuch im Englischunterricht am Beispiel von Shakespeares Romeo and Juliet*. Frankfurt/M.: Lang.

Surkamp, Carola (2007): „Zum Lesen und Schreiben motivieren und befähigen: Was literarische Texte für die Förderung von fremdsprachlichen Rezeptions- und Produktionskompetenzen leisten können." In: Bredella/Hallet (2007). 177–195.

Aufgaben für den Lektüreunterricht

*Bramford, Julian/Day, Richard R. (2004): *Extensive Reading Activities for Teaching Language*. Cambridge: Cambridge University Press.

*Greenwood, Jean (2000): *Class Readers*. Oxford: Oxford University Press.

*Wilhelm, Jeffrey D. (1997): *„You Gotta BE the Book": Teaching Engaged and Reflective Reading with Adolescents*. New York: Teacher's College Press.

Jugendliteratur im Fremdsprachenunterricht

Alter, Grit (2015): Inter- and Transcultural Learning in the Context of Canadian Young Adult Fiction. Münster: LIT.

Benecke, Ingrid (2003): „Das Jugendbuch im Englischunterricht." In: *Lehren und Lernen*, 12, Heft 29. 25–39.

Burwitz-Melzer, Eva/O'Sullivan, Emer (Hrsg.) (2016): *Einfachheit in der Kinder- und Jugendliteratur. Ein Gewinn für den Fremdsprachenunterricht.* Wien: Praesens.

Caspar, G./Feick, R./Hartmann, S. (1998): *Books for Kicks. Englische Kinder- und Jugendbücher. Unterrichtsideen, Empfehlungen für die Klassen 5 bis 10 und darüber hinaus.*

Diehr, Bärbel et al. (2012): „*Stone Cold* von Robert Swindells: Das ästhetische und kreative Potenzial eines Jugendromans in Klasse 9 nutzen." In: Hallet, Wolfgang/Krämer, Ulrich (Hrsg.): *Kompetenzaufgaben im Englischunterricht: Grundlagen und Unterrichtsbeispiele.* Seelze-Velber: Kallmeyer-Klett. 135–147.

Fölsch, Mirjam (2002): „Ich öffne mich einem Buch, wie ich einem Freund begegne..." In: *Englisch*, 4, Heft 37. 131–145.

Gaiser-Schopp, Christel (2005): „Literatur in Lesebildern präsentieren." In: *Der fremdsprachliche Unterricht Englisch*, Heft 76. 26–29.

Hermes, Liesel (2001): „Überlegungen zu Jugendbüchern im Englischunterricht." In: *Fremdsprachenunterricht*, 35, Heft 3. 444–449.

Hesse, Mechthild et al. (2001): „Schüler empfehlen Jugendbücher für Lehrer – Darstellung eines Leseprojekts." In: *Fremdsprachenunterricht*, 5, Heft 45. 345–347.

Hesse, Mechthild (2003): „Aktuelle Jugendliteratur und Projektunterricht in den Klassen 9-11." In: *Der fremdsprachliche Unterricht Englisch*, Heft 66. 19–24.

Hesse, Mechthild (2009): *Teenage Fiction in the Active English Classroom.* Stuttgart: Klett.

Müller-Hartmann, Andreas/Richter, Annette (2002): „Von Holden Caulfield zu Ahn Joo: Multikulturelle Jugendliteratur." In: *Der fremdsprachliche Unterricht Englisch*, Heft 59. 4–9.

O'Sullivan, Emer/Rösler, Dietmar (2002): „Fremdsprachenlernen und Kinder- und Jugendliteratur: Eine kritische Bestandsaufnahme." In: *Zeitschrift für Fremdsprachenforschung*, 13, Heft 1. 63–111.

Weskamp, Ralf (2000): „Können wir nicht einmal das lesen, was die gerade in England lesen? Fremdsprachlicher Literaturunterricht, autonomes Fremdsprachenlernen und das Internet." In: *Praxis des neusprachlichen Unterrichts*, 47, Heft 1. 34–44.

3. Literatur zur Arbeit mit dem Kurzdrama *Survival in the South*

Grundlegendes zur Gattung Kurzdrama

Diller, Hans-Jürgen et al. (Hrsg.) (1986): *Very Short Plays*. Heidelberg: Winter.

Glaap, Albert-Reiner (1987): „Dramentexte als Spielvorlage lesen: Auch eine Aufgabe für den Literaturunterricht?" In: *Der Fremdsprachliche Unterricht Englisch*, Heft 6. 5–8.

Glaap, Albert-Reiner (1998): „Erste Begegnung mit szenischen Texten: Short Plays." In: *Der Fremdsprachliche Unterricht Englisch*, 32, Heft 31. 21–26.

Hallet, Wolfgang/Hebel, Udo (2007): „*Staging Women's Lives*: Short Plays im Englischunterricht." In: *Der Fremdsprachliche Unterricht Englisch*, 85/86. 4–10.

Kaltwasser, Vera (1999): „Unterrichtsmodell zu dem Einakter *Nuts* von Peter Terson." In: *Der Fremdsprachliche Unterricht Englisch*, 33, Heft 42. 23–27.

Nünning, Ansgar (Hrsg.) (1998): *Teaching Plays*. Themenheft von *Der Fremdsprachliche Unterricht Englisch* 32/31.

Schulze, Brigitte (1996): „Vielfalt von Funktionen und Modellen in Geschichte und Gegenwart: Einakter und andere Kurzdramen". In: Winfried Herget/Schultze, Barbara (Hrsg.): *Kurzformen des Dramas: Gattungsspezifische, epochenspezifische und funktionale Horizonte*. Tübingen/ Basel: Francke. 1-30.

Literatur zum Thema Fremdverstehen

Bredella, Lothar (2001): „Zur Dialektik von Eigenem und Fremdem beim interkulturellen Verstehen." In: *Der Fremdsprachliche Unterricht Englisch*, Heft 5. 10-15.

Bredella, Lothar/Meißner, Franz-Joseph/Nünning, Ansgar/Rösler, Dietmar (2000b): „Einleitung: Grundzüge einer Theorie und Didaktik des Fremdverstehens beim Lehren und Lernen fremder Sprachen." In: Diess. (2000a). ix-lii.

Burwitz-Melzer, Eva (2003): *Allmähliche Annäherungen: Fiktionale Texte im interkulturellen Fremdsprachenunterricht der Sekundarstufe I*. Tübingen: Narr.

Jäger, Anja (2011): *Kultur szenisch erfahren. Interkulturelles Lernen mit Jugendliteratur und szenischen Aufgaben im Fremdsprachenunterricht*. Frankfurt/M.: Lang.

Surkamp, Carola (2003): *Die Perspektivenstruktur narrativer Texte: Zu ihrer Theorie und Geschichte im englischen Roman zwischen Viktorianismus und Moderne*. Trier: WVT.

Surkamp, Carola (2017): „Perspektive und Perspektivenwechsel". In: Dies. (2017). 274-275.

Literatur zum kulturellen Kontext

Aodla Freeman, Minnie (1978): *Life Among the Qallunaat*. Edmonton: Hurtig Publisher.

Dorais, Louis-Jacques (2002): „Inuit". In: Magocsi, Robert (Hrsg.): *Aboriginal Peoples of Canada: A Short Introduction*. Toronto: University of Toronto Press. 129-152.

Kröller, Eva-Marie (Hrsg.) (2004): *The Cambridge Companion to Canadian Literature*. Cambridge: Cambridge University Press. 222.

4. Literatur zur Behandlung von *London poems*

Zur Entwicklung Londons und der Reflexion dieser Entwicklung in der Literatur

Baron, Xavier (1997): *London 1066-1914: Literary Sources and Documents*. Bd. 1: *Medieval, Tudor, Stuart and Georgian London: 1066-1800*. Bd. 2: *Regency and Early Victorian London: 1800-1870*. Bd. 3: *Late Victorian and Early Modern London: 1870-1914*. Mountfield: Helm.

*Barth, Adolf (Hrsg.) (1988): *London Poems*. Stuttgart: Reclam.

Byrd, Max (1978): *London Transformed: Images of the City in the Eighteenth Century*. New Haven/ Conn.: Yale University Press.

Dyos, Harold/Wolff, Michael (Hrsg.) (1973): *The Victorian City: Images and Reality*. 2 Bände. London: Routledge & Kegan Paul.

Gassenmeier, Michael (1989): *Londondichtung als Politik: Texte und Kontexte der City Poetry von der Restauration bis zum Ende der Walpole-Ära*. Tübingen: Niemeyer.

*Hühn, Peter (1995): Geschichte der englischen Lyrik. Bd. 1: *Vom 16. Jahrhundert bis zur Romantik*. Bd. 2: *Von der viktorianischen Epoche bis zur Gegenwart*. Tübingen: Francke.

Robinson, Alan (2004): *Imagining London, 1770-1900*. Basingstoke: Palgrave-MacMillan.

Thesing, William B. (1982): *The London Muse: Victorian Poetic Responses to the City*. Athens: University of Georgia Press.

Versluys, Kristiaan (1987): *The Poet in the City. Chapters in the Development of Urban Poetry in Europe and the United States (1800-1930)*. Tübingen: Narr.

Zur Arbeit mit Gedichten im Englischunterricht

*Döring, Tobias (Hrsg.) (2003): *London Underground: Poems and Prose about the Tube*. Stuttgart: Reclam.

*Lazar, Gillian (1993): *Literature and Language Teaching: A Guide for Teachers and Trainers*. Cambridge: Cambridge University Press.

*Maley, Alan/Duff, Alan (1989): *The Inward Ear: Poetry in the Language Classroom*. Cambridge: Cambridge University Press.

Meyer, Helmut (1987): „Lyrik ohne Leier(n): Liverpool und die Liverpool Poets im Englischunterricht." In: *Die Neueren Sprachen*, 86, Heft 3/4. 200 – 217.

Nieragden, Göran (1993): „Lyrik und Textlinguistik: Vorschläge für eine operationale Analyse der Selected Poems Roger McGoughs im Englischunterricht." In: *Die Neueren Sprachen*, 92, Heft 5. 428 – 443.

Nünning, Ansgar (1990a): „London im Spiegel der *urban poetry* der Nineties." In: *Anglistik und Englischunterricht*, 40: *City Lyrics*. 77 – 102.

Nünning, Ansgar (1990b): „London-Gedichte: Eine Lyrikreihe für den Englischunterricht auf der Oberstufe." In: *Praxis des neusprachlichen Unterrichts*, 37, Heft 4. 343 – 352.

Zu den Autoren und den historischen Hintergründen der Londongedichte

Beer, John (2005): *William Blake: A Literary Life*. Basingstoke: Palgrave-MacMillan.

Bloom, Harold (2007): *William Wordsworth*. New York: Chelsea.

Böker, Uwe (1983): „Von Wordsworths schlummerndem London bis zum Abgrund der Jahrhundertwende. Die Stadt in der englischen Literatur des 19. Jahrhunderts." In: Meckseper, Cord/ Schraut, Elisabeth (Hrsg.): *Die Stadt in der Literatur*. Göttingen: Vandenhoeck & Ruprecht. 28 – 56.

Brevda, William (1986): *Harry Kemp: The Last Bohemian*. Lewisburg: Bucknell University Press.

David, C. (2007): *Matthew Arnold: A Critical Study*. New Delhi: Anmol.

Görtschacher, Wolfgang/Klein, Holger (Hrsg.) (2001): *Dryden and the World of Neoclassicism*. Tübingen: Stauffenburg.

Hewitt, Steve (2007): *The British War on Terror: Terrorism and Counterterrorism on the Home Front since 9-11*. London: Continuum.

Higgins, Ian (2004): *Jonathan Swift*. Tavistock: Northcote.

Hopkins, David (2004): *John Dryden*. Tavistoke: Northcote.

Larman, Hugo (2007): *Journey into William Blake's London*. Berkeley, CA: Roaring Forties.

Michael, Jennifer Davis (2006): *Blake and the City*. Lewisburg, PA: Bucknell University Press.

Oakleaf, David (2008): *A Political Biography of Jonathan Swift*. London: Pickering-Chatto.

Phiddian, Robert (1995): *Swift's Parody*. Cambridge: Cambridge University Press.

Pratt, Linda Ray (2000): *Matthew Arnold Revisited*. New York: Twayne.

Rawson, Claude Julien (Hrsg.) (2004): *John Dryden: His Politics, His Plays, and His Poems*. Newark: University of Delaware Press.

Sarker, Sunil (2003): *A Companion to William Wordsworth*. 2 Bände. New Delhi: Atlantic.

Sharma, Shrawan K. (1996): *Alienation in the Poetry of Matthew Arnold*. Delhi: K.K.

Weiß, Wolfgang (1992): *Swift und die Satire des 18. Jahrhunderts: Epoche, Werke, Wirkung*. München: Beck.

Winn, James A. (Hrsg.) (1998): *Critical Essays on John Dryden*. New York: Hall.

Wright, Ben A. (2006): *The Poetry of Roger McGough: The Liverpool Renaissance*. Lewiston, NJ: Mellen.

Zwicker, Steven N. (2004): *The Cambridge Companion to John Dryden*. Cambridge: Cambridge University Press.

5. Literatur zur Beschäftigung mit dem Film *Rabbit Proof Fence* und dem Drama *Stolen*

Primärliteratur

Long Walk Home (DVD) (2002): München: Universum Film.

Harrison, Jane (2005): *Stolen*. With Additional Material. Hrsg. von Arthur Kutsch. München: Langenscheidt.

Olsen, Christine (2002): *Rabbit-Proof Fence: The Screenplay*. Sydney: Currency Press.

Pilkington, Doris (1996): *Follow the Rabbit-Proof Fence*. St. Lucia: University of Queensland Press.

Literatur zum historischen Hintergrund

*Arndt, Martin/Sassenberg, Karl (2003a): *Australia and New Zealand: Down Under on Top*. Viewfinder Topics (Student's Book). Berlin et al.: Langenscheidt.

*Arndt, Martin/Sassenberg, Karl (2003b): *Australia and New Zealand: Down Under on Top*. Viewfinder Topics (Resource Book). Berlin et al.: Langenscheidt.

Broomhall, Frank H. (1991): *The Longest Fence in the World: A History of the No.1 Rabbit Proof Fence from Its Beginning until Recent Times*. Carlisle, W.A.: Hesperian Press.

Hagemann, Albrecht (2004): *Kleine Geschichte Australiens*. München: Beck.

Hughes, Robert (1987): *The Fatal Shore: A History of the Transportation of Convicts to Australia, 1787–1868*. London: Collins Harvill.

Sekundärliteratur zu Film und Drama

Bolt, Andrew (2002): „Rabbit Proof Myths." In: *Herald Sun*, 14 February. http://members. optushome.com.au/jimball/Rabbitproofmyth.html (20.06.2008)

Brewster, Anne (2002): „Aboriginal Life Writing and Globalisation: Doris Pilkington's *Follow the Rabbit-Proof Fence*." In: *Southerly: A Review of Australian Literature*, 62, Heft 2. 153–161.

Casey, Maryrose (2001): „Siting Themselves: Indigenous Australian Theatre Companies." In: Maufort, Marc (Hrsg.): *Siting the Other: Re-visions of Marginality in Australian and English-Canadian Drama*. Brüssel et al.: Lang. 53–68.

Howson, Pete/Moore, Des (2002): „A Rabbit-Proof Fence Full of Holes." In: *Australian*, 11 March. http://archive.ipe.net.au/RPFence.html (21.12.2017)

Hughes-d'Aeth, Tony (2002): „Which Rabbit-Proof Fence? Empathy, Assimilation, Hollywood." In: *Australian Humanities Review*, September. http://www.australianhumanitiesreview.org/archive/Issue-September-2002/hughesdaeth.html (21.12.2017)

Kutsch, Arthur (2005): „Introduction." In: Ders. (Hrsg.): *Jane Harrison: Stolen*. München: Langenscheidt. 5–17.

Manne, Robert (2002): „The Colour of Prejudice." In: *Sydney Morning Herald*, 23 February.

Martin, Adrian (2002): „Bouquet of Barbed Wire." In: *Sight and Sound*, 12, Heft 11. 24–26.

Maufort, Marc (2002): „Jane Harrison's *Stolen* and the International Postcolonial Context." In: Ders. (Hrsg.): *Crucible of Cultures: Anglophone Drama at the Dawn of a New Millennium*. Brüssel et al.: Lang. 285–294.

McCarthy, Greg (2004): „Australian Cinema and the Spectres of Post-Coloniality: *Rabbit-Proof Fence, Australian Rules, The Tracker and Beneath Clouds*." In: *London Papers in Australian Studies*, Heft 8. 1–29.

Potter, Emily/Schaffer, Kay (2004): „Rabbit-Proof Fence, Relational Ecologies and the Commodification of Indigenous Experience." In: *Australian Humanities Review*, April. http://www.australianhumanitiesreview.org/archive/Issue-April-2004/schaffer.html (21.12.2017)

Stubbings, Jo-Ann (2005): „Stolen." In: *The Age Education*, Heft 31.

Thomson, Helen (2001): „Aboriginal Women's Staged Autobiography." In: Maufort, Marc (Hrsg.): *Siting the Other: Re-visions of Marginality in Australian and English-Canadian Drama*. Brüssel et al.: Lang. 23–37.

Villella, Fiona A. (2002): „Long Road Home: Phillip Noyce's *Rabbit-Proof Fence*." In: *Senses of Cinema: An Online Film Journal Devoted to the Serious and Eclectic Discussion of Cinema*, Heft 19 (Mar-Apr).

Windschuttle, Keith (2003): „Rabbit-Proof Fence: ‚A True Story'?." *New Criterion*, 21, Heft 7 (Mar). 12–16.

Didaktische Literatur zum Thema

‚Bringing Them Home' Interactive Ressource – *http://www.humanrights.gov.au/our-work/education/publications/bringing-them-home-interactive-resource-2017 (21.12.2017)*

Carrodus, Geraldine/Tudball, Libby/Walsh, Tammy (2001): *Rabbit Proof Fence: Study Guide*. ATOM.

Hartmann, Ulrich (2006): *Rabbit-Proof Fence: Unterrichtsmodell*. Paderborn: Schöningh.

Pusch, Steffi (2003): *Long Walk Home*. Filmheft des Instituts für Kino und Filmkultur (IKF). Hürth-Efferen: Nölke.

*Scheller, Ingo (1998): *Szenisches Spiel: Handbuch für die pädagogische Praxis*. Berlin: Cornelsen.

Schmitz, Albert (1995): „Australian Aborigines – Kultur und Lebensweise der ‚First Australians': Anregungen für den landeskundlichen Teil des Englischunterrichts." In: *Zielsprache Englisch*, 25, Heft 4. 28–35.

*Steinmetz, Rüdiger et al. (2007 [2005]): *Filme sehen lernen: Grundlagen der Filmästhetik*. Frankfurt/M.: Zweitausendeins. (DVD)

Teasley, Alan B./Wilder, Ann (1997): *Reel Conversations: Reading Films with Young Adults*. Portsmouth: Heinemann.

Wildburger, Eleonore (2007): „The Postcolonial Mind: Reading Indigenous Australian Texts in the Foreign Language Classroom." In: Delanoy, Werner/Volkmann, Laurenz (Hrsg.): *Cultural Studies in the EFL Classroom*. Heidelberg: Winter. 131–142.

Wilden, Eva (2016): „‚Our' and ‚Their' History: The Challenges of Teaching Historical Backgrounds with the Example of Rabbit-Proof Fence." In: Viebrock (2016). 55–68.

Wunsch, Christian (2000): „English Lessons Beyond the Pupils' Book: Down Under – Via the Internet." In: *Neusprachliche Mitteilungen aus Wissenschaft und Praxis*, 53, Heft 1. 38–49.

6. Literatur zum Thema *British Empire* in der englischsprachigen Literatur

Primärliteratur

Jhabvala, Ruth Prawer (1989 [1975]): *Heat and Dust*. Hrsg. von Barbara Bleiman. Harlow: Longman.

Levy, Andrea (2004): *Small Island*. London: Headline Review.

Zephaniah, Benjamin (2003): „Me? I thought, OBE me? Up yours, I thought." www.theguardian.com/books/2003/nov/27/poetry.monarchy (21.12.2017)

Textsammlungen und Anthologien zur kolonialen und postkolonialen Literatur sowie zum *British Empire*

Bleiman, Barbara (1989): „Introduction." In: Jhabvala, Ruth Prawer: *Heat and Dust*. Hrsg. von Barbara Bleiman. Harlow: Longman. vii-xx.

Butzko, Ellen/Pongratz, Susanne (Hrsg.) (2005): *Caught Between Cultures: Colonial and Postcolonial Short Stories*. Schülerbuch. Stuttgart: Klett.

Jarman, Francis/Whybra, David/Kämmer, Gerhard-Dieter (Hrsg.) (1986): *Empire and After: Literary Glimpses of the British Empire*. Hannover: Schroedel.

Korff, Helga/Ringel-Eichinger, Angela (Hrsg.) (2005): *One Language, Many Voices: An Anthology of Short Stories about the Legacy of Empire*. Berlin: Cornelsen.

Mitchell, Michael (2005 [1995]): *The Postcolonial Experience: Decolonizing the Mind*. (Viewfinder Topics, New Edition). Berlin/München: Langenscheidt.

Spann, Ekkehard (2006): *Abiturwissen Landeskunde: Great Britain/United States of America*. Stuttgart/Dresden: Klett.

Literatur zur kolonialen Literatur und postkolonialen Literaturkritik

Ashcroft, Bill/Griffiths, Gareth/Tiffin, Helen (2001): *Key Concepts in Post-Colonial Studies*. London: Routledge.

Birk, Hanne/Neumann, Birgit (2002): „*Go-Between*: Postkoloniale Erzähltheorie." In: Nünning, Ansgar/Nünning, Vera (Hrsg.): *Neue Ansätze in der Erzähltheorie*. Trier: WVT. 115–152.

Breitinger, Eckhard (2002): „Chinua Achebe." In: Kreutzer, Eberhard/Nünning, Ansgar (Hrsg.): *Metzler Lexikon englischsprachiger Autorinnen und Autoren*. Stuttgart/Weimar: Metzler. 1–2.

Nünning, Ansgar (1996): „Das Britische Weltreich als Familie: Empire-Metaphern in der spätviktorianischen Literatur als Denkmodelle und als Mittel der historisch-politischen Sinnstiftung." In: Nünning, Ansgar/Nünning, Vera (Hrsg.): *Intercultural Studies: Fictions of Empire*. Heidelberg: Winter. 91–120. (*Anglistik & Englischunterricht*, Heft 58)

O'Reilly, Christopher (2001): *Post-Colonial Literature*. Cambridge: Cambridge University Press.

Literatur zum Einsatz kolonialer und postkolonialer Literatur im Englischunterricht

Antor, Heinz (2000): „Postcolonial Pedagogy, or Why and How to Teach the New English Literatures." In: Reitz, Bernhard/Rieuwerts, Sigrid (Hrsg.): *Anglistentag 1999 Mainz: Proceedings of the Conference of the German Association of University Teachers of English XXI*. Trier: WVT. 245–262.

Doff, Sabine/Schulze-Engler, Frank (Hrsg.) (2011): *Beyond ,Other Cultures'. Transcultural Perspectives on Teaching the New Literatures of English.* Trier: WVT.

Freitag-Hild, Britta (2010): *Theorie, Aufgabentypologie und Unterrichtspraxis inter- und transkultureller Literaturdidaktik: British Fictions of Migration im Fremdsprachenunterricht.* Trier: WVT.

Freitag, Britta/Gymnich, Marion (2007): „New English and Postcolonial Literatures im Fremdsprachenunterricht." In: Hallet/Nünning (2007a). 259–276.

Korte, Barbara (2005): „One Language – Many Voices: 20th Century English Short Stories."

Korff, Helga/Ringel-Eichinger, Angela (2006): *One Language – Many Voices. Teacher's Manual.* Berlin: Cornelsen.

O'Reilly, Christopher (2001): *Post-Colonial Literature.* Cambridge: Cambridge University Press.

Stedman, Gesa (2007): „*Small Island*: Kulturtransferforschung, Literatur und Bildung an der Hochschule." In: Bredella/Hallet (2007). 227–244.

Literatur zur Literatur- und Kulturdidaktik

Bredella, Lothar/Delanoy, Werner (1999): *Interkultureller Fremdsprachenunterricht.* Tübingen: Narr.

Caspari, Daniela (2000): „Kreative Textarbeit als Beitrag zum Fremdverstehen." In: *Fremdsprachenunterricht*, 44, Heft 2. 81–86.

Decke-Cornill, Helene (1994): „Intertextualität als literaturdidaktische Dimension: Zur Frage der Textzusammenstellung bei literarischen Lektürereihen." In: *Die neueren Sprachen*, 93, Heft 3. 272–287.

Freitag, Britta (2008): „Methode im Fokus: Szenische Intrepretationsverfahren." In: *Der fremdsprachliche Unterricht Englisch*, 42, Heft 95. 8–11.

Hallet, Wolfgang (2007): „Close Reading and Wide Reading: Teaching Literature and Cultural History in a Unit on Philip K. Dick's ,Minority Report'." In: *American Studies/Amerikastudien*, 52, Heft 3.

Nünning, Ansgar (Hrsg.) (2001): Themenheft *Fremdverstehen durch Literatur* von *Der fremdsprachliche Unterricht Englisch*, 35, Heft 53.

Nünning, Ansgar/Nünning, Vera (Hrsg.) (2000): Themenheft *Teaching Cultural Studies* von *Der fremdsprachliche Unterricht Englisch*, 34, Heft 43.

7. Literatur zum Thema *Growing Up* in englischsprachigen Kurzgeschichten

Primärtexte

Cunningham, Michael (1998): „Mister Brother." In: Stock, Wolfgang (Hrsg.) (2000): *The World of Short Stories*. Planegg: Spotlight. 10–17.

Mac Laverty, Bernard (1982): „Father and Son." In: Hermes, Ursula (Hrsg.) (2006): *The Short Story and You*. Stuttgart: Klett. 57–63.

Oates, Joyce Carol (1984): „Happy." In: Nischik, Reinhard (Hrsg.) (2005): *Short Short Stories Universal: Thirty Stories from the English-Speaking World*. Stuttgart: Reclam. 46–49.

Orringer, Julie (2003): „Note to Sixth-Grade Self." In: Dies.: *How To Breathe Under Water*. New York: Knopf. 77–90.

Sawai, Gloria (2001): „Mother's Day." In: Gaunce, Julia/Mayr, Suzette (Hrsg.) (2004): *The Broadview Anthology of Short Fiction*. Toronto: Broadview Press. 198–206.

Zur Gattung der Kurzgeschichten

*Ahrends, Günter (1996 [1980]): *Die amerikanische Kurzgeschichte*. Trier: WVT.

Freese, Peter (1995): „The Contemporary American Short Story: Developments and Directions (1)." In: *Fremdsprachenunterricht*, 39, Heft 4. 285–288.

Freese, Peter (1995): „The Contemporary American Short Story: Developments and Directions (2)." In: *Fremdsprachenunterricht*, 39, Heft 5. 363–367.

*Freese, Peter (Hrsg.) (1999): *Die amerikanische Kurzgeschichte: Gesammelte Aufsätze*. München: Langenscheidt-Longman.

*Graf von Nayhauss, Hans-Christoph (Hrsg.) (2004): *Theorie der Kurzgeschichte für die Sekundarstufe*. Stuttgart: Reclam.

*Löffler, Arno/Späth, Eberhard (Hrsg.) (2005): *Geschichte der englischen Kurzgeschichte*. Tübingen: Francke.

Lubbers, Klaus (2001): *Die englische und amerikanische Kurzgeschichte*. Darmstadt: Wissenschaftliche Buchgesellschaft.

Zum Einsatz von Short Storys im Englischunterricht

*Borgmeier, Raimund (1999): *Interpretationen – Englische Short Stories: Thomas Hardy bis Jonathan Grift*. Stuttgart: Reclam.

Braun-Bau, Susanne (2002): „Konstruktives Textverstehen: Schüleraktivierende Verfahren für *short stories* aus dem Bereich der ‚neuen englischen Literaturen'." In: *Neusprachliche Mitteilungen*, 4, Heft 55. 202–212.

*Hanke, Michael (1998): *Interpretationen: Amerikanische Short Stories des 20. Jahrhunderts*. Stuttgart: Reclam.

*Hansen, Klaus P./Jarfe, Günther (2003): *Understanding the Modern Short Story*. Berlin: Cornelsen.

Hermes, Liesel (1999): „Das Fremde und das Eigene: Leserperspektive und Erzählperspektive in Short Stories." In: Bredella, Lothar/Delanoy, Werner (Hrsg.): *Interkultureller Fremdsprachenunterricht*. Tübingen: Narr. 439–458.

Nischik, Reingard M. (1997): „Die Short Short Story im Englischunterricht." In: *Neusprachliche Mitteilungen aus Wissenschaft und Praxis*, 50, Heft 1. 24–28.

Nischik, Reingard M. (1999): „Teaching the American Short Story: New Approaches to an Old Favorite." In: *Der fremdsprachliche Unterricht Englisch*, 33, Heft 39. 28–33.

Nünning, Ansgar (Hrsg.) (1999): Themenheft *Teaching Short Stories* von *Der fremdsprachliche Unterricht Englisch*, 33, Heft 39.

*Von Ledebur, Ruth (2000): *The English Short Story*. Berlin: Cornelsen.

Wilkening, Monika (2000): „Offene *Pre-* und *After-Reading* Acitivities für Short Storys." In: *Praxis des neusprachlichen Unterrichts*, 47, Heft 1. 45–53.

Themenheft *Kurzgeschichte* (1995) von *Die neuen Sprachen*, Heft 3.

Theoretisches zum Thema Adoleszenz

Aries, Elizabeth (2001): *Adolescent Behavior: Readings and Interpretations*. New York: McGraw-Hill-Dushkin.

Ballstaedt, Steffen-Peter/Mandl, Heinz (1985): „Lesen im Jugendalter." In: Oerter, Rolf (Hrsg.): *Lebensbewältigung im Jugendalter*. Weinheim: VCH. 160–191.

Beck, Ulrich (1983): „Jenseits von Stand und Klasse? Soziale Ungleichheiten, gesellschaftliche Individualisierungsprozesse und die Entstehung neuer Formationen und Identitäten." In: Kreckel, Rainer (Hrsg.): *Soziale Ungleichheiten*. Sonderband 2 von Soziale Welt. Göttingen: Schwartz. 39–74.

Calhoun, Craig J. et al. (1994 [1989]): *Sociology*. New York: Mc Graw-Hill.

Erikson, Erik H. (1980 [1966]): *Identität und Lebenszyklus*. Frankfurt/M.: Suhrkamp.

Gymnich, Marion (2003): „Individuelle Identität und Erinnerung aus Sicht von Identitätstheorie und Gedächtnisforschung sowie als Gegenstand literarischer Inszenierung." In: Erll, Astrid et al. (Hrsg.): *Literatur – Erinnerung – Identität: Theoriekonzeptionen und Fallstudien*. Trier: WVT. 29–48.

Hillmann, Karlheinz (1994): *Wörterbuch der Soziologie*. 4. überarbeitete und ergänzte Auflage. Stuttgart: Kröner.

Hornung, Alfred (2004): „Die Fortführung der Moderne unter geänderten gesellschaftlichen Bedingungen (50er und 60er Jahre)." In: Zapf, Hubert (Hrsg.): *Amerikanische Literaturgeschichte*. 2. aktualisierte Ausgabe. Stuttgart: Metzler. 306–328.

Hurrelmann, Klaus (1995): *Lebensphase Jugend: Eine Einführung in die sozialwissenschaftliche Jugendforschung*. Weinheim und München: Juventa.

Keupp, Heiner (1990): „Identitäten im Umbruch: Das Subjekt in der ‚Postmoderne'." In: *Initial*, Heft 7. 698–710.

Krappmann, Lothar (1997): „Die Identitätsproblematik nach Erikson aus einer interaktionistischen Sicht." In: Keupp, Heiner/Höfer, Renate (Hrsg.): *Identitätsarbeit heute: Klassische und aktuelle Perspektiven der Identitätsforschung*. Frankfurt/M.: Suhrkamp. 66–92.

Remschmidt, Helmut (1992): *Adoleszenz: Entwicklung und Entwicklungskrisen im Jugendalter*. Stuttgart: Georg Thieme.

Grundlegende fachdidaktische Literatur

Caspari, Daniela (2003): „Kreative Übungen." In: Bausch et al. (2003). 309–311.

*Hesse, Mechthild (2002): *Jugendliteratur als Schreiblehre: Untersuchungen zum Verhältnis von Lesen und Schreiben im Englischunterricht der Sekundarstufe I*. Tübingen: Narr.

Martin, Jean-Pol/Kelchner, Rudolf (1998): „Lernen durch Lehren." In: Timm (1998). 211–219.

Meyer, Hilbert (1993 [1980]): „Beurteilung und Auswertung des Unterrichts." In: Ders.: *Leitfaden zur Unterrichtsvorbereitung*. Berlin: Cornelsen. 361–374.

*Scholz, Lothar (2004): *Methoden-Kiste*. Hrsg. von der Bundeszentrale für politische Bildung. Bonn: bpb.